KB065049

한국어 어휘 교육과
코퍼스 연구

한국 언어·문학·문화 총서

18

한국어 어휘 교육과 코퍼스 연구

강현화·이현정·송승현·유소영·손연정

머리말

의사소통을 지향하는 언어 교육에서 실제 자료에 기반한 어휘 교육은 필수적 영역이다. 이에 실제 언어 자료 대상의 코퍼스 기반의 어휘 연구는 의사소통 지향의 언어 교육 연구에서 매우 중요한 방법론이 되고 있다. 이렇듯, 코퍼스 기반의 연구는 한국어교육에 매우 활발하게 연구되는 방법임에도 불구하고, 세부 주제들과의 구체적인 연구 방법의 실제에 대한 논의는 단편적인 논의들에 그친 감이 있다. 본서는 코퍼스 기반의 한국어 어휘 교육 연구의 방법 및 실제를 종합적으로 고찰하기 위해 기획되었고, 총 3부로 이루어져 있다.

먼저, 1부에서는 한국어 어휘 교육 연구와 코퍼스 전반을 논의하였다. 1장에서는 어휘 교육 전반의 문제, 어휘 단위의 문제, 코퍼스 기반의 어휘 교육 연구를 다루고 있는데, 그간의 누적된 한국어 어휘 교육 전반의 주요 논의를 고찰하고자 했다. 2장에서는 코퍼스 활용 어휘 연구의 쟁점을 논의하였는데, 장르 기반 어휘 연구 방법론, 두 언어 코퍼스 대조 연구, 학습자의 어휘 오류 연구, 학습자 코퍼스에서의 어휘 오류 주석을 그 대상으로 삼았다. 그간의 어휘 교육 논의에서 코퍼스가 가진 의미와 더불어 어떻게 활용되는지를 탐색하고자 하였다.

다음으로, 2부에서는 코퍼스 기반 한국어교육 연구의 쟁점들을 도출하고자 하였다. 이를 위해 계열적 어휘 관계, 통합적 어휘 관계, 문화 어휘, 어종별(고유어, 한자어, 외래어) 어휘 연구의 쟁점을 모아 논의하였다.

3장은 계열 관계의 개념과 종류, 말뭉치를 활용한 연구 방법에 대한 것이다. 계열 관계에는 유사 어휘, 반대 어휘, 상하 어휘, 주제 어휘, 혼동 어휘 등이 있는데, 계열 관계를 통하여 학습자들의 어휘를 확장시킬 수 있다. 이에 절대적일 수 없는 계열 관계의 특성상 말뭉치를 활용하여 언어 사용 공동체의 언어 사용을 관찰하고 연구하는 것이 필요한데, 다양한 의미를 지닌 하나의 언어 표현이 담화·맥락에 따라 여러 기능을 수행하게 되기 때문이다. 계열 관계 연구는 인간 언어의 실제에 가까이 다가가는 일이며 인간의 본질과도 맞닿아 있다.

4장에서는 통합적 어휘 관계 연구의 쟁점을 다루고 있다. 소위 다단어 단위로 일컬어지는 통합적 어휘 관계 연구에 있어서의 쟁점을 소개하고, 다단어 단위의 대표적 유형인 연어와 관용표현에 초점을 두어 코퍼스 기반 연구를 계획하고 수행하기 위해 알아야 하는 주요 문제를 다루고 있다. 또한 코퍼스를 활용한 한국어교육에서의 다단어 단위 연구의 방향에 대해 짚어봄으로써 향후 코퍼스 기반 한국어 통합 관계 어휘 연구를 계획하고 탐색하고자 하였다.

5장에서는 한국의 문화를 상징하거나 한국 문화를 기반으로 하는 문화 어휘의 개념과 범주를 밝히고, 고유명사와 호칭어, 신어를 중심으로 문화 어휘 연구의 쟁점을 밝히었다. 언어 교육에서 언어와 문화의 통합 교수를 위해 고려할 주요 사항들을 살피고자 했다.

6장에서는 고유어, 한자어, 외래어 각 어종과 관련하여 한국어교육에서 쟁점이 되는 사안을 살펴보았다. 이러한 논의를 토대로 언어 교수에서의 주안점을 논하고 구체적인 연구의 방향성, 코퍼스 활용 등에 대해 논하였다.

마지막으로, 3부에서는 사례 연구를 통해, 한국어교육의 쟁점이 되는 세부 분야에서 코퍼스를 기반으로 하는 연구 방법론과 구체적인 연구 절차를 논의하고자 했다.

7장은 계열 관계 중 유사 어휘를 대상으로 코퍼스 연구의 실제를 논의하였다. 한국어교육에서 유사 어휘 연구는 이것의 개념과 성립조건 등에 관한 이론적인 논의에서부터 시작하여 학습자의 학습을 위한 유사 어휘의 변별과 교수 방안에 대한 논의를 담았다. 유사 어휘 변별은 한국어교육에서 학습자의 요구가 많은 부분으로, '(책을) 읽다'와 '독서(하다)'를 대상으로 하여, 두 단어 간의 변별 방법과 규명의 절차를 보이고자 했다.

8장에서는 코퍼스 기반 통합 관계 어휘 연구의 일환으로서 한국어 학습자의 연어 능력 측정 연구의 실제를 다루었다. 제2언어 학습자의 연어 능력과 이를 평가하는 방법을 살펴보는 것은 물론, 한국어 학습자 코퍼스를 활용하여 학습자의 연어 능력을 측정하는 데 있어서 마주하게 되는 문제들과 이를 해결해 나가는 구체적인 과정을 담고 있다. 개별 어휘를 중심으로 이루어졌던 어휘 풍요도 측정 방법을 연어 지식 측정에 적용하여 한국어 학습자의 연어 다양도와 세련도를 측정한 탐색적 시도로서, 연어 능력, 나아가 어휘의 질적 지식으로서 통합 관계 어휘에 관한 지식을 평가하는 데 유용한 지침이 될 것이다.

9장에서는 코퍼스를 활용한 조어 단위 분석의 사례를 보였다. 코퍼스를 기반으로 생산성이 높은 신어 조어 단위를 추출하고, 신어 조어 단위의 생산성과 정착 사이의 상관성을 분석하였다. 또한 생산성이 높은 [+사람] 조어 단위의 의미적 특성을 코퍼스의 귀납적 분석을 통해 살핌으로써 코퍼스를 활용한 신어 연구와 한국어 교육적 활용 방안을 제시하였다.

10장에서는 코퍼스 기반 외래어 연구의 실제를 다루었다. 실제 일상 대화에서 '생활 패턴', '출석 체크' 등과 같이 높은 밀접성과 공기 빈도를 보이지만 연구의 관심을 받아오지 못했던 외래어 복합 구성 형식에 주목하였다. 이를 위해 일상생활 대화 전사를 기반으로 하는 구어 코퍼스를 활용하여 외래어 복합 구성 및 관련 현상을 생생하고 면밀하게 살펴보았다. 외래어의 사용이 날로 증가하는 현시점에서 일상 대화 구어 코퍼스를 이용하여 한국어 외래어 교육에 도움이 되는 기초 자료를 제공하고자 하였다.

본서는 한국어교육 연구의 쟁점을 집중적으로 탐구하는 세 번째 총서이다. '담화와 한국어 문법 교육', '맥락과 한국어교육'에 이어 '어휘와 코퍼스'를 중심으로 기획되었다. 앞선 총서들이 주로 세부 영역의 쟁점 기술을 통한 논의였다면, 본서에서는 쟁점 논의와 더불어, 코퍼스를 활용한 연구의 실제를 보이고자 했다는 점에서 한 걸음 더 나아가고자 했다. 본서가 코퍼스 기반 어휘 연구를 희망하는 후학들에게 도움이 되기를 희망한다.

2024.6.

저자 일동

차례

2부

코퍼스 기반 어휘 연구의 쟁점

1부

코퍼스와 어휘 교육 연구

▪ 1장 ▪

어휘 연구와 한국어교육

1. 어휘 연구와 어휘 교육

1.1. 한국어교육에서의 어휘 교육

어휘 항목은 발음이나 문법 항목에 비해 방대한 목록으로 구성되므로, 어휘 교육은 학습자가 알아야 할 어휘 지식의 양적 문제와 연계되어 어려움을 낳는다. 또한 어휘는 학습자의 모국어 어휘 항목에의 영향이 큰 영역이므로 모국어에의 간섭이 많은 영역이기도 하다. 특히 의사소통 지향의 언어 교육은 실제 의사소통 상황에서의 언어 소통 능력에 주목하므로 어휘 지식의 역할은 더욱 중요해진다.

실제 자료에 기반한 사용으로서의 언어는 화자와 청자, 그리고 맥락에서의 적절한 소통에 초점을 두므로, 구체적인 특정 맥락에서의 적절하고 효과적인 어휘 사용 방법을 익히는 일은 쉽지 않다. 이에 언어 학습의 영역에서 특정 사용역에서 빈번하게 자주 사용되는 어휘의 목록과 어휘 사용의 패턴을 파악하고 목록화하는 작업은 필수적이다. 이렇듯, 어휘의 목록을 확정하거나, 실제 언어 자료에서의 어휘 사용 패턴을 연구하는 일은 코퍼스 연구와 어휘 교육을 필연적으로 매우 밀접하게 연계하게 한다. 코퍼스 연구 방법론은 실제 언어 자료의 구축과 활용에 관계하는 학술 영역으로 언어 자체의 연구뿐만 아니라 언어 교육에도 매우 활발하게 활용되고 있다. 언어 간 비교를 위해서는 두 언어 코퍼스의 비교 연구나 병렬 코퍼스(번역 코퍼스)가 활발히 사용되며, 언어 학습자가 산출하는 학습자 코퍼스(오류 코퍼스) 역시 활발하게 사용되고 있다. 이에 본서는 한국어에서의 어휘 교육의 지향점을 살펴보고 이와 연계되는 코퍼스의 역할과 활용에 대한 주된 논의를 담고자 한다.

우선, 한국어교육에서의 어휘 연구는 어휘 교육 및 학습을 향상시키기 위해 다양한 과제와 문제를 해결하고 있는데, 그간의 연구에서 쟁점이 되는 구체적인 주제로는 아래와 같은 것들을 들 수 있다.

첫째, 학습자가 알고 있는 어휘의 양적 크기와 질적 깊이를 확장하는 방법을 모색한다. 어휘 연구는 광범위한 어휘를 가르치기 위한 효과적인 전략뿐만 아니라 단어 의미에 대한 더 깊은 이해와 유지를 촉진하는 기술을 알아내고자 한다. 이에 그간의 한국어교육의 어휘 연구에서는 어휘 선정 연구(일반 목적, 특수 목적) 및 어휘 사전 연구, 통합적 관계를 보이는 어휘 패턴(연어, 복합 구성, 속담, 관용표현), 어휘 의미 관계(어휘장, 계열 관계 어휘 의미), 문화 어휘, 어종별(고유어, 한자어, 외래어) 어휘 연구, 언어 간 어휘 대조 연구 등이 활발했는데, 이들은 주로 어휘 교육 자료 구축에 대한 논의들이다.

둘째, 어휘 연구에서는 제2 언어 학습자의 어휘 습득을 위한 가장 효과적인 방안 연구도 활발하다. 구체적으로는 어휘의 명시적 교수, 암묵적 학습 및 어휘 능력 개발에 있어서 부수적인 어휘 노출의 역할 등의 탐구가 활발하다. 또한 직접 교육, 상황별 학습, 어휘 게임, 멀티미디어 접근 등 어휘 교육을 위한 다양한 교육 전략을 탐구하여, 다양한 학습자 집단에 매력적이고 효과적이며 적합한 방법을 찾아내고자 노력해 왔다. 어휘 지식과 읽기 능력 간의 상관성 연구도 활발한데, 어휘 교육이 읽기 능력을 어떻게 지원하는지와 같은 어휘와 읽기 교육을 통합하기 위한 효과적인 교육 전략이 무엇인지를 찾고자 노력해 왔다. 아울러, 언어 교육에서 기술 사용이 증가함에 따라 연구자들은 효율적인 어휘 교육을 위한 디지털 도구와 자원에 대해 관심을 가지고, 어휘 학습 경험을 향상시키기 위한 교육용 앱, 온라인 플랫폼 및 멀티미디어 리소스의 사용을 연구한다. 이밖에 어휘 습득 및 어휘 오류, 어휘 학습 전략, 어휘 교수 방안에 대한 논의와 더불어 어휘 교수 연구도 활발하였다.

셋째, 학문 목적 학습자가 증가하면서, 다양한 과목 영역에서 학업 성공을 지원하기 위한 어휘 교육에의 관심이 높아지고 있다. 학문적 어휘, 영역별 용어, 학문별 언어 기술을 가르치는 방법을 탐색하며, 학술 교육에서 어휘 교육의 역할을 연구하고 있다. 또한 다양한 언어적, 문화적 배경을 가진 학습자에게 학술 어휘를 가르치는 효율적인 전략을 찾고자 한다.

넷째, 학습자의 어휘 지식과 숙달도를 평가하기 위한 신뢰할 수 있고 유효한 측정 방법을 개발하고자 과제 기반, 어휘 테스트, 컴퓨터 적응형 평가를 포함한 다양한 평가 방법 연구를 지속하고 있다.

이상으로 살핀 바와 같이 어휘 연구는 한국어교육에서 학습자의 어휘 지식의 확장과 효과적인 어휘 교수 기술을 개발할 수 있도록 지원하기 위해 다양한 문제를 살피고 있다. 특정 목적 학습자를 위한 어휘 목록 구축이나 전략 교수, 그리고 어휘 평가 등의 문제에도 많은 관심을 보여 왔다. 이러한 연구들은 학습자의 어휘 학습을 지원하고 궁극적으로는 학습자 집단의 언어 능력 전반을 향상시키는 것에 목표를 두고 있으며, 코퍼스는 이러한 여러 영역에서 의미 있는 연구 결과를 산출하기 위한 주된 방법론이 되어 왔다. 본서에서는 이 중 어휘 지식 및 자료 구축에 방점을 두고, 어휘 교육 연구에서의 코퍼스 활용 방법 및 실제를 집중적으로 탐구하고자 한다.

1.2. 어휘 지식과 어휘 교수

Nation(2000)에서는 언어 교육에서의 어휘 지식을 양적 지식과 질적 지식으로 구분하고 있다. 학습자의 측면에서 목표 어휘의 지식은 목표 어휘의 단어 수라는 양적 문제와 더불어, 개별 단어를 어느 정도까지 알고 있느냐 하는 질적 문제로 접근할 수 있다.

첫째, 어휘의 양적 지식 문제에 대해 생각해 볼 수 있다. 우선, 한국어는 다른 언어에 비해 어휘 규모가 큰 편이다. 한국어에는 역사적 기원에 따라 고유어, 한자어, 외래어가 혼용되고 있고 혼성어의 사용도 활발하기 때문이다.[1] 학습자의 측면에서 본다면 자신의 모국어와의 이중언어 사전에서 대역이 쉽지 않은 다수의 어휘가 포함될 수 있어, 학습자의 어휘 학습 부담량은 매우 커지게 된다. 설사, 단어 간의 대당어가 존재하더라도 각 단어의 다의 항목들 모두가 일치하기는 어렵다. 이에 모국어에 존재하지 않는 어휘 갭(gap)은 단어뿐만이 아니라 단어 내의 세부 의미 항목에서도 존재할 수 있다. 실제로 고급 학습자들

1 우리말샘(https://opendict.korean.go.kr/)은 국립국어원이 2016년 표준국어대사전에 없는 어휘를 담아내기 위해 출시한 개방형 웹 사전이다. 우리말 샘에는 시대와 환경에 따라 만들어지는 방언, 신조어, 단어 등이 광범위하게 수록되어 있다. 표준국어대사전 50만 단어, 생활어 및 신어(新語) 7만 5,000단어, 방언 9만 단어 등 총 100만여 이상의 단어가 등록됐다.

역시 산출 어휘에 오류를 보이지 않더라도, 어휘의 다양성이나 세련성 면에서는 미흡한 미사용(더 적절한 단어가 아닌 아는 단어로 한정해서 사용하는) 오류를 만들 수 있다.

또한, 구 단위나 상투 표현에 대한 지식도 필요하다. 한국어 단어의 대역어가 반드시 모국어의 단어에 머무는 것은 아니며, 목표어의 단어가 모국어에서는 구 단위로 나타날 수도 있고, 반대의 경우도 있다. 한국어에서의 개념 단위는 언제나 단어의 형태로만 나타나는 것은 아니며, 구 단위로 나타나는 경우도 많으므로 어휘 학습의 부담은 더욱 커지게 된다. 특히 구 단위 어휘가 하나의 개념어가 되는 경우에는 구의 구성 요소가 되는 단어 간[2]의 결합에 대한 지식이 필수적이다. 왜냐하면 구 단위는 개별 구성 요소의 의미를 알더라도, 그들의 결합 정보에 대해 모른다면 오류를 만들 수 있기 때문이다. 때로는 일상생활에서 자주 사용되는 상투 표현이나 특정한 상황에서 자주 쓰이는 정형화된 표현까지도 어휘 학습의 단위가 되어야 하므로 학습자의 부담량은 더욱 늘어나게 되는 셈이다.

아울러, 한국어는 외국 문화 수용에 따른 전문 어휘나 영어식 외래어의 수용이 매우 활발해서 어휘의 변화도 매우 빠른 편이다. 이와 함께 이미 존재하는 단어를 활용하여 만든 '의미적 신어'의 사용도 활발한데, 예를 들면 '고구마'는 채소의 일종이 아니라 '답답한 상황 혹은 사람'의 의미로 매우 활발하게 사용한다. 학습자들은 '고구마'라는 단어를 안다고 해도 '신어적인 의미'를 모른다면 의사소통에 혼란을 겪

2 표준국어대사전에서도 특정 표지(^)를 사용하여, 이러한 구 단위 표제어의 존재를 인정하고 있고, 개방형 사전이나 오픈 사전 등에는 이미 구 단위 표제어의 등재가 활발하다.

을 수 있으므로 이러한 의미적 신어 역시 새롭게 학습해야 할 어휘 항목이 되는 것이다. 빠른 어휘 변화는 해당 어휘를 알더라도 새롭게 부가된 의미에 대한 이해와 산출을 어렵게 하므로 어휘 학습의 어려움을 더하게 된다.

새롭게 만들어지는 신어들은 일정 시기에는 그 사용 빈도나 비중이 매우 높아, 해당 단어를 모르는 소통에 어려움을 겪기도 하지만, 짧은 시기에만 사용되고 사라지거나 다른 유행어로 대체되는 경우가 너무 잦아서, 교재에서는 이들 모두를 학습 어휘로 선정하여 다루지는 못하는 한계가 있다. 이렇듯 목표 언어의 방대한 어휘 항목 수와 모국어 어휘와의 불일치, 그리고 단어를 넘는 구 단위의 관례적인 사용, 그리고 시대적 변화에 따른 의미적 신어의 출현과 어휘 의미의 변화는 어휘 항목의 목록 면에서 학습자의 어려움을 가중하는 요소들이 된다.

둘째, 어휘의 질적 지식에 대한 문제에 대해서도 고민이 필요하다. 우선, 학습자가 알아야 할 어휘 정보의 질적 범위가 매우 넓다는 데에 학습의 어려움이 있다. 구체적인 정보의 범위를 살펴보면 우선, 목표 단어의 발음과 형태 정보는 물론[3], 용언의 경우 활용형 정보나 제약, 체언의 경우도 의존명사나 보문명사, 서술성 명사와 같이 사용 환경에서의 제약도 알아야 한다. 목표 단어의 품사 정보는 물론이고 정확한 의미에 대한 이해와 그 단어가 사용되는 관련 주제에 대한 지식도 함께 필요하다.

또한 어종(한자어, 고유어, 외래어)에 따른 단어들은 의미의 유사성을 가진 단어들도 많아서 학습자들에게는 이들 단어 간의 의미적 변별이

3 학습의 초기에는 유사한 형태의 단어에도 혼동을 일으키는 경우가 잦다.

어려움의 대상이 되기도 한다(예: 나라-국가, 키우다-기르다). 이들 단어 간 차이는 학습자들의 모국어에는 존재하지 않을 수도 있으므로, 유의어 또는 유사 어휘 변별 정보에 대한 지식이 부족하다면 혼동의 오류를 산출하는 일이 많다. 중급 이상의 학습자도 자주 범하는 오류가 유사 어휘 혼동에 의한 오류이다.

아울러, 유창하고 적절한 산출을 위해서는 연어 정보나 사용역 정보에 대해서도 알아야만 완전한 발화나 문장의 구성이 가능하다. 특히 상황 맥락에 따라 어휘가 특정 화용상의 의미를 가지는 경우, 적절한 표현을 위해서는 이에 대한 지식도 필수적이다.[4] 그 단어가 사용되는 사회문화적 맥락에 대한 이해가 없다면 해당 단어의 의미를 알아도 적절하게 사용할 수 없기 때문이다. 어휘는 특히 문화 특정적인 특성이 매우 강하여, 단순한 개별 단어의 이해를 넘어서서 해당 언어의 특성을 드러내게 된다. 언어 간 비교에서 어휘 갭(lexical gap)으로 나타나는 영역(예: 친족 어휘)이나 기초 어휘(예: 색채 표현)와 이에 따른 연어 관계 어휘의 차이, 관용표현들은 전형적으로 문화 간 어휘 차이를 보여주는 영역으로, 사회문화적 맥락이라는 담화 층위를 고려한 어휘 학습이 요구되는 것들이다.

이렇듯, 목표 언어 어휘의 실제적 사용에 있어서는 연어 관계, 어휘 의미 관계, 화용적 지식 등의 정보가 요구되며, 이러한 사용의 실제성은 규칙적이기보다는 관습적인 사용 패턴의 문제이므로, 코퍼스에서 사용되는 언어의 실제성을 파악하지 않으면 어휘 사용의 패턴을 일반

---

4 관용표현의 경우에는 특히 해당 표현의 의사소통 기능, 문화적 배경 등을 알아야 적절한 상황 맥락에서의 활용이 가능하다.

화하기 어렵다.

2. 어휘 교육과 어휘 단위

2.1. 어휘 단위와 어휘 항목

언어 교육에서의 어휘 단위 연구는 어휘소를 중심으로 이루어져 왔다. 유사한 의미를 지닌 관련 단어 형태의 집합을 나타내는 추상적 어휘 의미 단위인 어휘소(Lexeme)는 언어 교육 분야에서 지속적인 관심을 받아 왔다. 학습자들은 자신의 모국어와 목표 언어에서의 어휘소 및 어휘 범주를 살핌으로써, 단어 형성, 의미 체계 및 어휘 구조의 보편성과 패턴을 파악할 수 있게 된다. 특히 어휘 습득에 관한 연구에서는 학습자가 제2 언어 습득에서 어휘소를 획득하고 개발하는 방법에 중점을 두어, 이때 어휘 학습에 영향을 미치는 요인에 대해서 고민하고 연구한다. 어휘소는 어휘의 의미 단위로, 언어 교육에서는 어휘소 연구를 통해 어휘의 의미와 개념적 표현뿐만 아니라 의미가 언어를 통해 해석되고 표현되는 방식의 차이를 연구한다. 이에 어휘 교육 분야에서 가장 활발히 연구된 영역은 다의어, 은유, 이미지 도식, 인지 과정 등의 연구들이다.

또한, 어휘 다양성 및 다중 언어 사용 등의 논의들이 다루어지면서 어휘가 다양한 언어, 방언 및 사회 문화적 맥락에 따라 어떻게 달라지는지 조사하는 연구도 활발했다. 구체적으로는 어휘 차용, 코드 전환, 어휘 감소 및 언어 접촉이 어휘 다양성에 미치는 영향 등이 연구되었다. 아울러 이해 및 생성에서 어휘 항목이 어떻게 접근되고, 검색되고 처리되는지에 대해서도 많은 연구들이 이루어져 왔는데, 어휘 접근, 의미 프라이밍 효과, 어휘 의사 결정, 어휘 처리에서 맥락의 역할과 관련된 인지 조사 등이 그 예들이다.

이러한 연구들은 모두 어휘 자료 수집과 분석이 기반이 되므로 이는 코퍼스 연구 방법론을 취하게 된다. 어휘 사전, 코퍼스 연구 및 자연어 처리와 같은 어휘 분석 도구의 개발 및 적용 연구들은 한국어교육에서의 어휘 교육 연구를 위한 기초가 되는 것들이다. 또한 전반적으로 어휘 연구는 학제 간 성격을 띠며, 언어학, 심리언어학, 전산 언어학, 언어 교육, 인지 과학을 포함한 다양한 분야와의 관련성을 가지면서 방법론을 포괄적으로 공유하게 된다.

언어 교육에서 어휘소는 주로 어휘 항목(lexical item)으로 불린다. 단어와는 다른 의미 단위의 개념으로, 언어 교육에서 어휘 교수의 단위가 된다. 또한 교실 현장의 교수 대상 어휘는 동일한 단어군 또는 어휘 세트에 속하는 관련 단어로 구성된 군집의 형태로 제시되는 경우가 많다. 이렇듯 어휘 교육의 현장에서 공유된 형태적 또는 의미론적 특징을 기반으로 그룹 단위로 단어를 가르치는 것은 학습자가 단어 간의 패턴과 연결을 인식하는 것이, 기억과 이해를 촉진하는 데 도움이 될 수 있다고 알려져 있기 때문이다.

교수 대상 어휘 목록을 결정하는 데는 학습자의 숙달도 수준, 교육 목표, 학습 상황, 커리큘럼 표준 등 다양한 요소를 고려하게 된다. 구체적으로 어휘 항목을 선택할 때는 실제 언어 자료인 코퍼스의 분석 결과를 주요한 근거 자료로 삼는 경우가 많다. 코퍼스 분석을 통해 어휘 항목을 선정하거나 군집화하는 방법에 대해 살펴보면 다음과 같다.

우선, 어휘 항목은 코퍼스의 빈도에 근거해서 선택할 수 있다. 실제 텍스트에서 모국어 화자들이 사용하는 어휘 항목의 빈도는 매우 중요한 자료가 되며, 다양한 맥락에서 흔히 접할 수 있는 자주 등장하는 단어에 집중함으로써 학습자는 의사소통에 가장 필수적인 어휘를 습득할 수 있다. 해당 단어가 다양한 레지스터, 장르 및 텍스트 유형에 어떻게 분포되는지를 통해, 실제 언어 사용에서 단어의 빈도와 관련성을 기반으로 어휘 교육과 교육과정 개발의 우선순위를 정하는 데 도움을 준다.

둘째, 어휘 항목은 의미 범주 또는 주제를 중심으로 구성될 수도 있다. 공유된 의미나 주제 관련성에 따라 단어를 그룹화하면 학습자는 특정 영역이나 주제 영역 내에서 어휘 지식을 구축할 수 있어 학습 과정이 더욱 의미 있고 상황에 맞게 만들어질 수 있다. 이러한 항목은 주제와 장르를 중심으로 하는 세부 코퍼스에서 추출되고 정리될 수 있다. 다수의 언어 교재가 주제를 중심으로 하는 단원이 제시되고 있고, 특정 의미장의 어휘를 무리군으로 제시하여 어휘 확장을 유도한다는 면에서 보면, 의미나 주제를 중심으로 하는 어휘 항목의 추출 및 교육적 활용은 매우 중요하다.

셋째, 교육 목표에 따라 특정 학문 분야 또는 연구 분야와 관련된 학문적 어휘 또는 영역별 용어가 포함될 수 있는데, 이는 장르별 코퍼스에서 추출이 가능하다. 이는 학습자의 요구 및 관심 사항에 따라 특정 영역에서의 고빈도 어휘 항목을 선택하는 방법으로, 직업 목적이나 학문 목적 학습자와 같이 특정 영역에서의 어휘 항목에 대한 요구가 있는 학습자들에게는 매우 유용하다. 학문적 주제나 전문 분야와 관련된 어휘를 가르치는 것은 학습자가 학문적 성공과 전문적인 의사소통을 준비하는 데 매우 도움이 된다.

넷째, 어휘 단위는 다단어 단위 또는 덩어리를 포함할 수 있는데, 이러한 어휘 덩어리를 일관된 단위로 가르치는 것은 학습자가 언어 패턴과 유창성을 보다 효율적으로 습득하는 데 도움이 된다. 어휘 간의 통합적 관계를 가르칠 수 있는 어휘 항목의 목록화 및 이를 활용한 어휘 교수는 중요하다. 예를 들어, 연어(자주 함께 나타나는 단어)와 어휘 구문 또는 관용적 표현을 가르침으로 해서 유창성을 기를 수 있으며, 연어 패턴을 이해하면 학습자가 문맥에서 단어를 정확하고 적절하게 사용하는 능력이 향상된다고 알려져 있다. 이러한 통합 관계 목록을 구축하기 위해서는 코퍼스에 나타난 전형적인 연어 패턴과 관용표현, 그리고 맥락에 따른 '상용 표현' 혹은 '관례적 어휘 표현'을 파악하는 일이 중요하다. 학습자는 단어가 다른 단어와 결합하여 어떻게 사용되는지 더 잘 이해하고 의사소통 능력을 향상시킬 수 있기 때문이다.

다섯째, 어휘 단위에는 공통 어근, 접두사 또는 접미사를 공유하는 단어가 포함될 수 있는데 학습자는 이러한 어휘 항목의 분석을 통해 단어 형성 과정을 이해하고 단어를 만들어 내는 기술을 확장할 수 있다. 특히 접사를 분석하거나 부착하는 방법을 가르치는 것은 학습자의 형태소 인식과 어휘력 발달에 기여하게 된다. 코퍼스는 실제로 고빈도로 사용되는 접사나 어근의 목록을 제공해 줄 수 있으며, 때로는 특정 영역에서 자주 나타나는 접사의 목록만을 따로 제공해 줄 수도 있다.

2.2. 어휘 단위와 복합 구성

어휘소는 아니지만 구 단위 어휘가 하나의 개념을 나타내기도 하는데, 어휘 교육에서 이러한 복합 구성의 개념은 매우 중요하다. 인간은 기존 개념들을 결합하여 새로운 개념을 복합 단위로 표현한다. 이러한

'도상성'은 '언어의 구조와 의미 간에 존재하는 유사성'이며, 복합어의 층위, 문장 층위, 담화 층위에서도 발견된다.

특히 'N(명사)+N(명사)' 복합 구성은 하나의 개념 단위로 기능하는 수가 매우 많다는 점에서 어휘 교수의 단위로 주목할 필요가 있다. 복합 구성은 단순히 함께 공기하는 통사적 결합 관계인 연어(collocation)와는 다르며, 하나의 의미 개념으로 인식될 수 있다는 측면에서 단어에 가까우며, 이러한 이유로 이들 표현은 모국어 화자인 경우에도 띄어쓰기의 오류가 많이 만들기도 한다. 더구나 외국인 학습자에게는 이러한 복합 구성들이 자신의 모국어에서는 하나의 단어로 나타나 독립된 의미 단위로 사용되기도 한다.

실제로 표준 국어 대사전과 우리말샘을 검토하면 소위 샛갓 표시(^)를 한 구 단위 표제어는 약 8,167개에 이르는데, 이는 이들의 개념성을 인정하는 셈이다. '가격'과 관련된 〈우리말샘〉과 〈표준국어대사전〉에 등재된 구 단위 표제어를 살펴보면 다음과 같다.

> # 우리말샘
> 가격 물품, 가격 면, 가격 비교사이트, 가격 싸움, 가격 투명성, 가격 표시판, 가격 흥정, 가격 곡선, 가격 관리, 가격 구성, 가격 널뛰기, 가격 논리, 가격 담합, 가격 라인, 가격 모델, 가격 변동, 가격 변동 폭
> # 표준국어대사전
> 가격 경쟁, 가격 공간, 가격 대 성능비, 가격 변동 준비금, 가격 변동 충당금

이러한 단어들은 고빈도로 나타나는 단어 결합에 그치거나, 특정 전문 사용역에서 자주 사용되는 개념들이 상대적으로 많다. 하지만 일부 목록들은 일상생활에서도 활발히 사용되며, 언어교육용 학습 목

록으로 활용이 가능한데, 아래의 표현들은 〈한국어 교재〉에 포함된 표현들이다.

한국어 교재

(예) 국민 배우, 무인 발권기, 기초 대사량, 한옥 스테이, 코로나 세대, 줌 회의, 무인 편의점, 샤인 머스캣, 국군의 날, 권리의 행사, 삶의 질, 좁은 문, 젊은 피, 삶은 달걀, 검은 띠

한국어의 'N1+N2' 꼴의 복합 단위 구성은 매우 활발한 조어 방식이지만, N1+N2 간의 의미 관계도 다양하고 의미적 투명성의 정도는 다소 상이하다. 이들이 단어이냐 아니냐(합성어이냐, 구이냐)는 사전학에서는 중요한 문제이나, 한국어교육에서는 이들이 교수 대상으로 삼을 어휘 항목이냐의 여부가 더 중요하다. 즉, 복합 구성의 빈도가 지나치게 높거나 복합 구성 전체의 의미를 이해하거나 사용하는 것이 필요하다면, 이는 하나의 어휘 항목으로 제시하는 것이 효율적이기 때문이다.

그런데, 이러한 복합 구성은 구성요소의 의미의 합으로도 충분히 의미 이해가 가능한 경우가 많아서 사전학에서는 이들을 모두 표제어로 삼지는 않는다. 예를 들어, 'N + 시간'과 같은 구들의 대부분의 N은 모두 행위성 명사를 나타내며, N이라는 행위가 이루어지기 위한 시간이라는 의미를 가지므로, 이를 확대해서 사용하거나 이해하는 일은 어렵지 않기 때문이다.

(예) 영업시간, 비행시간, 근무 시간, 대기 시간, 수업 시간 등

하지만 어떤 구성들은 N1과 N2의 의미가 어떻게 추론되는지를 파

악하기 어려운 경우도 많다. 어휘 교육의 측면에서 보면 학습자들이 이러한 의미를 파악하고 이해하는 것은 매우 중요하다. 예를 들어 '남자 친구'와 같은 단어들은 사전에서 표제어로 삼고 있지 않으며, 특별한 의미에 대한 설명도 없어 의미를 잘못 이해할 소지가 있다. '남자 친구'는 '남자인 친구'로 해석될 수도 있고, '남친'과 같은 특별한 사이가 될 수도 있다. 이렇듯 같은 구성요소로 이루어진 단어라고 하더라도 언어 간 의미는 매우 상이할 수 있으므로, 목표 언어의 구 단위 항목으로서의 의미 파악은 중요하다.[5] 이러한 관계가 학습자의 모국어에서도 동일하지 않다면, 학습자들에게는 이들의 결합 관계 자체도 학습해야 할 대상이 된다.

N1과 N2은 때로는 복합어로 때로는 복합 구성으로 나타난다. 이들 명사 간의 의미를 살펴보면, 아래와 같이 다양한 관계를 가질 수 있다. 이러한 복합어 혹은 복합 구성의 단위는 형식으로부터 유리된 의미를 가질수록 실제 의미를 추론하기 어려워져서 의미 해석의 난이도가 증가하게 된다. 이에 N1과 N2가 가지는 의미적 투명성의 정도를 유형화하여, 어휘 교수에 활용할 수 있다.

(예) 1. N1[주제] N2: N1에 관한 N2 (예) 음식 문화
2. N1[목적] N2: N1을 위한 N2 (예) 통학 버스
3. N1[수단] N2: N1에 의해 이루어지는/형성되는 N2 (예) 카드놀이
4. N1[시간] N2: N1에 있는/이용되는 N2 (예) 심야 버스
5. N1[공간] N2: N1에서 있는/이용되는 N2 (예) 들풀

5 보수적인 언어 사전이 담지 못하는 단어 간의 결합이나 거기에서 파생하는 의미의 문제를 언어 교육에서는 주목할 필요가 있다.

6. N1[유래] N1: N1으로 인해 만들어지는/형성되는 N2 (예) 유전병
7. N1[같음] N2: N1인 N2 (예) 외국인 유학생
8. N1[재료] N2: N1으로 구성된 N2, N1이 있는 N2 (예)금도끼
9. N1[전체] N2: N1에/에게 있는 N2 (예) 연필심
10. N1[보유자] N2: N1이 갖는 N2 (예) 주인집

이에 학습자들에게는 이러한 복합 구성의 세부 유형을 구분하여, 어떤 의미로 이해하고 산출하여야 하는지를 파악하는 일이 중요해진다. 한국어 사전에서 이러한 정보를 충분히 주고 있지 못하지만, 관례적으로 활발한 복합 구성이 있다면 이러한 구성의 목록을 확보하는 것은 필수적인데, 실제 용례 기반의 코퍼스는 이러한 관례적 복합 구성의 패턴을 파악하는 데에 기초 자료가 된다.

더구나, 이러한 'N1+N2'의 구성은 학문 목적의 영역에서는 '명사화'에 연동된다는 점에서 추상화, 객관화를 지향하는 고급 수준의 글쓰기에서는 매우 중요한 요소가 되므로, 쓰기 교육에서는 주목할 만하다. 코퍼스 분석을 통해 한국어에서의 고빈도 복합 구성을 파악하고 목록화하는 일은 매우 중요하며, 자칫 단어나 연어에 머물 수 있는 어휘 교수의 단위를 구 단위 어휘 항목으로 확대하여 논의하는 것은 한국어의 관습성에 익숙하지 않은 외국인 학습자들에게는 매우 중요한 일이다.

2.3. 어휘의 의미 관계

어휘 교육에서 고려해야 할 또 하나의 요소로는 어휘의 가족 관계를 들 수 있다. 가족 관계를 가지는 어휘군('단어족 word family'으로 부르기

도 함)에 대한 코퍼스 연구는 특히 동일한 어근이나 어간을 공유하는 단어에 초점을 맞춰 단어 간의 연결에 관심을 가진다. 코퍼스는 대규모 어휘 자료를 제공하여, 단어 형태와 그 변형을 분석하여 접두사, 접미사, 어근과 같은 형태학적 패턴을 식별할 수 있게 하므로, 어휘 가족군을 밝혀내는 데에 도움을 줄 수 있을 뿐만 아니라 학습자가 단어가 어떻게 형성되고 형태적으로 서로 연관되는지 이해하는 데도 도움을 준다. 코퍼스 연구에서의 형태소 분석을 통한 단어 형성 패턴을 분석한 결과는 어휘의 확장과 단어 구성 전략을 익히게 하여 어휘 교육에 도움을 주는 것이다.

흔히 동일 계열 내의 단어는 관련된 의미나 의미 영역을 공유하게 된다. 예를 들어, "먹-"이라는 어근에서 파생된 단어는 모두 '먹다'의 개념과 관련이 있는 단어들이다. 이러한 의미론적 관계를 이해하면 학습자가 어휘를 확장하거나, 단어 의미의 뉘앙스를 파악하는 데 도움이 된다.

(예) 먹-: 먹다, 먹이, 먹보, 먹거리, 되먹임, 처먹다
친절: 친절히, 친절스럽다, 친절미, 불친절, 불친절하다

한편, 특정 의미를 공유하는 어휘장의 목록들이 언어 교육에 활발하게 사용되기도 한다. 그런데 어휘장에 속하는 단어 목록은 동일하지 않고 종종 문화적 요인의 차이를 반영하므로, 목표 언어에서의 동일 어휘장에 속하는 단어를 아는 것은 중요하다.

(예) 시간: 봄, 여름, 가을, 겨울, 아침, 점심, 저녁, 요일, 달, 해 등

언어마다 가족 관계의 범위는 동일하지 않으며, 특정 언어 공동체의 고유한 문화적 관행, 신념 또는 가치를 반영할 수 있다. 예를 들어, 음식, 가족, 사회 관습과 관련된 표현은 문화적 차이로 인해 언어별로 서로 다른 관계를 나타낼 수도 있다. 예를 들면 '친족 관계'는 한국어에서 매우 발달한 어휘장으로 알려져 있다. '생일'에 관련된 어휘장 역시 나라마다 차이를 보일 수 있으며, 그에 관련된 단어들은 해당 문화와 밀접하게 연관되어 있기 쉽다. 이러한 어휘장은 코퍼스의 어휘 네트워크 분석 등의 기법으로 파악하여 언어 교육에의 활용을 가능하게 한다.

3. 코퍼스 기반 어휘 교육 연구

3.1. 코퍼스 기반 어휘 교육 연구

앞서 어휘 지식과 어휘 교육의 다양한 쟁점들은 대규모 어휘를 다루는 코퍼스 언어학과 필연적으로 연계됨을 살펴보았다. 이렇듯 코퍼스 기반의 어휘 교육 연구는 최근 어휘, 기능, 의미, 관습을 중시하는 언어 연구와 맥이 닿는다. 해당 연구에서는 어휘의 의미는 사용 맥락에서 정착되며, 특정 장르에서 경향성을 띠게 되므로, 사용에서의 의미 기능에 대한 탐구와 실제 자료에서의 사용 양상을 파악하는 일은 매우 중요하다. 이러한 언어학의 연구의 의미 기능적 접근은 할리데이(1961, 2006)의 체계기능 언어학[6]과 코퍼스 언어학에서 두드러지는데,

---

6 일관성 있는(coherent) 담화의 생산은 상호작용의 과정에서 매우 중요하다. 상호작용의 과정에서 화자와 청자는 서로 다른 유형의 의사소통 지식(인지적, 표현적, 사회적, 텍스트적)에 의존하게 된다. 이러한 의사소통 지식은 문법적인 언어 지식을 보완

이들에게는 어휘와 문법의 구분은 그리 의미 있지 않으며, 실제 언어 사용에서의 어휘 운용의 패턴화된 원리를 파악하는 것이 더 중요하다고 본다.

코퍼스 기반 어휘 연구 분야는 어휘 습득, 사용 및 교육의 다양한 측면을 조사하기 위해 새로운 방법, 기술 및 이론적 논의들을 통합하면서 계속 발전하고 있다. 최근 연구에서는 대규모 코퍼스를 보다 효율적이고 정확하게 분석하기 위해 점점 더 고급 NLP(자연어 처리) 기술과 기계 학습 알고리즘을 활용하고 있어, 전산학자와의 연계 연구가 활발하다. 어휘 데이터, 연어 패턴, 의미 관계 등의 언어적 특징을 더 큰 규모의 데이터에서 더 정확하게 추출하고 분석하고 있다. 또한 인터넷에 멀티미디어 콘텐츠가 확산됨에 따라, 어휘 연구를 위한 다중 모드 코퍼스(텍스트, 이미지, 오디오 및 비디오 통합)의 사용도 활발한데, 텍스트에만 머물지 않고, 어휘가 다양한 양상과 맥락에서 어떻게 사용되는지를 연구한다.

또한 코퍼스 기반 어휘 연구는 언어 습득 및 용법 기반 언어 사용 양상 연구 등의 언어 교육 연구에 더 활발히 활용되고 있다. 어휘 교육에서는 실제 의사소통 맥락에서 어휘 지식이 어떻게 획득, 저장 및 사용되는지 조사하고, 코퍼스 데이터를 활용하여 사용 패턴, 빈도 효과 및 어휘 생성의 원리를 탐색하여 교육에 적극 활용하고 있다. 또한 코퍼스 기반 어휘 교육 연구는 이중 언어 혹은 다중 언어 텍스트로 확장되어 언어 간의 어휘 사용 패턴을 비교하는 연구로도 확대되고 있다. 학습자의 모국어는 목표 언어의 습득에 끊임없이 영향을 미치기

하게 되며, 이때 어휘는 언어적 결속성을 다루는 중요한 요소가 된다.

때문인데, 병렬 혹은 다중 코퍼스 분석을 통해 어휘 차용, 번역 등가물 등을 조사하여 언어 간 비교와 언어 접촉 현상, 그리고 언어 간 전이 현상을 밝히고 있다.

아울러, 학문 목적과 직업 목적의 학습자가 증가함에 따라 특정 사용역 및 전문 어휘 연구도 활발하게 진행되어 왔다. 인문, 사회, 과학 분야에서의 학술 영역별 전문 어휘에 대한 관심이 높아지고 있으며, 전문 코퍼스를 분석하여 영역별 어휘, 배열, 담화 패턴을 파악하여 이를 학문 분야별 학습자의 언어 교육에 적극 활용하고 있다. 코퍼스 기반 연구의 결과물들을 활용하여, 학습자의 특정 어휘 요구 사항과 과제를 해결할 수 있는 교육 자료를 구축하고, 어휘 연습 및 어휘 교수 활동을 위한 자료 만들기에도 활발히 활용되고 있다.

3.2. 코퍼스 기반 연구의 효용성과 한계

그렇다면 구체적으로 코퍼스는 어휘 교육에 어떤 구체적인 기여를 하는지를 살펴볼 필요가 있다.

우선 학습자에게 맥락에 맞는 어휘의 실제 예를 제공하는데, 이러한 실제성은 학습자가 교재의 정의에만 의존하기보다는 다양한 상황에서 단어가 실제로 어떻게 사용되는지 이해하는 데 도움이 된다. 학습자로 하여금 광범위한 텍스트 유형이나 장르 및 레지스터의 어휘에 대한 노출을 제공하여, 동일한 단어가 맥락에 따라 뉘앙스가 어떻게 달라지며 상황에 따라 의미가 어떻게 달라질 수 있는지를 이해하는 데 도움을 준다. 또한 어휘 항목과 관련된 상황별 정보를 제공함으로써 학습자가 문장과 단락에서 단어가 어떻게 사용되는지 확인할 수 있다. 이러한 상황별 학습은 어휘를 더 잘 이해하고 기억하는 데 도움을 주게 된다. 코퍼스가 제공하는 언어 자료의 장점은 함께 자주 나타나는 단어와 구문을 제공하여, 자연스러운 단어의 조합을 파악하는 데 도움을 준다는 점이다. 이러한 통합 관계에 따른 언어 노출은 자연스럽고 유창하게 들리는 언어를 생산하는 학습자의 능력을 향상시키게 된다.

또한 교수자들에게는 단어와 구문의 빈도를 강조하여, 학습자가 실제 텍스트에서 해당 어휘가 얼마나 자주 나타나는지에 따라 집중할 어휘의 우선순위를 정하여 교수요목(syllabus)을 설계하는 데 도움을 주게 된다. 코퍼스에서 추출한 실제 언어 자료들은 언어 교재의 내용이 되는 다양한 말하기, 듣기, 읽기, 쓰기 자료의 텍스트를 만드는 데에 기여할 수 있다. 교수자들은 코퍼스를 수업 활동 중에 활용할 수도 있다. 고급 학습자들에게 코퍼스를 적극적으로 탐색하고 분석하는 기회를 제공하여, 스스로 어휘의 패턴을 발견하는 학습 과정을 통해 자율성과 참여를 촉진할 수 있다. 이러한 코퍼스 분석 활동을 통해, 학습자들은 언어가 작동하는 방식을 깊이 있게 이해하게 된다.

그런데, 이러한 코퍼스 기반 어휘 연구는 어휘 교육 및 어휘 발달 연구에 많은 기여를 하지만 고려해야 할 문제점도 존재한다.

우선, 코퍼스는 언제나 모든 언어 자료를 대표하는 것은 아니라는 점이다. 자료 수집의 한계로 인해, 특정 장르나 기간 또는 영역의 텍스트에 편향될 수 있기 때문에 자칫 코퍼스의 결과는 과잉 일반화 가능성을 가지고 있다. 대규모 코퍼스일수록 이러한 한계를 넘어설 수 있지만, 특히 규모가 작은 코퍼스는 전체 범위의 어휘를 포착하는 데에 실패하거나 빈도가 낮거나 전문적인 어휘 항목의 특성을 자세히 파악할 수 없다. 또한 언어 교육에서는 다양한 맥락에서의 어휘 사용 정보가 필수적인데, 코퍼스가 담화 문맥, 화자의 의도 또는 상황 요인과 같은 어휘 항목을 둘러싼 문맥 정보 모두를 제공하기는 어렵고, 제한적인 편중성을 가질 수도 있다.

또한 언어는 역동적이고 끊임없이 변화하는 데 반해, 코퍼스는 특정 시점의 언어 사용에 대한 정적 결과를 보이므로, 언어 사용, 문화적 규범 및 사회적 추세의 변화에 대해 충분한 자료를 제공하지 못할 수 있다. 일정 시기마다 균질적인 언어 자료가 지속적으로 업데이트되지 못한다면 실제 언어 사용을 그대로 반영한다고 보기 어려운 측면도 있다.

아울러, 코퍼스 기반 분석에는 코퍼스 언어학에 대한 정교한 계산 도구와 전문 지식이 필요하다. 하지만 코퍼스 데이터를 해석하고 의미 있는 분석을 수행하는 것은 복잡하고 시간이 많이 소요될 수 있으며, 전문적인 기술과 지식이 필요하므로, 주석의 정합성 부족은 연구 결과의 신뢰성과 타당성에 영향을 미쳐 부정확한 분석에 머물 수 있다. 게다가 모든 연구자나 교육자가 코퍼스 데이터의 활용에 익숙지 않으므로 사용 접근성의 한계가 있으며, 경험이 부족한 연구자는 코퍼스 자원을 탐색하고 결과를 정확하게 해석하는 데 어려움을 겪을 수 있다.

이밖에 균형적이며 대표성을 가진 코퍼스의 수집은 쉽지 않은데, 수집에는 개인 정보 보호, 동의 및 기밀 유지와 관련된 윤리적 사항이 고려되어야 하기 때문이다. 데이터를 수집하고, 주석하고, 분석하는 과정에서 민감하거나 개인 식별이 가능한 정보를 다룰 때 윤리적 지침을 반드시 준수하고 적절한 허가를 받아야 한다. 하지만 이러한 한계에도 불구하고 코퍼스 기반 어휘 교육 연구는 학습자의 어휘 습득, 교육 및 학습을 조사하는 데 매우 귀중하고도 객관적인 연구 방법이며, 어휘 교육 자료의 구축이나 방법론의 모색에서 매우 중요한 통찰력과 신뢰성, 타당성을 부여하는 장점을 가진다고 하겠다.

3.3. 학습자 코퍼스와 어휘 연구

일반적인 한국어 코퍼스 연구는 한국어의 특성을 가르치기 위한 교육 내용 구축에 활용됨에 반해, 학습자 코퍼스는 한국어를 배우는 학습자가 산출한 언어 자료 그 자체로 주로 언어 교육에서만 활용되는 자료이다. 학습자 코퍼스는 오류를 포함한 학습자 언어의 발달 양상을 살필 수 있다는 점에서 어휘 교육 연구를 위한 귀중한 자원이 된다. 언어 교육 연구에서는 학습자 코퍼스를 사용하여 언어 학습자의 어휘 습득, 사용 및 발달의 다양한 측면을 조사할 수 있다.

우선, 학습자 코퍼스는 언어 학습자의 어휘 사용 오류를 분석하는 데 사용되는데, 잘못된 단어 선택, 연어 오류, 의미 혼동 등 학습자가 산출한 어휘 오류 유형을 조사하여 어휘 습득에 어려움을 겪는 영역을 식별하는 데에 도움을 준다. 또한 학습자의 어휘 발달 양상을 살필 수 있는데, 숙달도별 어휘 사용 양상을 조사하여 어휘 습득의 과정과 어휘 발달에 영향을 미치는 요인을 파악할 수 있다. 개인 학습자의 어휘 지식과 사용 패턴을 파악하여, 학습자의 요구와 부족한 영역을 파악하여 맞춤형 어휘 교육을 마련하기도 한다.

학습자 코퍼스를 통해서 학습자가 말하기와 쓰기에서 이러한 어휘 덩어리를 어떻게 사용하는지를 통해 언어 사용의 유창함과 자연스러움의 발달을 보기도 하며, 어휘 다양성 여부를 분석하기도 한다. 학습자 코퍼스 연구는 어휘 사용의 정확성, 복잡성 및 적절성을 조사하여 학습자의 어휘 숙달도를 평가하기도 하는데, 어휘 풍요도 지수, 오류 분석 등의 측정 방법을 사용한다. 또한 학습자 언어권 집단별, 숙달도 수준별, 학습자 동기 및 배경별, 교육적 맥락별 어휘 사용 비교 연구를 통해 어휘 습득 및 사용의 발달 단계를 살피기도 한다. 이렇듯 학습자 코퍼스 연구는 학습자의 어휘 습득, 사용 및 개발 전반에 대한 귀중한 통찰력을 제공하여 효과적인 어휘 교육 및 교육과정 설계에 기여한다.

학습자 언어 기반의 코퍼스 연구는 학습자가 어휘군 내에서 단어를 획득하고 사용하는 방법에 대한 학습자 발달의 정보를 제공하기도 한다. 학습자 코퍼스를 분석함으로써 학습자가 사용하는 오류, 어려움, 전략 등 어휘 발달 패턴을 식별하여, 학습자에게 어떠한 추가적인 어휘 교육이 필요한지에 대한 정보를 제공한다.

3.4. 교실에서의 학습자 코퍼스의 활용

학습자 코퍼스는 어휘 학습, 언어 교육 및 평가를 지원하며 교실에서도 효과적으로 활용할 수 있는 여러 가지 방법이 있다.

우선, 교사는 학습자 코퍼스를 사용하여 학생들이 쓰기 또는 말하기 언어 자료에서 저지른 오류를 분석할 수 있다. 반복되는 오류나 어려움이 있는 영역을 식별함으로써 교사는 학습자의 특정 요구 사항을 해결하기 위한 맞춤형 피드백과 교정 교육을 제공할 수 있다. 또한 학습자 코퍼스를 진단 평가에 사용하여 학습자의 어휘 지식 및 사용법에 대한 강점과 약점을 식별할 수 있는데, 학습자의 언어 산출 자료를 분석하면 교사는 개별 학습자의 숙달도 수준에 대한 파악과 어떤 부분에서 개인 학습자의 개선이 필요한지에 대한 정보를 얻을 수 있다.

예를 들면, 교사는 학습자 코퍼스를 사용하여 개별 학생이나 학습자 그룹을 위한 어휘 프로필을 만들 수 있다. 교사는 쓰기 또는 말하기 언어 자료에서 학습자가 사용하는 어휘의 빈도와 범위를 분석하여 학습자의 어휘 폭과 깊이를 평가하고 이에 따라 교육을 맞춤화할 수 있는 장점이 있다.

다음으로는 교육 자료 개발에 활용할 수 있다. 교사는 학습자 코퍼스를 사용하여 학습자의 요구와 관심에 맞는 교육 자료와 활동을 개발할 수 있다. 예를 들어, 교사는 학습자 코퍼스에서 식별된 어휘 항목과 연어 패턴을 기반으로 어휘 연습과 학습 과제를 만들 수 있으며, 코퍼스 기반 언어 학습 활동을 통해 학생들이 실제 언어 데이터를 탐색하도록 참여시키는 코퍼스 기반 언어 학습 활동을 설계할 수 있다. 이러한 활동을 통해 학생들은 학습자 코퍼스에서 연어, 동의어 또는 단어 사용 예를 검색하여 어휘 및 언어 구조에 대한 이해를 높일 수 있다. 학생들로 하여금 실제 언어 사용에서 언어 현상과 패턴을 조사하는 과제를 수행하게 할 수도 있다.

또한 학습을 위한 주요 도구가 된다. 예를 들면 고급 학습자의 자기주도 학습에의 중요한 자료가 될 수도 있다. 학습자는 코퍼스를 사용하여 자신의 언어 생성을 분석하고, 개선할 영역을 식별하고, 학습 목표를 설정할 수 있으며, 실제 언어 데이터에 참여함으로써 목표 언어에 대한 인식과 자율성을 개발할 수 있다. 학생들이 실제 언어 사용에서 언어 현상과 패턴을 조사하는 과제를 수행하거나, 다양한 레지스터, 장르 및 다양한 언어에 걸쳐 어휘 사용을 비교하는 과제를 수행할 수도 있다.

■ 2장 ■

코퍼스 활용 어휘 연구의 쟁점

1. 장르 기반 어휘 연구 방법론

장르란 내용, 형식, 스타일 및 의사소통 목적 측면에서 유사한 특성을 공유하는 텍스트 또는 의사소통 행위 모음을 말한다. 문어, 구어, 시각, 복합 형태의 다양한 의사소통의 형태로 다양한 장르가 존재한다.

일반적인 장르의 유형은 내러티브 장르(소설, 단편소설, 민담, 신화, 자서전), 설명 장르(에세이, 연구 논문, 교과서, 백과사전, 과학 기사 등), 논설 장르(사설, 토론, 연설 등), 지침 장르(매뉴얼, 튜토리얼, 레시피, 사용자 가이드, 사용법 비디오 등), 정보 공지 장르(뉴스 기사, 보고서, 뉴스레터, 게시판, 인포그래픽 등), 상호적 장르(인터뷰, 대화, 채팅 세션, 소셜 미디어 상호작용 등), 예술적 장르(영화, TV 프로그램, 뮤직비디오, 코미디, 게임 등), 시적 장르(시, 가사, 구연 등)로 분류된다.

이 중에서 언어 교육에서 의미를 가지는 장르는 학습자에게 언어 능력, 의사소통 능력, 장르 인식을 개발할 수 있는 기회를 제공하는 것들이다. 언어 교육에서 장르는 학습자의 언어적 요구, 의사소통 목표 및 실제 언어 사용과의 관련성을 기준으로 선택되며, 학습자의 언어 발달, 의사소통 능력 및 문화적 이해를 도와야 한다. 아래는 언어

교육에서 주로 다루어지는 장르의 예시들이다.

- 학술 장르: 연구 논문, 수업 보고서, 요약문, 학술 발표문 등
- 전문 분야 장르: 비즈니스 문서, 이메일, 업무 보고서, 프레젠테이션, 이력서, 자기소개서 및 직장 내 의사소통 자료 등
- 일상 장르: 개인 이메일, 소셜 미디어 게시물, 식료품 목록, 문자 메시지, 조리법 등
- 기능적 장르: 요청하기, 지시하기, 프로세스 설명하기, 의견 표현하기 등
- 문학/문화: 시, 단편소설, 소설, 희곡, 문학 에세이, 신화, 전설 등
- 미디어 및 디지털 장르: 블로그, 동영상 블로그, 팟캐스트, 온라인 포럼, 디지털 스토리텔링 등
- 다중 모드 장르: 광고, 만화, 멀티미디어 프레젠테이션 등

언어 교육에서의 유의미한 장르는 학습자의 언어적 요구, 의사소통 목표 및 실제 언어 사용과의 관련성을 기준으로 선택된다. 우선, 학문 목적 학습자를 위한 학술 장르는 고등 교육이나 학술 연구를 추구하는 학습자에게 필수적이므로, 학술 에세이, 연구 논문, 문헌 리뷰, 학술 발표문 등이 포함될 수 있다. 직업 목적 학습자를 위한 전문 장르에는 직장 및 전문적 상황에서의 언어 요구 사항에 부합하는 자료가 포함되는데, 비즈니스 서신(예: 직업상의 이메일, 보고서, 메모), 프레젠테이션, 이력서, 자기소개서 및 직장 내 대화 자료 등이 포함된다. 이러한 장르의 자료들은 직장에서의 의사소통 기술, 전문성 및 취업 준비하는 데에 도움을 주게 된다.

다음으로, 일반적인 학습자들에게 가장 필요한 장르는 일상 장르로, 일상생활에서 접하는 일반적인 의사소통 활동과 언어 기능을 포함

한다. 개인 간의 사적 이메일, 소셜 미디어 게시물, 식료품 목록, 문자 메시지 및 일상적인 대화 등이 포함될 수 있다. 학습자는 이러한 장르 학습을 통해 사회적 상호작용을 탐색하고, 의견을 표현하고, 일상적 과제를 수행하는 데 필요한 실용적인 언어 능력을 개발하게 된다. 일상 장르는 일상에서의 기능적 장르와도 밀접하게 연결되는데, 요청하기, 지시하기, 프로세스 설명하기, 의견 표현하기 등 특정 언어 기능과 의사소통 목적에 중점을 둔 언어 자료들이 포함된다. 문학, 문화 장르 역시 언어 교육에서 목표 문화를 이해하는 데에 중요한 자료를 포함하게 된다.

최근, 미디어나 디지털에서의 의사소통 비중도 매우 높아지고 있다. 이러한 장르에는 다양한 멀티미디어 플랫폼과 디지털 기술을 통한 커뮤니케이션 등이 포함되는데, 블로그, (유튜브) 동영상, 팟캐스트, 숏폼, 디지털 스토리텔링 등이 포함될 수 있을 것이다. 디지털 세상에서의 의사소통에 참여하고 디지털 활용 능력을 개발하는 데에는 필수적인 장르이다. 효과적으로 의미를 전달하기 위해서는 텍스트, 이미지, 오디오, 비디오 등 다양한 의사소통 모드의 결합도 필요하다. 광고, 인포그래픽, 만화, 멀티미디어 프레젠테이션 등이 이러한 장르인데, 학습자가 다중 모드 텍스트를 이해하고 생성하며 시각적 활용 능력을 개발하는 데 도움이 된다.

이러한 장르 기반 코퍼스 연구는 특정 장르의 언어 사용을 조사하기 위한 풍부하고 다양한 방법론을 제공하여 연구자에게 장르별 언어 특징, 담화 관습 및 의사소통 관행에 대한 지식을 얻게 한다. 특히 이들 자료는 학술 작문, 뉴스 기사, 음성 대화 또는 법률 문서와 같은 실제 의사소통 맥락에서 가져온 실제 언어 데이터가 포함되어 있다는 점에서, 언어 자료를 접하는 것 자체가 자연어 사용을 익히게 하는 장점이 있다. 대상 장르를 대표하는 코퍼스를 구축하고 장르별 언어 기능 및 규칙에 대한 정보를 분석하고 이를 교육에 활용하는 일은 중요하다.

또한 동일한 장르 내에서 혹은 다양한 하위 장르에서 또는 담론 공동체, 의사소통 상황 전반에 걸쳐 언어 사용의 변화를 탐색하는 작업들을 통하여, 해당 장르 내 언어 표현과 관습의 다양성을 포착할 수 있다는 장점도 있다. 이렇듯 장르 기반 코퍼스는 여러 장르 또는 담화 맥락에서 언어 사용에 대한 비교 분석을 용이하게 하므로, 장르 간 언어 특징, 수사적 구조, 의사소통 전략의 유사점과 차이점을 조사하여 장르별 언어 규범 및 관습에 대한 정보를 얻을 수 있고 이를 언어 교육에 활용할 수 있다.

장르 기반 코퍼스 연구는 언어 교실에의 적용도 가능한데, 상황에 맞는 언어 사용의 실제 사례를 제공함으로써 교재 및 어휘 평가 문항 작성에도 적극적으로 활용될 수 있다. 이러한 연구는 특히 전문적이고 학문적인 환경에서 학생과 전문가의 글쓰기 교육에 기여할 수 있는데, 장르별 예시 텍스트를 분석하고 고빈도로 출현하는 어휘나 표현들을 익힘으로 해서, 장르별 관습에 부합하는 어휘 산출 능력을 키움으로써 글쓰기 능력 향상에도 기여할 수 있다.

2. 교차 언어 코퍼스 대조 연구

언어 교육에서 코퍼스가 활발하게 사용되는 또 다른 사례는 어휘 대조 연구이다. 교차 언어 코퍼스는 학습자의 모국어와 목표 언어 간의 어휘 사용의 유사점, 차이점 및 패턴을 식별하기 위해 여러 언어의 어휘 항목(단어)을 비교하고 대조하는 작업에 사용된다. 특정 언어 요소에 대한 양 언어의 차이를 분석하기 위해 각각의 코퍼스를 비교 분석하는 작업이 있다. 때로는 목표 언어와 이에 대응하는 병렬 말뭉치(번역 말뭉치라고도 한다)를 활용하기도 한다. 학습자 언어 자료의 해석을 위해서 모국어 화자 코퍼스를 비교 검토하는 연구도 많다.

이들 연구들은 일반적으로 결과의 엄격한 분석과 해석을 보장하기 위해 체계적인 코퍼스 분석 방법론을 따르게 된다. 우선, 비교할 언어를 선택해야 하는데, 언어 선택은 연구 목표, 언어 다양성, 자원 가용성, 연구 질문 등의 요소에 의해 결정될 수 있다. 분석할 어휘 항목(단어)을 정하는 것은 주제 관련성, 사용 빈도, 문화적 중요성 또는 기타 기준에 따라 선택될 수 있으며 구체적으로는 어휘 전반에 걸친 특성, 특정 의미 범주, 특정 단어 범주의 언어적 특징으로 세분되어 다룰 수 있다.

다음 단계로는 대조할 언어에 대해 코퍼스를 편집해야 한다. 편집할 코퍼스가 대상 언어에 대한 대표성과 균형성을 갖추는 일은 매우 중요한데, 이러한 전제가 이루어지지 못하면 왜곡된 일반화의 결과가 나올 수도 있기 때문이다. 대상 코퍼스의 유형은 목적에 따라 책, 신문과 같은 문어 자료나, 음성 대화와 같은 구어 자료, 그리고 웹사이트나 SNS 등에서 추출한 매체 담화 자료 등의 다양한 소스에서 텍스트를 수집할 수 있다. 또한 활용 코퍼스는 양 언어 비교 코퍼스(양 언어의 독립적인 코퍼스)를 선정할 수도 있고, 병렬 코퍼스(내용이 연계된 번역 코퍼스)를 사용할 수도 있다. 연구의 목적에 따라 적합한 코퍼스를 선택하게 되는데, 언어 교육에서는 두 코퍼스의 유형 모두가 활발하게 사용된다.

데이터의 주석은 어휘 항목의 체계적인 분석을 가능하게 하는 중요한 작업이다. 주석은 품사, 의미 카테고리, 빈도 및 문맥 정보와 같은 언어 메타데이터를 어휘 항목에 태그를 지정하는 작업이며, 주석은 일관성을 보장하고 어휘 데이터의 정량적, 정성적 분석을 수행할 수 있도록 해 준다. 데이터 규모로 인해, 복수의 주석자가 함께 하는 경우에는 주석의 세부 지침과 더불어 주석자 일관성 확보를 위한 훈련 등이 전제된다.

주석된 코퍼스의 결과는 정량 분석(양적 분석)과 정성 분석(질적 분석) 모두가 가능하다. 우선 정량 분석은 어휘 전반에 걸쳐 어휘 항목의 빈도, 분포 및 연어 패턴을 비교하는데, 정량적 방법에는 어휘 사용의 중요한 차이점이나 유사성을 식별하기 위한 빈도수, 배열 분석, 일치 분석 및 통계 테스트 등이 포함된다. 반면에, 정성 분석은 어휘 전반에 걸쳐 어휘 항목의 의미론적, 구문론적, 실용적인 측면을 탐구하기 위한 것으로 질적 분석이라고도 불린다. 코퍼스 데이터를 면밀하게 파악하고, 언어적 설명이나 문맥에 따른 언어적 특징의 해석에 초점을 둔다. 이러한 질적 분석을 통해 각 언어의 어휘 항목의 의미, 사용법 및 문화적 의미에 대한 정보를 얻을 수 있다. 언어 교육에서는 연구의 목표에 따라 방법이 선택되는데, 정량 분석을 기반으로 하고 정성적 분석을 부가하여 결합하기도 한다.

언어 교육에서의 교차 코퍼스 분석의 활용은 어휘 항목의 비교 및 대조의 결과 분석을 통해, 목표 언어와 학습자 모국어 간의 어휘 사용의 공통점, 차이점 및 패턴을 식별하고 이를 특정 언어권 학습자의 어휘 교육에 활용할 수 있게 한다는 점에서 중요하다. 또한 교차 언어 비교를 통해 동족 관계, 거짓 번역 짝(false friend), 어휘 차용 등을 살필 수 있고, 어휘의 의미 변화 및 언어 간 어휘 유사성과 차이점에 영향을 미치는 다양한 요소 등을 밝혀낼 수 있다. 이렇듯 교차 코퍼스 분석의 결과는 언어 학습, 번역, 언어 교육 등의 영역에의 의미 있는 시사점을 얻을 수 있는데, 때로는 이러한 해석 과정에서 어휘 대조에 대한 포괄적인 이해를 제공하기 위해 언어적 요소에만 머물지 않고 더 넓은 문화적, 사회 문화적 틀을 고려해야 하는 경우도 있어, 언어 연구와 문화 연구가 접목되기도 한다.

3. 학습자의 어휘 오류 연구

3.1. 어휘 오류 산출의 원인

학습자 어휘 오류는 언어 학습자가 어휘 항목을 선택, 사용 또는 이해하는 과정에서 산출되는 것으로, 학습자 스스로는 옳다고 생각하는 반복적인 실수를 의미한다. 특히 어휘 접근 오류는 학습자가 언어 생성 중에 기억에서 적절한 어휘 항목을 검색하는 데 어려움을 겪을 때 발생하는데, 학습자가 자신의 생각을 표현하기 위해 올바른 단어를 검색할 때 머뭇거림, 일시 중지 또는 자의적인 표현 등을 산출하기도 한다. 이러한 오류는 언어 습득의 다양한 단계에서 발생할 수 있으며 실제 언어 사용에 대한 노출 부족, 어휘에 대한 불완전한 지식으로 인한 잘못된 전략 사용, 학습자의 모국어 간섭 등 다양한 요인으로 인해 발생할 수 있다.

그런데, 언어 교육에서 오류를 다루는 이유가 학습자의 오류 패턴을 알고 그에 대한 오류 처치를 목적으로 한다면 학습자들이 왜 오류를 만들어 내는지가 궁극적인 관심사일 것이다. 어휘 오류를 원인에 따라 분석한다면 크게 두 가지 관점에서 살필 수 있을 것이다.

첫째는 L1(모국어) 기반의 대조적 차이로 인한 것이다. 목표 언어와는 무관하게 학습자의 모국어에서의 어휘 간섭으로 오류가 발생할 수도 있다. 학습자는 대상 언어의 의도된 의미를 정확하게 전달하지 못하는 단어나 구를 자신의 모국어 그대로 번역할 수 있으며, 이때 모국어 간섭은 어휘 선택 및 어휘 사용 오류로 나타날 수 있다. 이러한 모국어 전이 오류는 단어 형성에서도 나타날 수 있는데, 목표 언어에 존재하지 않는 단어를 만들거나 접사를 잘못 사용하여 어휘 생성에서의 오류를 보일 수도 있다. 자신의 모국어에서의 연어 패턴을 그대로 적용하는 오류는 매우 높게 발생하는 오류이다. 구체적인 양상은 다음과 같은 것들을 고려할 수 있다.

(1) 특정 어휘장에서 특정 단어가 어휘 갭(gap)으로 나타나는 경우 목표 어휘의 사용에 제약이나 오류를 겪을 수 있다. 예를 들면 친족 어휘가 발달한 한국어에 비해 중국어의 친족 어휘가 발달하지 않았다면 대체어를 사용하거나 단어를 풀어 말하는 일이 생길 것이다.
(2) 대응되는 단어가 있더라도 양 언어의 단어가 완전히 일치하지 않는다면, 단어의 의미, 통사, 화용의 각 층위에서 오류가 발생할 수 있을 것이다. 특히 한자어의 경우에는 유사한 특성으로 인해 습득의 용이성도 있지만 약간의 차이가 존재한다면 오히려 발음이나 형태의 오류를 야기할 것이다.
(3) 한 단어가 단일 의미를 가질 수도 있지만, 두 개 이상의 다의 의미 항목을 가질 경우의 대응어는 용법의 차이를 보이는 경우가 많으므로

이에 따른 오류가 생기게 된다. 다의 항목별 유의, 반의, 상하위어 등의 어휘 의미 관계나 연어 등도 달라질 수 있다.

(4) 마지막으로는 의미가 유사하더라도 사용 맥락(사용역, 화용적 차이 등)까지 동일하지 않다면 그로 인한 오류가 발생한다. 언어 간 차이는 단어의 의미별 통합 관계(구 단위 구성, 연어)에도 차이를 가져오게 되며, 이들 단어가 구성하는 관용적 표현(관용어, 속담)도 차이를 보일 수 있다.

둘째는 L2(목표 언어) 기반 목표어 자체의 복잡함에 의한 것이다. 목표어에 대한 지식이 부족하거나 목표어의 복잡성으로 인한 오류가 있을 수 있다. 우선, 목표어에 대한 지식 부족은 학습자들은 표현하고자 하는 생각에 적절한 단어를 찾는 데 어려움으로 나타난다. 또한 학습자는 이러한 과정에서 부정확하거나 불완전한 의미의 단어를 사용하여 자신의 의사를 제대로 전달하지 못하여 결과적으로 의사소통에 모호함이나 혼란을 초래할 수도 있다. 이해의 측면에서도 목표 언어의 단어 의미를 오해하거나, 비슷한 소리의 단어들을 혼동하거나, 또는 단어 사용의 규칙을 제대로 인식하지 못하거나 관용적인 표현을 익히지 못하여 잘못된 혹은 불충분한 이해가 발생할 수 있다. 이는 특히 목표 어휘 자체의 지식이 적은 숙달도가 낮은 학습자들이 상대적으로 오류를 발생하는 이유가 된다.

다음으로, 목표어의 다양성이나 변화로 인한 어려움도 있다. 구체적인 양상은 다음과 같은 것들을 고려할 수 있다.

(1) 한국어는 시대의 흐름에 따른 어휘의 변화가 활발하다. 특히 영어 기반 외래어의 수용이 많아지고, 문화적 상황을 표상하는 신어의 사용

이나, 세대별, 집단별 집단어의 사용도 활발하다.

(2) 특히 매체를 중심으로 하는 유행어 등은 외국인 학습자의 어휘 학습의 어려움을 초래한다. 한국적인 것을 표상하는 문화 어휘나 존대 어휘 등도 어려움의 대상이 될 것이다.

(3) 한국어의 어종의 다양함으로 인해, 유사 어휘가 다수 존재한다. 또한 사용역별, 장르별 적절한 어휘의 사용의 어려움도 있다. 목표 어휘를 완전하게 알기 위해서는 구체적인 사용의 맥락까지도 익혀야 하기 때문이다.

셋째, 학습자의 단순화 전략에 의한 오류도 있다. 학습자가 충분한 어휘 지식을 가지지 못한 경우, 자신이 아는 단어 수준의 사용에 머무를 수 있다. 이는 결과적으로 특정 상황에서의 적절한 표현을 선택하는 데 실패를 초래할 수 있다는 점에서 적절성 오류로 이어질 수 있다. 예를 들어 학습자들은 전문적인 상황에서 고급 또는 전문 어휘를 사용하기보다는 기본 또는 친숙한 일반어에 의존하여 소통할 수 있다. 일상적인 소통에서도 복잡한 생각을 표현하지 못하고 지나치게 어휘 사용을 단순화하거나 보다 정교한 언어 사용에 실패하기도 한다.

어떤 원인에서이든 언어 교수에서 이러한 오류를 이해하고 해결하는 것은 매우 중요하다. 오류를 파악하고 유형화하는 것은 학습자의 언어 발달에 대한 정보를 제공하고 어휘 습득 및 숙달도를 향상시키기 위해 어떤 교육학적 노력을 해야 하는지를 알게 하기 때문이다.

3.2. 어휘 오류의 판단

어휘 오류란 화맥이나 문맥에 적합한 의미와 그 의미를 나타내는 형식을 적절하게 연결하지 못함을 뜻한다. 여기서 적절한 연결이란 언어 공동체에서 수용할 수 있느냐의 유무로 판단할 수 있을 것이다.

Judith F. Kroll & Ton Dijkstra(2002)에서는 이중언어 화자의 L1과 L2의 어휘 인식과 생산 구조를 Revised hierarchical model로 도식화하였다. 이에 따르면 어휘부 안에서 L1과 L2 어휘부가 분리되어 있지만, 개념 체계는 하나로 공유하는 구조로 보았다. 이중언어 화자들은 L2 학습 초기에는 L1의 표면 형식을 거쳐 의미와 연결하지만, 시간이 지나 L2의 유창성이 증가하게 되면 점차 의미와 직접적으로 연결하게 된다고 보았다. L2 형식을 아직 배우지 못했거나, L2 형식을 배웠더라도 개념과의 연결이 불완전할 때 잘못된 어휘 사용이 나타나게 된다.

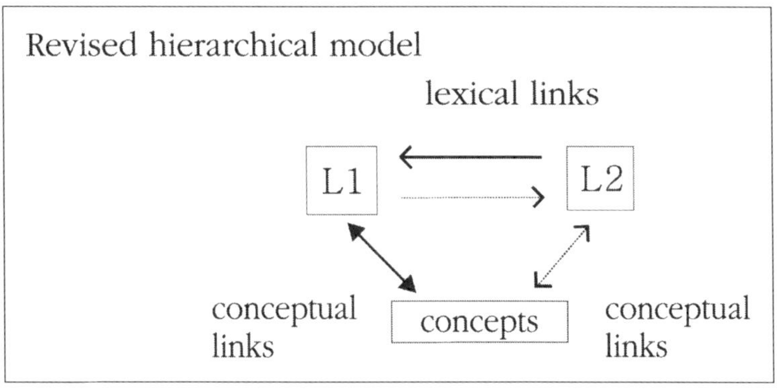

그런데 이러한 어휘 오류를 판단하는 데에도 쟁점이 존재한다. L2 학습자의 산출 자료 중에 무엇이 잘못되었는지를 확인하는 일은 어렵지 않지만, 그것이 곧 학습자의 오류인지 여부를 판단하는 일은 다음과 같은 이유로 쉽지 않다.

첫째 자료의 접근성 문제가 있다. 흔히 잘못은 실수로 판단될 수 있는 데 반해 오류는 지속적과 반복성을 가진 것이라 이해되므로, 오류의 판정은 동일 학습자의 반복적 대규모 자료나 일정 기간을 직접 관찰한 학습자의 자료로만 논의할 수 있다. 하지만 현실적으로 개인 학습자의 연속성이 있는 자료의 대규모 확보는 쉽지 않다.

둘째, 어휘 오류는 발음 오류나, 문법 형태소 오류 등과 달리 해당 어휘가 사용된 맥락이 반드시 고려되어야 오류 여부를 해석할 수 있다. 맥락에 있어서의 적절한 어휘 사용 여부는 모국어 화자 직관의 용인성에 기대야 하는데, 판별자마다 용인성의 폭이 클 수 있으므로 오류의 판정이 쉽지 않다.

셋째, 학습자의 산출 어휘의 오류와 이해 어휘의 수준이 동일하다고 보기는 어렵다는 점이다. 생성할 수 있는 산출 어휘와 알고 인지하는 이해 어휘가 반드시 일치하지는 않으며, 통상 이해 어휘의 수가 더 크다. 즉 학습자들이 어떤 단어를 능동적으로 사용하지는 못하였다고 해서, 해당 단어의 의미와 용법을 완전히 모른다고 보기는 어렵다.

넷째, 어휘 오류의 경우는 발음 오류나 문법 오류와 달리 어휘 갭으로 인한 미실현(혹은 회피) 오류가 많기 때문에 체계적으로 오류를 찾기가 쉽지 않다. 오류의 원인은 적절한 어휘가 아직 미학습되었거나 학습은 했지만 불완전하게 학습된 경우로 나뉠 텐데, 미학습된 것의 목록을 추정하기는 어렵다. 모국어 차용이나 추정된 조어(임의 조작) 전략으로 미실현 오류를 추정할 수 있을 뿐이다.

다섯째, 어휘 오류의 내용 결과만으로 오류의 원인을 정확히 판단하는 일도 어렵다. 사실 산출한 학습자를 대상으로 하는 질적 인터뷰를 진행하지 않고는 오류 원인은 추정에 그치기 쉽다. 또한 어휘 오류의 범위를 정리하는 문제도 쉽지 않다. 단어 형성이나 피동 및 사동사, 용언의 활용은 형태론의 문제인데, 언어 교수 현장에서는 문법에 더

가깝게 접근된다.[1] 연어의 문제도 마찬가지인데, 연어는 구성요소의 합이 투명한 구성이며 통합적 결합 관계에 불과하지만, 특정 명사에 연계된 관용적 결합이 언어 특정적이라는 점에서 언어 교육에서는 오류가 발생하는 단위가 되기 때문이다.[2]

3.3. 어휘 오류 분류의 쟁점

앞선 이유로 인해 오류 세부 유형에 대한 논란도 있을 수 있으며 학자에 따라 의견에 차이를 보이기도 한다.

우선, 오류 기술 방법은 Dulay, Burt and Krashen(1982)에서 지적하듯이 언어적 범주(형태론, 어휘, 문법적 범주 또는 조동사, 전치사 등의 세부 품사 범주)에 따라 기술하는 방법과 생략, 추가 등과 같은 표층 구조에 따라 기술하는 두 가지 방법으로 나눌 수 있다. James(1998), Granger(2003) 등 많은 선행 연구들에서는 이 두 가지 기술 방법이 학습자 오류의 다양한 측면을 제공할 수 있다고 판단하여, 두 가지 기술을 결합할 것을 강조하고 있다.

한국어 연구들을 살펴보면, 차숙정·송향근(2006)에서는 (1) 형태적 오류(발음, 맞춤법), (2) 의미적 오류(부적합 어휘, 누락·첨가, 과잉 일반화, 과잉 구체화, 사용 영역 확대, 연어, 유의어), (3) 통사적 오류(수 관형사, 피·사동 표현, 대명사, 어휘 호응 관계), (4) 학습자 전략 오류(어휘 대체, 회피, 풀어쓰기, 한자어 오용, 모국어 직역)로 분류하였다. 김명광(2017)에서는

---

1 존대는 선어말어미, 문말 어미와 같은 문법적 요소와 '생신, 말씀'과 같은 존대 어휘, '드리다, 모시다'와 같은 객체 존대 어휘 등이 섞여 있다.

2 한국어교육에서 일부 연구들은 고빈도 통사적 구성(주어-서술어 관계조차)도 연어로 보기도 하므로 연어의 외연은 무한하고 통사적인 오류와도 구분이 되지 않는다.

(1) 언어 간 오류: 축자적 전이, 코드 전환(Code shifting)과 (2) 언어 내적 오류: 의미적 유사성, 과잉 일반화, 형식적 유사성, 관용적 연어, 한자어 수사 연어 오류 (3) 복합 오류: 생략 또는 불완전 오류(Omission), 창작 오류(Word coinage), 잉여(Redundancy)로 세부 유형을 구분한 바 있다. 이정희, 김중섭(2005)에서는 어휘 오류 분류표를 (1) 현상(대치, 누락, 첨가), (2) 범주(영역, 품사, 어종, 의미, 단어 형성), (3) 원인(모국어 영향, 목표어 영향, 학습자 전략)으로 구분하였다.

선행 연구들의 분류의 틀은 오류 처지를 위한 원인을 기준으로 삼거나 혹은 오류의 언어적 층위를 다루었으며, 혹은 오류 현상과 원인이 섞인 분류 체계가 제시되기도 하였다. 하지만 앞서 논의한 바와 같이 오류의 원인을 파악하는 일은 질적 분석을 필요로 하는 문제이므로, 심층적 분석이 전제되지 않는다면 혼동의 우려가 있다.

이에 오류의 원인은 배제하고 우선 오류 자료를 기반으로 하는 분류가 상대적으로 더 객관적일 수 있다. 이러한 이유로 국가사업으로 진행된 국립국어원의 한국어 학습자 말뭉치에서의 어휘 오류 분류는 오류 자료의 결과에 초점을 두고 아래와 같이 오류 유형을 구분하였다.

(1) 오류 위치: 품사별(조사, 어미, 구 단위 포함)
(2) 오류 양상: 대치, 첨가, 누락, 오형태, 판정 불능
(3) 오류 층위: 음운, 형태, 문법, 담화 등의 언어학적 층위

오류의 결과에 대해 오류가 발생한 형태와 교정 어절과의 대비에서 드러나는 오류의 양상, 그리고 그것이 가지는 언어학적 함의를 각각 분석하는 것이다. 대규모 데이터를 대상으로 하는 오류 주석의 결과는 검색과 분석을 통해 오류 연구와 교실 교육 활용에 큰 도움을 주게 된다.

4. 대규모 학습자 코퍼스 연구의 효용

비모어 화자가 생산한 중간언어 자료, 즉 학습자 코퍼스는 외국어 교육자들에게 귀중한 언어 연구 자료가 된다. 학습자의 발달 과정과 해당 과정에서 나타나는 특성을 파악할 수 있기 때문이다. 학습자 자료 분석 결과는 교육과정의 설계나 교수법, 평가에 이르기까지 외국어 교수의 다양한 과정에 영향을 미치게 된다. 한국어교육 학계에서는 코퍼스 언어학의 성과와 제2언어 습득 연구(SLA)의 성과가 합쳐진 '컴퓨터 기반의 학습자 오류 분석(CEA)'이 활발히 이루어지고 있다. 제2언어 습득 연구 기반의 체계적인 '주석(annotation)'은 외국어 학습에 있어서 양적인, 질적인 연구를 가능하게 하며, 다양한 학습자 변인에 의한 오류 양상의 결과를 일반화할 수 있다는 점에서 의미를 가진다. 대규모 학습자 코퍼스 연구는 주로 '비교'의 방법론을 이용하여 학습자들이 원어민에 비해 과소 혹은 과도하게 사용하는 언어 자질들을 보여주고, 오류 분석의 방법론을 통해 언어 학습자가 만드는 오류에 대해 파악할 수 있게 한다. 오류 주석은 '학습자 언어의 변칙적인 특징을 보여주고자 하는' 것이므로, 학습자 코퍼스의 고유한 부분이며 학습자 언어 자료 분석에 있어서 가장 중요한 부분이 된다.

그런데, 학습자 코퍼스 구축은 수집, 가공, 활용 면에서 각각의 한계와 어려움을 가지고 있다. 수집 자료 규모의 타당성, 균형성, 대표성의 문제부터, 주석의 정확성 및 일관성, 배포 및 활용 방법의 효용성에 이르기까지 단계마다 쟁점이 존재한다.

첫째, 수집의 문제는 논의 거리가 다양하다. 예를 들면 구축 코퍼스의 규모, 구축 범위(학습자 대상, 수집 장르, 수집 유형 등), 주석(전사, 형태 주석, 오류 주석)의 범위 및 방법을 고민해야 한다. 수집 대상 확보나 수집 과정, 주석자 훈련, 사용자 교육 등의 부수적 영역에서의 어려움이 존재하며, 주석의 일관성(주석자 내 신뢰도, 주석자 간 신뢰도)과 컴퓨터 주석에서의 효율성, 그리고 연구 혹은 활용 목표에 따른 효용성 등도 어려움의 대상이다. 특히 활용은 가장 중요한 문제인데, 코퍼스 구축과 형태 주석의 절차는 연구 방법일 뿐이며, 궁극적인 관심은 효율적 검색을 통한 연구나 교수에의 활용이기 때문이다.

그간 구축된 국립국어원의 한국어 학습자 말뭉치는 다양한 학습자(취미 목적, 학문 목적, 이주 목적, 동포 등)를 대상으로 하여 다양한 장르의 구어와 문어 자료를 제공하고 있다. 또한 문어나 구어의 전사 지침과 형태 주석의 범위를 설계하였고, 오류를 주석하기 위한 세부 지침도 마련하고 있어서 체계적이다. 하지만 변화하는 학계의 요구를 고려할 때, 지속적인 수집과 주석, 보다 다양한 유형의 세부 코퍼스가 필요하다. 국외의 학습자 코퍼스에 비해 양적으로도 현저히 부족하며, 변화하는 학습자의 특성을 파악하기 위해서는 연도별로 지속적인 자료 확보가 필수적이다. 또한 학습자 유형별(이주 여성, 학문 목적 등) 하위 코퍼스의 별도 구축도 필요하다. 아울러, 교육 현장의 참조 코퍼스 구축도 필요하다. 교실에서의 교사-학습자 간 대화나 학습자 간 대화 자료 구축이 필요하며 가능하다면 동영상 코퍼스도 필요하다.

특히, 자료 유형별(문어 편중), 언어권별(중, 일, 베 편중), 숙달도별(초급 편중) 균형성 확보는 향후 언어 발달이나 오류 연구에 매우 중요한 요소가 될 것이다. 현실적으로 보면 중국어권이나 일본어권 등의 특정 언어권의 편중성이 존재하며, 초급의 수가 가장 많은 것이 사실이지만, 학술 연구나 교육에의 활용에의 효용성을 고려한다면 각 언어권별, 집단별로 어느 정도의 균형성 확보는 매우 중요하다. 또한 새롭게 등장하는 언어권의 학습자 자료 확보도 필요하며, 지역에 따라 저작권 등이 민감한 곳에서는 효율적인 수집 방법에 대한 다양한 노력이 필요할 것이다.

아울러, 한국어교육에의 활용을 고려한 주제별 자료 수집과 (같은 주제의) 모어 화자와의 비교를 위한 준거 코퍼스 구축도 필요하다. 학습자 자료는 오류만 보는 것이 아니므로 발달 과정을 살피려면 비교 코퍼스가 필수적이다.

둘째, 가공의 문제이다. 대규모 자료의 오류 주석은 언어학적 필요성에만 집중할 수 없으며, 수행이 가능한 주석의 범위를 정하고 주석의 신뢰도를 높이기 위한 경제적인 방법과 한국어교육에의 활용도 등을 고려해야 한다. 이에는 다양한 쟁점이 존재할 수 있다.

우선, 오류 주석은 필요한가의 문제를 고민해 볼 수 있다. 그간 학습자 언어 자료는 학습자가 생산한 원시 코퍼스와 형태 주석 코퍼스로만 충분한 것이 아닌가 하는 논의들이 있어 왔다. 실제로 연구자 혹은 산업계 수요자들에게는 연구 사업의 목표나 관점에 따라 연구자 스스로에 의한 자료의 가공이 필수적이라는 점에서, 오류 주석 자체가 중요하지 않을 수 있다. 이 문제는 학습자 코퍼스의 활용자를 누구로 볼 것인가와 연계된다. 한국어교육 현장에서의 교재 개발, 평가 문항 개발, 사전의 표제어 항목, 수업 활용 등의 요소를 고려한다면 사용자에 교육 현장의 교사나 학습자를 포함해야 할 것이다. 이에 오류 분석 전문가에 의한 일관되고 타당한 오류 주석 코퍼스의 구축은 필수적이다. 하지만 대규모 학습자 코퍼스의 오류 주석은 다수의 주석자에 의해 장기간에 걸쳐 이루어진다는 점에서 몇 가지 고려할 문제들이 있다. 첫째는 타당성의 문제로 판정 기준에 대한 정합성의 문제이다. 학습자 오류 기준에 대한 명확한 지침과 그에 근거한 타당한 주석이 기본 요소가 된다. 이에 오류문 판정 기준과 교정형 수준 결정은 매우 중요하다. 둘째는 신뢰성의 문제로 주석자 간의 일관성이다. 이는 타당성과도 밀접한 관련을 가지는 문제로, 주석자 간 신뢰성(교정 수준의 자의성)은 정교한 지침으로 동일한 오류에 대해 동일한 방법으로 주석하는 것이 매우 중요하다. 셋째는 효율성의 문제로 주석의 목표에 따른 주석 범위를 한정하는 일이다. 오류 주석은 사용자의 요구와 밀접한 연관을 가지는데, 연구자를 위한 열린 주석 틀의 제공에서부터 교사나 학습자가 활용할 수 있는 구체적으로 한정된 범위의 오류 주석에 이르기까지 다양한 단계로 설정될 수 있다.

셋째, 활용의 문제도 중요하다. 자료의 활용 목적과 연구 목적, 관점에 따라 주석의 정밀함이 달라질 수 있으며, 효용성의 측면에서는 오류 검색을 위한 유용한 장치와 호환성을 고려해야 한다. 호환성이란 가능하면 표준화된 주석 표지를 사용함으로써, 다른 코퍼스 자료와의 호환이 가능해야 하며, 이는 국제적인 학습자 코퍼스 차원의 호환도 고려해야 할 것이다.

2부

코퍼스 기반 어휘 연구의 쟁점

■ 3장 ■

계열적 어휘 관계 연구의 쟁점

1. 계열 관계의 개념

계열 관계의 개념은 절대적일 수 없다. 우선, 미시적인 관점에서 계열 관계의 어휘군에 대해 생각해 보도록 하겠다. 언어는 언어 사용 공동체의 사용에 따라 끊임없이 변하며 사용되는 의미 역시 다양하다. 또한 다양한 의미를 지닌 하나의 언어 표현이 담화·맥락에 따라 여러 기능을 수행하게 되는데 이를 다룬 연구에서는 의미 기능(semantic function)이라는 개념이 사용된다.

(3) ㄱ. 가: 나 어제 가족이랑 같이 설악산에 다녀왔는데 단풍이 정말 예쁘더라.
이 사진 좀 봐봐.
나: <u>대박.</u>
ㄴ. 가: 내 얘기 좀 들어 봐. 나 어제 남자 친구랑 만나기로 했었는데 약속시간 30분 전에 갑자기 급한 일이 생겨서 못 만난다고 하는 거야. 근데 알고 보니 그 시간에 PC방에서 게임하고 있었더라.
나: <u>대박.</u>

(3ㄱ)~(3ㄴ)의 대화를 보면 어휘 '대박'이 사용되었다. 그런데 (3ㄱ)에서의 '대박'은 '설악산에 가서 찍은 사진 속 단풍이 정말 아름답다'는 의미를 지니면서 감탄의 기능을 하고 있다. 반면, (3ㄴ)에서 사용된 '대박'에는 '어떻게 그런 일이 있을 수 있니? 정말 네 남자 친구는 태도가 좋지 않구나. 많이 속상하겠다'라는 의미가 내포되어 있으며 경악과 위로의 기능을 하고 있음을 알 수 있다. 이와 같은 것을 '의미 기능(semantic function)'이라고 한다. 그런데 '대박'을 『표준국어대사전』과 『한국어기초사전』에서 찾으면 다음과 같이 정의되어 있다.

〈표 1〉 『표준국어대사전』과 『한국어기초사전』에서의 '대박'

『표준국어대사전』	『한국어기초사전』
대-박[1] 大박 활용형 대박만[대방만] 명사 어떤 일이 크게 이루어짐을 비유적으로 이르는 말 대박이 나다 대박이 터지다 대박을 터뜨리다	대박(大박) 발음 [대ː박] 활용 대박이[대ː바기], 대박도[대ː박또], 대박만[대ː방만] 품사 「명사」 (비유적으로) 어떤 일이 크게 이루어짐 수익 대박 부동산 대박 대박이 나다 대박이 터지다 대박을 터트리다 그녀는 이번 연극이 흥행 대박을 터뜨릴 것이라 믿었다. 아무 노력도 없이 대박을 기대해서는 안 돼. 가: 김 감독이 만든 영화가 이번에 대박이 났다면서? 나: 응, 그동안 찍었던 영화들이 흥행이 안 되어 고생을 많이 하더니 잘된 일이지 뭐야.

『표준국어대사전』과 『한국어기초사전』에서 '대박'을 검색해 보면 위 〈표 1〉과 같다. 두 사전 모두에서 '어떤 일이 크게 이루어짐'이라고 뜻풀이를 하고 있으며 예문들을 보아도 이와 같다. 그런데 (3ㄱ)~(3ㄴ)에서와 같이 실제로 한국 사람들은 '대박'을 사전에서 설명하는 의미와는 다른 의미 기능으로 사용하고 있으며 주로 사용하는 연령층은 젊은 세대일 것이다. 사전에서 정의하고 있지 않은 이러한 의미 기능들은 말뭉치 용례를 귀납적으로 분석하여 밝힐 수 있는데, 사람들이 어떻게 사용하느냐에 따라 끊임없이 새로운 의미 기능들이 생겨날 수 있다. 이처럼 하나의 어휘는 이미 다양한 의미 기능을 지니고 있는데 이와 계열 관계를 이루는 어휘군이 고정적이라고 하는 건 모순이다. 다음을 보겠다.

(3′) ㄱ. 가: 나 어제 가족이랑 같이 설악산에 다녀왔는데 단풍이 정말 예쁘더라.
이 사진 좀 봐봐.
나: **대박./쩐다./멋지다**
ㄴ. 가: 내 얘기 좀 들어 봐. 나 어제 남자 친구랑 만나기로 했었는데 약속시간 30분 전에 갑자기 급한 일이 생겨서 못 만난다고 하는 거야. 근데 알고 보니 그 시간에 PC방에서 게임하고 있었더라.
나: **대박./헐./뭐?**

(3′ㄱ)~(3′ㄴ)은 '대박'과 유사 관계를 이루는 어휘로 대체했을 때의 어떤 어휘를 사용할 수 있는지를 보여주고 있다. 두 대화에서 모두 '대박'이라는 어휘가 사용되었으나 사용 맥락에 따라 (3′ㄱ)에서는 '쩔다'와 '멋지다'가 유사 어휘가 되고 (3′ㄴ)에서는 '헐'과 '무엇'이 유사

어휘가 된다.[1] 이렇듯 담화의 종류에 따라, 담화 참여자에 따라, 맥락에 따라 계열 관계는 얼마든지 달라질 수 있다.

한편, 계열 관계의 개념을 거시적으로도 볼 수 있는데 이는 용어 사용의 문제와도 연관이 있다. 어휘의 계열 관계는 앞서 말했듯이 구조주의적 개념이며 동일한 위치에 나타날 수 있는 단위들 간의 세로 관계이다.

(4) 읽- + -고 → 읽고[일꼬]
읽- + -으니 → 읽으니[일그니]
읽- + -어 → 읽어[일거]

(4)의 예시는 형태론에서 말하는 형태소 차원에서의 의미 관계를 보여준다. 어휘소 '읽다'의 어간 '읽-'은 어미 '-고, -으니, -어'와 각각 결합함으로써 활용형을 만든다. 이때 어간과 어미는 연달아 나타나면서 서로 관련을 맺는데 이 관계를 통합 관계라고 한다. 반면 어간 '-읽'에 결합하는 어미 '-고, -으니, -어'는 서로 대조되면서 집합을 형성함으로써 계열 관계를 이룬다고 볼 수 있다. 이와 같이 계열 관계라는 것은 서로 교체되어 선택될 수 있는 것들 간의 관계를 말한다.

그러나 말뭉치 언어학이 발전하고 언어교육 연구에 사용이 되면서 계열 관계의 개념이 모호해진 면이 있다. 3.에서 자세히 살펴보겠지만 현재 한국어교육에서 다루는 계열 관계는 '유사 어휘', '반대 어휘', '혼동 어휘', '주제 어휘', '상하의 어휘' 등이 있다. 이 중에서 예를 들어 '주제 어휘'라고 하였을 때 다음과 같은 어휘들이 있다. 실제 한국

1 '쩔다'와 '헐'은 모두 『우리말샘』에 등재되어 있다.

〈그림 1〉『새연세한국어 어휘와 문법 2-2』 16과 1항 어휘

어교육 현장에서 사용되는 교재에 있는 어휘들이다.

〈그림 1〉은 『새연세한국어 어휘와 문법 2-2』에서 16과의 주제인 '건강'을 나타내는 어휘들이다.[2] 이 어휘들은 모두 '건강 상태'의 하의 범주에 해당되는 어휘들이며 한국어교육에서는 이를 계열 관계로 본다. 그러나 구조주의 입장에서 엄밀히 말하자면 계열 관계를 맺는 어휘들이라고 보기에는 어려울 수 있다. 그러나 학습자에게 건강 상태를 나타내는 어휘를 가르칠 때 이와 같은 방법으로 제시하는 것은 교육의

2 여기에서 '어휘'의 단위에 대해 논란이 있을 수 있으나 학습자들에게는 '목'과 '쉬다'를 따로 교수하는 것보다 '목이 쉬다'와 같이 덩어리 표현으로 교수하는 것이 훨씬 교육 효과가 크기 때문에 '어휘'로 간주할 수 있다.

〈그림 2〉『새연세한국어 어휘와 문법 2-2』 13과 1항 어휘

효과가 높다. 이 어휘들이 계열 관계를 이루는 것이 맞는지를 따져서 이들을 하나로 묶지 않고 모두 따로 학습자에게 교수하는 것은 효율적이지 못하다.

〈그림 2〉는『새연세한국어 어휘와 문법 2-2』 13과 1항의 주제 어휘이다. '공공 기관' 중 '은행'과 관련이 있는 어휘들인데 해당 어휘들은 동일한 체계 내에서 서로 교체되어 선택 사용되기에는 무리가 있다. 그러나 은행에 갔을 때나 은행 업무 관련 이야기를 하게 될 때 사용할 수 있는 어휘들이며 이 역시 학습자에게 어휘군으로 묶어 제시하는 것은 바람직하다.

비록 품사도 다르고 어휘의 범주를 벗어난 표현들이 포함이 된다고 하더라도 서로 유사한 관계를 맺거나 혼동을 야기하거나 하나의 주제로 묶을 수 있는 경우 얼마든지 계열 관계라고 볼 수 있다는 것이다. 한국어교육에서 계열 관계와 통합 관계를 연구하는 것은 학습자의 학습에 도움이 되고 이것이 성공적인 의사소통이라는 궁극적인 목적을 달성하도록 하기 때문이지 계열 관계나 통합 관계의 체계를 고수하기 위함이 아니다. 언어교육의 목적을 달성하기 위해서 어휘군을 마음껏 제시할 수 있어야 하며, 필요하다면 '계열 관계'라는 용어를 버리고 새로운 용어를 사용해서라도 학습자에게 도움이 되는 어휘군을 제시할 수 있어야 한다.

이처럼 계열 관계는 미시적으로도 거시적으로도 그 개념이 절대적일 수 없다. 21세기 현대 철학의 새로운 흐름을 주도하는 세계적인 철학자라고 평가받는 Markus Gabriel은 그의 저서 『생각이란 무엇인가』에서 다음과 같이 말한다.

> 우리의 생각하기는 논리를 목표로 설정하고 지침으로 삼는다. 그러나 그렇다고 해서 우리가 실제로 논리적으로 생각하는 것은 아니다. 즉, 우리가 알고리즘으로 정리될 수 있는 작은 단계들을 거치면서 생각으로부터 개념들을 추출하고 논리의 규칙들에 따라 결합하여 새로운 생각들을 구성하는 것은 아니다. 생물로서 우리는 시간의 압박 아래에서 일하며, 결과를 얻기 위해 너무 오래 계산해야 하는 쪽보다 차라리 논리적 오류를 범하는 쪽은 선호한다. 뿐만 아니라 우리는 감정적이고 성격이 다양하며 여러 가능성들을 저울질하는 생물이다. 그래서 우리는 목적 달성을 위하여 항상 논리에 의지하지는 않는다. 그렇기 때문에 학문 바깥의 거의 모든 조건들에서 인간의 소통은 논리적 규칙에 순응하지 않는다(Markus Gabriel, 2021:215-216).

Markus Gabriel의 인간의 사유와 소통에 대한 견해는 그런 인간이 사용하는 언어를 다루는 언어 연구자들에게 시사하는 바가 있다. 그리고 말뭉치를 기반으로 한 연구는 인간 언어의 실제에 가까이 다가가는 일이며 인간의 본질과도 맞닿아 있다.

2. 계열 관계 연구의 쟁점

어휘는 단어 형성의 원리, 어종, 주제, 의미 관계 등에 따라 분류할 수 있다. 이 중에서 어휘의 의미 관계는 통합 관계와 계열 관계를 포함하고 있는데 통합 관계는 연어, 관용어, 속담 등을 예로 들 수 있고 계열 관계는 유사 어휘, 반대 어휘, 상하의 어휘 등을 예로 들 수 있다 (강현화, 2015:46). 한국어교육에서는 최근 의사소통식 교수법을 기반으로 하여 연구와 교육이 이루어지고 있기 때문에[3] 어휘 연구에서도 의사

3 지금까지 어휘 교육은 시대의 흐름과 교수법에 따라 그 방법이 변해왔다. 문법번역식 교수법에 따른 어휘 교육은 목표어의 어휘를 모국어로 번역한 후 그 의미를 암기하는 것이었다. 그러나 19세기 후반에 직접 교수법이 등장하면서 어휘를 모국어로 번역해서 암기하는 것은 교육의 효과가 없다고 보고 그림이나 실물을 사용한 어휘 교육을 실시하였다. 그리고 청각구두식 교수법에서는 일상생활에서 많이 접할 수 있는 난이도가 낮은 어휘를 명시적인 의미 제시가 아닌 문맥을 통해 반복적으로 학습시키기도 하였다. 이후 인지주의 교수법이 등장하면서 반복 학습이 아니라 인간의 선천적 언어 습득 능력을 중요시하기 시작하였다. 모국어의 어휘 형성 원리를 기본으로 하여 학습자가 목표어의 어휘 형성 원리를 터득할 수 있도록 하였는데, 이 시기에는 어휘 교육에 큰 비중을 두지 않았다. 그러나 최근 의사소통식 교수법에서는 어휘 능력이 의사소통 능력을 기르는 데 중요한 역할을 하는 것으로 보고 의사소통이 이루어지는 맥락에서의 어휘 사용에 집중한다. 여러 교수법들이 있고 시대에 따라 유행하는 교수법들이 있을 뿐 어느 것이 더 우월하다고는 말할 수 없다. 철학이나 사회학에서 시작된 탈구조주의와 포스트모더니즘이 언어교육에도 영향을 끼쳤기 때문에 마치 과거의 교수법들은 가치가 없는 것으로 이해되기 쉬우나 어휘의 특성에 따라, 학습자나 학습

소통 상황이 중심이 된다. 물론 어휘의 의미 관계는 구조주의적 관점이 기본 가정이 되기는 하지만 잘 짜인 구조와 체계가 모든 의미 관계를 담아낼 수는 없다. 이는 말뭉치 언어학이 발전하면서 지적된 구조주의의 한계이다. 구조주의에서는 구조적으로 잘 짜인 체계를 지향하지만 인간의 언어는 결코 틀 안에 갇히지 않는다. 그렇다고 하여 말뭉치 언어학이나 의사소통식 교수법이 아무런 체계도 없다고 말할 수는 없다. 담화·맥락을 언어의 본질 조건으로 삼는다는 것은 어휘의 의미를 미시적으로 살펴서, 의미 관계라는 것이 어휘 체계 내에서 주어지는 것이 아니라 맥락 속에서 이루어지는 것이라고 보는 것이다(최경봉, 2010:85). Levinas(2003)은 어휘의 의미는 어휘가 속한 세상으로부터 발생하는 것이며, 그 세상을 바라보는 사람들 사이에서 발생한다고 하였다(Levinas, 2003:11-12).[4] 다시 말해, 언어의 의미는 수많은 화·청자의 상황과 맥락 등으로부터 정해지고 사용된다는 것인데, 사람들이 산출해 낸 언어 그 자체인 말뭉치로부터 어휘의 의미 관계를 분석해 내는 것은 언어의 본질을 알고 폭넓게 그 양상을 설명하려는 시도로 볼 수 있다.

한국어교육에서 어휘의 의미 관계 연구는 어휘의 적절한 사용과 어휘의 확장을 위해 이루어진다. 한국어 어휘 교육 연구에서도 어휘의

상황에 따라 효과적인 교수법은 달라질 수 있다.

4 language refers to the position of the listener and the speaker, that is, to the contingency of their story. To seize by inventory all the contexts of language and all possible positions of interlocutors is a senseless task. Every verbal signification lies at the confluence of verbal semantic rivers. Experience, like language, no longer seems made of isolated elements lodged somehow in a Euclidean space ··· [Words] signify from the "world" and from the position of one who is looking (Levinas, 2003:11-12).

의미 관계 연구가 큰 비중을 차지하는데(강현화, 2011:453) 어휘를 관계가 있는 것들끼리 연계하는 것은 학습자의 어휘 학습에 도움이 되기 때문이다. 어휘는 개별적으로 존재하는 것이 아니라 서로 관련성을 가지고 관계를 맺는다. Trier(1931)에서도 서로 밀접하게 관련된 어휘들이 모여 의미장을 이루며 이 의미장 안에서 특정 분야가 분류되고 조직되어 각 어휘는 이웃 어휘들이 한정시키고 또한 스스로도 이웃 어휘들에 의해 한정을 받는다고 하였다(박영순, 2004:70) 어휘의 의미 관계에 대한 연구 중에서 이번 장에서는 계열 관계를 다루고자 하는데, 계열 관계 연구의 논의는 크게 '계열 관계의 유형', '계열 관계의 목록', '계열 관계의 변별'로 정리해 볼 수 있다.[5]

우선, 계열 관계의 유형에 대한 연구들은 전통적인 계열 관계로 볼 수 없는 새로운 유형을 제시한다. 이에 따라 관련어, 혼동어, 주제어와 같은 용어도 사용되는데, 이는 언어교육에서는 학습자의 학습에 유용한지 아닌지가 가장 중요한 요소가 되기 때문이다.

(1) ㄱ. 필요하다－불가피하다－절실하다
ㄴ. 어머니－아버지－할아버지－할머니－이모－삼촌
ㄷ. 빠르다－없다

(1ㄱ)~(1ㄷ)은 전통적으로는 어휘의 의미가 서로 계열 관계를 이룬

5 어휘 연구를 내용학 연구와 교수학 연구로 나눌 수 있으며 계열 관계의 유형, 목록, 변별에 대한 연구는 내용학 연구에 해당한다. 그러나 교수학에 대한 연구는 상대적으로 많지 않을뿐더러 대부분의 내용학 연구 논문들이 해당 연구의 결과를 교수에 적용시키는 내용을 다루고 있기 때문에 내용학 연구과 교수학 연구를 구분 짓기 어려운 점이 있다.

다고 보기 어렵다. 그러나 학습자들의 어휘 학습에는 도움이 될 수 있는 어휘군이다. (1ㄱ)은 학술담화에서 사용되었을 때 서로 유사한 사용을 보이는 어휘들이며 (1ㄴ)은 가족 구성원을 지칭하는 어휘들이다. 실제로 한국어교육 현장에서는 가족 구성원 전체를 관계도로 제시한다. (1ㄷ)은 언뜻 '빠르다'와 '없다'가 서로 관계를 맺지 않는다고 볼 수 있겠으나 '눈치가 빠르다'와 '눈치가 없다'로 확장해보면 반대 관계를 이룬다고 볼 수 있는 예시이다. 이희자·우재숙(2006), 도재학·강범모(2012) 등에서는 관련어 개념을 제시하고 있으며 민현식(2004), 송현주 외(2008), 근보강(2011), 손연정(2021) 등에서는 학습자의 학습에 혼동을 야기하는 혼동어 개념을 제시한다.

(2) ㄱ. 부치다–붙이다
ㄴ. 옥수수–강냉이
ㄷ. 뜯다–떼다–따다
ㄹ. 작다–작다랗다–자그맣다

(2ㄱ)~(2ㄹ)은 유현경·강현화(2002)와 조민정(2010)에서 제시한 유사 관계 어휘의 유형인데 (2ㄱ)은 음운적 유사 관계, (2ㄴ)음 화용적 유사 관계, (2ㄷ)은 문법적 유사 관계, (2ㄹ)은 형태적 유사 관계이다. 이처럼 계열 관계의 유형뿐만 아니라 계열 관계 항목의 세부 유형을 분류하기도 한다.

계열 관계 목록을 제시하는 연구는 많지 않은데 이는 어휘의 계열 관계 전부를 제시하는 것은 매우 어려운 일이기 때문이다. 그럼에도 불구하고 목록을 제시한 연구들이 있는데 신명선(2004), 김은주(2014), 이상순(2019), 손연정(2021) 등이 그것이다. 이들 연구는 학술담화에서 나타나는 유사 관계 전반을 다루려는 시도를 한 연구로서 유사 관계를 이루는 학술 어휘를 선정하여 그 목록을 제시하였다.

마지막으로 계열 관계 연구에서 가장 많은 영역을 차지하는 변별 연구는 대개 특정 품사를 대상으로 하며 실제 사용 맥락의 중요성을 강조한다. 강현화(2005), 최홍열(2005), 이지혜(2006), 장세영(2009), 서희정(2010), 유지연(2010) 등은 감정 형용사를 대상으로 진행된 연구들인데 모두 어휘 사용의 맥락을 고려한 변별이 이루어졌다. 조형일(2010)에서는 변별에서만 머무를 것이 아니라 어휘가 실제로 사용되는 맥락도 분석해야 한다고 했으며, 강현화(2011)은 어휘 교수에서 맥락의 중요성을 강조하면서 어휘 간 변별 역시 맥락 안에서 그 정확한 용법을 파악해야 함을 강조한다. 이와 함께 언어 사용자의 태도나 의도와 같은 화용적 요소도 어휘 간 차이를 구분하는 데에 고려된다. 이에 따라 의미 기능(semantic function) 개념이 사용되었으며 더 나아가 언어 사용의 태도 및 의도를 분류하는 연구로까지 이어진다. 언어 사용의 맥락과 언어 사용자의 태도 및 의도를 고려하여 어휘를 변별하는 것은 계열 관계 연구의 귀결점이라 할 수 있다.

3. 말뭉치를 기반으로 한 계열 관계의 유형

3.1. 유사 어휘

유사 어휘란 말 그대로 서로 비슷한 어휘를 말한다. 그러나 '비슷하다'라는 술어가 지니는 의미는 모호하다. 어휘가 서로 어느 정도 가까워야 유사한 것이고 어느 정도 멀어야 유사하지 않은 것인가에 대한 답을 내리기 어렵다. E.Nida(1973)은 서로 연관성을 맺는 어휘들을 적용 범위에 따라 분류하는데 ① 완전 중첩(Complete Overlapping), ② 부분 중첩(Incomplete Overlapping), ③ 포함(Inclusion), ④ 연접집합(Contiguous sets), ⑤ 상보(Complementary)이렇게 다섯 가지가 있다. 이 중 유사 관계는 최소한 하나 이상의 공통적인 영역을 가지는 관계이므로 '포함', '완전 중첩', '부분 중첩'과 연관이 있다.

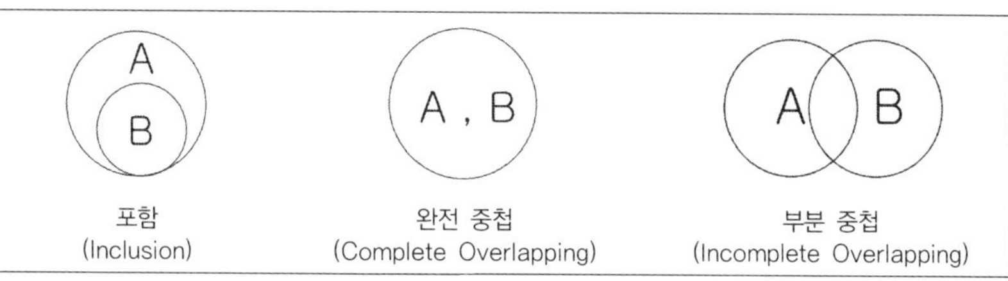

〈그림 3〉 유사 관계의 양상

〈그림 3〉은 E.Nida(1973)의 의미 관계 유형 중 '포함', '완전 중첩', '부분 중첩'을 그림으로 나타낸 것이다. 세 종류의 의미 관계가 '유사하다'와 관련된 것이기는 하지만 일단 '포함'의 경우는 '상하의 어휘'로 보아 본고에서 말하는 유사 어휘와는 다른 개념으로 보도록 한다. '완전 중첩'은 유사 어휘 연구의 역사에서 끊임없이 논란이 되고 있는 유형으로 이것이 실제 언어에서 구현될 수 있는 것인지에 대해서는 학자들마다 의견이 다르다. 만약 '포함'이나 '완전 중첩' 관계에 있다면 어떠한 맥락에서도 동일하게 사용될 수 있어야 한다. 전문용어와 일상어 유의어의 대표적인 예시인 '충수염-맹장염'을 생각해 보도록 하겠다. 두 어휘는 동일한 현상을 지칭하는 어휘이며 같은 품사로서 모든 문법 제약이 동일하다. 그런데 말뭉치를 기반으로 하여 이 둘의 사용

양상을 보면 두 어휘는 차이를 보인다. 우선 구글(google)에서 두 어휘의 빈도를 보면 맹장염이 260,000, 충수염이 110,000으로 맹장염의 사용이 두 배 이상으로 많다. 그리고 맹장염의 경우 '맹장'이라고 줄여서 사용되기도 하지만 충수염은 '충수'라고 사용되지 않는다. 또한 담화에 따라 맹장염이라고 말해야 하는 상황이 있고 충수염이라고 말해야 하는 상황이 있을 수 있다. 만약 의대생들에게 의학적 전문 지식을 가르치는 상황이라면 충수염이라는 용어를 사용할 테지만, 친구들과 함께 일상의 이야기를 하는 상황이라면 충수염보다는 맹장염 혹은 맹장이라는 어휘를 선택하게 될 것이다. 이처럼 어휘의 기본 의미뿐만 아니라 어휘가 사용된 맥락과 담화 상황을 모두 고려한다면 완전 중첩을 부정할 수밖에 없다. 따라서 본고에서는 유사 어휘는 '부분 중첩'의 관계를 맺는 어휘들로 보도록 하겠다.

그런데 유사 어휘[6]는 사용한 용어에서도 알 수 있듯이 어휘 의미에만 초점을 두지 않는다. 따라서 의미 관계의 유형만으로는 유사 어휘를 설명하기에 충분하지 않다. 조민정(2010)에서는 유의어의 유형을 네 가지로 구분한다.[7]

〈표 2〉와 같이 ①음운론적 유의어, ②형태론적 유의어, ③문법적 유의어, ④화용적 유의어가 있는데, 음운론적 유의어는 자모 교체로 인한 것으로 예를 들어 '따듯하다/따뜻하다', '깜깜/캄캄' 등이 있다. 형태론적 유의어는 다시 세 종류로 나뉘어 '거적/거적떼기', '코/코빼기' 등과 같이 파생·합성의 조어 과정에서 생기는 유의어와 '혹간/간

6 일반적으로 말하는 '유의어'에서 '의미'를 뜻하는 '의'를 제외한 개념이다.

7 본고에서는 '유사 어휘'라는 용어를 사용하고 있으나 조민정(2010)에서는 '유의어'라는 용어를 사용하고 있으므로 그대로 사용하였다.

〈표 2〉 조민정(2010)의 유의어 유형

	유의어의 유형		예
1	음운론적 유의어	① 자모 교체	따듯하다/따뜻하다, 깜깜/캄캄
2	형태론적 유의어	① 파생·합성의 조어	거적/거적떼기, 코/코빼기
		② 도치	혹간/간혹
		③ 축약	자그마하다/자그맣다
3	문법적 유의어	① 논항 유사	옹색하다/궁색하다/군색하다
		② 격틀 차이	생각나다/떠오르다
4	화용적 유의어	① 담화 참여자	성별어, 연령어, 높임말, 속어/비어
		② 담화 상황(어휘의 사용 범위)	입말/글말, 전문어/일상어

혹'과 같은 도치로 인한 유의어 그리고 '자그마하다/자그맣다'와 같이 축약으로 인한 유의어가 있다. 문법적 유의어는 논항이 유사한 경우와 격틀 차이만을 두는 어휘쌍들이 있는데 전자는 예를 들어 '옹색하다/궁색하다/군색하다' 등이 있고 후자는 '생각나다/떠오르다' 등이 있다. 마지막으로 화용적 유의어는 다시 담화 참여자에 따라 달리 사용되는 유의어와 담화 상황에 따른 유의어로 나뉘는데 담화 참여자에 따라 달리 사용되기 때문에 성립되는 유의어로는 성별어, 연령어, 높임말, 속어와 비어가 있으며 담화 상황에 따른 유의어에는 입말과 글말, 전문어와 일상어 등이 있다. 이처럼 어휘들은 다양한 영역에서 서로 유사함을 보일 수 있다. 말뭉치를 기반으로 하여 유사 어휘를 연구한다면 다양한 유형을 고려해야 할 것이다.

3.2. 반대 어휘

반대 어휘는 두 어휘가 같은 층위에서 서로 반대되거나 대립되는 관계에 있는 어휘를 말하는 것으로, E.Nida(1973)에서 분류한 의미 관계의 유형 중 '상보(Complementary)'에 해당한다고 볼 수 있다. 일반적으로 상보 관계에는 '반대(Opposites)', '대역(Reversives)', '상대(Conversives)' 이렇게 세 유형이 있다. 먼저, '반대(Opposites)'는 '성질(좋다/나쁘다, 높다/낮다, 아름답다/추하다), 양(많다/적다), 상태(죽다/살다, 열다/닫다, 기혼/미혼), 시간(현재/과거), 공간(여기/저기/거기), 움직임(가다/오다)'의 면에서 분명한 대조를 보이는 유형들이다. '대역(Reversives)'은 '묶다/풀다', '이간질하다/화해시키다'와 같은 유형이며 '상대(Conversives)'는 '사다/팔다', '빌리다/빌려주다'와 같은 유형이다(E.Nida, 1973; 조항범 역, 1990: 19). 그런데 반대 관계는 동질성과 이질성을 함께 가지고 있다. 성분분석이론의 방식으로 예를 들면 '남편'과 '아내'는 [+인간], [+결혼]이라는 동질성을 공유하지만 '남자'와 '여자'라는 이질성을 갖는다. 그러나 실제 표상 과정에서는 이러한 체계성이 명료하게 드러나기가 쉽지 않다.

(5) ㄱ. 열다/닫다
ㄴ. 쉽다/어렵다, 가다/오다

(5ㄱ)의 '열다/닫다'의 의미에서 [+열다]는 [-닫다]를 함의할 수 있지만 (5ㄴ)과 같은 어휘쌍의 경우는 [+쉽다]는 [-어렵다]를 함의할 수 없으며, '가다/오다'도 [+가다]가 [-오다]을 함의한다고 단정하기는 어렵다. 이를 보면 특정 자질에서의 대립을 나타내는 문제가 명확하지 않음을 알 수 있다.

(6) ㄱ. 쉽다/어렵다
ㄴ. 쉽다/까다롭다

또한 (6ㄱ)~(6ㄴ)처럼 '쉽다'가 '어렵다'와 반대 관계를 형성할지 아니면 '까다롭다'와 반대 관계를 형성할지는 맥락을 통해서 확인해야 하는 경우가 있다. 이러한 필요에 따라 강연임(2006), 김진해(2006), 이광호(2009) 등과 같은 반대 관계의 상황성과 맥락 의존성에 주목한 연구들이 등장하였는데 이들 연구에서는 '화용적 대립어'라는 개념을 제시하면서 반대 관계의 맥락 의존성에 대해 논의하였다.

3.3. 상하 어휘

상하 관계(hyponymy)는 E.Nida(1973)에서 말하는 '포함(Inclusion)'의 관계를 맺는 어휘들로서 계층적 구조를 이루며, 한쪽이 의미상 다른 쪽을 포함하거나 다른 쪽에 포함되는 관계를 말한다(임지룡, 1993:147). 예를 들어 '떡볶이는 내가 가장 좋아하는 음식이다'라는 문장에서 '떡볶이-음식'은 상하 관계를 맺는다. 다음은 상하 어휘의 유형이다.

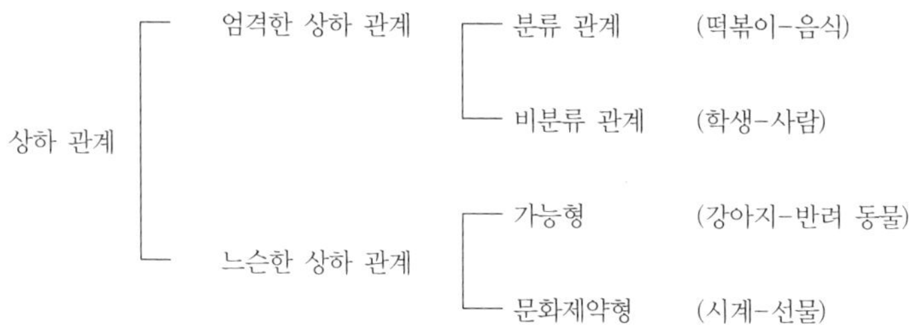

〈그림 4〉 상하위어의 유형(신명선, 2010:145)

〈그림 4〉에서 볼 수 있다시피 상하 관계는 '엄격한 상하 관계'와 '느슨한 상하 관계'로 구분할 수 있다. 그리고 전자는 '분류 관계'와 '비분류 관계'로, 후자는 '가능형'과 '문화제약형'으로 다시 세분된다. 일반적으로 상하 관계에 있다고 여겨지는 것들은 '엄격한 상하 관계'의 '분류 관계'에 해당하는 경우가 많다.

그러나 언어교육의 관점에서는 엄격한 상하 관계의 비분류 관계나 느슨한 상하 관계의 어휘들 역시 다루어져야 할 필요가 있다. 실제로 교육 현장에 있다가 보면 생각보다 학습자들이 상하위 어휘를 잘 사용하지 못하는 경우를 종종 보게 된다.

〈표 3〉 상하위 어휘가 활용되는 표현 문형과 예문

표현 문형	예문
-었던/았던/였던	어제 공원에서 만났던 사람이 네 남자 친구야?
-던	이 치마는 언니가 입던 옷이다
N1만큼 -는/은/ㄴ N2은/는 없다	유키 씨만큼 열심히 공부하는 학생은 없다
N1은/는 얼마나 -는지/은지/ㄴ지/인지 모르다	에릭은 나와 얼마나 가까운 친구인지 모른다

〈표 3〉의 표현 문형은 정확한 문장을 만들기 위해서는 상하위 어휘를 적절하게 사용할 수 있어야 하는 것들이다. 예문을 보면 '사람', '옷', '학생', '친구'가 상위어인 것을 알 수 있는데 학습자들은 상위어를 써야 하는 자리에 하위어를 사용함으로써 오류를 범한다. 이와 함께 다음과 같은 경우도 생각해 볼 수 있다.

(7) ㄱ. 저 사람이 어제 나를 도와주었다.
ㄴ. 저 남자가 어제 나를 도와주었다.

(7ㄱ)과 (7ㄴ)을 보면 '사람-남자'라는 상하 어휘를 같은 자리에 각각 사용하고 있다. (7ㄱ)과 (7ㄴ)의 진리치는 같을 수 있으나 함축적 의미는 사실상 다를 수 있다. (7ㄴ)과 같은 문장을 산출했다면 '사람'과는 다른 '남자'가 갖는 의미역을 전달하고자 하는 의도가 담겨 있는 셈이다. 이처럼 동일한 대상을 가리키는 어휘들 중 한 단어를 선택함으로써 나타나는 의도에 대한 이해는 학습자의 의사소통 능력 신장을 위해 반드시 필요하다.

상하 어휘는 한국어교육 연구에서 유사 어휘나 반대 어휘에 비해 연구가 덜 된 계열 관계이기도 하며 한국어교육 현장에서도 특별히 강조하여 교수하지 않는다. 그러나 정확한 문장의 산출을 위해서, 그리고 학습자의 성공적인 의사소통을 위해서 상하 어휘에 대한 연구가 더 이루어져야 할 것이다.

3.4. 주제 어휘

주제 어휘는 말 그대로 특정 주제에 해당하는 어휘를 말한다. 3.2에서 제시한 〈그림 1〉과 〈그림 2〉와 같이 '건강'과 관련된 어휘군, '은행'과 관련된 어휘군 등을 예로 들 수 있다. 아무런 맥락 없이 어휘 목록을 제공하는 것보다 주제와 함께 맥락 안에서 어휘를 제공하는 것이 교육 효과가 뛰어나기 때문에 대부분의 한국어 교재는 모두 주제에 따른 어휘를 제시하고 있기도 하다.

주제별로 어휘를 제시하는 것은 다음 학습자의 어휘 이해와 산출, 두 가지 면에서 장점이 있다. 첫째, 이해의 측면에서 주제별 어휘는 학습자의 스키마를 활성화하여 어휘를 더 쉽게 이해하고 오래 기억할 수 있다. 강현화(2009)는 생활에 필요한 기초 한국어 어휘를 주제별로 하나의 그림 안에 모아서 제시한다. 구체적인 삽화 묘사로 어휘를 보여주기 때문에 굳이 긴 설명도 필요 없고 굳이 번역도 필요하지 않다.[8] 둘째, 산출의 측면에서 볼 때에도 주제별 어휘는 학습자가 특정 상황에서 필요한 어휘를 한 번에 머릿속에 떠올릴 수 있다.

예를 들어 아프다고 했을 때 우선, 병원에 가서 접수를 하고 순서를 기다린 후 호명이 되면 진료실에 들어가서 의사에게 증상을 설명하고 진료를 받아야 한다. 그러고 나서 치료실에 가서 의사로부터 치료를 받을 수도 있고 간호사를 따라 주사실로 들어가서 주사를 맞을 수도 있다. 그 후에 다시 환자 대기실로 나와서 기다리다가 접수대에서 호명하면 가서 처방전을 받고 결제를 해야 한다. 그렇게 병원에서의 일이 끝나면 약국에 가서 약사에게 처방전을 제출하고 기다렸다가 약이 나오면 약사로부터 복약 지도를 받고 결제를 한 후 약을 받아서 나와야 한다. 우리는 쉽게 '아프면 병원에 가서 약 먹어'라고 말하지만, 그 과정을 자세히 생각해 보면 말처럼 간단하게 끝나는 일은 아니다. 그리고 그 모든 과정에서 한국어를 듣고 이해하고 한국어를 사용해서 상대를 이해시켜야 하기 때문에 외국인에게 상당히 부담이 되는 일이다.[9] 얼핏 생각해 보아도 '접수, 진료실, 대기실, 주사실, 의사, 증상, 배가 아프다, 주사를 맞다, 약을 먹다, 물약, 기럼, 가루약, 액상, 과립, 포, 하루에 세 번 아침 점심 저녁' 등 매우 많은 어휘들을 알아야

8 강현화(2009)에서는 각 단어별로 영어, 중국어, 일본어 순서로 번역을 달아 놓기는 하였으나 그림이 갖는 장점이 있기 때문에 번역이 없어도 충분히 어휘를 학습할 수 있다.

9 실제로 이러한 과정이 부담이 되기 때문에 외국인들이 병원에 가서 진료를 받는 일이 극히 드물뿐더러 한국인들도 그 긴 과정을 거치는 것보다 집에서 쉬는 게 더 낫겠다고 판단하는 사람들이 꽤 많다.

한다. 그런데 이 어휘들을 주제 어휘로 묶어서 가르치면 큰 무리 없이 가르칠 수 있다. 그렇기 때문에 한국어교육에서 주제 어휘에 대한 연구가 필요한 것이다. 특히 주제 어휘의 목록을 마련하기 위해서 말뭉치를 활용하는 것이 바람직하며 말뭉치의 용례를 어떤 기준으로 분석할 것인지에 대한 고민을 해 볼 수 있다.

3.5. 혼동 어휘

혼동 어휘란 학습자의 학습에 혼동을 야기하는 것으로 언어생활에서 발음 또는 표기나 의미상 혼동을 주는 어휘군을 말한다(손연정, 2021:32). 민현식(2004), 송현주 외(2008), 근보강(2011), 손연정(2021) 등의 연구에서 혼동 어휘의 개념을 제시하는데, 새로운 용어를 사용하여 전통적인 계열 관계 유형에 속할 수 없는 어휘군을 다룬다.

그런데 혼동 어휘는 앞서 검토한 유사 어휘, 반대 어휘, 상하 어휘, 주제 어휘 등을 모두 포함할 수 있는 개념이다. 유현경·강현화(2002)에서는 '유사 관계 어휘'의 다양한 유형을 제시한다.

〈표 4〉 유현경·강현화(2002)의 유사 관계 어휘의 유형

	유사 관계 어휘 유형		예
1	음운적 유사 관계	① 발음이 같은 경우	넘어/너머 부치다/붙이다
		② 띄어쓰기	한번/한 번
2	형태적 유사 관계	① 줄임말	연세대학교/연대
		② 도치	간혹/혹간
		③ 파생어 및 합성어	작다/작다랗다/자그맣다 몸/몸뚱이 반짝/반짝이다/반짝거리다
		④ 모음 조화 및 자음 교체	졸졸/줄줄/쫄쫄/쭐쭐/촬촬

3	문법적 유사 관계	① 동일한 격틀	뜨다/떼다/따다 (1이 2를 V)
4	의미적 유사관계	① 비슷한 의미	순수하다/해맑다/순진하다/청렴하다/깨끗하다
5	화용적 유사 관계	① 방언	옥수수/강냉이
		② 은어 및 전문어	맹장염/충수염
		③ 성별어	·
		④ 연령어	밥/맘마
		⑤ 존대어	집/댁 자다/주무시다
		⑥ 입말 및 글말	매우/되게
		⑦ 금기어	죽다/돌아가다/숨지다/눈감다
6	기타	① 상하위어 및 동위어	월/화/수/목/금/토/일
		② 정도 차이	선선하다/서늘하다/시원하다 /쌀쌀하다/춥다

〈표 4〉와 같이 매우 다양한 계열 관계를 '유사 관계 어휘'에 속한 것으로 보는데 상하 어휘나 주제 어휘도 포함되어 있는 것을 볼 수 있다. 비록 사용한 용어 '유사'에 어울리지 않는 면이 있을 수는 있으나 학습자에게는 분명히 어려운 어휘들임은 틀림없다. 본고는 바로 이와 같은 어휘군을 혼동 어휘로 명명하는 것이 바람직하다는 입장이다. 용어가 주는 한계에 얽매일 필요가 없기 때문이다.

물론 그렇다고 하여 모든 어휘를 혼동 어휘라고만 할 수는 없다. 그렇기 때문에 연구에서 혼동 어휘를 다루고자 할 때는 그 정의를 내리고 범위를 한정해야 한다.[10] 손연정(2021)에서는 학술 텍스트에 나타나

10 연구의 대상을 한정하는 것은 연구자로 하여금 연구의 초점을 정확히 하게 하여 명료한 연구의 결과를 낼 수 있도록 하기 때문에 중요하다.

는 유사 혼동어에 대해 연구하였는데 다음과 같이 기술하고 있다.

(8) …… 어디까지가 유사 혼동어인가에 대해서 그 경계를 명확히 할 필요가 있다. …… 다만 기본적으로 의미의 유사성을 기반으로 하는 경우만을 인정하므로 발음이 유사한 경우는 제외하고 성별어나 연령어, 속어도 제외하도록 한다. 그러나 의미라고 하였을 때 그 의미의 범위는 일반적인 의미보다는 넓은 사용에서의 의미이기 때문에 혼란을 피하고자 용어는 '유사 혼동어'라 하기로 한다. 이를 정의하면 다음과 같다.

유사 혼동어: 어휘의 사용에서 발생하는 의미를 기반으로 서로 비슷한 점이 있어서 정확한 사용을 위하여서는 변별이 필요한 어휘 쌍.

본고에서는 유의어, 동의어, 유사 관계 어휘, 관련어, 혼동어 등의 다양한 용어를 모두 포괄하여 '유사 혼동어'라는 용어로 확대하여 사용하기로 한다. 이는 어휘의 사용에서 발생하는 의미를 기반으로 서로 비슷한 점이 있어서 이들 어휘의 정확한 사용을 위해서는 변별이 필요한 어휘 쌍을 의미한다. 손연정(2021:33-34)

위 연구에서 만약 혼동어에 대한 정의를 내리지 않고 그 범위를 한정하지 않았다면 혼동어 어휘군의 기준을 제시하기도 어려웠을 것이다. 말뭉치 자료를 귀납적으로 분석한다고 하여도 그 분석의 기준을 세우지 않으면 말뭉치 자료를 활용할 수 없는 것과 마찬가지이다.

지금까지 계열 관계의 유형에 대해서 살펴보았다. 어휘는 서로 긴밀한 관계를 맺기 때문에 그 체계에 따라 어휘를 구분하는 것은 해당 어휘와 더 나아가 그 언어를 이해하는 데에 도움이 된다. 그러나 이론에서만 그칠 것이 아니라 한국어교육 현장에서 활용하기에 용이한 단위를 설정하고 분류하여 연구를 진행하는 것이 필요하다.

4. 계열 관계와 어휘 확장

한 언어를 구사하는 데 있어서 어휘는 가장 기본이 된다. 어휘를 모르면 이해와 산출 모두 어렵지만 어휘만 안다면 어휘만으로도 의사소통이 가능하다. Laufer(1998)은 모어 화자와 외국인 학습자 간의 가장 눈에 띄는 차이는 그들이 사용하는 어휘의 양이라고 하였으며 Singleton(1999)는 언어를 배우고 사용하는 것의 가장 중요한 것은 통사적 원리를 습득하는 것에 도전하는 것이 아니고 어휘의 핵심에 도전하는 것이라고 하였다(강현화, 2013:19).[11] Richards(1976)에서는 어휘 학습의 8가지 가정을 제시하는데, 어휘의 계열 관계와 통합 관계를 모두 알고 담화 상황에 맞게 사용해야 의사소통에 성공할 수 있다는 것으로 정리할 수 있다.

이처럼 어휘의 학습이 중요한 만큼 어휘의 확장이 필요한데 이것이 단순히 어휘를 많이 외운다는 것을 의미하지는 않는다. Quinn(2002)는 어휘 지식의 깊이(vocabulary knowledge depth)를 언급하면서 어휘의 깊이가 어휘의 양보다 더 중요하다고 하였다. 물론 어휘의 양을 늘리는 것이 불필요하다는 것은 아니다. 어휘 학습에서 이상적인 것은 하나의

11 The major challenge of learning and using a language–whether as L1 or as L2–lies not in the area of broad syntactic principles but in the 'nitty-gritty' of the lexicon(Singleton, 1999; 강현화, 2013:19 재인용).

어휘를 배우면서 해당 어휘와 연계되는 다른 어휘를 함께 알고 다른 어휘와는 구별되는 차별점과 정확한 사용을 알게 되는 것이다. 이때 계열 관계를 통하여 학습자들의 어휘를 확장시킬 수 있다. 하나의 어휘를 배우면서 동시에 여러 어휘를 함께 배울 수 있음은 물론이고 어휘가 속하는 영역을 알고 어휘에 대한 이해의 폭을 넓힐 수도 있다. 또한 어휘가 사용되는 맥락이라든지 공기하는 표현 및 연어 정보 등 통합 관계 정보까지지도 배울 수 있다. 어휘의 다양한 의미를 알고 담화 상황에 따라 맥락에 맞는, 의도에 맞는 적절한 어휘, 표현을 사용할 수 있도록 돕기 때문에 계열 관계를 통한 어휘 교수는 학습자들에게 매우 유용하다.

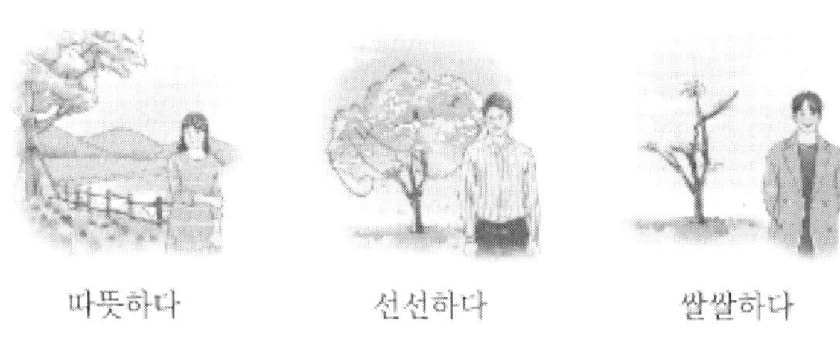

〈그림 5〉『새연세한국어 어휘와 문법 1-2』 18과 1항 주제 어휘

〈그림 5〉는『새연세한국어 어휘와 문법 1-2』 18과 1항의 주제 어휘 중 일부인데 계열 관계를 이용하여 어휘의 이해를 돕고 있다. 해당 교재에서는 기온에 따른 날씨를 나타내는 형용사 중 세 개만을 보여주고 있으나 사실 이것보다 더 자세히 분류할 수 있다.

〈표 5〉 기온에 따른 날씨 형용사의 계열 관계

	계열 관계
덥다	포근하다 - 훈훈하다 - 따뜻하다 - 덥다
춥다	선선하다 - 서늘하다 - 쌀쌀하다 - 춥다

기온에 따른 날씨를 나타내는 형용사는 크게 '덥다' 계열과 '춥다' 계열로 나눌 수 있다. '덥다'는 '포근하다 – 훈훈하다 – 따뜻하다 – 덥다'가 계열 관계를 이룬다고 할 수 있으며 '춥다'는 '선선하다 – 서늘하다 – 쌀쌀하다 – 춥다'가 계열 관계라고 볼 수 있다. 그리고 이를 온도에 따른 자연의 모습과 옷차림 등으로 제시하는 방법 등을 통해 어렵지 않게 여러 어휘를 한 번에 교수할 수 있다. 또한 이렇게 계열 관계를 모두 학습하는 것이 어휘 하나하나를 더 잘 이해할 수 있는 방안이기도 하다. 만약에 '포근하다'만 배운다고 할 때 어느 정도를 말하는 것인지 알기 어렵고 다른 어휘들을 모두 개별적으로 배우는 것은 학습의 효율이 떨어진다.[12] 다음과 같이 학습자에게 제시한다면 '춥다'와 함께 다른 어휘도 학습할 수 있고 어휘 각각의 의미와 사용 맥락을 더 확실히 알 수 있다.

어휘 교육은 학습자가 어휘를 빠른 시간에 정확하게 습득하도록 해야 한다. 같은 시간에 어휘 하나만 배우는 것보다 여러 개를 배우는 것이 더 효율적이고 다른 어휘와의 관계 속에서 어휘의 의미를 명확하게 인식하는 것이 학습에 성공했다고 볼 수 있다. 이러한 점에서 계열

12 물론 이것 이외에 '후덥지근하다, 뜨겁다, 냉하다, 차다' 등 더 다양한 어휘들이 있기도 하며 통합 계열 정보는 드러나지 않기 때문에 더 자세한 설명과 제시가 필요하다. 그러나 본고에서는 계열 관계에만 집중하여 이를 설명하기에 적절한 어휘만을 예시로 설명하기로 한다.

관계는 학습자의 어휘 학습 및 어휘 확장에 도움이 된다.

5. 계열 관계 연구에서의 말뭉치의 활용

근본적으로 모든 의사소통은 어휘 선택의 연속이다. 그리고 그 어휘 선택의 기제와 표현 효과를 논하는 것은 까다로운 일이다. 사용 가능한 어휘 중 하나를 선택함으로 드러나는 의도도 맥락에 따라 달라질 수밖에 없다. 인간의 언어는 정해진 틀에 끼워 넣을 수 있는 것이 아니기 때문이다. 그러나 언어교육의 입장에서는 체계를 완전히 무시할 수는 없다. '어떤 어휘를 선택하느냐에 따라서 전달되는 메시지가 맥락에 따라 다르니까 그때그때 알맞게 적절한 어휘를 사용하라'고 하는 것은 교육의 효과를 거두기 어렵다. 어떤 어휘를 어떻게 사용해야 하는지, 각 어휘가 구체적으로 어떤 의도를 드러내는지를 명시하여 정리할 필요가 있다. 이러한 점에서 특정 어휘 선택의 기제와 전달되는 의도 및 메시지를 논하는 것은 의미가 있으며 논의를 위해서는 말뭉치의 활용이 필요하다. 말뭉치를 활용한다는 것은 사람들이 어휘를 사용하는 것 자체에 가치를 둔다는 말이다. 만약 문법적으로 맞지 않게 어휘를 사용한다고 해도 많은 사람들이 그렇게 사용한다면 언어교육에서는 이를 충분히 고려해야 하며 이런 모습은 말뭉치에서 확인할 수 있다.

(9) 걔는 그래 가지고 막 살이 찌는 게 꿈이라서 자기 전에 라면 막 **진짜** 막 두 개 끓여 먹고 자구 그러면, 다음날 체하는 거야. 다음날 아무것도 못 먹는대.

(9)은 구어 말뭉치의 용례이다. 위 문장을 보면 '살이 찌기 위한 노력으로 자기 전에 라면을 두 개나 끓여 먹는 상황을 강조하기 위하여 '진짜'을 사용한 것으로 볼 수 있다. 이 발화에서 라면을 두 개를 먹었는지, 세 개를 먹었는지 혹은 라면을 먹었는지, 치킨을 먹었는지 그 사실 여부가 중요하지 않다. 실제로 '라면'을 '두 개' 끓여 먹고 잤을 때 다음날 체하고 아무 것도 못 먹는 것이 사실이 아닐 수도 있다. 그저 많이 먹지 못하는 신체적인 조건을 강조해서 말하고 있을 뿐이다. 그런데 '진짜'의 사전 뜻풀이에는 강조의 의미 기능이 포함되어 있지 않다. 이와 같은 정보는 말뭉치를 확인하지 않고서는 알기 어려운 정보이다. 어휘의 의미가 제대로 사용되지 않았음에도 불구하고 한국 사람들은 저 상황에서 '진짜'가 왜 사용되었고 어떤 의도를 드러내기 위해 사용되었는지 안다.

(10) ㄱ. 이제 시선은 더불어민주당으로 모이고 있다. 민주당은 그동안 무엇을 하고 있었나?
들여다보니 좀 **민망하다.** 〈경향신문 2023.03.09〉

ㄴ. 미국은 경제안보 관점에서 핵심전략 산업의 미국 내 공급망 구축을 추진하고 있으며, 중국은 첨단기술 산업의 자립도를 높이는 정책을 추진하고 있다. 우리 정부도 신산업 육성정책을 추진하고 있으나 과거 우리 경제가 추격 과정에서 행했던 정책의 답습에 지나지 않아 보여 **안타깝다.** 〈중앙일보 2023.03.08.〉

(10ㄱ)~(10ㄴ)은 필자의 감정 '민망하다'와 '안타깝다'를 통해 드러내고 있다. 그리고 '민망하다'와 '안타깝다'는 『표준국어대사전』에서 유사 어휘로 제시하고 있다. 그런데 (10ㄱ)은 진보 성향의 신문 사설이

진보 성향의 정당에게 쓴소리를 하고 있는 내용이며 (10ㄴ)은 보수 성향의 신문 사설이 보수 정당인 현 정부의 정책을 비판하고 있는 내용이다. (10ㄱ)은 진보 정당에게 쓴소리를 하고는 있지만 기저에 깔린 의도는 단순하지 않다. 이 사설을 읽는 진보 성향의 독자들에게는 자기 객관화를 통한 자기반성이라는 건설적인 모습을 심어주고 보수 성향의 독자들에게는 마치 정치적으로 중립의 위치에서 공정한 보도를 한다는 느낌을 준다. (10ㄴ)은 '안타깝다'를 통해서 보수 성향의 독자들에게는 자기변명의 구실을 마련해 주고, 진보 성향의 독자들에게는 공정한 언론사라는 이미지를 심어준다. 이와 같은 정보는 말뭉치를 분석하지 않고서는 쉽게 포착해내기 어렵다.

한국어교육에서 계열 관계는 그 목록의 마련과 어휘 간 변별 두 가지가 모두 이루어져야 한다. 그런데 어휘의 사용이 맥락에 따라 가변성을 지니므로 계열 관계의 목록도 변별도 모두 머릿속에서 만든 체계에 맞출 수 없다. 이러한 이유로 말뭉치를 활용해야 한다. 그런데 말뭉치를 연구에 활용함에 있어서 연역적인 방법으로 접근할 수도 있고 귀납적인 방법으로 접근할 수도 있다. 연역적인 방법은 어느 정도 연구자 스스로 체계를 세워 놓고 이를 말뭉치에서 확인하는 방법이다. 반면, 귀납적인 방법은 말 그대로 말뭉치의 용례를 그대로 보면서 그 안에서 규칙을 찾고 체계를 세워 가는 방법이다. 연구를 위해서 두 가지 방법이 모두 적절하게 사용되어야 하겠지만 최대한 실제 언어에 가까이 다가가기 위해서는 귀납적 분석을 추천한다. 말뭉치는 그것만의 한계가 분명히 있다. 과연 모든 인간의 언어를 모두 보여주는 것인지 그 보편성에 대한 의문이 있을 수도 있다. 그러나 적어도 연구자 개인 혹은 주변의 몇몇 사람들의 언어생활보다는 확실히 보편성이 확보된 자료라고 할 수 있다. 한국어교육에서 계열 관계 연구를 하는 목적을 위해서는 아직까지 말뭉치만큼 적절한 자료는 없다. 말뭉치의 적절한 활용을 통한 연구가 더 활발히 이루어짐으로써 앞으로 한국어 계열 관계 어휘 연구의 발전을 기대해 본다.

▪ 4장 ▪

통합적 어휘 관계 연구의 쟁점

1. 통합 관계의 개념 및 유형

1.1. 통합 관계의 개념

실제 언어 사용에서 우리는 '나이를 먹다', '마음을 먹다'와 같이 단어들이 고정적으로 결합하여 쓰이는 구 이상의 단위를 자주 마주하게 된다. 두 개 이상의 어휘 요소가 전형적으로 함께 쓰이는 현상은 어느 언어에서나 나타나기 마련인데, 이처럼 두 개 이상의 어휘가 공기하여 긴밀한 의미 관계를 맺으면서 한 단위처럼 쓰이는 것을 가리켜 통합 관계라 일컫는다.

실제 언어 사용을 관찰하는 수단으로서 코퍼스를 기반으로 한 연구에서는 이러한 통합 관계에 대해 주목해 왔기에 어휘의 통합 관계에 관한 연구는 코퍼스 언어학의 발달과 궤를 같이했다고 해도 과언이 아니다. 코퍼스 언어학적 방법론은 대규모 언어 자료 처리를 가능케 했고, 이를 통해 어휘 간의 통합 관계 패턴들이 언어의 상당 부분을 차지하며 언어 사용의 본질임이 밝혀질 수 있었기 때문이다. 코퍼스 언어학의 발달과 함께 어휘의 통합 관계에 대한 관심은 더욱 대두되었고, 이와 관련된 다양한 용어들이 출현하게 되었다. 이에 따라, 통합 관계를 가리키는 용어와 개념은 연구자마다 다소 차이가 있지만 통합 관계를 모두 포괄하는 용어로 다단어 단위(Multi-Word Units, MWUs)가 보편적으로 쓰이고 있다.[1] 그러나 다단어 단위는 의미적으로 또는 심리언어학적으로 처리되는 방식에 대한 해석과 연구 분야에서 적용되는 개념과 분류 관례에 따라 다르게 정의되는데, 크게 언어학적 접근법, 빈도 기반 접근법, 심리언어학적 접근법의 세 가지 주요 접근법에 따라

1 multiword units는 다단어, 낱말군, 다중 어휘 단위 등으로 번역된다. 언어학을 비롯한 여러 학문 분야와 연구자의 관점에 따라서 서로 다른 용어가 사용되며 별개의 다단어 범주들이 연구되어 옴에 따라 용어의 통일 문제는 다단어 연구의 쟁점 중 하나로 다루어진다. 다단어 외에 정형 언어/표현/연쇄(formulaic language/expressions/sequences), 어휘 꾸러미(lexical bundles), 고정된 표현/연쇄(prefabricated expressions/sequences), 굳은 표현(routines), 반 구조화된 구절(semi-preconstructed phrase) 등의 용어가 쓰인다(최준 외, 2010:165). 이 중 모든 유형의 다단어를 지칭하는 용어로 정형 언어(formulaic language)가 쓰이는데(Paquot & Granger, 2012), Wood(2020:30)는 정형 언어(formulaic language)를 일반적으로 단일 의미나 기능을 전체적으로 표현하고 단일 단어(single word)와 마찬가지로 정신적으로 저장되어 분석되지 않는 전체로서 사용되는 다단어 언어 현상으로 정의하였다. 즉, 다단어의 특성을 언어 현상으로 보는 것이다. 이러한 관점에서 그는 언어 현상 자체를 정형 언어라고 하며, 세부 항목을 정형 연쇄(formulaic sequences)라고 정의한 바 있다. 한편, 정형 언어의 핵심적인 특성이라 할 수 있는 정형성(formulaicity)의 양상을 기술하는 데에는 Wray (2002:9)에서 제시한 것처럼 수많은 용어들이 사용되어 왔다.

amalgams – automatic – chunks – clichés – co-ordinate constructions –collocations – complex lexemes – composites – conventionalized forms – F[ixed] E[xpressions] including I[dioms] – fixed expressions – formulaic language – formulaic speech – formulas/formulae – fossilized forms – frozen metaphors – frozen phrases – gambits – gestalt – holistic – holophrases – idiomatic – idioms – irregular – lexical simplex – lexical(ized) phrases – lexicalized sentence stems – listemes – multiword items/units – multiword lexical phenomena – noncompositional – noncomputational – nonproductive – nonpropositional – petrifications – phrasemes – praxons – preassembled speech – precoded conventionalized routines – prefabricated routines and patterns – ready-made expressions – ready-made utterances – recurring utterances – rote – routine formulae – schemata – semipreconstructed phrases that constitute single choices – sentence builders – set phrases – stable and familiar expressions with specialized subsenses – stereotyped phrases – stereotypes – stock utterances – synthetic – unanalyzed chunks of speech – unanalyzed multiword chunks – units

다음과 같이 정의된다(Chen Ding et al., 2024:2).

(1) 접근법에 따른 다단어 단위에 대한 개념 정의
- 성구론적 접근법(phraseological approach): 관용성의 연속체(continuum of idiomaticity)로, 연속체의 한쪽 끝에는 관용어가 놓여 구성 단어가 제한되어 있고 특정 순서로만 나타나며, 다른 한쪽 끝에는 아무런 제한이 없이 자유롭거나 비구성적 자유 단어 조합이 놓여 있다.
- 빈도 기반 접근법(frequency-based approach): 주로 의미 있는 어휘 단위를 형성하는 단어의 관습적인 배열이 다단어를 정의하는 기본 특징으로 간주된다.
- 심리언어학적 접근법(psycholinguistic approach): 심리 어휘부(mental lexicon)에 전체로서 저장되고 처리되는 언어 단위를 지칭한다는 가정에 기초한다.

통합 관계를 이루는 다단어 단위들은 언어 교육에서 특히 주목을 받아 왔다. 다단어에 대한 학습이 모어 화자와 같은 유창성과 정확성이라는 두 측면을 동시에 획득하게 해줄 수 있다는 유용성 때문이다. 모어 화자들이 통합 관계를 이룬 다단어 표현들을 관습적으로 사용하는 것처럼 제2언어 학습자들이 해당 항목을 학습하게 된다면 목표 언어를 보다 정확하게 이해하고 생산할 수 있을 뿐만 아니라 더 빠른 속도로 처리하게 되어 유창성도 증진시킬 수 있다는 점에서 그러하다. 또한 다단어가 결합하는 현상은 언어 보편적인 현상이나 그 구체적인 양상은 언어마다 상이하다. 그렇기 때문에 모어와 목표 언어 간 결합 양상에 차이가 있다면 오류를 야기시킬 수 있다. 따라서 다단어를 한 단위처럼 인식하게 하여 머릿속에 저장될 수 있도록 다단어에 대한 학습이 이루어진다면 어휘 사용의 정확성을 향상시킬 수 있다는 점에서 다단어가 교육 항목으로 중요하게 여겨져 왔으며, 이를 담화 맥락에서 적절하게 사용할 수 있도록 하는 것이 어휘 교육에서 중요한 과제가 되어 온 것이다. 다시 말해서 다단어에 대한 교육은 학습자의 의사소통 능력을 향상시키는 데 도움이 될 뿐만 아니라 문법적, 화용적 오류를 줄일 수 있는 데 기여할 수 있다.

또한 어휘에 대한 지식, 즉, 어휘를 안다는 것에는 언어 사용 측면에서 해당 어휘가 어떤 다른 어휘와 함께 사용되는지에 대한 지식이 포함되는데(Nation, 2013), 이는 결국 어휘의 통합 관계와 결부되는 지식이다. 따라서 어휘 지식에서 통합 관계에 대한 지식은 필수적이며, 궁극적으로 어휘 지식을 증진시키기 위해서는 통합 관계에 대한 교수 학습이 어휘 교육에서 필요하다.

1.2. 통합 관계의 유형

다단어 단위로 아우를 수 있는 통합 관계의 유형은 그 항목을 가리키는 용어의 수만 해도 40여 개가 넘을 만큼 다양하다. 이처럼 다양한 용어들이 쓰이고 있는 이유는 무엇을 다단어 항목으로 볼 것인가 하는 기준이 상이하고, 단일한 구성으로 이루어지지 않으며 그 형태와 의미적 특성에 차이가 있기 때문이다.

(2) 국외에서 논의된 다단어의 유형

■ Paquot & Granger(2012)

- co-occurrence: collocations, restricted collocations
- recurrence: lexical bundle

■ Ebeling & Hasselgård(2015)
- Lexical bundles
- Collocations
- Collocations와 Lexical bundles combined
- Multi-word verbs: Phrasal Verbs(예: pick up), Prepositional Verbs(예: look at)
- Collostructions

■ Wood(2020:31)
- 구조적, 의미적, 통사적 특성에 의해 구별되는 연쇄: Collocations, Idioms, Metaphors, Proverbs, Compounds, Phrasal Verbs, Compounds, Phrasal Verbs
- 화용적인 유용성에 의해 구별되는 연쇄: Lexical Phrases, Pragmatic Formulas
- 특정 코퍼스에서의 분포에 의해 구별되는 연쇄: Lexical Bundles, Concgrams

Granger & Paquot(2008)은 다단어를 가리키는 용어의 혼재를 해결할 수 있는 방안 중 하나로 언어학적으로 정의된 단위(linguistically- defined units)와 양적으로 정의된 단위(quantitatively-defined units)를 구분하는 것을 제안한 바 있다. 이러한 맥락에서 Paquot & Granger(2012)는 두 개의 어휘 항목이 함께 선택되어 나타나는 연어(collocations)와 같은 구성을 공기 관계(co-occurrence)로, 엔그램(N-gram)과 같이 주어진 길이의 연속적인 문자열의 반복된 형태, 예컨대 문법적으로 완전하거나 불안전한 문자열이 포함된 어휘 다발(lexical bundle)을 반복구성(recurrence)으로 다단어의 유형을 대별하였다. Ebeling & Hasselgård(2015)에서는 학습자 코퍼스 연구에서 다루어진 다단어 단위의 유형들로 어휘 다발, 연어, 이 둘을 혼합한 형태(collocations and lexical bundles combined)와 다단어 동사(multi-word verbs), 구조와 단어 사이의 의미 있는 연계를 보여주는 연구문(collostructions)을 들었다. 한편, Wood(2020)는 다단어의 구조와 범주가 단일하지 않고 특성 또한 중첩될 수 있다는 점에서 유형 분류의 어려움을 지적하고 다단어 항목이 갖는 공통된 특성을 기준으로 세부 유형을 분류하였다.

다음으로 한국어에서 다루어지는 대표적인 통합 관계의 유형에는 아래와 같은 것들이 있다.

(3) 한국어 통합 관계 유형

■ 강현화(2021:101)

- 연어 (예) 나이를 먹다, 머리를 감다
- 상투 표현 (예) 코가 삐뚤어지게 술을 마시다
- 속담 (예) 가는 날이 장날이다
- 관용적 숙어 (예) 미역국을 먹다(시험에 떨어지다)
- 통사적으로 굳어진 구 (예) -에 대하여, -임에도 불구하고

연어는 두 개 이상의 단어가 긴밀하게 결합한 공기 관계를 가리킨다. 구성요소의 어휘적 제약에 의해 특정 단어와만 긴밀하게 결합하여 한 단어처럼 쓰인다는 특징이 있다. 상투 표현, 속담, 관용적 숙어는 상위 개념인 관용표현에 포함되는 하위 유형들로 분류할 수 있다. 각 유형을 살펴보면, 상투 표현은 특정 비유 표현을 고정적으로 사용하는 상투적인 표현을 말한다. 속담은 오래전부터 내려오는 문장 단위의 고정 표현으로 문자적 의미로 내용을 이해하기 어려우며 보통 교훈과

풍자성을 나타내는 표현이다. 관용적 숙어는 둘 이상의 단어가 결합되어 구의 형태로 쓰이면서 개개 단어의 의미 결합이 아닌 제3의 의미를 지니게 된 표현이다. 통사적으로 굳어진 구는 문법적 요소와 어휘적 요소가 결합되어 한 덩어리 형태로 쓰이는 항목으로 문법 영역에서 주로 다루어진다.

둘 이상의 어휘적 또는 문법적 의미를 지닌 단어들이 결합된 형태가 고정적으로 쓰이며 독립적인 의미·기능을 가지는 통합 관계에 대한 구분은 언어학에 기반하는지, 빈도에 기반하는지와 같은 접근 방법에서부터 해당 항목이 지닌 형태적, 의미적, 화용적 특성 등을 고려한 다양한 분류가 가능하다.

2. 통합 관계 연구의 쟁점

2.1. 다단어 단위의 식별과 빈도 산정

통합 관계를 이루는 어휘 관계를 식별하는 문제는 무엇을 다단어 단위로 볼 것인가 하는 다단어 단위의 정의와 직결된다. 다단어 단위를 선택하고 분류하기 위한 기준과 연계된 문제로, 연구 목적에 맞는 기준을 분명히 제시할 필요가 있다. 이때 다단어 단위를 식별하고, 그 빈도를 세는 데 고려할 수 있는 세부 요인에는 다음과 같은 것들이 있다.

(4) 다단어 식별과 빈도 산정 시 고려 사항(Nation & Webb, 2011:177)

- 인접성: 다단어 단위에서의 어휘 항목들은 바로 연쇄되어 나타날

수도 있고 다른 요소가 개입되어 분리되어 나타날 수도 있다. 이때 연쇄되어 나타나지 않는, 즉 인접하지 않은 연쇄들의 포함 여부와 포함할 경우 그것을 어떻게 처리할 것인지를 고려해야 한다.

- 문법적 고정성: 다단어 단위는 형태 변화가 없는 고정된 형태가 있는가 하면, 그 구성요소가 문법적, 접사적 형태에 변이형으로 나타날 수 있다. 따라서 변이 형태의 항목을 셀 때에는 다양한 형태들을 고려한 검색이 필요하다.
- 문법 성분으로서의 역할: 다단어 단위는 문법적으로 구조화될 수도 있고 그렇지 않을 수도 있다. 즉, 다단어 단위는 문장, 문장에서 주어, 서술어, 부사 집합 등과 같이 문법적 단위로 완전하게 기능할 수 있는 반면, 문법적으로 불완전하게 사용되는 형태도 있다. 그러므로 문법적으로 구조화된 항목의 빈도를 셀 때에는 그에 대한 기준을 분명히 할 필요가 있다.
- 어휘적 변이성: 다단어 단위의 구성요소 중 유사한 의미를 가진 단어끼리 대체해서 사용할 수 있는 항목이 있는 반면, 다른 단어로 대체될 수 없는 항목이 있다. 대체를 허용하는 다단어 단위 항목을 셀 때에는 대체될 수 있는 형태들을 모두 고려해야 할 것이다.
- 구성요소의 수: 다단어 단위는 적어도 두 단어를 포함하고 있다. 다단어 단위를 식별하고 빈도를 셀 때 구성요소의 수에 제한을 두는 경우도 있고 그렇지 않은 경우도 있다. 구성요소의 수에 제한을 두지 않는다면 그 항목이 다단어 단위의 정의에 부합하는지에 대한 기준을 명시하고 확인하는 작업이 중요하다.

코퍼스에서 다단어 단위를 식별하고 그 빈도를 산정하기 위해서는 위의 요소들을 고려한 분명한 기준을 세우는 것이 무엇보다 중요하다. 실제로 코퍼스를 활용하여 다단어 단위의 빈도를 산정할 때에는 기준을 명시하고 그 기준에 부합한 목록을 마련해야 한다.[2] 또한 변이형을 포함할 때에는 검색 방법과 조건에 주의해야 한다. 이밖에 코퍼스 기반 연구에서는 다양한 장르의 코퍼스를 확보해야 하며 저빈도 항목까지 포함할 수 있도록 대규모 코퍼스 사용하는 것이 필요하다.

2.2. 다단어 단위의 심리적 실재성

다단어 단위는 한 덩어리로 저장되는가? 다단어의 저장 형태는 이 단위의 심리적 실재를 살펴보는 것과 관련되는 문제이다. 언어 사용자의 어휘부에 다단어가 저장되어 있는지에 대한 증거 중 하나는 실제 그 단위를 빈번하게 사용한다는 데에 있다. 사용 빈도뿐만 아니라 빈번하게 사용되는 다단어 단위는 구어에서 음운론적으로 축약된다는 점과 어떤 형태는 관용적 의미를 지닌다는 점도 다단어 단위의 심리적 실재성을 지지해 준다. 아울러, 이러한 형태들은 더욱 빈번하게 사용

2 구체적인 예를 보이면, 남길임·최준(2019:946)에서는 연결어미 '-면'을 포함한 다단어 단위를 코퍼스에서 추출할 때 다음의 기준을 마련하여 이에 만족한 목록을 추출하고자 하였다.

ㄱ. 성분의 속성(구성성분의 단위): 형태
ㄴ. 성분의 수: 셋 이상
ㄷ. 출현 빈도: 100만 형태당 10회 이상 출현
ㄹ. 출현 텍스트 분포: 5개의 텍스트 이상에서의 출현
ㅁ. 성분의 유연성: 말뭉치에서 나타나는 숫자(SN)는 모두 '#/SN'의 단일 형태로 치환하였으며, 조사, 어미 등과 같은 문법적인 단어의 이형태 역시 대표화하여 통합함.

위와 같이 코퍼스에서 다단어 단위를 추출하기 위해서는 구성요소의 단위 설정에서부터 구성요소의 수(연쇄의 길이), 코퍼스에서의 출현 빈도 및 분포에 대한 정량적 기준을 설정해 두어야 한다. 성분의 유연성은 코퍼스 전처리 과정에서 고려되어야 할 사항으로, 특히, 교착어인 한국어에서 조사와 어미의 이형태 통합 처리는 다단어 단위 목록에의 포함 여부와 특정 표현의 출현 빈도 순위에 영향을 미치므로 전처리 과정에서 매우 중요한 작업이다.

됨에 따라 보다 전형적인 형태와 의미를 가지며 단일어처럼 사용된다는 점이 다단어 단위가 한 단위로서 저장되고 처리된다는 사실을 보여주는 주요 증거가 된다(Nation & Webb, 2011).

최근에는 다단어의 심리적 실재성을 확인하기 위한 일환으로서 심리언어학적 기술을 이용한 측정이 증가하고 있다. 심리언어학에 기반한 측정 기술의 대부분은 개인이 다단어를 인지적으로 이해하고 생성하는 방법과 다양한 유형의 다단어가 심리 어휘부에 어떻게 표상되는지에 대한 간접적인 지표로 처리 및 반응 시간을 활용한다.

다단어를 조사하는 데 사용되는 주요 방법에는 자기 조절 읽기 과제(Self-Paced Reading, SPR), 점화(Priming), 시선 추적(Eye tracking), 사건관련전위(Event-Related Potentials, ERP)가 있다. 이 기법을 활용한 연구들은 다단어 항목이 다른 일반 구와 비교하였을 때 전체적 단위로 표현됨으로써 처리가 더 용이하며 빠르게 반응한다는 점을 전제로 하여, 연어, 관용어를 비롯한 여러 유형의 다단어 항목을 대상으로 실험 참여자의 언어 처리의 시간적 궤적을 고찰함으로써 다단어의 심리적 현저성이나 실재성을 밝히는 것에 주된 목적을 두고 있다.

2.3. 어휘 교육을 위한 다단어 단위의 선정

어휘 교육을 위한 다단어 단위를 어떻게 선정할 것인가? 교육과정에서 교육용 다단어 단위를 선정하고 그 범위를 한정하는 작업은 어휘 교육에서 주요 관심의 대상이 되어 왔다. 그러나 실제로 다단어 목록을 고정하는 일은 쉽지 않다. 다단어의 유형이 다양하며, 보통 교육 자료에서 다단어 항목은 단원의 주제와 연계되어 선택되므로 다단어 항목의 목록은 동일하게 구성되지 않을 수 있기 때문이다(강현화, 2021:104).

교육용 다단어 단위를 선정하는 데 있어서 사용 빈도, 중복도 등의 객관적인 기준이 적용되는 한편, 언어 학습을 목적으로 한 유용한 표현을 선별해야 하므로 연구자, 교사 등의 전문가 평정이라는 주관적인 기준이 적용된다. 이밖에 다단어의 특성을 고려한 기준들이 마련될 수 있는데, 예컨대 다단어 항목의 의미적 투명성, 통사적 의미적 단순성, 문법적으로 구조화된 정도 등을 들 수 있다. 다단어 항목이 지닌 이러한 특성들은 어휘 학습의 난이도에 영향을 미치므로 학습의 용이성과 연계될 수 있기 때문에 고려될 필요가 있다. 교육용 다단어 단위의 목록 선정 문제와 관련해서는 다음 절에서 연어와 관용표현을 중심으로 자세히 살펴보기로 하겠다.

2.4. 다단어 단위의 학습 및 습득

다단어 단위에 대한 교수·학습의 중요성에도 불구하고 제2언어 학습자의 경우 다단어를 이해하는 데 있어 종종 단어 기반 지식에 의존할 수 있기 때문에 특정 다단어를 한 단위로 인식하지 못할 가능성이 있다. Durrant & Schmitt(2010)에서는 L2 학습자가 연어의 전체적 저장과 유사한 방식으로 일반적인 다단어를 인식할 수 있음을 일부 보여주었으나 다단어의 구성적 측면으로 인해 학습자에게 덜 두드러질 수 있으며, 이는 결과적으로 학습자의 습득을 방해할 수 있다는 사실을 보여주었다. 즉, 학습자는 다단어를 전체로서가 아닌 단어 단위로 분해하여 개별 단어로 저장함으로써 수용적 측면보다 생산적 측면에서 더욱 큰 어려움을 겪을 수 있다는 점을 시사한다.

또한 다단어가 의도적으로 학습될 수 있는가와 학습에의 효용성이 있는가의 문제 또한 주요 쟁점이 되어 왔다. 예를 들면 '저지르다'의 형태와 의미를 맥락을 통해 배우고 '저지르다'의 다단어 구성을 학습하는 것이 효과적인지, 아니면 '범죄를 저지르다, 실수를 저지르다, 잘못을 저지르다'처럼 '저지르다'가 나타나는 가장 빈번한 연쇄의 형태와 의미를 배운 후에 다단어를 구성하는 개별 어휘를 따로 학습하는 것이 효과적인지를 밝히는 일은 어휘를 개별 항목으로 배우는 것이 효과적인지 아니면 다단어를 한 단위로 배우는 것이 효과적인지에 답해 줄 수 있으므로 다단어 교육에서 중요한 문제로 다뤄진다. 이밖에 다단어를 습득하는 데 영향을 미치는 다양한 요인(다단어의 유형, L1을 포함한 학습자 변인, 과제 유형 등)과 각 요인이 어떻게 상호작용하는지를 밝히는 작업이 다단어 습득 연구에서 중요하게 다뤄진다.

2.5. 다단어 지식에 대한 평가

학습자들의 다단어 단위에 대한 지식이 어느 정도인지, 이 지식이 다른 언어 기능과 어떠한 관련성이 있는지 역시 제2언어 습득 연구에서 핵심적인 문제가 된다. 특히, 다단어에 대한 지식은 어휘의 질적 지식과 관련된다는 점에서 중요하다. 어휘 지식은 크게 어휘 지식의 폭이라 할 수 있는 양적 지식과 어휘 지식의 깊이에 해당하는 질적 지식 두 측면으로 나뉘는데 그간의 연구는 양적 지식을 측정하는 데 초점이 맞춰진 것도 사실이다. 이로 인해 어휘의 질적 지식을 측정하는 연구는 상대적으로 미비하게 이루어져 왔고, 다단어 단위에 대한 지식을 어떻게 평가할 것인지, 그 방법론에 대한 연구가 더욱 요구되는 실정이다.

다단어 지식을 측정하기 위해 사용된 방법에는 다음과 같은 것들이 있다.

(5) 다단어 능력을 측정하는 데 사용된 방법(Henriksen, 2013:43)
- 문어와 구어 온라인 과제(Written and oral on-line tasks)
- 오프라인 도출 과제(Off-line elicitation)
- 온라인 반응 과제(On-line reaction tasks)

문어와 구어 온라인 과제는 코퍼스 분석에 기반한 방법이다. 학습자가 생산한 작문이나 발화를 코퍼스로 구성하여 다단어 단위를 얼마만큼 사용하는지와 오류를 분석하는 방식으로 학습자의 다단어 능력과 발달을 측정하는 것이 이에 해당한다. 오프라인 도출 과제는 번역, 빈칸 채우기, 선다형, 판단 과제, 재인식(recognition task), 연상 과제(association task)와 같이 측정하고자 하는 목표 문항을 도출해 내도록 테스트의 형식으로 다단어 지식을 측정하는 것이다. 마지막으로 온라인 반응 과제는 심리언어학적 접근법에 기반한 방식으로, 시선 추적, 자기 조절 읽기, 재인식 과제에서의 반응 시간 측정(recognition task with reaction time) 등으로 다단어 지식을 평가한다.

한편, 한국어 학습자의 다단어 지식에 대한 연구는 상당수가 오류 분석에 편중되어 있다. 코퍼스에서 나타나는 학습자의 오류를 분석하여 다단어 단위 습득에 있어서의 L1 전이 문제, 습득의 어려움 등이 보고되고 있다. 코퍼스를 활용한 학습자의 다단어 지식의 다면적 측면을 평가하기 위해서는 오류 분석뿐만 아니라 다단어 지식으로 간주될 수 있는 다양한 지표와 해당 지표를 측정할 수 있는 방법이 더 많이 개발될 필요가 있다.

3. 연어 연구의 쟁점

3.1. 연어 개념에 관한 접근법

본 절에서는 어휘 영역에서 다루어지는 대표적인 다단어 유형인 연어와 관용표현에 국한하여 코퍼스 연구에서의 쟁점들을 살펴보기로 한다.

먼저, 통합 관계를 대표하는 유형 중 하나는 연어(collocation)이다. 연어는 통사적 결합을 이루고 있는 구성요소에 따라 문법적 연어와 어휘적 연어로 나뉘는데, 문법적 연어는 '-(으)ㄹ 수 있-'과 같이 어휘 요소와 문법 요소로 이루어진 구성인 반면, 어휘적 연어는 '나이를 먹다'처럼 어휘 요소끼리 이루어진 구성을 말한다. 문법적 연어의 경우, 소위 표현문형으로 일컬어지는 형태로 다뤄져 문법 영역에서 주로 논의되는 데 비해, 어휘적 연어는 어휘적 요소 간의 제한된 결합으로서 어휘 차원에서 다루어지고 있기 때문에 본 절에서는 어휘적 연어에 초점을 둔다.

그렇다면 연어란 무엇인가? 연어를 정의하는 일은 그리 간단한 문제는 아니다. 실제로 무엇이 연어인가에 대해서는 연구자마다 차이를 보이기 때문이다. 이는 연어를 바라보는 관점의 차이에서 비롯된 것으로 연어에 대한 접근법은 다음 두 가지로 대별된다.

(6) 연어에 대한 접근법

- ■ 성구론적 접근법(phraseological approach)
  - 어휘적으로 제한된 결합(lexically restricted combinations)을 중시하며, 결합 구성의 의미적 비합성성, 관용어로서의 지위 등에 주된 관심을 둔다. 이 관점에서 연어는 두 개의 어휘 요소가 제약적으

로 선택되며 의미의 전이를 바탕으로 한다는 점에서 자유결합과 관용표현과 구별된다.

- 제약적인 연어와 원형적 숙어에 중점을 두며 빈도가 고려의 대상이 되지 않는다.

■ 빈도 기반 접근법(frequency-based approach)

- 일정 범위 내에서 둘 이상의 단어가 함께 출현하는 빈도나 공기 확률을 중시한 통계 기반의 개념 정의이다. 이 관점에서 연어는 구성요소들이 높은 공기성을 가지고 결합한다는 점을 강조한다.
- 코퍼스 자료와 빈도를 중심으로 하므로 코퍼스 주도적(corpus-driven) 접근이라 할 수 있고, 빈도와 범위(span), 통계적 측정 방법이 중요하게 적용된다.

연어는 크게 위의 두 관점[3]에서 정의될 수 있으며, 이에 따라 구체적으로 개별 연어를 판별하는 기준과 그에 따른 연어의 범위가 달라진다. 성구론적 관점에서의 연어는 이론언어학적 관점에 기반을 두고 구성요소들의 의미적 속성을 바탕으로 연어 개념을 정의한다. 즉, 구성요소의 의미가 합성성을 지키는지 여부와 어휘적으로 제약을 이룬 관계인지에 중점을 두고 인접 범주인 자유결합과 관용표현과 구별되는 속성에 근거하여 연어를 정의하는 것이다. 반면, 빈도 기반 관점에서는 구성요소들이 공기하여 결합하는 현상 자체에 중점을 두고 그것이 어느 정도로 빈번하게 나타나는지에 초점을 둔다. 이에 따르면 높은 공기성을 가진 구성을 연어로 본다. 빈도에 기반한 연어 정의는

3 두 관점을 지칭하는 용어는 다소 차이가 있으나 크게 어휘 차원에서 제한된 결합을 중시하는 언어학적 개념 정의와 빈도 및 통계 기반의 접근으로 구분되는 것으로 이해될 수 있다.

코퍼스 언어학 분야에서 널리 받아들여졌다(Sinclair, 1991; Hoey, 2005; Stubbs, 1995).

연어 개념에 관한 기본적인 관점의 차이는 연어를 판별하고 선정하는 기준에 영향을 미칠 수 있으며, 연어라는 동일한 용어로 지칭되지만 서로 다른 속성을 지닌 항목들이 혼재될 수 있다는 문제를 야기할 수 있다. 이러한 점을 염두에 두고 연어 연구를 할 때에는 어떠한 접근법을 수용할 것인지를 분명히 하는 것이 중요하다. 그러나 이 두 관점이 배타적으로 대치되는 개념은 아니기 때문에 코퍼스 기반 연구에서는 두 접근 방법을 융합하여 상호보완적으로 적용하는 경우가 많다. 특히, 언어 교육에서는 교육의 효용성을 근거로 하여 두 관점에서 정의되는 연어 개념을 채택하는 경향이 있다. 다시 말해서, 어휘 간 제약적인 구성이면서 의미적으로 투명성을 가진 연어와 자유결합 구성일지라도 높은 공기성을 가지는 구성을 모두 연어로 간주하는 것이다. 앞의 제약적인 연어를 협의의 연어로 제한한다면 언어 교육에서 이루어지고 있는 다수의 연구에서는 광의의 연어 관점을 수용하여 자유결합을 포함하되, 그것이 유의미한 연어인지를 출현 빈도와 연관 강도(collocational strength) 측면에서 연어를 판별한다. 이러한 입장에서는 '연어이다, 연어가 아니다'와 같이 이분법적으로 접근하지 않고, '연어성이 높다, 연어성이 낮다'와 같이 구성요소 간의 연어 강도를 고려한 접근 방식을 취한다.

3.2. 연어의 식별과 추출 방법

빈도 기반 관점에 근간을 두고 코퍼스에서 연어를 식별하고 추출하기 위해서는 빈도, 범위(span), 통계적 측정 방법 세 가지 조건이 중요하게 고려된다. 또한 앞서 살펴본 다단어 단위 식별 및 빈도 산정 시 문제가 되는 사항들에 대해서도 고려할 필요가 있다.

(7) 연어의 식별 및 빈도 산정 시 고려 사항

- 인접성: 빈도 기반 관점에 입각한 연어의 개념은 특정 범위 내에서 공기하여 출현하는 어휘 항목 간의 관계를 나타낸다. 이때 특정 범위(span)를 몇 개 어절 내로 제한할 것인가에 대한 결정이 필요하다. 연어를 이루는 구성요소들은 바로 연쇄되어 나타날 수도 있고(예: 결론을 내리다) 다른 요소가 개입(예: 결론을 빨리 내리다)될 수도 있기 때문에 노드(node)가 되는 단어를 기준으로 하여 왼쪽 또는 오른쪽에 얼마나 많은 단어를 고려할 것인지 그 범위를 설정해 줘야 한다. 보통 연어핵이 되는 노드를 중심으로 좌우 4단어까지를 고려하면 충분히 유의미한 연어 구성을 추출할 수 있다고 본다(Sinclair, 1991).
- 문법적 고정성: 연어의 구성요소에서도 변이형이 나타날 수 있으므로 코퍼스 검색 시 변이형 항목을 고려해야 한다. 가령, '결론을 내리다'와 같은 서술어로 쓰이는 구성이 '내린 결론'과 같은 수식 구성으로도 나타날 수 있다.
- 문법 성분으로서의 역할: 어휘적 연어는 통사적 구성을 이루어 한 단위처럼 쓰여 문장 내에서 체언, 용언, 수식언 등과 같이 기능할 수 있다. 연어의 통사적 기능을 고려하여 여러 품사 조합의 연어 구성을 살펴볼 수 있다. 예를 들어, 서술어의 역할을 하는 연어 구성으로 '명사+동사/형용사'형 연어뿐만 아니라, '동사/형용사+동사/형용사'형 연어, '부사+동사/형용사'형 연어 구성을 고려해 볼 수 있다.
- 구성요소의 수: 연어는 일반적으로 두 단어로 구성되어 있다. 그러나 '눈이 빠지게 기다리다'와 같이 연어 '눈이 빠지게' 구성이 '기다리다'와 결합하여 또 다른 연어 구성을 이룰 수 있다.[4] 또한 '개가

멍멍 짖다'와 같은 구성은 두 단어의 결합만으로 연어 관계를 충분히 보일 수 없기 때문에 세 단어 이상의 결합으로 확장할 필요가 있다. 연어 추출 및 빈도 산정에서 이러한 구성까지 포함하게 된다면, 연어를 이루는 구성요소의 수에 대한 고려도 필요할 것이다.

한국어 연어를 추출할 때에도 마찬가지로 위의 사항들을 검토하여 연구 목적에 부합한 기준을 확정할 필요가 있다. 한국어 연어 연구에서는 형태소 분석이 된 코퍼스를 활용하여 대개 4어절 범위로 한정하여 연어 구성을 추출하였다(임춘매, 2020; 임근석·남하정, 2021; 유소영, 2022ㄱ, ㄴ). 연어 구성은 '명사+용언'형을 대상으로 한 경우가 주를 이룬다.

한편, 빈도 기반 관점에서는 구성요소의 공기 확률을 중시함에 따라 공기성이 높은 구성을 연어로 간주하므로 공기 확률을 계산하는 통계적 방법이 중요하다. 연어의 강도 또는 유의미성을 가늠하는 데 적용되는 대표적인 방법 몇 가지를 소개하면 다음과 같다.[5]

(8) 어휘 간 결합도 측정 방법
- 빈도 기반 측정 방법: 절대 공기 빈도, 상대 공기 빈도
- 정보이론 기반 측정 방법: 상호정보(mutual information), 엔트로

---

4 이러한 유형을 임근석(2010)에서는 위계적 이항구성을 이루고 있는 연어라 하였다. '눈이 빠지게'가 1차적으로 결합하고, '기다리-'가 2차적으로 결합하여 다시 연어가 된 구성으로 보았다.

5 각 통계적 방법에 대한 구체적인 공식과 여러 방법을 한국어 연어 추출에 적용하여 어느 방법이 한국어 연어 추출에 효과적인지를 비교한 연구로는 신효필(2005), 정성훈(2015), 이은하(2016), 이진(2022) 등을 참고할 수 있다. 여기에서 소개된 방법 외에 연어의 구성요소 간의 결합 강도를 측정하는 방법에는 z-검정(z-test), G-검정(G-test), 다이스계수(Dice coefficient), 승산비(odds ratio), 최소민감도(minimum sensitivity), 상대위험비(relative risk ratio) 등이 있다.

피(entropy)

- 가설 검증 기반 측정 방법: 카이제곱 검정(chi-square test), t-검정(t-test), 로그 우도비(log likelihood ratio)

■ 대표적인 어휘 간 결합도 측정 방법

- 공기 빈도(co-occurrence frequency): 코퍼스에서 어휘 연쇄를 구성하는 요소들이 함께 출현하는 빈도를 말한다. 공기 빈도는 최소 임계치 기준을 어떻게 설정할 것인지가 문제가 된다.
- t-검정(t-test): 코퍼스에서 공기하는 두 단어의 공기 빈도와 확률적으로 추정되는 기대 빈도의 차이가 정규분포(t-분포)를 따라야 한다는 가정에 근거하여 코퍼스에서 관찰되는 공기 빈도와 기대빈도의 차이가 정규분포를 따르는지를 살펴보는 방법이다.[6] 이때 t-점수의 임계치가 약 1.96보다 큰 값을 가질 때 두 단어가 유의미한 연어 관계라고 해석한다. 공기 빈도와 기대 빈도의 차이가 정규분포를 따르지 않을 때에는 적합하지 않은 방법이다.
- 상호정보(MI, mutual information): 연어를 구성하는 두 요소가 함께 출현할 확률과 두 요소가 독립적으로 출현할 확률의 비율이다. 상호정보 값이 클수록 연어 구성요소들이 더 긴밀하게 결합한다는 것을 의미한다. 그러나 상호정보는 저빈도 어휘에 대해서 더 높은 점수를 얻게 된다는 점이 문제점으로 지적된다. 그리하여 일정 이상

---

6 연어를 식별하기 위한 어휘 간 결합도 측정은 어휘적 연쇄를 이루는 구성요소들이 우연히 공기하는 것인지 아니면 서로 긴밀하게 결합하는지를 검증하기 위해서 사용되는 유의성 검정 방법이다. 이때 채택되는 영가설은 '관찰빈도와 기대빈도는 차이가 없다'가 된다. 즉, 어휘적 연쇄를 이루는 두 구성요소가 우연히 결합한 것이라면 관찰빈도와 기대빈도는 통계적으로 유의미한 차이가 없다는 영가설이 참이 되며, 이러한 어휘적 연쇄는 연어라고 할 수 없는 것이다. 반대로 해당 어휘적 연쇄의 두 구성요소가 긴밀하게 결합된다면 관찰빈도와 기대빈도는 통계적으로 유의미하게 차이를 보일 것이고 이러한 어휘적 연쇄는 연어로 판별할 수 있다.

의 빈도를 보이는 경우에만 적용하거나 저빈도어에 대해 과평가된다는 점을 보완하기 위한 방안으로 상호정보 값에 전체 빈도를 곱하거나 세제곱한 식을 적용하기도 한다.

공기 빈도는 연어를 이루는 구성요소들이 얼마나 함께 자주 사용되는지를 분석하는 것이다. 공기 빈도를 제외한 나머지 방법은 어휘 간 결합도를 측정하여 유의성 검정을 통해 유의미한 연어를 판별하는 데 사용된다. 이를테면, 실제 코퍼스에서 관찰되는 관찰빈도와 확률적으로 추정되는 기대빈도를 계산하여 임계치와 검정 통계량을 비교하여 검정 통계량이 유의 수준에 따른 임계치 이상일 때 연어로 판별하는 것이다. 이 중 한국어 연어 추출을 위해서 가장 많이 활용된 방법은 t-검정이며, 다음으로 상호정보, 공기 빈도 순이다(이진, 2022:26).

한편, 연어의 결합도를 측정하는 각 방법은 장단점이 있기 때문에 어느 방법이 한국어 연어 추출에 효과적인지를 검증하는 연구들이 이루어진 바 있다(신효필, 2007; 정성훈, 2015; 이은하, 2016). 이 연구들은 한국어 연어 관계를 타당하게 설명할 수 있는 통계적 방법을 검토하는 것을 목적으로 하였는데, 연어 관계를 포착하는 데 효과적인 것으로 판별된 방법은 모두 다르게 나타났다. 다만, 상호정보의 경우 상대적으로 낮은 정확도를 보이고 있다는 점은 공통적이었다. 이 때문에 한국어의 연어 관계를 측정하는 데 효율적인 통계적 방법이 무엇인지에 대해서는 더 많은 검토가 필요해 보인다. 연구 대상으로 삼은 연어의 유형과 활용한 코퍼스의 종류와 규모 등이 상이한 데서 기인한 결과일 수 있기 때문에 향후 연구에서는 한국어 연어 유형(연어 구성의 통사 구조)에 따라 효과적인 통계적 방법에 차이가 있는지를 대규모 코퍼스를 대상으로 하여 검증해 볼 필요가 있겠다.

지금까지 연어를 식별하는 데 고려해야 하는 요소와 연어를 판별하는 방법에 대해서 살펴보았다. 코퍼스 기반의 양적 접근에서 중요한 것은 위에서 살펴본 사항들에 대한 신중한 고려와 기준을 명확히 해야 한다는 점이다. 다시 말해서, 연어의 자격을 부여할 수 있는 공기 빈도, 추출 범위, 사용되는 통계적 방법과 임계치 값 등 관련된 사항들에 대해서 세부 조건들을 연구자가 확정하여 명시해야 한다.

3.3. 교육용 연어 목록 선정 및 등급화

언어 교육에서 연어를 교육 항목으로 삼기 위해서는 교육용 연어를 선정하고 등급화하여 체계적인 목록을 마련하는 작업이 필수적이다. 실제 한국어교육에서 연어 목록이 어떻게 선정되고 등급화되어 왔는지를 살펴보자면, 우선 국가 주도로 이루어진 교육용 어휘 연구 가운데 연어와 관련한 목록을 찾아볼 수 있다. 〈국제 통용 한국어 표준 교육과정〉[7]에서 선정한 어휘 목록의 '길잡이말'은 연어로 간주할 수 있으며, 〈한국어 교육 어휘 내용 개발〉[8]에서는 선정된 표제어의 결합 정보로

7 김중섭 외(2017), 〈국제 통용 한국어 표준 교육과정 적용 연구〉, 국립국어원.

8 한송화 외(2015), 〈한국어 교육 어휘 내용 개발(4단계)〉에서는 연어를 다음과 같이 정의하고 있다. "함께 나타나는 단어들의 결합 혹은 통계적으로 일정한 수준 이상으로 함께 나타날 가능성이 더욱 많은 어휘들의 결합으로서 코퍼스 상에서 높은 빈도로 결합하는 구를 포함한다. 또한 모어 화자가 특별한 결합이라고 생각하지 않더라도 학습자 오류를 방지하기 위한 연어나 글을 생산하는 입장에서 유용한 연어라고 볼 수 있는 것들도 그 대상으로 삼아 구축한다(한송화 외, 2015:36)." 아울러 연어는 〈한국어기초사전〉의 참고어 정보로 제시된 구 단위 예문 정보와 문장 및 대화의 예문 정보, 〈표준국어대사전〉의 예문을 참고하여 선별하거나 어휘의 사용을 전형적으로 보여줄 수 있으며 한국어 교육적 관점에서 유용한 연어를 선별하여 제시하였다고 밝히고 있다.

연어를 제시하고 있다. 그러나 두 연구는 교육용 기초 어휘에 대한 관련 정보로서 연어를 제공해 주는 수준에 머물러 있는 것으로, 범용적으로 활용할 수 있는 체계화된 연어 목록이 마련되지는 못하였다. 이에 한국어 어휘 교육을 위한 연어 목록 선정 연구는 문금현(2002)을 필두로 하여 개별 연구들이 이루어지고 있는데, 2010년 이래로 현재까지 관련된 논의가 지속되고 있다. 한국어 교육용 연어 선정 연구에서 논의된 선정 기준을 종합해 보면 다음과 같다.

(9) 연어 목록 선정 기준
- 연어 목록 선정 기준: 연어 사용 빈도, 중복도, 전문가 평정
- 연어 판별 준거 자료: 〈한국어 교육을 위한 한국어 연어 사전〉, 〈21세기 세종 계획 전자사전〉의 〈연어사전〉, 〈표준국어대사전〉, 〈한국어기초사전〉 등

일반 교육용 어휘 목록 선정 방법과 마찬가지로 연어 목록 선정에도 객관적 방법과 주관적 방법을 절충한 방법이 적용되는 것이 일반적이다. 다수의 연구에서 가장 중요하게 여긴 기준은 사용 빈도이다. 모어 화자가 가장 빈번하게 사용하는 연어를 학습자들이 우선적으로 학습해야 할 교수 항목으로 간주하여 코퍼스에서의 출현 빈도를 연어 목록 선정의 주요 기준으로 적용한 것이다. 아울러 중복도는 여러 유형의 자료로 코퍼스를 구성하였을 때, 다양한 장르에서 사용되었는지, 즉 출현 범위(range)를 살피는 것이다. 다음으로 많은 연구에서 전문가 평정이 이루어졌는데, 이는 학습 용이성과 활용성이라는 어휘 선정 기준을 연어 선정에도 적용한 것으로 볼 수 있다. 이처럼 코퍼스 빈도 분석을 통한 객관적 방법과 전문가 평정이라는 주관적 방법을 사용한

절충적 방법이 연어 목록 선정 방법으로 일반적으로 적용되고 있다.

한편, 연어 목록을 선정할 때에는 어휘 연쇄를 이루는 구성들이 연어인지를 판별하는 잣대를 마련하는 것 또한 중요하다. 그 준거로 활용된 자료로는 〈한국어 교육을 위한 한국어 연어 사전〉, 〈21세기 세종계획 전자사전〉의 〈연어사전〉, 〈표준국어대사전〉, 〈한국어기초사전〉 등이 있다. 추출된 구성이 참조 자료에 수록되었는지를 확인하여 교육용 연어로서의 타당성을 점검한 것이다.

빈도 기반 관점에서 연어를 선정하는 연구에서는 통계적 방법을 활용하여 연어의 유의미성을 검증한다. 그러나 그간 한국어 교육용 연어 목록 선정 연구에서는 코퍼스에서의 공기 빈도가 주로 고려되는 반면, 어휘 간 연관 강도를 적용한 연구는 드문 편이다. 다만, 임춘매(2020)의 경우, 코퍼스에서 어휘 간 결합도 측정(t-검정과 상호정보)을 바탕으로 한국어교육용 연어 목록을 선정한 연구이자 기존 연구에 비해 방대한 목록을 제시하고 있어 참고할 만하다. 이 연구에서 코퍼스를 활용하여 '명사+용언'형 연어 관계를 추출한 후 교육용 연어 목록을 선정한 절차를 상세히 살펴보면 다음과 같다.

(10) 연어 관계 추출 및 목록 선정 절차(임춘매, 2020)

■ 연어 목록 선정 절차: ① 연어핵 선정 → ② 연어핵과 결합도가 높은 서술어(공기어) 추출 → ③ 연어 판별

■ ① 연어핵 선정

- 사용 빈도를 주된 기준으로 삼고, 범위(range), 포괄성(coverage), 사용 가능성 및 친숙도, 어휘의 활용성을 고려하여 한국어 교육용 어휘 목록에서 연어핵(명사)을 선정하고자 함.
- 〈국제 통용 한국어 표준 교육과정 적용 연구 어휘 목록〉(국립국어

원, 2017)의 명사와 〈21세기 세종 계획 전자사전〉의 〈연어 사전〉의 연어 구성 중 연어핵에 공통적으로 제시되는 명사 1,586개를 추출

- 기존 한국어 교육 연어 선정 연구의 목록을 참고하여 연어핵 140개 추가를 추가하여 최종 1,726개 명사를 연어핵으로 선정

■ ② 연어핵인 명사를 중심으로 결합도가 높은 서술어 추출

- 세종 형태소 분석 말뭉치(1500만 어절)에서 명사를 연어핵으로 결합도가 높은 공기어 추출
- 공기어 추출 시, 중심어(node)의 우측 4어절 내에서 쓰이는 공기어로 한정
- 어휘 간 결합도 측정 : t-score 2.576 이상, MI(mutual information) score 3 이상, 공기 빈도

■ ③ 연어 판별

- 의미 특성(연어변의 의미 전이 여부), 어휘적 유사어 대치와 연어적 유사어 대치를 통해 연어 판별
- 연어 구성으로 판정된 연어변이 〈국제 통용 한국어 표준 교육과정 적용 연구 어휘 목록〉에 수록된 경우만 교육용 연어 목록으로 선정하여 최종 5,820개의 연어 목록 선정

임춘매(2020)에서는 코퍼스에서 연어 구성을 추출하는 과정과 교육용 연어를 선정하는 기준을 상세히 제시하고 있다. 한국어 교육용 '명사+용언'형 연어 선정을 위해 연어의 구성요소, 즉, 연어핵(명사)과 연어변(용언)은 한국어 교육용 기초 어휘 목록을 토대로 하여 제한하였다. 다른 한국어 교육용 연어 목록 선정 연구에서도 기존에 마련되어 있는 한국어 교육용 기초 어휘 목록에 기대어 연어의 구성요소를 한정하는 것이 일반적이다. 연어 구성을 추출한 후에는 통계적 방법을 적용하였는데, Stubbs(1995)에 따라 유의미한 공기 관계로 볼 수 있는

t-검정과 상호정보의 임계값을 설정하여 공기성이 높은 구성을 추출하였다. 이후 추가적으로 의미를 고려한 연어 판별이 이루어졌다. 앞서 언급한 것처럼 연어를 바라보는 관점에 따라 의미의 투명성 여부가 고려되는가 하면 그렇지 않은 경우도 있는데, 이 연구에서는 통계적 방법을 적용하되 연어 구성을 이루는 구성요소들의 의미 특성을 고려하여 연어와 자유결합을 구별하는 관점을 취한 것이다. 이처럼 교육용 연어를 선정하는 데 있어 언어학적 관점의 연어와 통계적 연어가 상호 보완적으로 적용되기도 한다.

연어 목록을 선정한 다음에는 난이도를 고려하여 초급, 중급, 고급 단계로 등급화하는 작업이 이루어진다. 한국어 교육용 연어 목록을 등급화하는 데 적용된 기준을 요약하면 다음과 같다.

(11) 연어 목록의 등급화 기준 및 방법

■ ① 1차적 기준: 연어핵과 연어변의 어휘 등급

- 연어핵과 연어변 각각의 등급을 부여하고, 두 가지 등급 중 높은 등급을 연어의 등급으로 부여(김지은, 2010; 김민혜, 2014, 임춘매, 2020; 박유경, 2022 등).
- 연어핵과 연어변의 등급과 등급에 따른 점수를 매겨(1~4점) 수치화한 후, 두 구성요소의 점수를 합산(연어 중요도 3~8점)하여 최종 연어 등급을 부여(허영임, 2010)

■ ② 2차적 기준: 코퍼스에서의 연어의 출현 빈도

- 코퍼스에서의 사용 빈도 순으로 중요도를 측정하여 등급 조정(허영임, 2010; 김민혜, 2014; 임춘매, 2020)

■ ③ 전문가 평정

- 한국어 교육 전문가의 직관과 교육적 경험에 근거한 등급 부여

■ ④ 기타
- 연어의 주제 및 기능(임춘매, 2020)
- 기타 등급화 기준(김지은, 2010)
ㄱ. 연어의 의미관계(연어변이 다의화된 경우)를 기준으로 하여 등급을 조정함.
ㄴ. 기초생활과 관련된 연어는 초급으로 조정함.
ㄷ. 학습에서의 연계성을 고려함.
ㄹ. 외국인 유학생이라는 특성을 반영하여 유학생활 중 가장 먼저 접하게 되는 상황-주제와 관련된 연어들은 학습의 단계를 조절함.

개별 단어와 달리 연어는 두 단어 이상으로 구성되어 있으므로 각 구성요소의 등급을 고려하여 해당 연어의 등급이 결정된다는 점이 특징적이다. 이러한 까닭에 기존에 마련된 한국어 교육용 어휘 등급이 연어 등급 판정의 1차적 기준이 되어 왔다. 이를테면, 〈국제 통용 한국어 표준 교육과정 적용 연구 어휘 목록〉의 어휘 등급에 따라 각 구성요소에 해당 등급을 부여한 후, 전체 연어 구성의 등급이 부여되는 것이다. 이때, 구성요소의 등급이 상이할 경우에는 높은 등급에 맞추는 경우가 많았다. 예컨대 '초급+중급'의 구성은 '중급' 연어로 판정하는 것이다. 이밖에 코퍼스에서의 사용 빈도, 전문가 평정, 교육과정에 따른 주제 등에 따라 등급이 조정되기도 하였다.

지금까지 코퍼스를 활용하여 실제 한국어 교육용 연어를 선정하고 등급화하는 기준과 방법을 살펴보았다. 현재까지 이루어지고 있는 교육용 연어 목록 선정 및 등급화에 대한 논의를 통해 어휘 교육에 활용할 수 있는 연어 목록이 축적되고 있다는 점은 유의미하다고 할 수 있다. 다만, 많은 연구들이 '명사+용언'형 연어 구성에 한정된 목록이라는 점은 한계점으로 지적할 수 있다. 물론, '명사+용언'형 연어 구성이 한국어 연어 유형에서 가장 큰 비중을 차지한다는 점에서 이는 당연한 결과이나 다양한 연어 유형을 두루 교육하기 위해서는 모든 연어 유형을 종합한 목록을 확보할 필요가 있다. 또한, 연어의 특성을 고려할 때, 공기 빈도 외에 연어의 연관 강도를 적용한 연어 선정 및 등급 조정 방안에 대해서도 고찰해 볼 필요가 있다. 구성요소 간의 연관 강도에 따라 강도가 높은 연어와 그렇지 않은 연어로 구별할 수 있는데, 강도가 높다는 것은 그만큼 연어성이 높다고 볼 수 있기 때문에 이러한 연어를 우선적으로 배열하여 교육하는 방안도 고려해 볼 수 있을 것이다.

4. 관용표현 연구의 쟁점

4.1. 관용표현의 범주 설정 문제

관용표현(idiomatic expression)은 두 개 이상의 단어로 결합되어 구나 문장을 이루는 형태가 통사적으로 굳어진 채 사용되며, 의미상 그 결합 요소들 각개 의미의 단순한 합이 아닌 제3의 의미를 지니게 된 특수한 표현을 말한다. 단어 결합 형태가 의미적으로 더 이상 나뉠 수 없이 어휘화되어 쓰인다는 점에서 관용어로 불리는가 하면, 둘 이상의 단어 결합이 일정한 구의 형태가 되어 쓰인다는 점에서 관용구라고 일컬어지기도 한다.[9] 여기에서는 구 형태뿐만 아닌 문장의 형태까지 포괄하는 개념으로서 관용표현으로 지칭하기로 한다. 관용표현의

9 이밖에 관용어법, 관용어구, 성구, 성어, 숙어, 숙어표현, 익힘말, 익은말 등의 용어가 관용표현을 지칭하는 데 쓰인다.

개념에서 드러나는 관용표현의 특성은 다음과 같이 요약할 수 있다.

(12) 관용표현의 특성
- 관용표현은 둘 이상의 어휘 요소들의 결합으로 구성된다.
- 관용표현의 의미는 구성요소들의 의미의 합으로 산출되지 않는 제3의 의미를 지닌다.
- 관용표현은 통사적 제약이 심하며 구성요소들의 분포가 고정되어 있다.

첫 번째 특성은 관용표현이 어휘군으로서 다단어 단위의 일종임을 설명해 주며, 두 번째는 의미의 비합성성과 의미의 불투명성이라는 관용표현의 의미적 특성을 드러낸다. 구성요소의 합이 아닌 제3의 다른 의미를 지니므로 의미가 비합성적이고 글자 그대로의 의미가 아니기 때문에 의미가 불투명한 것이다.[10] 세 번째 특징은 관용표현을 이루고 있는 구성요소들 간에 대체 가능성이 제한됨에 따라, 구성요소들이 상호 필수적 공기 관계를 형성하고 있다는 점과 관련되는 특성이다.

한편, 관용표현 연구의 쟁점 중 하나는 관용표현의 언어학적 범주를 설정하고 경계선상에 놓여 있는 다른 형태들과 구별하는 일이다. 관용표현의 개념에 대해서는 거의 합의된 양상을 보이지만 실제 분석 대상으로 삼은 목록들을 보면 관용표현의 하위 유형에 대한 일치된 분류를 찾아보기 힘든데, 그 이유는 '관용'의 의미를 연구자마다 다르게 해석함에 따라 관용표현이라는 용어가 이질적 성격을 갖는 하위 범주를 포괄

10 그러나 관용표현의 의미가 반드시 불투명한 것은 아니다. 의미론적 접근에서 이루어진 논의 가운데 관용표현 의미의 비합성성과 불투명성에 대한 반론들도 제기되고 있다(박만규, 2003; 김진해, 2003; 심지연, 2009 등 참고).

하는 용어로 쓰이고 있기 때문이다(김진해, 2010:39). 관용표현은 좁게는 순수 관용표현에 국한되는 관용구(관용어, 숙어)에 한정되며, 넓게는 숙어를 비롯하여 연어, 속담, 격언, 고사성어, 금기담, 문법적 고정 표현, 화용적 고정 표현 등 관습성(conventionality)을 띤 언어 표현을 모두 포괄하는 개념으로 쓰이기도 한다. 따라서 코퍼스를 활용한 관용표현 연구에서는 관용표현의 범주를 설정하는 것에서부터 시작해야 한다. 이때, 다음과 같은 문제들을 어떻게 처리할 것인지를 생각해 봐야 한다.

(13) 관용표현 판별 시 고려해야 할 사항[10]

- ■ 단어 차원에서 관용어와 합성어의 구분 문제
  - 관용어: 놀부심보, 들은풍월
  - 관용구절에서 조사가 생략된 형태: 애가 타다 → 애타다, 기가 막히다 → 기막히다
  - 관용구에서 구성요소 일부가 생략되어 단어만 남은 형태: 오리발
- ■ 구절 차원에서 연어와 관용표현의 구분 문제
  - 연어: 기대를 걸다, 머리를 감다, 코를 풀다
  - 상용구절: 손이 크다, 속이 없다, 더위를 먹다
  - 관용구절: 눈을 감다, 미역국을 먹다, 바가지를 긁다
- ■ 문장 차원에서 관용문과 속담문의 구분 문제
  - 순수관용문, 속담적 관용문, 속담문의 구분

문금현(2022:54-55)에서는 관용표현과 경계선상에서 비교되는 개념들로 위의 세 가지 유형을 제시한 바 있다. 먼저 단어 차원에서 관용표현

---

11 이는 관용표현의 판별 기준에 대한 문금현(2022:54-55)의 내용을 참고하여 정리한 것이다.

에서 조사 또는 구성요소의 일부가 생략된 형태를 합성어로 볼 수 있기 때문에 관용어와 합성어의 구분이 문제가 된다. 다음으로 두 단어 이상이 긴밀하게 결합된 구성인 연어와 상용구절, 관용구절의 구분 문제이다. 일반적으로 연어는 구성요소의 의미로 전체 구성의 의미를 파악할 수 있는 데 반해, 관용표현은 제3의 의미를 가지므로 구성요소의 의미만으로 전체 구성의 의미를 파악하기 어렵다는 차이점이 있다. 또한 연어와 관용구절의 중간자로 상용구절을 설정할 수 있는데, 상용구절은 밑줄 친 부분과 같이 하나의 구성요소만 의미가 달라지는 형태이다. 이처럼 의미의 합성성과 비유적 의미를 가지는지 여부에 따라 연어, 상용구절, 관용구절을 구분하게 된다면 의미를 판별하는 작업이 더해져야만 한다. 마지막으로 관용문은 비유적 의미만을 갖는 순수관용문과 맥락에 의해 풍자의 의미를 갖는 속담적 관용문으로 구분할 수 있는데, 후자의 경우 속담문과의 구분이 쉽지 않다. 이를 구별하기 위해서는 맥락을 통해 의미를 파악해야 하는데 이는 쉽지 않은 작업이다. 코퍼스에서 관용표현을 추출할 시에는 이러한 점을 염두에 두고 어떤 유형을 포함시키고 배제할 것인지를 결정해야 할 것이다.

한편, 관용표현은 언어 형식 단위, 의미 내용, 의미의 불투명 정도에 따라서 하위 유형을 나눌 수 있다.

(14) 관용표현의 유형(문금현, 2022:52-53)

■ 언어 형식 단위

ㄱ. 단어 차원 - 관용어: 놀부심보, 들은풍월, 억지춘향

ㄴ. 구 차원

- 체언형 관용구: 그림의 떡, 누워서 떡 먹기, 우물 안 개구리

- 용언형 관용구: 등을 돌리다, 뒤통수를 치다, 손을 떼다
- 부사형 관용구: 강 건너 불 보듯, 눈 깜박할 사이에, 쏜살 같이

ㄷ. 절 차원
- 서술형 관용절: 간덩이가 붓다, 발등에 불이 떨어지다
- 부사형 관용절: 검은머리 파뿌리 되도록, 귀에 못이 박히게
- 관형형 관용절: 머리에 피도 안 마른, 엎드리면 코 닿을 데

ㄹ. 문장 차원 - 관용문: 빈대도 낯짝이 있다, 코빼기를 볼 수가 없다

■ 의미 내용

ㄱ. 감정 및 심리 표현: 눈에 들다, 사족을 못 쓰다, 애가 타다, 열을 받다
ㄴ. 행위 표현: 고춧가루를 뿌리다, 입이 무겁다, 한 우물을 파다
ㄷ. 상황 표현: 빼도 박도 못 하다, 음지가 양지되다, 홈런을 치다
ㄹ. 일이나 존재 표현: 꿩 대신 닭, 황금 알을 낳는 거위

■ 의미의 불투명성 정도

ㄱ. 불투명한 유형: 산통을 깨다, 시치미를 떼다
ㄴ. 반불투명한 유형: 개밥에 도토리, 수박 겉핥기, 우물 안 개구리
ㄷ. 반투명한 유형: 무릎을 꿇다, 불난 데 부채질하기, 이미 엎질러진 물

어휘 교육에서는 위의 다양한 유형의 관용표현을 담화 상황에 맞게 적재적소에 활용할 수 있도록 하는 것이 중요한데, 외국인 학습자들이 이를 이해하고 사용하는 것은 쉽지 않은 일이다. 왜냐하면 관용표현의 구성 어휘가 어려운 고유어로 이루어져 있고, 관용표현의 의미는 사회·문화적 배경에 의해 획득되는 경우가 많기 때문이다. 특히, 의미의 불투명성 정도에 따른 유형의 경우, 학습자가 의미를 유추할

수 있는 정도에 영향을 미치므로 언어 습득 연구에서는 의미의 불투명성 정도와 관용표현 습득의 상관성에 대한 논의가 관심의 대상이 되기도 하였다.

어휘 교육적 차원에서 관용표현의 목록이 다양한 기준에 근거한 정밀한 유형 분류가 이루진다면, 주제 및 상황에 따른 관용표현 교수가 가능하며, 의미의 투명성 정도에 따른 단계별 교수에도 활용될 수 있어 교육적 효용성이 높을 것이다.

4.2. 관용표현의 변이형과 중의성 문제

코퍼스를 활용한 관용표현 연구에서는 관용표현의 변이형과 중의성 처리 문제가 중요하다. 코퍼스에서 관용표현을 식별하기 위해서는 문자적 의미로 사용되는 일반 표현과 관용적 의미로 쓰인 관용표현을 구별하여 후자를 한 단위로 처리하는 것이 핵심인데, 이를 위해서는 관용표현의 변이형과 문맥에서 쓰인 의미에 대한 고려가 필수적이기 때문이다. 일반적으로 관용표현은 통사적 제약이 심해 구성요소가 다른 형태로 대체되거나 삽입되면 관용적 의미를 잃게 되나, 그렇지 않은 예들도 존재하므로 관용표현이 변이형을 가질 수 있다는 점을 주의하여 코퍼스에서 다뤄야 한다.

(15) 관용표현 식별 및 빈도 산정 시 고려 사항

- 인접성: 관용표현을 이루는 구성요소 사이에 다른 요소가 삽입 또는 생략되는 경우가 있다.(예: 바가지를 긁다 → 바가지를 (또/날마다/박박) 긁다)
- 어휘적 변이성: 관용표현의 구성요소는 다른 단어로 대체될 수 없는

것이 일반적이다. 그러나 일부 항목은 유사한 의미를 가진 단어끼리 대체해서 사용되는 경우가 있다.(예: 번지수가 다르다 → 번지수가 틀리다)

- 구성요소의 수: 관용표현은 두 단어 이상의 구 단위뿐만 아니라 문장 형태까지 포함되기 때문에 가장 많은 구성요소로 이루어진 다단어 단위라 할 수 있다. 단어, 구, 절, 문장 형태의 관용표현 중 어느 범위까지 연구 대상으로 삼을 것인지에 대해서도 고려해야 할 것이다.

두 개 이상의 구성요소로 이루어진 관용표현은 그 구성요소 간의 결합이 공고한 것은 사실이지만 구성요소가 항상 바로 인접해서 나타나는 것은 아니다. '바가지를 긁다'를 예로 들어보면, 그 사이에 '바가지를 또 긁다', '바가지를 박박 긁다'와 같이 다른 요소가 삽입될 수 있다. 반대로 관용표현 중에서 조사 또는 구성요소의 일부가 생략된 형태로도 쓰일 수 있는 유형이 있기 때문에 변이형이지만 관용적 의미가 사라지지 않는 관용표현은 한 단위로 처리해야 한다.

다음으로 코퍼스에서 관용표현을 식별하는 데 있어 중요한 쟁점은 관용표현의 중의성을 해소하는 문제이다. 관용표현은 글자 그대로의 의미를 가진 대응 쌍을 갖는다. 바꿔 말해서, 동일한 형태(동음이의적 관계)가 관용적 의미와 축자적 의미를 가지므로 중의적이다. 그러므로 담화 맥락에 따라 그 의미를 판단하여 일반 구와 관용표현을 구별해내는 작업이 필수적이다. 중의성은 자연어 처리(NLP; Natural Language Processing)에서 가장 걸림돌이 되는 문제로 여겨지는데, 구 단위 이상의 형태를 띠고 있는 관용표현은 단위 자체의 인식조차 쉽지 않아 중의성 해소가 더욱 힘들다. 그런데 이 중의성을 얼마나 잘 해결할 수 있느냐에 따라 자연어 처리 시스템의 성능이 평가될 수 있기 때문에 관용표현의 중의성 해소가 중요한 문제로 다뤄져 온 것이다. 더욱이 최근 인공지능 개발과 함께 자연어 처리의 흐름이 통계적 정보와 미신러닝 기법에 의존하는 방향으로 이동하고 있는 가운데 관용표현의 중의성 해소 문제가 다시 활성화되기 시작하였다(김한샘 외, 2022:3).

(16) 자연어 처리에서 관용표현의 변별(중의성 해결)을 위한 정보(김한샘, 2003)

- 관용적 의미와 직설적 의미
- 연속성과 수식 어구
- 문법 형태소의 교체와 제약
- 격틀과 논항 정보
- 의미 정보와 화용 정보

코퍼스에서 관용표현의 중의성을 효율적으로 처리하려면 관용적 의미와 직설적 의미(축자적 의미) 중 어떤 의미가 더 빈번하게 쓰이는지에 대한 통계적인 정보가 제공되어야 한다. 또한, 관용표현의 구성요소가 연속적으로 결합하는지, 즉, 결합의 연속성 정도와 관용표현에 자주 삽입되는 수식어에 대한 정보도 구축되어야 한다. 관용표현을 구성하는 문법 형태소들의 교체, 생략, 제약 등에 관한 정보, 예컨대 어떤 조사가 자주 사용되는지, 어떤 때에 조사가 생략되는지에 대한 정보와 특정한 어미를 취하거나 제약적인 형태로만 쓰이는 표현에 대한 정보 등은 일반 구와 관용표현을 구별하는 데 중요한 역할을 한다. 또한 관용표현은 전체가 하나의 용언처럼 기능할 수 있기 때문에 관용표현이 격틀을 가지게 되고 논항을 취하게 됨에 따라 격틀과 논항에 대한 정보도 관용표현의 중의성을 해소하는 단서가 될 수 있다. 코퍼스에서 실제 용법과 관련된 화용 정보 또한 관용표현의 의미 판별에 유용한 정보가 되는데, 박서윤(2021)에서는 문맥에 대한 정보가 중의성 해소에 기여하는 바가 크다는 사실을 보여준 바 있다.

최근에는 관용표현 주석 코퍼스를 구축하여 한국어 관용표현에 대한 자동 분류 가능성을 확인하는 연구들이 수행되고 있다. 박서윤(2021), 김한샘 외(2022)에서 관용표현과 일반 표현의 중의성 해소를 위해 관용표현 주석 코퍼스를 구축하고[12] 딥러닝 기법을 활용하여 한국어 관용표현 자동 분류 실험을 진행한 것이 그 예이다. 이러한 시도들은 관용표현의 중의성을 자동적으로 판별할 수 있는 시스템을 구축하는 데 기여할 수 있다. 궁극적으로는 관용표현의 자동 분류 성능을 높여 코퍼스에서 관용표현 검색의 정확성과 효율성을 향상시킴으로써 기계 번역의 품질을 향상시키는 등 그 결과의 활용도를 제고하는 데에도 도움이 될 것이다.

4.3. 교육용 관용표현 목록 선정 및 등급화

어휘 교육에서 관용표현은 의사소통 능력을 증진시키는 것에서 나아가 목표 문화를 이해하는 데 중요한 역할을 한다는 점에서 교육의

---

12 관용표현 주석 코퍼스는 관용표현(관용적 의미)과 일반 표현(일반적 의미)을 자동적으로 분류하는 실험을 위한 목적으로 구축된 것으로, 김한샘(2011)의 '숙어 정보 데이터베이스'를 바탕으로 하였다고 밝히고 있다(김한샘 외, 2022). 김한샘 외(2022)에서는 관용표현과 일반 표현의 중의성 해소를 위해 'Idiom Principle'을 적용하여 어절 단위, 형태소 단위 코퍼스에 대해 다양한 층위(표면형, 단일 토큰, stemming)의 임베딩을 생성하여 사전 학습 임베딩 및 분류 태스크 실험을 수행하였다. 그 결과, 언어 단위 면에서 어절 토큰보다 형태소 토큰을 기반으로 했을 때 분류 성능이 높게 나타나 형태론적 특징이 강한 한국어 관용표현을 처리할 때 형태소를 기반으로 자연어 처리를 진행하는 것이 효율적이라고 하였다.

필요성이 강조되어 왔다. 이에 따라 한국어교육을 위한 관용표현(관용어, 속담, 사자성어 등) 목록 선정 및 등급화 연구들도 꾸준히 이루어지고 있는데, 범용적인 목록보다는 특정 주제별로 관용표현 목록이 구축되고 있는 것이 특징적이다. 이는 한국어 교재나 실제 교육 현장에서 특정 주제와 연계되어 관용표현이 교육되고 있는 것과 무관하지 않다.

한국어 교육을 위한 관용표현 목록에서는 신체, 감정, 색채어, 동물, 음식 관련 등 다양한 주제들이 다뤄졌는데, 이 중에서 신체 관련 관용표현 목록 연구가 가장 많이 이루어졌다. 관용표현 목록을 선정하기 위해 사용된 세부 기준을 살펴보면 다음과 같다.

(17) 관용표현 목록 선정 기준

- 관용표현 목록 선정 기준: 사용 빈도, 중복도, 한국인 화자의 사용 정도(인지도), 외국인 인지도
- 관용표현 판별 준거 자료: 〈국제통용 한국어 교육 표준 모형〉, 〈한국어 교육 어휘 내용 개발 4단계〉, 〈표준국어대사전〉, 〈한국어기초사전〉에 등재된 관용구, 『속담100 관용어100』, 『살아있는 한국어 : 관용표현』 등

한국어 교육용 관용표현 목록을 선정하는 연구에서는 코퍼스 분석에 기반하기보다는 한국어 교재 및 교육 자료를 분석하여 고빈도로 사용되는 표현들을 선정하는 경우가 많다. 이는 코퍼스에서 관용표현의 사용 빈도를 분석하는 데 어려움이 크기 때문인 것으로 보인다. 관용표현의 빈도를 세기 위해서는 일반적으로 개별 어휘의 빈도 산정과는 다르게 검색을 위한 관용표현의 목록이 우선 마련되어 있어야 한다. 목록 없이는 관용표현을 식별하는 것이 불가능하기 때문이다.

이러한 이유로 관용표현 목록을 선정하기 위해 적용된 사용 빈도라는 기준은 주로 한국어 교재 및 교육 자료에서의 출현 빈도를 뜻하며, 한국인 모어 화자들을 대상으로 설문 조사를 실시하여 사용 정도를 조사하는 방식으로 해당 기준을 보완하고 있다(문금현, 1998; 조혜인, 2011). 이밖에 세종 문·구어 말뭉치, 드라마 대본으로 구성된 준구어 코퍼스에서 출현하는 관용표현을 분석하여 목록을 선정하기도 하였다(장동은, 2009, 조혜인, 2011). 다음으로 중복도는 공시적·통시적 자료뿐 아니라 문어와 구어 자료에서 골고루 나타나는지를 고려한 것이다. 여기에서는 〈표준국어대사전〉과 〈한국어 기초사전〉의 관용어 목록과 코퍼스 자료, 한국어 교재들을 바탕으로 하여 개발된 한국어 관용표현 교육 자료를 참조 자료로 삼아 고르게 사용되는 관용표현들이 우선 선정된다. 한편, 특정 학습자를 대상으로 한 목록 선정 연구의 경우, 관용표현에 대한 대조 분석 결과를 바탕으로 한국어와 학습자의 모어 관용표현과의 유사성 정도나 학습자의 인지도를 선정 기준으로 삼고 있다는 점이 특징적이라 할 수 있다.

다음으로 관용표현을 학습 단계별로 등급화하는 기준을 살펴보겠다.

(18) 관용표현 목록의 등급화 기준
- 사용 빈도, 의미의 투명성, 구성 어휘의 난이도, 외국인 인지도

관용표현을 등급화하는 데에 있어서도 사용 빈도가 고려된다. 목록을 선정한 이후에 코퍼스에서의 출현 빈도나 한국인 화자들의 사용 정도를 조사하여 빈도에 따라 상, 중, 하로 구분하여 그 결과를 등급화에 적용하는 방식이다. 다음으로 의미의 투명성 정도는 관용표현의

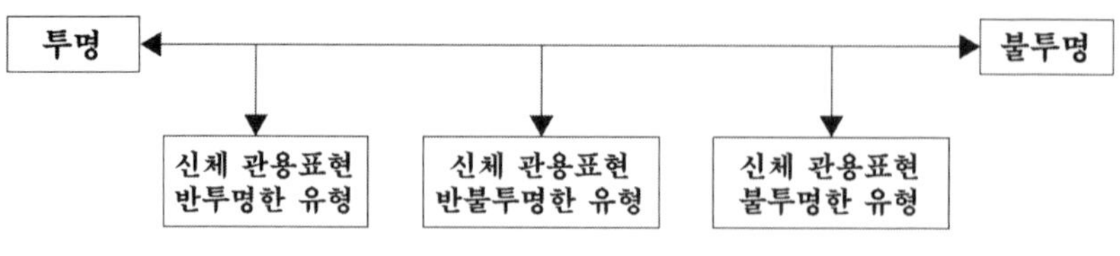

〈그림 6〉 신체 관용표현의 투명성 범위(이수빈, 2022:40)

주요 등급화 기준으로 여겨져 왔다. 이 기준은 의미의 투명성에 따라 학습의 난이도가 달라진다고 보고, 의미가 불투명한 정도, 바꿔 말해서 관용성이 높은 유형이 난이도가 높고 관용성이 낮은 유형은 난이도가 낮다고 전제한다. 이에 따라 반투명한 유형은 초급에서, 반불투명한 유형은 중급에서, 불투명한 유형은 고급에서 주로 다루도록 학습 단계를 배열한다. 이 외에도 관용표현을 구성하는 요소의 어휘 등급, 관용표현 항목에 대한 외국인의 인지 정도가 등급화하는 데 고려되기도 하였다. 대조적 관점에서 관용표현을 등급화하는 경우에는 한국어와 타 언어의 관용표현과의 유사성 기준이 적용되었는데, 예컨대 형태와 의미가 같은 관용어(동형동의)는 초급, 형태가 유사하면서 의미가 같은 관용어(부분동형)는 중급, 의미는 같으나 형태가 다른 관용어(이형동의)는 고급으로 위계화하였다(김애진, 2009; 장정정, 2010).

5. 통합 관계 연구에서의 코퍼스의 활용

통합 관계에 관한 연구가 활발해진 것은 코퍼스 언어학의 발달에 힘입은 바가 크다. 다양한 코퍼스들이 구축되었을 뿐만 아니라 새로운 코퍼스 분석 도구 및 기술의 출현은 구 단위 처리를 용이하게 하여 통합 관계 연구가 증가하는 데 큰 역할을 했기 때문이다.

코퍼스 분석을 통해 다단어의 사용 분포와 기능 등을 실증적으로 파악해 볼 수 있음은 물론(Biber, Conrad & Cortes, 2004; 최준 외, 2010), 언어 교육에서도 다단어 단위에 대한 통찰을 얻을 수 있었다. 특히, 한국어교육에서는 교육에의 적용을 염두에 두고 코퍼스를 활용한 통합 관계 연구가 활발하게 이루어지고 있다. 모어 화자 코퍼스로 대표되는 21세기 세종계획 말뭉치를 활용하여 연어, 관용표현 등 다단어 목록을 선정하는 연구들이 학위논문을 중심으로 지속되고 있을 뿐만 아니라, 모어 화자 코퍼스는 규준(Norm) 자료가 되어 모어 화자와 학습자의 다단어 사용 양상을 비교하는 연구들도 이루어지고 있다. 안의정(2020)은 관용표현을 많이 생산하는 46개의 명사에 한정하여 모어 화자와 학습자가 사용한 연어의 타입(type)과 토큰(token) 수를 비교하였고, 남하정·임근석(2023)에서는 연어의 일종인 '술어명사+기능동사'형 연어 289개를 추출한 후 모어 화자 코퍼스와 한국어 학습자 코퍼스에서의 사용 양상을 살펴보았다.

한국어 학습자 코퍼스는 한국어 학습자의 다단어 오류뿐만 아니라 다단어 사용 양상을 분석하는 데 적극적으로 활용되어 한국어 학습자의 다단어 사용 능력을 규명하는 데 없어서는 안 될 필수적인 자료로 자리매김하고 있다. 초기 연구의 경우 연구자 개인이 개별적으로 구축한 소규모 코퍼스가 활용되었지만 2015년 국립국어원의 한국어 학습자 말뭉치가 구축된 이래로 이 자료를 이용하여 학습자의 다단어 사용 능력과 습득 양상을 살펴보기 위한 논의들이 확대되고 있는 추세이다(은하연, 2015; 유문명, 2018; 주정정, 2021; 유소영 2022, 남하정, 2024 등).

이밖에 한국어 교재 코퍼스, 영화 및 드라마 대본, 케이팝 노래 가사 등으로 이루어진 준구어 자료에서 연어나 관용표현을 추출하여 구어적 다단어 표현을 보완하는 연구들도 이루어진 바 있다(박영희·오성아·노하나, 2021, 박유경, 2022). 한편, 통합 관계에 대한 교육 자료로써 코퍼스가 활용되기도 한다. 한송화·강현화(2004)에서는 연어 교육을 위해 뉴스, 읽기 텍스트 등의 코퍼스를 활용한 방안을 제시하였고, 송대헌(2020)에서는 드라마 대본을 활용하여 관용표현을 교육하는 방안을 제시하여 코퍼스가 교육 자료로 활용되거나 교육 자료를 개발하는 데 기초 자료로 유용하게 쓰일 수 있음을 보였다.

이처럼 코퍼스는 통합 관계 연구에서 제안된 이론이나 가설을 검증, 보완하기 위해 사용할 수 있는 실제 언어 자료로써 이론적, 응용적 연구 측면에서 다각적으로 활용될 수 있다. 그럼에도 불구하고 여전히 미진한 부분으로 남아 있는 영역도 존재한다.

첫째, 한국어 학습자의 다단어 유형에 대한 사용 양상이 종합적으로 고찰될 필요가 있다. 앞서 살펴본 것처럼 다단어 단위는 그 특성에 따라 여러 유형이 존재하는데, 그간의 연구는 상당수가 특정 유형에 국한하여 해당 단위가 사용되는 양상을 살피는 데 그쳐 있기 때문이다. 뿐만 아니라 학습자의 어휘 능력을 측정하는 어휘 풍요도 연구에서도 개별 단위를 중심으로 한 측정이 이루어졌을 뿐, 다단어 단위가 고려되지 못한 것도 사실이다. 따라서 학습자 코퍼스 분석을 통해 다단어 단위의 유형별 사용 분포를 전반적으로 파악해 볼 필요가 있다. 예컨대, Wood(2020)의 분류에 따라 구조적, 의미적, 통사적 특성에 의해 구별되는 연쇄, 화용적인 유용성에 의해 구별되는 연쇄 등 다단어 단위의 유형별 사용 분포를 분석하여 어떤 유형의 다단어 단위가 많이 쓰이고, 반대로 적게 쓰이는지를 파악해 볼 수 있다. 또한 문어와 구어 사용역에 따라 유형별로 차지하는 분포에 차이가 있는지도 살펴볼 필요가 있다. 나아가 이러한 다단어 단위의 유형별 사용 분포가 숙달도에 따라 달라지는지를 포착해 보는 연구 또한 필요하다. 개별 다단어 단위에 대한 기존 연구 성과를 토대로 하여 한국어 학습자의 다단어 단위에 대한 종합적 사용 양상이 고찰된다면 한국어 학습자의 다단어 단위에 대한 습득 양상을 이해하는 데 도움이 될 뿐만 아니라 다단어 교육 자료 및 방안을 개발하는 데 기초 자료로 활용될 수 있다.

둘째, 최근 인공지능과 그 기술의 발달이 가속화되면서 인공지능 기반의 언어 교육과 평가에 대한 관심도 함께 고조되고 있는바, 이러한 흐름 속에서 다단어 단위의 활용 가능성을 모색할 필요가 있다. 특히, 쓰기와 말하기 자동 채점 자질로 다단어 단위의 유용성을 검증하는 연구가 이루어져야 한다. 최근 자동 채점 자질에 대한 연구가 활발하게 이루어지고 있음에도 불구하고 채점 자질로 삼은 단위들이 개별 형태 및 단어 단위에 국한되어 있다. 그러나 유소영(2023)에서는 연어와 개별 단어의 사용을 비교하여 연어가 한국어 학습자의 쓰기 점수를 예측, 평가하는 데 더 유효한 자질로 활용될 수 있음을 입증한 바 있으며, 공나형·유소영(2024)은 담화 구조적 자질과 필자 태도적 자질을 나타내는 다단어 단위가 쓰기 평가에 영향을 줄 수 있음을 보여주었다. 이들의 연구 결과는 다단어 단위가 학습자의 쓰기와 말하기 자동 평가 자질로 충분히 기능할 수 있음을 시사하므로 언어 사용의 채점 자질 단위를 개별 단어에서 다단어 단위로 확장하여 그 활용 가능성을 검증하는 연구가 필요하다. 이는 고차원적인 언어 사용 능력을 평가하는 자동 평가 시스템을 개발하는 데 기여할 것이라 생각한다.

셋째, 코퍼스 자료 측면에서 구어와 종적 코퍼스(longitudinal corpus)

를 활용한 연구가 확대되어야 한다. 통합 관계 연구를 위해 사용된 코퍼스는 문어 자료에 치중되어 있다는 점이 한계이며, 학습자의 다단어 지식의 발달을 살펴보는 연구에서도 종적 코퍼스를 활용한 경우는 찾아보기 힘들다. 이는 문어 자료에 비해 구어 자료와 종적 자료를 수집하고 코퍼스로 구축하는 것이 쉽지 않으므로 충분한 양의 코퍼스를 확보하는 일이 어렵기 때문에 나타난 결과라고 볼 수 있다. 그러나 사용역별, 장르별 다단어 단위에 대한 비교 연구를 위해서는 문어와 구어 자료에서 고르게 연구되어야 한다. 또한 학습자의 다단어 지식이 발달되어 가는 과정에 대한 고찰은 종적 코퍼스를 활용하는 것이 이상적이다. 그럼에도 불구하고 종적 코퍼스를 구하는 것에 어려움이 따르기 때문에 상당수의 연구가 유사 종적인(pseudo-longitudinal) 방법으로 코퍼스를 구성하여 활용하고 있어, 종적 자료 분석을 통한 다단어 어휘 지식의 발달을 탐구하는 일은 공백으로 남아 있는 실정이다. 향후 활용 가능한 종적 코퍼스가 보완된다면 학습자의 다단어 지식이 발달해 가는 양상을 고찰할 수 있을 뿐만 아니라 이 과정에서 다단어 지식 습득에 영향을 미치는 요인들도 함께 탐색해 볼 수 있을 것이라고 기대한다.

■ 5장 ■

문화 어휘 교수의 쟁점

1. 문화 어휘의 개념

언어는 사고와 문화의 총체로서 언어를 배우기 위해서는 그 언어가 바탕으로 하는 문화에 대한 이해가 필연적으로 뒤따라야 한다. 그러나 태어나 자라는 과정에서 자연스럽게 언어와 함께 습득되는 모문화와 달리, 목표 언어의 문화는 학습을 필요로 하기 때문에 한국어교육 분야에서도 문화 교육의 필요성과 중요성이 강조되었다. 상징적이고 함축적인 언어문화의 의미를 이해하는 것은 효율적인 한국어 의사소통에 도움을 주고, 한국 문화에 대한 이해와 수용은 문화 충격으로 인한 오해와 거부감을 해소하게 하여 한국어 학습뿐 아니라 한국 사회에 적응하는 일을 돕기도 한다. 또, 한국에 대한 관심과 호기심을 갖게 하여 한국어 학습에 대한 동기 유발을 일으킬 수도 있다.[1]

이처럼 문화 교육이 가지는 중요성과 이점 때문에 한국어교육에서는 일찍부터 언어와 문화의 통합 교수가 도모되었으며 그 중심에는 문화 어휘가 있다. 어휘는 문화와 연계되는 가장 기초적인 영역으로

1 전미순·이병운(2011:192)

서, 문화 어휘에 담긴 사회문화적 배경과 상징적인 의미를 이해하는 것은 의사소통 능력의 향상과 밀접하게 연관을 맺는다. 학습자가 목표 언어 사회의 문화를 잘 이해하고 상황에 적절한 어휘를 활용할 수 있을 때 원활한 의사소통이 이루어질 수 있기 때문이다.

아래의 밑줄 친 단어들은 모두 문화 어휘이기 때문에 이들 어휘가 기반으로 하는 문화에 대한 이해 없이는 문장의 정확한 의미를 해석하기 어렵다.

(1) ㄱ. 어제까지 미국에 있었는데 지금은 일본에 있다니 지윤이는 정말 **홍길동** 같다.
ㄴ. **이모**, 여기 돈가스 하나 주세요.
ㄷ. 저출산으로 인한 한국의 **인구절벽** 문제.

고유명사는 대표적인 문화 어휘 가운데 하나이며 특히 (1ㄱ)의 '홍길동'은 고유한 대상을 지칭하는 고유명사에서 나아가 홍길동이라는 인물이 가진 신출귀몰함을 비유적으로 나타낸다. (1ㄱ)의 '홍길동'의 경우, 목표 언어의 구성원들은 자라는 과정에서 자연스럽게 노출되고 공감대가 형성되어 의미 이해가 가능하지만, 한국어 학습자의 경우 용례에 쓰인 의미가 사전적 의미와 거리가 멀어서 문화적 의미를 모른다면 화자가 의도한 의미를 파악하기 어렵다. (1ㄴ)은 가족이 아닌 상대에게 가족(친족) 호칭을 사용한 예로, 한국어에서는 가족인 아닌 사람들에게 '언니, 오빠, 누나, 형, 이모, 삼촌, 엄마' 등의 가족 호칭을 일반 호칭처럼 사용하는 일이 많다. 수평적 사회구조를 가진 언어권에서는 이름이 호칭어가 될 수 있으나 상대적으로 수직적 사회구조를 가진 한국에서는 연령이나 서열, 사회적 지위, 관계 등에 따라 적절한 호칭어를 선택해 상대를 불러야 한다. 그렇지 못할 경우 상대방에게 불쾌감을 주거나 무례하게 여겨지는 등 모어 화자와의 의사소통에서 마찰을 겪을 가능성이 크다. 따라서 호칭어 역시 한국의 특수한 문화적 배경과 연계하여 교수할 필요가 큰 부분이다. (1ㄷ)의 '인구절벽'은 신어인데, '인구절벽'은 '생산 가능 인구가 급격하게 줄어드는 현상'을 의미하며 한국의 고령화와 저출산, 그리고 이로 인한 생산 가능 인구와 소비 감소로 심각한 경제 저성장에 대한 우려가 확산되면서 만들어진 말이다. 이와 같은 신어는 사회 구성원의 인식과 당대의 사회상을 반영하여 생성되므로 일종의 문화 어휘로 볼 수 있다. 남길임·송현주·최준(2015:40)에서는 신어가 자주 출현하는 신어 생성 주도 분야와 신어의 사회 문화적 의미를 분석하는 것은 현대 한국 사회의 문화와 사회 변화를 해석하는 데 단서를 제공한다는 점에 의의가 있다고 하였다. 또한, 신어의 의미는 그 언어를 사용하는 언중과 사회 문화적 구조 및 양상에 비추어야 온전하게 파악할 수 있는 만큼[2], 신어를 이해하기 위해서는 이들 신어가 반영하는 사회문화적 맥락을 해석할 수 있어야 할 것이다.

그러나 이들 문화 어휘는 한국어교육 현장에서 외국인 학습자들에게 제한적으로 제시 및 교육되고 있고, 한국어 학습자 사전에서도 명시적 의의를 다루고 있지 않아서 외국인 학습자에게는 접근과 학습이 상당히 제한적이다. 그럼에도 이런 어휘는 단순한 사전적 의미 기술이나 설명으로는 정확한 어휘 의미를 이해하기 힘들고 다양한 배경 지식과 설명이나 구체적인 담화 상황에서의 조건을 필요로 하기 때문에, 한국어 문화 어휘의 명시적 교육과 습득은 한국어 학습자의 어휘력

2 박선옥(2019:978)

및 의사소통 능력 향상에 기여할 것이다.[3]

1.1. 문화 어휘의 개념

문화 어휘는 직접적으로 문화물이나 문화적 상징 등을 지칭하는 것으로 정하느냐, 아니면 사회 문화적 의미가 간접적으로 반영되어 있어 문화적 배경에 대한 설명이 필요한 어휘까지 수용하느냐에 따라 개념 정의가 달라질 수 있다. 전자의 경우 상대적으로 좁은 의미의 문화 어휘로서 '김치, 무궁화, 태극기, 한복, 한글' 등과 같이 한국의 문화 요소를 직접적으로 지칭하는 것을 문화 어휘로 보며, 학자에 따라서 이런 어휘를 '문화 관련 직접 어휘' 또는 '표층 문화 어휘'로 부르기도 한다. 이에 비해 후자는 문화 어휘의 개념을 보다 폭넓게 정하는데, 모국어 화자들 간의 문화적, 사회적 경험을 기반으로 해서 의미가 완성되어 온 어휘로서 한국어 학습자의 입장에서는 그 문화적 배경을 이해하지 않고서는 뜻을 이해하기 어려운 어휘까지 포괄한다. 이런 어휘들은 배경으로 하고 있는 문화적 맥락에 대한 설명이 필요하기 때문에 '문화 배경 간접 어휘'라고 지칭하기도 하고 한국 사회 구성원들이 공유하는 관념이 담긴 어휘이면서 이면적으로 한국 문화를 담고 있다는 점에서 '심층 문화 어휘'라고 지칭하기도 한다. 이와 같은 어휘로는 '효, 정, 국수, 바가지, 호랑이, 치맛바람, 강남, 돼지꿈' 등이 있다. 한국어교육의 초급에서는 직접적으로 문화 관련 사물이나 개념을 지칭하는 어휘가 많이 제시되고 고급으로 갈수록 문화적 배경을 담은 어휘의 비중이 상대적으로 증가한다.

---

3 심혜령(2009:1-3)

〈표 6〉 문화 어휘의 개념 정의

박영준 (2000)	• 문화와 관련된 어휘나 표현과 문화적 배경의 차이로 인해 나타나는 어휘나 표현
강현화 (2002)	• 한국어교육에 반영해야 할 문화적 요소를 담고 있는 어휘와 문화적 배경을 담고 있는 어휘
이동규 (2005)	• 문화물이나 문화 요소를 지칭하는 어휘와 속담·관용어와 같이 다른 언어에도 있지만 한국어 담화 상황에서 사전적 의미뿐 아니라 2·3차적 의미로 쓰이는 어휘
심혜령 (2009)	• 문화 기반 어휘: 모국어 화자들 간의 문화적, 사회적 경험을 기반으로 해서 그 어휘 의미가 완성되어 온 어휘 • 외국인 학습자 입장에서는 언어 이론적 접근만으로는 획득할 수 없는 모국어 화자들의 문화와 경험의 산물로서의 어휘
김영진 (2008)	• 글자의 표면적 의미만으로는 이해하기 어려우며 정확한 뜻을 파악하기 위해서는 반드시 그 문화적 배경을 이해해야 하는 어휘
전미순 (2011)	• 한국의 사회문화적 의미가 직접적이거나 간접적인 형태로 반영되어 있어 한국 문화를 이해하는 키워드가 되는 것 1) 문화 관련 직접 어휘: 직접적인 사물 및 개념을 지칭하는 문화 관련 어휘 (예: 김치, 태극기, 무궁화, 아리랑, 한복, 된장) 2) 문화 배경 간접 어휘: 맥락에 따라 문화적 배경(상징적인 의미)에 대한 설명이 필요한 어휘 (예: 집들이, 치맛바람, 강남, 국수, 돼지꿈)
이은희 (2015)	• 한 사회 구성원들이 다른 사회와 구별되게 공유한 관념하에 만들어진 모든 산물과 행동 양식을 표현하는 어휘 1) 표층문화 어휘 (예: 김치, 된장, 태극기, 한글, 한복) - 표면적으로 한국어를 상징하는 어휘 - 학습자의 모국어에 존재하지 않는 어휘 2) 심층문화 어휘 (예: 효, 사주, 정, 국수, 돼지, 바가지, 호랑이) - 한국 사회 구성원들 사이에 공유된 관념이 담긴 어휘 - 이면적으로 한국의 사회문화적 특성을 담고 있는 어휘 - 학습자의 모국어에 존재하거나 어휘의 이면적 의미는 한국어에서만 통용되는 어휘 - 한국의 사회문화적 배경에 대한 학습이 필요한 어휘 - 상호 문화적 관점에서 비교 가능한 어휘

1.2. 문화 어휘의 범주

문화 어휘를 어떻게 범주화할 것인가에 대해서는 학자마다 다소간에 입장 차이가 있으나, 앞선 연구에서 제시한 교육의 대상이 되는 문화 항목을 유사 항목끼리 모아 다음과 같이 정리할 수 있다.

〈표 7〉 문화 항목의 범주

박영순 (1989)	박갑수 (1994)	김정숙 (1997)	국립국어원 (2000)	조항록 (2000)	박영순 (2003)	이은희 (2015)
의식주	의식주	일상생활	음식/의복/주거	의식주	생활문화	생활문화
관용어/속담/언어예절/신어/유행어	관용표현/속담/신어/유행어	속담/관용어/언어적 요소		한국문자 어휘	언어문화	언어문화
언어예절	언어예절			언어생활 규범		
문학/음악/미술/예술	작품/고유명사/문학예술	문학/예술	음악/미술/문학/무용/놀이		예술문화	예술문화
풍습/놀이	전통문화/풍습/민속		문화재	전통문화적 요소	문화재	전승문화
	제도	정치/경제	제도/명절	공공시설 제도	제도문화	제도문화
			신앙/상징		정신문화	정신문화

지칭하는 용어와 포함하는 하위 범주에는 차이가 있겠으나 대부분의 연구에서 문화 어휘의 하위 범주로서 ① 생활문화, ② 제도문화, ③ 예술문화, ④ 전승문화, ⑤ 정신문화, ⑥ 언어문화를 포함한다. 이 가운데 먼저 생활문화는 의식주와 여가 생활, 계절 및 날씨와 관련된 어휘를 포함하는 범주로, '댕기, 고춧가루, 마당, 꽃샘추위' 등의 어휘가 여기에 해당한다. 제도문화에는 정치, 경제, 역사, 사회, 교육 등을 나타내는 어휘가 포함되며 그 예로는 '단골, 바가지, 고속도로, 과외' 등이 있다. 예술문화에는 '가야금, 대장금, 흥부와 놀부'와 같은 음악, 미술, 연극, 영화, 드라마, 방송, 문학 관련 어휘가 포함된다. 전승문화는 유형문화재와 무형문화재의 하위 범주로 나뉘며, 전자의 예로는

'하회탈', 후자의 예로는 '처용무'를 들 수 있다. 정신문화는 가치관, 민족성, 사고방식, 세계관, 정서, 상징, 신앙 등과 관련된 어휘인데, '효, 관상, 토정비결' 등의 어휘가 대표적인 예이다. 언어문화에는 호칭어와 경어법, 신어와 유행어 등이 포함된다.

이은희(2015)는 국내 8개 대학의 교재 63권으로 교재 코퍼스를 구축하여 기존 어휘 목록과의 비교·대조 및 빈도와 분포도 등을 기준으로 생활문화, 제도문화, 언어문화, 예술문화, 전승문화, 정신문화의 여섯 개 하위 범주별 어휘 목록을 숙달도별로 제시하였다. 이 가운데 중급 단계의 범주별 문화 어휘 목록의 예를 보이면 다음과 같다.

① 생활문화 어휘

의복/신발/장신구	고무신, 댕기, 두루마기, 색동옷, 색동저고리, 설빔, 소매, 저고리, 조끼
음식/조리 도구	간장, 갈비찜, 갈비탕, 감자탕, 고춧가루, 곶감, 국, 국그릇, 국수, 귀밝이술, 김장, 김치볶음밥, 깍두기, 깨소금, 깻잎, 나물, 누룽지, 당면, 돌솥, 동치미, 땅콩, 뚝배기, 마늘, 막걸리, 물김치, 미역국, 밥그릇, 밥상, 배추김치, 백김치, 백설기, 벼, 부럼, 붕어빵, 비지떡, 삼계탕, 새우젓, 생강차, 설렁탕, 송편, 수저, 식혜, 쌈장, 엿, 오곡밥, 육개장, 인삼차, 잣, 장독, 전주비빔밥, 족발, 종지01, 죽, 중국집, 찌개, 찜, 찜닭, 참기름, 청국장, 칼국수, 콩, 콩나물국, 탕07, 파김치, 파뿌리, 파전, 팥빙수, 팥죽, 포장마차, 표주박, 한식집, 한정식, 호두, 호박,
주거	굴뚝, 기둥, 대문, 뒷문, 마당, 마루03, 빌라, 안방, 온돌, 온돌방, 월세, 이삿짐센터, 자취, 장독대, 전세, 지붕, 집들이, 천장, 초가집, 한지, 황토
계절/여가/날씨	꽃샘추위, 단풍놀이, 배낭여행, 찜질방, 피서, 휴가철

② 제도문화 어휘

정치	군대, 남한, 북한, 육군, 판문점
경제	단골, 바가지, 바자회, 벼룩시장, 보증금, 부조03, 상품권, 자갈치 시장, 장날
역사/사회	달맞이, 반상회, 분리수거, 손윗사람, 신세대, 엠티, 윗사람, 저출산, 조선, 조선시대, 종량제, 주민등록번호, 주민등록증, 회식

지리/교통/행정	가마05, 강원도, 경기도, 경로석, 경부고속도로, 경상남도, 경상도, 경상북도, 고속도로, 고속버스, 고속철도, 국도04, 대구, 대전, 번지03, 법무부, 시내버스, 울릉도, 울산, 인천, 전남, 전라남도, 전라도, 전라북도, 지방05, 충청도, 충청북도, 퀵서비스, 택배, 특별시
교육/과학	개근상, 과외, 도우미, 동창회, 물시계, 서당, 선배, 스승, 인문계, 제자, 학원, 해시계, 후배
명절/절기/기념일/국경일/통과의례	관례02, 관혼상제, 금반지, 단오, 대보름, 더위팔기, 돌01, 돌떡, 돌반지, 돌상, 돌잔치, 돌잡이, 동지02, 만우절, 백일, 부케, 블랙데이, 빼빼로데이, 삼일절, 선01, 설, 성묘02, 세배, 세뱃돈, 시집01, 식목일, 신랑감, 신붓감, 어린이날, 어버이날, 예물, 오일장, 음력, 입춘, 장가, 절02, 정월대보름, 제사, 중매, 쥐불놀이, 차례02, 창포물, 추석, 축의금, 친정, 폐백, 한글날, 함03, 혼례복, 화이트데이, 화장05

③ 언어문화 어휘

호칭어/존댓말/반말	가장07, 과장07, 과장님, 꼬마, 노처녀, 마누라, 막내, 며느리, 부모님, 사내, 사촌, 소장님, 손녀, 손자, 시부모님, 시아버지, 시어머니, 아가씨, 아드님, 아버님, 어머님, 어버이, 여보, 이모부, 자매, 작은아버지, 작은어머니, 장남, 장녀, 장모, 장인, 조카, 집사람, 처녀, 총각, 큰아들, 큰아버지, 큰어머니, 큰형, 효녀, 효자
인명	김덕수, 단군, 박지성, 세종, 세종대왕, 이명박, 장동건, 장영실, 형님
지명	강남, 강북, 강화도, 경주, 경포대, 광릉, 금강산, 남이섬, 남해, 내장산, 대관령, 동해, 목포, 백두산, 백록담, 북한산, 서해, 서해안, 석모도, 속초, 신촌, 안동, 안면도, 올림픽공원, 용산, 이천, 이태원, 인사동, 전주, 정동진, 종로, 지리산, 청계천, 춘천, 통영, 한강, 한라산, 해운대, 홍대
동식물명	강아지, 개구리, 개미, 고래, 고양이, 곰, 기러기, 까치, 꼬리, 꾀꼬리, 다람쥐, 닭, 모기, 뱀, 베짱이, 새우, 수탉, 암탉, 여우, 올챙이, 원숭이, 제비, 쥐, 쥐꼬리, 청개구리, 카네이션, 학, 호랑이
신어/유행어	기러기아빠, 맛집, 아이돌, 엄지족, 왕따, 한류, 홈피

④ 예술문화 어휘

음악/미술	가야금, 꽹과리, 난타, 농악, 도자기, 민요, 부채춤, 북03, 사물놀이, 장구, 징
연극/영화/드라마/방송	겨울연가, 대장금, 쉬리, 실미도, 왕의 남자

스포츠	88서울올림픽, 씨름, 월드컵경기장
문학	선녀와 나무꾼, 콩쥐팥쥐, 효녀심청, 흥부와 놀부
축제/놀이	가위바위보, 강강술래, 그네뛰기, 널뛰기, 닭싸움, 딱지치기, 소꿉놀이, 술래, 숨바꼭질, 연날리기, 윷, 윷놀이, 제기차기, 줄다리기, 탈01, 탈춤

⑤ 전승문화 어휘

유형 문화재	고인돌, 대동여지도, 하회탈
무형 문화재	처용무

⑥ 정신문화 어휘

민족성/사고방식/상징	남아선호사상, 태극기, 효, 효도
신앙	관상, 도깨비, 유교, 점03, 태몽, 토정비결, 하느님

2. 고유명사 연구의 쟁점

2.1. 고유명사 교수의 필요성

고유명사란 '인명이나 지명, 회사나 기관의 이름, 상표 이름 등 고유한 이름을 나타내는 명사'[4]로서 특정한 대상에 대해 붙여진 이름이므로 그러한 속성을 띤 대상은 오직 하나밖에 없다는 특성을 가진다. 그렇기 때문에 관형사, 복수 접미사 '-들'과의 결합이 어색한 특징이 있다. (2ㄱ)의 '심청'은 허구 인물로서 한국의 고전 소설 〈심청전〉의 등장인물이고 (2ㄴ~ㄷ)은 역사적 인물명이며 (2ㄹ~ㅁ)은 한국의 지명으로 모두 고유명사이다.

4 고영근·구본관(2008:63)

(2) ㄱ. **심청**은 효심이 깊은 딸로 장님인 아버지의 눈을 뜨게 하려고 제물로 팔려갔지만 용왕의 도움으로 세상에 나왔다가 왕후가 되었다.
ㄴ. **장영실**은 조선 세종 때의 과학자이다.
ㄷ. **세종대왕**의 한글 창제.
ㄹ. **금강산**은 강원도 북쪽에 있는 산으로 기이한 모양의 바위들이 많고 사계절의 경치가 매우 아름답다.
ㅁ. 우리 집 베란다에서는 **강남**이 보인다.

이와 같은 고유명사는 한국어 모국어 화자들이 모국어를 습득하는 시기에서부터 시작하여 일반적인 학교 교육이나 사회 활동을 거치면서 공통의 경험을 통하여 축적한 어휘들로서 모국어 화자들의 문화와 경험의 산물이다.[5] 그러나 고유명사는 외국인 학습자의 모국어로 대역어가 존재하지 않는 데다 따로 학습하지 않으면 고유명사에 대한 지식을 축적하기 어렵기 때문에 외국인 학습자에게 의사소통의 장애 요인이 되는 부분이다. 그러므로 이런 고유명사들도 사용 빈도 및 사용 범위 등에 대한 검토를 통해 교육적 목록을 선별해 내고 한국어교육과정을 통해 노출되고 체계적으로 교수·학습되어야 할 부분이다.

2.2. 고유명사의 비유적 의미

고유명사는 낱낱의 특정한 사물이나 사람을 다른 것들과 구별하여 부르기 위하여 붙인 고유의 이름으로서 보통명사와 대립되는 개념이다. 그러나 고유명사 가운데 일부는 고유한 의미를 넘어서는 일반적 어휘 의미를 획득하여 보통명사처럼 사용되기도 한다. 보통의 한국

---

5 심혜령(2009:4-5)

사람이라면 말과 글을 배우면서 저절로 듣고 읽게 되는 동화, 전설, 위인전 등에 등장하는 인명이나 일상생활에서 자주 언급되는 지명 가운데 일부가 모국어 화자의 자연스러운 공감 속에서 그 고유한 의미를 넘어서는 일반적 어휘 의미를 가진 채 한국어 모국어 화자들의 언어생활 속에 자리하게 되는 것들이다.[6]

(3) ㄱ. 재희는 진짜 효녀야. **심청**이라니까.
ㄴ. 미래의 **장영실**을 키우기 위한 아카데미를 설립하였다.
ㄷ. 여행을 좋아해서 세계 곳곳을 돌아다니는 서준이는 **홍길동**이라는 소리를 듣는다.
ㄹ. 그 가수는 가요계의 **신데렐라**로 떠올랐다.

(3ㄱ)의 '심청'은 단순히 고전 소설 〈심청전〉의 여자 주인공을 지칭하지 않고 '효심이 지극한 딸'이라는 의미로 사용되었으며, '장영실'은 본래 세종대왕 때의 뛰어난 과학자인데 (3ㄴ)의 '장영실'은 고유한 인물을 가리키지 않고 '과학적 재능이 뛰어난 사람'을 나타낸다. (3ㄷ)의 '홍길동'은 소설 속의 '홍길동'이라는 인물이 가진 신출귀몰함을 비유적으로 나타내며, '신데렐라'는 본래 동화 속의 주인공으로 허구 인물이지만 (3ㄹ)에서처럼 '하루아침에 고귀한 신분이 되거나 유명하게 된 여자'를 비유적으로 이르는 말로 자주 사용되기도 한다. 이와 같은 고유명사의 비유적 의미는 모국어 화자끼리는 사회적, 문화적, 교육적으로 공유하는 익숙한 의미이지만, 외국인 학습자들은 그 의미를 공유하고 있지 않아 한국어로 의사소통하는 데 걸림돌로 작용할 수

---

6 심혜령(2009:48-49)

있다. 게다가 고유명사의 비유적인 의미는 사전에 수록되지 않은 경우가 많다. 그러므로 외국인 학습자들의 의사소통 능력의 제고를 위해서는 코퍼스 분석을 통해 비유적 의미를 획득한 고유명사를 체계적으로 선별해 내고 목록화하여 한국어 어휘 및 문화 교수에 활용할 수 있도록 할 필요가 있다. 그러나 고유명사가 본래의 고유한 이름을 나타내는 명사로 쓰였는지, 아니면 그 의미를 넘어서는 확장된 의미로 사용되었는지는 기계적인 빈도 추출로는 분석하기 어렵다. 그러므로 코퍼스에서 고유명사의 용례를 분석하여 어떤 비유적 의미를 가지는지 확인하고 의미에 따른 빈도를 산출한다면 한국어 어휘와 문화 교수에 활용할 수 있는 의미 있는 자료가 될 것이다.

2.2. 고유명사의 유형과 특징

김선혜·한승규(2011)에서는 문화 어휘로서 고유명사의 한국어교육적 가치와 중요성에 대한 인식 하에 학습자 사전에 수록되어야 할 고유명사의 유형을 〈표 8〉과 같이 제시하였다.

한국어교육을 위한 고유명사의 첫 번째는 인명 관련 유형이다. 여기에는 실존 인물, 허구 인물, 한국의 성, 신의 이름 등이 포함된다. 김선혜·한승규(2011)에 따르면 실존 인물의 이름은 그 인물의 역사적 의의를 나타낸다는 점에서 한국어 학습자를 위한 사전 등재의 의의가 있다. 그리고 한국에서는 전형성을 갖는 인물을 허구 인물을 통해서 나타내는 일이 많으므로 '흥부, 놀부, 콩쥐, 신데렐라' 등의 허구 인물도 한국어교육적 의의를 가진다.

두 번째로 지명 관련 유형은 국명, 도시명, 국내 지명, 시설물, 유적지 등으로 하위 분류되는데, 지명 관련한 고유명사는 그 장소에 살고

〈표 8〉 고유명사의 유형(김선혜·한승규, 2011)

구분		예시
인명 관련 유형	실존 인물	세종대왕, 이순신, 김소월, 윤동주…
	허구 인물	흥부, 놀부, 콩쥐, 팥쥐, 심청, 뺑덕어멈…
	성	김, 이, 박, 최, 정…
	신	환웅, 삼신할머니…
지명 관련 유형	국명	한국, 신라, 백제, 고구려…
	도시명	서울, 부산, 인천, 대구, 대전, 광주, 울산…
	국내 지명 (도, 군, 읍, 면, 리, 동, 거리 등)	경기도, 압구정동, 대학로…
	장소 (산, 산맥, 봉우리, 고개, 섬, 강, 호수, 바다 등)	백두산, 남산, 태백산맥, 대청봉, 미아리 고개, 울릉도, 독도, 한강, 낙동강…
	시설물 (공항, 역, 시장 등)	김포공항, 인천공항, 서울역, 용산역, 동대문시장, 남대문시장…
	유적지	경복궁, 숭례문, 동대문, 불국사, 석굴암, 화성…
작품명 관련 유형	책명, 문학 작품명	홍길동전, 춘향전, 심청전, 조선왕조실록, 소나기, 동백꽃, 서시, 진달래꽃…
	영화, 방송 작품명	뽀뽀뽀, 모래시계…
	노래명	애국가, 학교종…
기념일, 국경일, 휴일, 절기 관련	사건	육이오, 사일구, 오일팔, 팔일오 광복, 동학운동, 삼일절…
	국경일, 휴일, 명절, 절기	한글날, 제헌절, 설날, 추석, 단오, 동지…
	행사	서울 올림픽, 광주 비엔날레, 대전 엑스포…
조직, 기관명		청와대, 일일구…
유적, 문화재		다보탑, 석가탑, 하회탈…

있는 사람들, 기후, 농산물, 정부, 국민 등의 의미로 확장되는 경우가 많다. 예컨대 (4ㄱ)의 '대한민국'과 '일본'은 각각 '대한민국 대표팀',

‘일본 대표팀’을 의미하며, (4ㄴ)의 ‘용산구’는 용산구의 행정 기관을 가리키는 말이다.

(4) ㄱ. **대한민국**은 **일본**을 상대로 승리를 거두었다.
ㄴ. **용산구**, 중·고 예체능 학생 재정지원.

게다가 아주 많이 나온 배를 가리키는 ‘남산’이나 많은 물을 뜻하는 ‘한강’처럼 지명 관련 유형에는 비유적 의미로 확장되어 사용되는 어휘가 많다.

(5) ㄱ. 산달이 가까워지자 아내의 배가 **남산**만 해졌다.
ㄴ. 물이 넘쳐서 바닥이 **한강**이 되었다.

세 번째, 작품명 관련 유형에는 문학 작품명과 영화나 방송 작품명, 노래명 등이 포함된다. 〈홍길동전〉, 〈심청전〉, 〈소나기〉, 〈진달래꽃〉과 같은 문학 텍스트는 문화 교육적 가치가 높은 고유명사의 예이다.

네 번째는 한국의 대표적인 행사나 역사적인 사건과 관련된 유형인데 ‘삼일절, 서울 올림픽, 한글날, 설날, 추석’ 등이 포함된다.

다섯 번째로는 조직이나 기관명을 제시했는데, 일상 언어생활에서 자주 쓰이지는 않지만 신문이나 뉴스 등을 접할 때 이해 어휘로서 필요할 수 있다고 보았다.

마지막으로 ‘다보탑, 하회탈’ 등의 유적, 문화재의 이름은 문화교육적인 측면에서 가치를 지닌다고 설명했다.

3. 호칭어 연구의 쟁점

3.1. 호칭어의 문화적 의미

호칭어(term of address)란 화자가 상대를 부르기 위해 사용하는 말로서 '아버지', '어머니', '여보' 등과 같은 말이다. 호칭어는 일상의 언어생활에서 빈번하게 사용함으로써 다른 사람과의 적절한 인간관계를 존속해 가는 데 중요한 역할을 한다. 따라서 언어 사용자는 건전한 인간관계 유지라는 언어 기능에 충실하기 위해서라도 호칭어의 용법을 바로 익혀 사용해야 한다(손춘섭, 2011:249). 호칭어는 한 사회의 인간관계에서 사람과 사람 사이의 관계를 반영하는데, 문화마다 가지고 있는 사회제도나 구조 또는 언어에 따라 다른 양상으로 나타나며 시대의 감각에 따라 변한다. 그러므로 호칭어는 당면한 사회의 구조적인 특성을 반영하고 호칭어에서 민족의 특성을 엿볼 수 있다. 영어의 호칭어에 비해 한국어의 호칭어 체계는 극도로 복잡하고 다양하다. 한국어에는 문법적으로나 어휘적으로 언어 자체에 상대방을 대우하는 높임법이 드러나 있는데 청자를 높여주는 호칭어가 다양하게 발달되어 있기 때문이다(이은경, 2016:61-62). 영미 문화권 등에 비해 전통적으로 수직적 사회 구조를 가지고 있는 한국에서는 대인관계에서 적절한 호칭어를 선택하여 사용하는 것이 중요하다. 한국에서는 화자와 청자의 연령, 지위 고하, 친소 관계 등에 따라 호칭어의 선택이 달라지기 때문에 외국인 학습자들이 잘못된 호칭으로 상대를 부르게 될 경우, 불쾌감을 야기할 수 있다. 따라서 호칭어 역시 한국의 문화와 연계한 어휘 교수 대상의 하나로 볼 수 있다.

전혜영(2005)에서는 한국어교육 현장에서 호칭어를 교수할 때 호칭어의 다양한 유형을 반영하고 사용 방식에 대해 설명해야 한다고 제시하면서, 호칭어가 가지는 문화적 의미에 대한 이해도 함께 이루어져야 함을 강조했다. 전혜영(2005:117)에 따르면 한국어 호칭어는 형태적으로 다양하고 그 용법이 까다롭다는 것이 학습자들에게 부담으로 작용할 수 있는데, 호칭어가 한국 문화의 특징을 잘 반영하고 있는 언어 현상임을 이해시킴으로써 학습 능률 면에서도 효과를 거둘 수 있다고 보았다. 한국어의 호칭어는 개인보다 집단의 가치의식을 중요하게 여기고, 대인관계를 상하의 계열 관계로 보고 그에 대한 행동 윤리를 규정하는 유교 문화의 특징을 반영한다고 볼 수 있다. 따라서 친족 호칭어의 형태가 다양하다는 점이 혈연을 중심으로 촌락을 형성해 온 일가 중심의 문화를 읽을 수 있음을 인식시킬 필요가 있다고 했다. 특히 친척이 아닌 타인에게 가족 호칭을 사용하는 독특한 방식을 이해시킬 필요가 있는데 타인에 대해서 '아저씨, 할아버지, 이모, 언니' 등의 호칭어를 사용하고 직함이나 이름 뒤에 '원장 할아버지', '사장 아저씨'처럼 가족 호칭어를 첨가하여 사용하는 것은 혈연 중심의 촌락을 구성하고 살던 문화가 반영된 것으로서 가족 의식의 확대로 볼 수 있다고 설명했다. 또한, 존대와 비존대 호칭어의 구별이 있고 사회적 신분 호칭어 사용을 중시하는 점은 신분적 존비 관계가 존재했던 문화를 읽을 수 있는 면이라고 제시했다.

3.2. 호칭어의 유형과 가족 호칭의 특징

이윤진(2006)에서는 한국어교육을 위한 호칭어의 유형을 다음의 다섯 가지로 나누었다.

〈표 9〉 한국어교육을 위한 호칭어 유형(이윤진, 2006)

구분		예시
① 이름 호칭	상대의 성이나 이름을 부르는 것.	① 성명+접사(님/씨/군/양) ② 성+접사(씨/군/양) ③ 이름+접사/조사 ④ 성명
② 대명사 호칭	이름 대신 상대방을 부를 때 대명사를 사용하는 것.	자기, 당신, 너 등
③ 가족(친족) 호칭	실제 가족 간에 부르는 것과 가족 호칭이 일반적인 호칭으로 사용되는 것으로 나눌 수 있음.	언니, 어머니, 아줌마, 아저씨, 삼촌
④ 간접이름 호칭	청자의 실제 이름보다는 사회적, 혈연적 관계 등에서 얻은 '위치, 자격'의 이름에 초점을 맞추어 부르는 것.	① 직함 호칭(성명/성 + 부장님/과장님 …) ② 종자명 호칭(아무개의 아빠/엄마 …)
⑤ 낯선 관계 호칭	대화자 간에 마땅한 호칭이 없는 경우나 호칭은 있지만 아직 호칭을 사용하는 것이 부자연스럽거나 어려운 경우에 상대의 주의를 환기시키기 위해 사용하는 호칭.	저기요, 여기요

위에 제시된 한국어 호칭어 가운데 언어와 문화의 통합적 교수가 가장 필요한 부분은 '가족 호칭'이다. 한국어는 호칭어가 발달된 언어인데 그중에서도 가족과 관련한 호칭어가 특히 그러하다. 가족 호칭은 크게 가족 간에 부르는 것과 가족이 아닌 대상을 가족 호칭을 빌려 부르는 것의 두 가지 경우가 있다.

첫째는 실제 가족 간에 부르는 경우이다. 가족 호칭은 국립국어원(2011)에 따르면, 어머니를 부르는 말은 크게 '어머니', '엄마'가 있지만 격식을 갖추어야 하는 상황이나 공식적인 자리에서 어머니를 부를 때는 '어머니'를 쓰는 것이 표준적이며, 어머니에게 편지를 쓸 때는 '어머님께 올립니다.'와 같이 '어머님'을 쓰는 것이 전통적인 표현이다. 자녀에 대한 호칭의 경우 혼인 전후에 달라질 수 있는데, 결혼 전에는 이름에 '아/야'를 붙여 부르는 것이 일반적이지만 자녀가 결혼한 후에는 '아범', 'OO(손주) 아범', '아비', 'OO(이름)'으로 부르기도 한다. 남편에 대한 호칭도 다양한데 일반적으로 남편을 부를 때는 '여보'를 쓰고 신혼 초 '여보'라는 말이 어색할 때는 'OO 씨'라고 부를 수 있다. 또, 결혼 전의 호칭인 '오빠' 등을 결혼 후에도 사용하는 경우가 있고, 부부 간에 서로 '자기'라고 부르는 경우도 있다. 자녀가 있는 경우 남편을 'OO(자녀) 아버지', 'OO(자녀) 아빠'라고도 할 수 있다. 장년층이나 노년층에서는 'OO(자녀) 아버지', '영감', 'OO(손주) 할아버지'라 할 수도 있다. 이외에도 시부모님, 조부모님 등에 대한 호칭, 동기와 그 배우자 또는 결혼한 상대의 동기와 그 배우자에 대한 호칭 등, 가족 관련 호칭이 매우 복잡하고 다양하다. 모든 외국인 학습자가 상대와 상황, 연령 등에 따라 어떤 가족 호칭을 사용해야 하는지 다 알 필요는 없지만, 결혼이주여성의 경우에는 한국인 남편과 결혼하여 한국인들과 가족 관계를 이루는 만큼, 상대와 맥락에 따라 다양하게 선택되는 호칭어를 한국의 가족문화와 연계하여 교수·학습할 필요가 있을 것이다. 또, 전통적인 결혼관이나 가족관이 현대에 와서는 많은 변화가 있는 만큼 시의성이 없는 어형은 배제하고 언어 변화를 어느 정도 수용한 호칭을 제시할 필요가 있다.

둘째는 가족이 아닌 상대를 부를 때 가족 호칭을 사용하는 경우이다. 한국에서는 학교 친구나 직장 동료를 부를 때 '언니, 오빠, 누나, 형' 등으로 부르는 경우가 많고, 연상의 남자 친구를 '오빠'라고 부르기도 한다. 한국에서는 친근한 관계에서 상대와 나이가 같거나 혹은 상대가 더 어린 경우가 아니라면 이름 호칭으로 부르는 일은 많지 않기 때문에 가족 호칭을 빌려 부르는 일이 많다. 그러나 친한 관계라 해도 친근함의 정도와 상황의 격식성 정도에 따라 호칭을 달리해서 불러야 한다. 예를 들어, 연상의 남성 직장 동료를 친근하게 느낀다고 해서 '오빠', '형'이라고 부르는 것이 항상 허용되는 것도 아니고, 개인적으로는 '오빠', '형' 등으로 부르는 사이더라도 공식적인 자리에서는 '~ 씨'나 직함을 사용해서 불러야 할 수도 있다. 이 경우, 한국의 직장 문화에 대한 이해가 뒷받침되어야 하며 친소 관계 및 상황에 따라 어떻게 호칭을 달리 선택해야 하는지와 호칭어의 사용 방식에 대한 상세한 설명이 필요할 것이다. 한편, 식당 등의 가게에서 종업원을 친근하게 부르는 말로 '이모'를 사용하거나 상인이 상행위를 하기 위해서 여성 고객을 '언니, 엄마, 어머니' 등으로 부르기도 한다. 이렇게 한국에서는 서로 가족이 아님에도 불구하고 학교나 직장 내에서 친근한 상대나 가게의 종업원 등을 부를 때 가족 호칭을 쓰는 일이 일반화되었으므로 한국어 학습자에게 이와 같은 대인 관계에서 호칭을 그 맥락 및 배경과 함께 제시할 필요가 있다.

4. 신어 연구의 쟁점

4.1. 신어와 문화 교육의 연계

목표 언어와 문화 교육에서 활용할 자료는 한국어를 통한 소통의 양상을 잘 반영하고 한국에 대한 이해를 넓혀 나갈 수 있는 자료여야 하며 문학이나 비언어적인 대중매체와 같은 자료는 이러한 면에서 제한적일 수 있다.[7] 학습자들의 문화 이해와 언어 능력을 넓힐 수 있는

---

7 Haptay(2017:25)

언어적 자료로서 신어를 활용할 수 있을 것인데, 신어의 교육을 통해 한국의 사회 정치, 경제 등 한국 문화의 다양한 양상을 살펴볼 수 있으며, 어휘와 문화를 동시에 익힘으로써 한국어 학습에 흥미를 불러일으킬 수 있기 때문이다.[8]

신어는 '이미 있었거나 새로 생겨난 사물 및 개념을 표현하기 위해 지어낸 말'인데, 이런 신어가 주로 생성되고 분포하는 의미 범주와 이에 포함되는 개개 신어의 의미적 특성을 살펴보면 당대의 사회상과 사회 구성원의 인식을 살펴볼 수 있다. 예를 들어 '금수저', '흙수저', '은수저', '동수저', '똥수저', '다이아수저' 등 소위 '수저 계급론'이라 일컬어지는 신어가 근래에 생산되어 언중에게 확산되었는데 '수저 계급론'은 집안 형편이나 부유한 정도를 수저의 재질과 비유하여 계급을 나누는 신어이다. 이들 어휘는 빈부 간의 격차가 심화되고 부의 대물림을 통해 세대를 걸쳐 이 격차가 심화되는 한국의 현 세태를 반영하고 있다. 그러므로 여기에서는 문화와 연계한 어휘 교수를 위해 신어가 주로 생성되는 분야와 신어가 주로 분포하는 의미 범주를 살피고, 그런 신어가 탄생하게 된 사회문화적 배경에 대해 짚어 본다.[9]

① 외모에 대한 높은 관심을 반영하는 신어

현대인의 외모와 패션에 대한 높은 관심이 신어에 반영되어 [+사

---

8 이래호(2011:160-161)

9 이현정(2020)에서는 〈네이버 오픈사전〉에 2003년부터 2018년까지 수록된 신어를 수집하여 〈한국어교육 어휘 내용 개발(4단계)〉에 기초하여 의미 범주별로 분류하고, 신어가 주로 생성된 의미 범주와 그 배경이 된 사회 문화적 맥락을 살펴봄으로써 어휘와 문화의 통합 교수에의 활용을 도모했다.

람]의 신어가 많이 생성되며, 사람의 외모, 패션, 미용 행위 등과 관련한 범주에 신어가 많이 분포한다. 신체 부위를 나타내는 신어로는 '쌩얼, 갑빠, 초콜릿복근' 등이 있으며, 용모와 관련된 신어는 '존예, 존잘, 졸귀, 얼굴천재, 만찢남, 세젤예, 과즙미, 꽃미모' 등이 있다. 의복 착용 상태를 나타내는 신어도 많은데 '공항패션, 하의실종, 깔맞춤, 데일리룩, 출근룩, 하객패션' 등이 그러하다. 미용 행위와 관련한 신어도 외모에 대한 높은 관심을 반영한다고 할 수 있는데 '쌍수, 젤네일, 쁘띠성형, 뿌염' 등을 예로 들 수 있다. 이와 같은 신어에는 외모를 중요하게 생각하는 한국인의 성향과 외모 및 패션에 대한 타인의 평가에 민감하게 반응하는 요즘의 세태가 반영되어 있다.

② 전통적 결혼관의 변화

이혼하지 않은 부부가 서로 간섭하지 않고 독립적으로 살아가는 일을 의미하는 '졸혼'과 결혼하지 않는 것을 의미하는 '비혼', 그리고 기간을 정해 두고 부부가 각자 떨어져 지내며 결혼 생활을 쉬어 감을 뜻하는 '휴혼'과 같은 신어의 등장은 전통적인 결혼관이 현대 사회에서 약화되고 있음을 보여준다. 한편, 결혼 비용의 과다한 지출로 '웨딩푸어'라는 말이 생길 정도였는데 최근에는 불필요한 절차를 생략하고 합리적인 비용으로 치르는 결혼식을 의미하는 '스몰웨딩', '셀프웨딩', '스마트웨딩'이 유행처럼 번지기도 하였다.

③ 1인 가구의 증가

전통적인 다인 가구에서 핵가족으로의 변화, 개인주의의 확산으로 1인 가구가 크게 증가하게 되었다. 그리고 이런 1인 가구의 증가가 불러온 생활상의 변화는 '혼술', '혼밥', '혼술러', '혼밥러', '혼밥족'을 통해서 포착된다. 나아가 홀로 여가를 즐기는 문화를 반영하는 신어들도 찾아볼 수 있다. 혼자서 코인노래방에 가는 것을 뜻하는 '혼코노', 혼자하는 공부나 혼자 공연을 보는 것을 말하는 '혼공', 혼자서 하는 여행을 일컫는 '혼여', 혼자서 영화를 보는 일을 뜻하는 '혼영' 등이 그 예다. 그리고 이런 사회의 변화는 '1인 가구 경제'를 일컫는 '솔로이코노미', '일코노미'라는 말을 탄생시켰다.

④ 삶에 대한 가치관의 변화

작지만 확실한 행복을 의미하는 '소확행'은 사회적 성공이나 경제적 풍요도 중요하지만 생활 속에서 여가 및 취미 활동 등을 통해 얻는 소소하지만 확실한 행복에 무게를 두는 언중의 가치관을 담겨 있다. 그리고 일과 개인의 삶 사이의 균형에도 무게를 두는 '워라밸'과 현재의 행복을 중요하게 여기며 생활하는 사람을 뜻하는 '욜로족' 역시 같은 맥락에서 해석할 수 있다.

⑤ 여가와 취미 활동을 중시하는 문화

여가와 관련한 신어가 역시 많이 생겨났다. '캠핑족', 글램핑' 등의 신어를 대표적으로 꼽을 수 있다. 2000년대 주5일 근무제의 정착과 함께 '웰빙'이 트렌드가 되면서 캠핑 문화가 발전하게 되었고 '캠핑족'이 증가하였으며 다양한 형태의 캠핑 문화가 생겨난 것으로 보인다. 그리고 '쉼'과 '휴식'을 중시하는 언중의 가치관은 '스테이케이션', '홈캉스', '호캉스', '몰캉스', '북캉스' 등의 신어를 통해서도 드러난다.

취미와 오락 활동을 중시 세태는 '덕후' 관련 신어에서 그 일면을 찾아볼 수 있다. '오덕후'는 본래 일본어 '오타쿠'를 한국어식으로 발음하여 표기한 말로서, 특정 분야에 지나치게 집착하는 광적인 팬이나 마니아를 가리키는 부정적인 의미가 있었다. 그러나 요즘 시대의 '덕후 문화'는 특정 분야에 집중하거나 전문적인 지식을 지닌 사람들에 의하여 생산되고 향유하는 문화로서, 취미 및 오락 활동의 하나로 자리 잡았다. 'X덕후'나 'X덕'신어를 통해 다양한 분야에서 취미 및 오락의 형태로 정착한 덕후 문화를 확인할 수 있다.

⑥ 경기 불황과 취업난, 사회 양극화

'취업절벽', '고용절벽', '매출절벽', '일자리절벽', '재정절벽', '임용절벽', '경기절벽', '창업절벽', '임금절벽' 등, 급격하게 줄어드는 현상을 '절벽'에 빗대어 이르는 'X절벽' 신어에 경기의 불황과 그 속에서 사람들이 겪고 있는 어려움이 드러난다. 또 여러 가지 이유로 경제적 궁핍을 겪는 사람들을 일컫는 'X푸어'의 신어도 마찬가지다. 경기 침체로 인해 젊은 세대가 겪고 있는 취업난 문제가 투영된 신어가 높은 비중을 차지하는 것으로 나타났다. 경기 침체, 정년 연장, 임금 인상 따위로 인하여 취업에 어려움을 겪는 현상인 '취업절벽', 이십 대의 태반이 백수라는 뜻의 '이태백', 청년 구직자를 고용하면서 열정을 빌미로 임금을 제대로 지급하지 않는다는 '열정페이', 그리고 취직에 실패하여 취직 대신에 시집가는 것을 통해 경제적 안정을 꾀한다는 '취집'이 그러하다. 그리고 취업난에 시달리며 취업을 위해 각종 고시에 매달리는 젊은 층을 가리키는 '취준생', 연애와 결혼, 출산을 포기한 세대를 가리키는 '삼포세대'에는 젊은 세대들이 겪고 있는 빠듯한 현실이 반영되어 있다. 그리고 '삼포세대'가 2011년에 처음 등장 데 이어 '오포세대', '칠포세대', '구포세대', 'N포세대'라는 말이 줄이어 생겨난 것은 연애, 결혼, 취업, 희망 등, 많은 것을 포기할 만큼 녹록지 않은 현실 때문이라고 할 수 있다. 그리고 지옥을 의미하는 '헬(hell)'과 신분제 사회였던 '조선'을 결합하여 만든 '헬조선'은 열심히 노력해도 살기가 어려운 한국 사회를 자조 섞인 목소리로 일컫는 말이다. 집안 형편이 넉넉하지 않아 부모로부터 경제적 도움을 받지 못하는 사람들을 비유적으로 이르는 말인 '흙수저'와 부유한 가정에서 태어나 좋은 환경을 누리는 사람을 이르는 '금수저'에도 청년들이 처해 있는 사회·경제적인 어려움과 현대 사회의 양극화가 반영되어 있다. '갑질'은 상대적으로 우위에 있는 자가 자신의 지위를 이용해 상대방에게 오만무례하게 행동하거나 이래라저래라 하며 제멋대로 구는 짓으로 근래에 심각한 사회적 문제로 대두되었다.

이처럼 언어와 문화는 떼려야 뗄 수 없는 불가분의 관계에 있고 한 사회의 언어에는 그 사회상과 문화, 그리고 사회 구성원의 의식이 담겨 있다. 특히 새로운 문물과 시대적 흐름을 민감하게 반영하는 신어를 교육할 때는 신어가 투영하고 있는 사회문화적 배경에 대한 교육이 병행함으로써 학습자의 흥미를 불러일으키고 한국어 어휘 교육과 한국 문화 교육의 효과를 거둘 수 있다.

4.2. 생성 방식에 따른 신어의 유형

신어란 이미 있었거나 새로 생겨난 사물 및 개념을 표현하기 위해 지어낸 말'인데, '① 기존의 언어재를 새롭게 조합하거나 기존어의 일부를 줄여서 만든 말, ② 기존어에 새로운 의미를 부여해서 만든 말,

〈표 10〉 신어의 생성 방식

신어의 범위		신어의 생성 방식
① 기존의 언어재를 조합하거나 기존어의 일부를 줄여서 만든 말	⇒	① 신조어의 생성
② 기존어에 새로운 의미를 부여해서 만든 말	⇒	② 기존어의 의미 변용
③ 새롭게 창조된 말	⇒	③ 신생어의 창조
④ 외국어로부터 차용한 말	⇒	④ 외국어의 차용

③ 새롭게 창조된 말, ④ 외국어로부터 차용한 말'을 모두 포함한다.[10]

'신조어의 생성'은 기존의 언어재를 조합하거나 종래에 사용해 오던 기존어를 줄여서 만든 말, 즉 신조어를 생성하는 방식이며, '기존어의 의미 변용'은 기존어 의미의 확대, 축소, 전이를 통해 신어를 만드는 방식이다. 전자는 형식적으로 새로운 말을 만드는 것이고, 후자는 의미적으로 새로운 말을 만드는 방식이다. '신생어의 창조'는 고유어 어근을 새롭게 만드는 방식을 가리키며, '외국어의 차용'은 외국어를 음차하여 빌려오는 방식이다. 즉 기존의 언어재를 조합하거나 기존어를 줄여서 만든 말, 기존어에 새로운 의미를 부여해서 만든 말, 새롭게 창조된 말, 외국어로부터 차용한 말을 생성하는 방식에 각각 대응된다.

신어의 생성 방식 중에서 '신조어의 생성'은 다시 '형식적 증가에 의한 생성'과 '형식적 감소에 의한 생성'으로 나뉜다. 형식적 증가에 의한 생성 방식에는 '파생'과 '합성'이 있다. '파생'은 어근과 접사의 결합이고, '합성'은 어근끼리의 결합으로 이루어진다. 형식적 감소에 의한 생성은 형식 삭감의 과정이 수반된다. '혼성'은 혼성에 참여하는

10 이현정(2021:31-32)

기저 단어(source word)의 일부 혹은 전부가 삭감된 채 결합하는 것이다. '절단'은 단어의 앞, 뒤, 혹은 가운데를 잘라내는 것이고, '음절 조합'은 단어나 구, 문장에서 어두음절이나 어말음절을 선택적으로 조합해 만드는 방식이다. 혼성, 절단, 음절 조합이 수반하는 형식적 감소의 과정을 '삭감'이라 할 수 있는데, 단어의 앞, 뒤, 혹은 가운데를 잘라내는 '절단'과 일부 음절을 생략하고 어두음절이나 어말음절을 조합하는 '음절 조합'을 아우르는 상위의 개념이 된다.

신어의 생성 방식과 그에 따른 신어의 예시를 보이면 다음과 같다.

(6) 신어의 생성 방식과 신어 예시
    ㄱ. 신조어의 생성
        (1) 파생 (예: 고-퀄리티, 역대-급)
        (2) 합성 (예: 곰손, 핵이득)
        (3) 삭감 (예: 냥이(고양이), 베프(←best friend))
    ㄴ. 기존어의 의미 변용 (예: 단호박, 대륙, 사이다)
    ㄷ. 신생어의 창조 (예: 뽷, 파오후, 쿰척쿰척, 호롤롤로)
    ㄹ. 외래어의 차용 (예: 브렉시트, 츤데레)

5. 문화 어휘 연구에서의 코퍼스의 활용

한국어교육을 위한 문화 어휘를 선정하고 등급화한 그간의 연구는 기초 자료를 구축하기 위하여 앞선 연구의 문화 어휘 목록을 메타 분석하거나, 한국어 교재에 출현한 문화 어휘를 수집하고 분석하는 방법을 택하였다. 그러나 대규모 코퍼스에 수록된 고유명사, 호칭어, 신어 등의 문화 어휘 목록을 추출하여 빈도를 조사하고 용례를 분석함으로써 고유 의미를 나타내는 고유명사와 비유적 의미를 가져 보통명사처럼 사용된 고유명사의 목록을 마련하고 체계화하여 어휘와 문화의 통합 교수를 도모할 필요가 있다. 이와 더불어 방대한 규모의 표제어를 수록하고 있는 웹사전을 통해서 한국어교육용 문화 어휘 선정을 위한 기초 자료를 구축하는 방법도 고려해 볼 만하다.

① 기존 연구 및 보고서에서 선정한 문화 어휘 메타 분석

문화 어휘 연구를 위한 기초 자료 구축의 첫 번째 방법은 기존의 연구나 보고서에서 일련의 절차와 방법에 따라 선정된 문화 어휘 목록을 수집하는 것이다. 이렇게 수집된 문화 어휘 자료는 빈도, 중복도 등의 객관적 지표와 한국어교육 전문가의 평정 등을 통해 마련되어 교육적 유용성이 큰 목록이라 추정할 수 있다. 그러나 기존 연구에서 선정한 문화 어휘를 메타 분석할 경우 제한적인 어휘가 반복적으로 수집될 가능성이 높고, 기존 어휘 목록에서 누락된 어휘를 포착하거나 최근의 사회상을 반영한 최신의 문화 어휘를 포함하기 어려운 한계가 있다.

② 한국어 교재에 출현한 문화 어휘 목록

두 번째 방법은 여러 기관의 한국어 교재에 출현한 문화 어휘를 한데 모아 기초 사료로 삼는 것이다. 한국어 교재는 현장에서의 교육 경험이 풍부한 한국어 교사들이 만들었기 때문에 교육 현장에서 필요로 하거나 중요도가 크다고 생각되는 문화 어휘, 학습자들의 요구가 큰 문화 어휘가 포함되었다고 볼 수 있다. 실제로 한국어 교재에 수록

된 문화 어휘를 분석한 결과 '세종, 한글, 이순신, 한반도, 팔만대장경, 하회마을, 아리랑' 등 한국의 문화와 역사를 이해하는 데 중요한 역할을 하는 어휘뿐 아니라, '홍대, 이태원, 신촌, 강남역, 압구정동, 청계천, 교보문고' 등의 지명과 장소명이 꽤 높은 빈도로 등장하였다. 이는 한국어 학습자의 큰 비중을 차지하는 젊은 연령대가 자주 찾는 장소나 지역의 이름으로 이런 어휘가 한국어 교재에 빈출하는 것은 한국어 학습자들의 요구와 흥미가 반영된 결과라고 보인다.

그러나 한국어 교재에 수록된 어휘만을 대상으로 문화 어휘를 수집할 경우, 교재에는 출현하지 않으나 실제 언어생활에서 자주 쓰이는 문화 어휘가 누락될 가능성을 배제할 수 없다. 특히 한국어 교재는 기존어에 비해 안정적이지 않은 신어를 수록하는 데 보수적인 면이 있고 교재에 등장하는 대화 상황이나 인물이 제한적이어서 다양한 상황 맥락에 따른 호칭어의 사용 방식을 모두 제시하기도 어렵다. 또, 고유명사를 적극적으로 싣고 있지도 않은 편이어서 한국어 교재로 구축한 코퍼스에서 모어 화자가 자주 사용하는 문화 어휘를 두루 수집하는 것은 한계가 있을 수 있다.

③ 대규모 웹사전의 표제어 목록

기존 연구의 문화 어휘를 메타 분석하거나 교재 분석을 통해 문화 어휘를 수집하는 방법 이외에 방대한 양의 표제어를 수록하고 있는 개방형 사전을 문화 어휘 선정의 기초 자료로 삼을 수 있다. 〈우리말샘〉은 약 116만이라는 방대한 규모의 표제어를 수록하고 있고 한국어 화자가 사용하는 어휘를 누구나 등록하고 수정할 수 있는 개방형 사전인 만큼, 언중에게 자주 언급되는 문화 어휘, 특히 한국인의 행동 양식 및 생활문화와 관련된 문화 어휘가 대부분 포함되었을 것으로 볼 수 있다. 또한, '갑질, 꿀팁, 가성비, 인증샷'처럼 비교적 근래에 생산되어 언중에게 확산된 어휘도 수록하고 있어 시의성이 매우 높은 자료라고 할 수 있다. 이외에 〈한국어 기초사전〉도 한국어교육용 문화 어휘 수집을 위한 기초 자료의 하나로 고려할 수 있다. 〈한국어 기초사전〉은 국내 최초의 한국어 학습자용 웹사전으로서 약 5만의 표제어를 싣고 있어 한국어 교재나 여타의 한국어 어휘 목록에 비해 교수·학습의 우선순위가 높은 문화 어휘를 광범위하게 수집할 수 있는 장점이 있다. 따라서 〈우리말샘〉과 〈한국어 기초사전〉의 표제어에서 문화 어휘를 수집하여 마련된 목록에 기존의 연구와 한국어 교재에서 수집된 목록을 보완적으로 적용함으로써 한국어교육을 위한 문화 어휘를 마련할 수 있을 것이다.

④ 코퍼스에 수록된 문화 어휘 목록

대규모 코퍼스에서 고유명사, 호칭어, 신어 등의 문화 어휘를 추출하고 빈도를 조사하여 교육적 가치가 높은 문화 어휘 목록을 선정하고 체계화하여 한국어 어휘와 문화의 통합 교수에 활용할 수 있다. 그러나 이를 위해서는 기계적인 빈도 조사에서 벗어나 코퍼스의 용례 분석을 통해 일상생활에서 자주 사용되는 고유명사와 비유적 의미를 획득하여 보통명사처럼 사용되는 고유명사를 선별하여 제시해야 할 것이며, 용례 분석을 통해 의미 빈도를 산출해 내야 할 것이다. 코퍼스를 활용한 호칭어 연구를 위해서는 다양한 상황 맥락이 반영된 대규모의 구어 코퍼스 구축이 선행되어야 할 것이며, 문화 교육의 가치가 높은 신어를 선정하기 위해서는 코퍼스의 시의성이 담보되어야 할 것이다.

이와 같은 기초 자료를 통해서 문화 어휘를 선정하고 범주별로 분류하여 언어와 문화교육에 체계적으로 반영할 필요가 있다. 강현화(2002)에서는 학습자 사전에 수록될 문화 어휘 선정 기준을 첫째, 학습자의 학습 목표와 연계된 것, 둘째, 전통문화 못지않게 현대 문화를 반영하는 어휘 선정, 셋째, 의사소통과 현실적으로 밀착된 일상문화, 넷째, 다른 나라에는 대당 표현이나 대당 지시물을 찾기 어려운 우리 문화 독창적인 것이라고 제시했다. 이와 같은 한국어교육적 기준을 고려하여 선정된 문화 어휘를 언어 교육과정 내에 문화 교수 요목에 적절하고 조직적으로 반영함으로써 한국어 학습자의 한국 문화에 대한 이해와 한국어 의사소통 능력이 신장을 도모할 수 있다.

■ 6장 ■

어종별 어휘 연구의 쟁점

1. 한국어 어종의 구성 및 특징

한국어의 어휘는 어원에 따라 크게 고유어, 한자어, 외래어로 분류된다. 각 어휘들은 한국어 내에서 공존하면서 각자의 고유한 역할을 담당하고 있으며 서로 유의 관계를 형성하며 경쟁 관계를 보이기도 한다. 그리고 하나의 어종으로 구성된 단일 어종 어휘보다 두 개 이상의 어종으로 구성되어 혼종어를 이루어 사용되는 경우도 많다. 여기에서는 먼저 각 어종의 구성과 특징에 대해 살펴보고, 한국어교육에서 어종별 어휘와 관련하여 나타나는 쟁점에 대해 고찰해 보고자 한다.

고유어는 순우리말로 한국 생활의 기본 어휘들은 대부분 고유어로 이루어져 있다고 할 수 있다. 또한 문법 어휘도 대부분 고유어로 이루어져 있다는 특징이 있다. 오랫동안 한국인과 함께해 온 만큼 고유어에는 한국의 역사, 문화 그리고 한국인의 정신세계도 더욱 잘 반영되어 있다고 할 수 있다.

한자어는 중국의 한자에서 기원한 것으로 이전에는 한자와 한글이 병용되기도 하였으나 오늘날에는 소수의 표현을 제외하고 주로 한글로 표기되는 경우가 대다수이다. 한자어에는 중국어에서 기원한 것뿐만 아니라 일본어에서 차용된 것, 또는 한국어에서 자생적으로 만들어진 것들도 있다.

외래어는 차용어라고도 불리는데 역사의 어느 시기에 다른 나라의 어휘가 한국어로 들어와 사용되고 있는 것들이다. 이 중에는 한국어에 완전히 동화되어 외국의 언어에서 유래했다는 느낌을 전혀 주지 않는 단어들부터 언중들이 외국의 어원을 분명하게 인식하고 있는 경우까지 다양한 범위에 걸친 외래어가 있다. 외래어 차용어들은 몽골계, 범어계처럼 이른 시기에 들어와 우리말의 음으로 읽히게 된 것들과 상대적으로 늦게 서구에서 들어온 프랑스, 러시아, 일본어, 영어계 외래어가 있다(강현화, 2021:143). 최근에는 영어계 외래어가 우세한 유입을 보이고 있으며 한국어 외래어의 주된 축을 형성하고 있다.

이처럼 근래에는 영어계 외래어의 유입으로 인한 차용이 두드러지게 나타난다고 하면 역사적으로 아주 오랜 기간 동안 지속된 한자어의 유입은 고유어와의 경쟁 구도를 형성하였고, 그 결과로 어종 간의 의미 영역 차이, 사용역이나 어감의 차이를 갖는 것 등으로 분화하게 되었다.

예를 들어 고유어가 일상적이고 기본적인 장면에서의 어휘를 담당한다고 하면 한자어는 전문적이고 특수한 영역에서 더 구체적인 의미를 가지는 어휘의 역할을 맡게 되었다. 고유어가 넓은 의미 영역을 포괄하며 다의어의 성격을 가지는 반면 구체적이고 특수한 의미를 가지는 한자어 음절의 조합으로 이루어진 한자어 단어는, 대응하는 고유어의 하위 의미나 일부 의미 영역을 차지하는 경우가 많다.

전문적이고 학술적인 영역에서 우세한 한자어는 고유어에 비해 식자적이고 세련된 어감을 주는 것으로 인식되어 왔다. 그러나 이러한 우아함이나 세련미를 추구하는 의도에서 근래에는 특히 영어를 근간으로 하는 서구계 외래어 사용이 더 눈에 띄는 추세이다. 다시 말해 과거에는 한자어가 했던 역할을 이제는 외래어가 대체하고 있으며 이에 따라 어종 간 경쟁 구도가 변화하는 모습을 보이고 있다. 다음으로는 한국어교육에서 각 어종이 가지는 의의와 쟁점에 대해 알아봄으로써 한국어 어휘 학습에 시사하는 바를 살펴보고자 한다.

2. 고유어 연구의 쟁점

먼저 한국어교육 분야의 연구에서 고유어에 관련한 특징을 살펴본다면, 고유어 어종 자체에 초점을 맞추는 연구가 많이 없다는 것이 특징이라고 볼 수 있을 정도로 고유어 관련 연구가 다른 어종에 비해 많지 않은 실정이다. 고유어 어종은 다른 주제의 연구 안에서 분석 결과의 일부로 나타나거나 몇 가지 고유어 어휘에 한정되어 연구가 이루어져 온 경향이 있다.[1] 그만큼 고유어는 소홀이 여겨지고 한국어교육에서 우선순위가 밀려나 있다는 방증이 될 수 있다. 이러한 이유를 포함하여 한국어교육 분야에서 고유어와 관련한 쟁점에 대해 살펴보도록 하겠다.

---

1 강현화(2011)는 1980년대부터 2010년까지 발표된 한국어 어휘 교육과 관련된 학술지와 학위논문 총 544편을 분석하였는데, 한자어의 연구가 무려 81편으로 다른 영역을 앞세워 1위를 차지하였다. 외래어에 관한 연구는 총 17편이 있었으며, 고유어 위주의 연구는 없었다(폴리롱, 2014:410).

2.1. 고유어 학습에 대한 비경제성 의식

한자어의 경우는 높은 조어력 및 고급 수준으로 올라갈수록 많아지는 어휘량으로 인해 교수 학습의 중요성이 높이 인식되어 왔다. 반면 고유어는 한자어에 비해 관심을 덜 받고 있는 실정인데 이러한 이유 중 하나로 고유어의 교수나 학습이 한자어에 비해 비경제적이라는 의식이 퍼져있는 것을 들 수 있다. 또한 고유어는 주로 일상생활에서 쓰이기 때문에 수준이 낮으며 비전문적인 어휘로, 한자어는 수준이 높으며 전문적인 어휘로 보는 견해도 없지 않다. 고유어 연구가 관심을 받지 못하는 이유를 홍윤기·서희정(2010:352)은 고유어가 조어력, 음절 수, 의미의 분화력 등의 측면에서 한자어보다 불리하다는 점, 한자권 학습자가 모어 한자어와 한국어 한자어의 형태 및 발음 차이로 인해 오류를 유발한다는 점, 학습 단계가 높아지면서 어휘량이 증가함에 따라 한자어의 비중이 커진다는 점에서 연유한 것으로 보았다.

그렇다면 실제로 교수에서 고유어의 우선순위를 낮게 보아도 될까? 다시 말해 고유어의 교육이 한자어에 비해 덜 이루어져도 되는 것일까?

이에 대해 먼저 한국어에서 한자어의 비중이 높기 때문에 한자어가 교수나 학습에 더 중요성이 높다는 주장에 대해 생각해 볼 필요가 있다. 여기에서 '비중'이라 함은 한국어에서 차지하는 양을 기준을 할 텐데 한자어가 한국어의 70%를 차지한다는 것은 잘 알려진 사실이다. 그러나 우리말에서 한자어가 70%라는 인식은 특정 국어대사전의 올림말의 단순 비율에 의한 것이므로 이것이 우리말 전체의 비율로 소통되는 것은 바람직하지 않다고 지적된다(최운선, 2012). 강현화(2021:141)에서도 사전의 어휘 목록상으로는 한자어의 비중이 높다고 할 수 있지만,

고유어는 개별 단어의 사용 빈도가 매우 높아 언어생활에 차지하는 비중이 매우 높다고 설명하였다. 그리고 상대적으로 한자어는 저빈도어의 비중이 높다고 지적하였다.

또한 안의정(2016)은 코퍼스 분석을 통해 문·구어에서의 고유어의 높은 사용률을 확인하였는데 문어 코퍼스와 구어 코퍼스에서 '고유어〉한자어〉혼종어〉외래어'의 순위 분포를 확인하였다. 문어에서는 고유어가 47.7%가, 구어에서는 70.8%가 사용되어 구어에서 고유어가 더 많이 쓰이며, 구어에서의 수치는 다른 어종의 2.3배 정도가 됨을 알 수 있었다고 밝혔다. 따라서 '비중'을 해석함에 있어서 단순히 수치상의 접근으로 특정 어휘종의 상대적 중요성을 판단하는 것은 무리가 있다는 것을 알 수 있다. 이러한 위험성을 지적하는 연구에서는, "고유어와 한자어의 비율은 맥락에 따라 다른 것이므로 그런 비율을 배타적으로 인식하지 말고 각각의 실체를 인정하고 그에 따른 언어 생활이나 어휘 교육이 이루어져야 한다(최운선, 2012)"고 주장하였고, 이선웅 외(2022:55)에서는 한국어교육용 기본 어휘와 기초 어휘는 고유어의 비중이 높고 최근에는 구어를 중심으로 외래어나 혼종어도 사전 등재어 이상으로 많이 쓰이고 있다며 한국어 교수·학습에서 어떤 어종의 어휘에 치중하는 일은 바람직하지 않다고 지적하였다. 강현화(2021)는 일상생활에서 외국인 화자들이 부딪히는 고유어의 비중이 높으므로 고유어는 학습자들에게 중요한 어휘군이라고 강조하였다.

한편 고유어가 한자어 대비 조어력이나 생산성이 낮아 학습 중요도가 떨어진다는 인식도 짚어볼 필요가 있다. 한자어는 조어력 측면에서의 강점을 보이는 어종임이 분명하다. 그러나 최근의 연구에서 보면 고유어의 조어력에 주목하는 연구들을 찾아볼 수 있다. 특히 신어에서 고유어가 사용되는 양상에 주목하는 연구가 많다.

이현정(2023)은 신어의 어종 구성을 살펴보면서 혼종어의 비중이 가장 높은데 그 중 고유어와 한자어 조합의 비중이 늘었다는 점에 주목하였다. 즉, 혼종어의 조어 성분으로 고유어가 증가한 것을 제시하였다. 양적 증가 외에도 조어 성분의 결합 형태와 고유어 신어의 결합형식을 살펴본 결과, 고유어의 조어력이 약하지 않다는 것을 알 수 있었다고 밝혔다. 이선영(2021)은 신어에 나타나는 구의 단어화에 대하여 기존의 단어들은 한자어가 대부분인 반면 최근 생성되는 단어들은 '내로남불, 아아'처럼 고유어나 외래어인 점이 특이하다고 지적하였다. 문금현(2019)은 일반적인 신어는 한자어나 외래어가 많은 편이나 극한 표현 신어는 고유어가 많은 것이 특징적이라고 설명하였다.

이와 같은 연구 결과를 통해 살펴볼 때 단순히 고유어가 비경제적이고 덜 생산적이라고 결론내리기보다는, 어떠한 영역에서 그러한 특성을 보이는지 그 사용역을 구분해야 할 필요성이 있다고 보는 것이 적합할 것이다. 다시 말해 한자어는 조어력이 높고 고유어는 조어력이 낮다는 이분법적 시각에서 벗어나 특정 장르나 영역에서 드러나는 각 어종의 특징을 이해하고 학습자들이 장면에 적합한 어종의 어휘를 잘 사용할 수 있는 능력에 초점을 맞출 수 있도록 관심을 기울여야 하겠다.

2.2. 고유어 학습의 체감 난이도

한국어 모국어 화자들이 자연스럽게 편하게 고유어를 습득하고 사용하는 반면 한국어 학습자들은 그렇지 못한 것으로 알려져 있다. 즉 한국어 학습자들은 고유어의 학습을 어려워하는 경우가 많다고 알려져 있는데 특히 한자어권 학습자들이 그러한 어려움을 겪는 것으로 알려져 있다. 최경봉·이향화(2005)에서는 중국인 학습자는 고유어를 단순히 암기할 수밖에 없어서 구체적인 문맥에서의 고유어 사용은 흔히 오류를 범하게 된다고 지적하였다. 이영희(2008:43-44)에서는 한자권 학습자의 약 80%가 고유어를 학습하기 어려운 어휘로 꼽았고, 폴리롱(2014)의 연구에서도 광둥어를 모어로 하는 학습자들이 고유어를 가장 어려운 어종으로 인식하였다고 밝혔다. 이러한 이유에 대해 고유어는 한자어에 비해 한자어권 학습자들이 공통적으로 인식할 수 있는 요소가 없기 때문에 학습의 용이함이 떨어진다고 추측할 수 있으며 실제로 폴리롱(2014)에서도 고유어의 경우는 학습자의 선행 학습 언어와 가장 먼 어종 거리에 있기 때문에 학습에 어려움이 있다고 밝혔다.

그러나 학습자의 모국어가 한자어권이 아닌 경우에도 이러한 어려움은 비슷하게 인지될 가능성이 있다고 추측해 볼 수 있다. '학교'나 '학생' 처럼 뜻을 가진 음절 단위로 구성된 한자어에 비해 '며느리, 부드럽다' 처럼 음절 하나하나가 뜻을 가지고 있지 않은, 여러 음절이 하나의 의미를 구성하는 경우가 많은 고유어의 경우는 학습자들이 학습의 부담을 더 느끼거나 여러 음절을 출력하는 과정에서 형태적인 오류를 만들어낼 가능성이 높아질 수 있기 때문이다. 다시 말해 조어력이나 조어 기제의 측면에서 한자어는 표의문자의 특성상 하나의 한자어가 가지는 의미를 기억하면 쉽게 단어를 확장할 수 있다는 특징을 보이지만 고유어는 그러하지 않은 경우가 많다. 즉 고유어는 하나의 음절이 하나의 의미를 가지지 않는 경우가 많아 확장이나 생산성 면에서 불리하다고 여겨지며 이것이 학습에서의 어려움으로 이어질 수 있는 것이다.

활용의 측면에서도 그러한데, 한자어는 많은 경우 '공부', '공부하다', '청소', '청소하다'처럼 파생하여 '-하다'의 구성으로 나타나는 경향을 보인다는 특성이 있다. 따라서 고유어보다 상대적으로 덜 복잡하고 직접적인 활용을 보인다고 할 수 있다.

학습자들이 생산해 내는 오류를 통해 고유어 학습과 관련한 어려움을 추측해 볼 수 있는데 중국어권 학습자들을 대상으로 하는 선행연구에서는 고유어를 회피하는 경우와 고유어를 과잉으로 사용해서 만드는 오류가 모두 제시되었다. 최경봉·이향화(2005)는 중국인 학습자의 중국어의 간섭에 의한 오류를 설명하면서 학습자들이 적절한 고유어를 몰라서 한자 어휘로 대치하는 오류를 설명하였다. 특히 고유어 하나에 둘 이상의 한자어가 대응하는 경우 고유어의 의미에 대응되는 한자어를 잘못 선택하거나 고유어가 쓰여야 하는 자리에 한자어를 쓰는 식의 오류가 나타난다고 설명하였다. 그리고 품사별로 보았을 때 체언 중에는 추상 명사와 서수사, 수식언 중에는 성상 관형사와 관련된 고유어의 오류율이 가장 크다고 분석하였다.

반대로 학습자들이 고유어를 과도하게 사용하는 오류를 지적한 연구가 있는데 강미함(2011)에서는 중급 수준의 중국인 학습자들의 오류에 대해 설명하며 이들이 고유어와 한자어를 사용할 수 있는 경우에 고유어를 선호하는 비율이 더 높다고 밝혔다. 그 이유에 대해 이들이 일상생활 한국어에서 고유어가 더 많이 사용된다고 알고 있고 중국어의 간섭을 피하기 위해 고유어를 과하게 사용하려고 하는데 이로 인해 오류를 생산하게 된다고 설명하였다. 두 연구는 고유어의 사용에 대해 상반된 결과를 보이지만 중요한 것은 학습자들이 생산해 내는 오류가 한자어와 관련이 있다는 점일 것이다. 고유어의 학습은 필연적으로 한자어와 높은 연관을 가지는데 그 이유는 고유어와 한자어가 이루는 유의 관계 때문이라고 할 수 있다. 고유어와 한자어가 유의 관계를 이루는 경우 학습자들이 이들 간의 의미 차이를 변별하지 못하여 오류를 발생시키는 경우가 많은 것이다.

한편 이영희(2008)의 연구에서는 학습의 어려움뿐만 아니라 교수의 어려움도 지적하였는데 한국어 교사들은 어종별로 가르치기 어려운 순서에 대해 고유어를 1위로 꼽았다고 하였다. 이 부분도 위에서 언급한 학습자들의 어려움과 연계하여 추측해볼 수 있으나 구체적으로 어떤 면에서 어려운지에 대해서는 연구가 더 필요해 보인다. 또한 고유어 학습의 어려움에 대한 연구가 한자어권 이외의 다른 언어권의 학습자들을 대상으로 하여서는 거의 이루어지지 않았다. 따라서 이들이 느끼는 어려움은 구체적으로 어떤 것인지, 또 이들이 생산하는 오류가 한자어권 학습자들과 어떻게 비슷하고 다른지 등 다각도의 심층적 연구가 더 필요해 보인다.

2.3. 고유어를 통해 학습할 내용

여기에서는 고유어와 관련하여 학습되어야 하는 것들이 무엇인지에 대해 살펴보고자 한다. 그리고 이를 통해 고유어의 특성과 관련하여 고유어 학습을 통해 얻을 수 있는 효과를 생각해 볼 수 있다.

강현화(2021:141)에서는 고유어는 '감감하다 - 깜깜하다 - 캄캄하다'와 같이 자음 교체나 모음 교체 현상이 있고, '방긋, 싱글벙글, 허허'와 같이 의성어와 의태어를 통해 미묘한 감각적인 차이를 나타낼 수 있다고 설명하였다. 이렇듯 고유어에는 감각, 모습의 차이를 섬세하게 표현할 수 있는 어휘들이 많이 발달해 있는데 김문창(1995:13-14)은 '감성어·촉각어·색채어·미각어·의성어·의태어' 등 정서적 어휘가 풍부한 것을 고유어의 특성으로 꼽았다.

이러한 감각에 관련한 고유어의 특성을 미각의 영역에서 조사한 연구가 있다. 권우진(2022)은 식감형용사를 연구하였는데 그 결과 고유어가 92%로 대부분을 차지하는 것으로 나타났다. 그 중 '따끈하다, 알싸하다, 쫄깃하다, 바삭하다, 고슬고슬하다, 꼬독꼬독하다, 흐물흐물하다' 등 '-하다' 결합형이 다수를 차지했다고 하였다. '-하다' 결합형이 아닌 어휘로는 '거칠다, 기름지다, 떫다, 무르다, 부드럽다, 묽다, 질기다' 등과 같은 표현을 제시하였다. 그리고 자음 교체와 모음 교체에 따른 음성적 상징을 나타내는 어휘가 두드러지는 특징으로 지적되었는데 '살강살강하다-살캉살캉하다', '거슬거슬하다-까슬까슬하다-꺼슬꺼슬하다'와 같은 자음 교체형과 '자분자분하다-저분저분하다', '파삭하다-퍼석하다-푸석하다'와 같은 모음 교체형이 모두 고르게 나타났다고 밝혔다. 그리고 두 어휘의 어간 일부가 한 음절 또는 두 음절씩 각각 떨어져 나와 생산적으로 만들어진 '말랑하다 + 살캉하다 → 말캉하다'와 같은 합성어와 '말캉말캉-하다', '눅진눅진-하다'와 같이 첩어 구성이 발견되었다고 하였는데, 이러한 첩어 구성은 고유어의 경우에서만 나타났다고 밝혔다.

고유어 색채어 형용사를 대상으로 연구한 최윤(2022)에서는 '누르다'가 모음이 교체되어 '노르다'로 사용되며, 이들에 접미사가 결합하여 '노랗다, 누렇다'로, 나아가 '노르댕댕하다, 누르뎅뎅하다, 노르(누르)스름하다, 누르죽죽하다, 누르튀튀하다, 노리(누리)끼리하다' 등의 표현이 사용되기도 하며, 접두사 '샛-, 싯-'이 결합한 '샛노랗다, 싯누렇다'도 사용된다고 설명하였다. 그리고 한국어 화자들은 이러한 색 표현을 상황에 맞게, 미묘한 의미의 차이를 이해하며 정확하게 사용한다고 밝혔다.

박혜진(2019)에서는 한국어 모어 화자들을 대상으로 하여 명명 과제를 수행하였는데 그 결과 비유적 표현, 소리나 모양을 흉내 낸 표현, 유희적 표현 등에서는 고유어가 주로 활용됨을 볼 수 있다고 지적하였다. 그리고 한자어나 외래어 표현이 간결한 개념 표현에 유리하다면, 반대로 고유어 표현만이 가질 수 있는 강점 또한 존재하기 때문에 이 지점을 교육에 활용할 것을 제안하였다. 그 예로 '비유나 상징을 활용하여 단어 만들기, 감각을 나타내는 다양한 우리말 어휘 활용하기'와 같은 활동을 제시하였다.

종합해 보면 한국어 모어 화자들은 고유어를 통해 생동감 있는 표현을 구사하고 미묘한 감각의 차이를 전달한다는 것을 알 수 있다. 이를 한국어교육에서 활용한다면 학습자들이 고유어를 활용하여 생동감 있고 풍부한 언어 표현 능력을 키울 수 있도록 도울 것이다.

한편 고유어를 학습하면서 중요하게 다루어져야 할 것은 바로 한자어나 외래어 등 다른 어종과의 변별 능력일 것이다. 앞서 지적하였듯이 학습자들은 특히 고유어와 한자어의 유의 관계로 인해 어려움을 겪는 것으로 나타났다. 김남정·권연진(2021)은 유의 관계를 이루는 고유어와 한자어의 어휘 쌍의 구분은 의미적 차이만으로는 설명되지 않는 경우가 다분하여 많은 한국어 학습자들은 이 둘의 차이를 인지하지 못한 채 한국인이라면 좀처럼 구사하지 않을 어색한 발화를 생산해 낸다고 지적하였다. 또한 한국어 교재 분석을 통해 고유어와 한자어의 유의어 교육과 관련한 학습 활동이 부족하며, 두 어휘가 사용되는 상황 맥락이 반영된 학습 활동이 결여되어 있음을 밝혔다. 따라서 교재에 어휘가 사용되는 사회·문화적 맥락 및 의사소통 방식을 제공하고 두 어종의 역할과 관계성에 대한 지식을 학습자들이 습득할 수 있도록 해야 한다고 설명하였다. 심지영(2023)에서는 유의어 사전의 기술 방식을 제안하며 고유어계 어휘와 한자어계 어휘 사이에 유의어가 많은 한국어의 특성상 학습자들이 혼동을 일으키는 경우가 많으므로 공통점과 차이점에 대한 적절한 정보를 제공하여 오류를 방지할 필요가 있음을 주장하였다.

고유어는 한국어 어휘 체계에서 중요한 역할을 맡고 있다. 고유어에는 일상생활 기초 어휘, 문법 어휘뿐만 아니라 생동감 있는 표현과 미묘한 감각의 차이를 설명할 수 있는 어휘가 두드러지게 포진하고 있다. 따라서 학습자들이 어휘의 풍요도를 높이고 의사소통의 효과를 더 누리기 위하여 고유어 학습은 필수적이라고 할 수 있다. 이 과정에서 학습자들이 고유어 어휘의 의미를 잘 이해하고 적재적소에 잘 사용하는 것뿐만 아니라 다른 어종과의 유의 관계가 형성될 때 오류 없이 사용할 수 있도록 중점을 두어야 할 것이다.

3. 한자어 연구의 쟁점

한자어는 다른 어종에 비해 연구의 많은 관심을 받아왔으며 특히 중국어권 학습자를 대상으로 한 연구가 많이 축적되었다. 여기에서는 한자어의 생산성에 대해 짚어보고, 한자어권 학습자들과 비한자어권 학습자들이 각각 한자어 학습에 관련하여 어떤 양상을 보이는지 살펴보고자 한다.

3.1. 한자어의 생산성

한자어는 한국어교육학 분야의 연구에서 많은 관심을 받아왔는데 이러한 점은 관련 연구가 많지 않은 고유어와 비교하였을 때 상당히 대조적이라고 할 수 있다. 이러한 이유에 대해 생각해보면 한자어가 가지는 생산성과 조어력, 그리고 한국어에서 차지하는 높은 비중으로 인해 교수·학습면에서의 효용성이 높게 인식되었기 때문이라는 것을 알 수 있다.

한자어의 생산성에 대해서 박덕유(2009:4)는 900개의 한자를 익히면 7만 개의 국어 어휘를 이해할 수 있어 한자어가 새로운 단어를 만드는 조어력이 뛰어남을 설명하였다. 최상진(2006:19)은 사람 '人' 자를 알면 '人間, 人生, 人物, 知人, 奇人' 등 무려 1,000여 개의 한자어를 익힐 수 있다고 설명하며 1,600자 정도의 한자를 알면 표준국어대사전의 약 25만 한자 어휘의 90%를 효과적으로 이해할 수 있다고 주장하였다.

또한 한자어가 한국어에서 차지하는 높은 비중은 잘 알려진 사실인데 연구에 따라 이 비중은 약 50~70% 정도로 나타난다. 실제로 표준국어대사전의 표제어를 대상으로 조사한 박석준(2023:405)의 연구에서는 2022년 5월 기준 전체 표제어 422,890개 중 한자어는 235,173개, 고유어는 75,520개로, 고유어 비중의 세 배가 넘는 55.6%를 한자어가 차지하고 있다고 밝혔다. 이렇게 한국어 어휘에서 한자어가 차지하는 비중이 급속도로 커진 이유에는 여러 요인이 작용하였겠으나 홍윤기·서희정(2010)은 한자어의 조어력, 음절 수, 의미의 분화력이 고유어에 비해 뛰어난 점을 들었다. 또한 한자어 체언의 경우에는 파생어와 합성어 생산의 폭이 크다는 점도 한자어의 비중이 커진 요인이 될 수 있다고 하였다.

한편 한자어의 분포는 학습 단계에 따라 차이를 보이는 것으로 나타났다. 이것은 어느 단계부터 한자어를 교수해야 하느냐의 문제와도 연관 지어 생각할 수 있다. 정진(2019)은 '국제 통용 한국어 표준 교육과정'의 각 등급별 어휘 수와 한자어 수, 전체 어휘 중 한자어의 비율을 확인하였는데 초급에서 중급, 고급으로 등급이 올라갈수록 학습할 어휘 수가 많아짐과 동시에 한자어의 수도 점점 증가하며 한자어의 비중 역시 초급에서 약 40%이던 것이 중급에서는 약 60%, 고급에서는 70% 이상으로 점차 증가한다고 밝혔다.

이렇듯 수치로 볼 때는 한국어 학습의 초급 단계에서는 아직은 고유어가 많은 것으로 드러난다. 초급 단계에서의 학습 목표와 내용에 따라 기초 어휘에 고유어가 많이 포진해 있기 때문으로 볼 수 있다. 중급에서 고급으로 상승할수록 한자어가 증가하는 것은 전문어나 특수어 등의 고급 어휘가 대부분 한자어로 이루어져 있기 때문이다.

그러나 실제로 초급 단계에서도 많은 한자어 어휘 학습이 필요한 것으로 나타났다. 박덕유·이박문·단채미(2019)에서는 TOPIK 초급 어휘 유형별 분포 현황을 통해 초급에서 고유어가 가장 많고, 그다음이 한자어로 39.37%를 차지하고 있다고 설명하였다. 그러나 복합 어종 구성의 경우, '한자어+고유어', '한자어+외래어' 등 한자어가 포함된 어휘가 전체의 44% 정도를 차지하고 있어 초급 어휘에서 한자어가 많은 편임을 알 수 있다고 지적하였다. 따라서 중고급 단계에서뿐만 아니라 초급 단계에서도 한자어 어휘 학습의 필요성이 요구된다고 해석할 수 있다.

이렇듯 한자어에 관련한 많은 연구에서는 한자어의 높은 비중과 생산성에 기인하여 한국어 어휘 학습에서 한자어가 차지하는 중요도를 높게 인식하고 있다. 그러나 여기에서 고려해야 할 점은, 한자어와 고유어의 비중 계산 등의 수치 해석에 있어 주의를 요한다는 점이다. 여러 연구에서는 한자어의 빈도 해석과 사용률에 관한 해석에 대해 지적한다. 즉 한자어의 비중이 높다는 것이 더 자주 쓰인다는 것을 의미하지 않는다는 것이다. 조남호(2002), 심재기 외(2011), 강현화(2021) 등에서는 한국어에서 차지하는 어휘 수나 사전의 어휘 목록상으로는 한자어의 비중이 높다고 할 수 있으나 한자어는 저빈도어에서의 비중이 높은 것이라고 지적하였다. 즉 더 높은 빈도로 사용되는 것은 고유어이고, 한자어는 저빈도어에서 차지하는 비율이 높다는 것이다. 따라서 단순 수치상으로 한자어가 더 중요하거나 교수 학습에서 우선순위가 있다고 해석하는 것은 무리가 있으며 상황에 따라 더 적합한 어종 및 어휘 사용에 대한 접근이 행해져야 할 것이다.

3.2. 한자어권 학습자들의 한자어 학습 난이도

한자어 학습에 관한 의견은 한국어 학습자가 한자어권에서 왔느냐 비한자어권에서 왔느냐에 따라 달라질 것이다. 특히 한자어권에서 온 학습자들은 한국어 학습에서 한자어 어휘의 학습을 용이하게 받아들이는 경향이 있다고 알려져 있다. 한재영(2003)에서는 한국과 중국 또는 한국과 일본 간의 공통 한자어를 90% 내외라고 보았다. 그리고 이 90%에 이르는 공통 한자어 때문에 한자어권 학습자가 일반적으로 고유어보다 한자어를 쉽게 공부할 수 있는 어휘라 생각한다고 설명하였다. 이러한 높은 공통점으로 인해 학습자들은 고유어보다는 한자어 학습에 대해 낮은 심리적 저항을 보이고, 모국어로부터의 긍정적 전이 효과를 한자어 학습에서 누릴 수 있을 것이다.

이렇듯 한자어권에서 온 학습자들이 어휘 학습에서 더 강점을 보인다는 것은 여러 연구를 통해 확인되었다. 김선정 외(2017)에서는 국적이 중국, 일본, 베트남인 경우를 한자문화권 학습자로, 그 외 국적의 경우를 비한자문화권 학습자로 구분하여 이들의 어휘, 문법, 읽기 능력에 차이가 있는지 살펴보았다. 그 결과 어휘 및 문법 능력에 있어서는 한자문화권 학습자와 비한자문화권 학습자 간에 큰 차이가 나타나지 않았으나 읽기 능력에 있어서는 한자문화권 학습자가 비한자문화권 학습자에 비해 우수한 것으로 나타났다. 또한 한자문화권 학습자는 한국어 수준이 높아짐에 따라 어휘 및 문법 능력과 읽기 능력의 향상 폭이 비한자문화권 학습자에 비해 상대적으로 큰 것으로 밝혀졌다.

박영주·이선웅(2020)은 한자문화권 학습자와 비한자문화권 학습자 간의 한자 형태소 감수성 평가의 차이를 검증하였다. 그 결과 두 집단 간 형태적 감수성이 통계적으로 유의미한 차이를 보였으며 한자문화권 학습자의 형태적 감수성이 비한자문화권 학습자에 비해 더 높다고 할 수 있다고 설명하였다. 이러한 이유에 대하여 한자문화권 학습자들은 모국어에서 한자 하나하나가 형태소로 기능하는 것을 알고 있고, 그러한 지식이 한국어 어휘 학습 과정에 반영된 결과로 보인다고 해석하였다.

학습자들의 한자어 선행지식은 많은 한자어 어휘로 구성된 한국어 학습에서도 긍정적 영향을 주고 어휘 학습을 용이하게 하는 요소라고 할 수 있다. 그러나 무조건적으로 그들의 모국어에 기반한 한자어권 학습자들의 한자어 지식이 한국어 학습에 유리하게 작용하는 것만은 아니라는 점에 유의할 필요가 있다. 이선웅 외(2022:63)는 중국, 일본, 베트남에서는 한국과 마찬가지로 한자로 이루어진 어휘를 쓰며 이 점은 한국어교육에서 큰 장점으로 작용하지만, 때로는 단점으로 작용한다고 지적하였다. 즉 한국어의 한자어와 다른 언어의 한자어가 형태와 의미가 일치하는 경우에는 교수·학습에 긍정적 전이를 일으켜 큰 도움이 되지만, 그렇지 않은 경우에는 부정적 간섭을 일으켜 교수·학습에 방해가 되기 때문이라고 설명하였다. 심지영(2023)은 이러한 상황을 '양날의 검'에 비유하며 모국어 어휘의 영향이 부정적인 간섭으로 나타날 경우 다양한 오류를 낳을 수 있음을 지적하였다.

이렇듯 부정적 전이와 관련하여 중국어권 학습자들이 생산해 내는 오류에 대해 분석한 연구에서는 한자어의 유사성에서 기인한 오류를 설명한다. 김미옥(2003)은 다른 언어권에 비해 중국어권 학습자의 어휘 오류 비율이 높다고 설명하며 이는 중국인 학습자가 한국어의 어휘 중 많은 부분이 한자어에서 온 것이라 생각해 중국어 어휘를 그대로 쓰거나 중국어 어휘 특성을 그대로 한국어에 적용했기 때문일 것으로 분석하고 있다. 최경봉·이향화(2005)는 중국인 학습자의 오류를 중국어의 간섭에 의한 오류와 한국어의 내적 간섭에 의한 오류로 분류하였다. 그 중 중국어 간섭에 의한 오류에는 한자어 유의어 관련 오류가 중요한 부분을 차지하고 있다고 설명하였다. 그 예로 고유어의 의미에 대응되는 한자어를 잘못 선택하거나, 고유어가 쓰여야 하는 자리에 한자어를 잘못 쓰는 식의 오류 등을 들었다.

이정희(2008), 조철현(2002), 이영지(2011) 등에서도 중국어권 학습자들의 어휘 영역에서의 높은 오류율을 지적하고 있으며, 이정희(2008)는 나아가 한국어 급수가 올라가며 모국어 전이에 의한 어휘 오류도 동시에 높아지는 것을 발견할 수 있었다고 설명하였다. 이영지(2011)는 이외에 중국인 한국어 학습자들이 과잉 일반화 등으로 인해 새로운 어휘를 생성하는 오류를 보이는 것을 지적하며 스스로 알고 있는 어휘 범위 내에서 중국식 한자어와 한국식 한자어, 한자어와 고유어 혹은 외래어와 한자어 등 새로운 혼종어를 생성하여 표현하는 오류를 범한다고 밝혔다. 폴리롱(2014)은 한자어권 학습자가 한국 한자어를 배울 때 쉬울 것이라는 일반적인 통념이, 적어도 홍콩 초급 학습자에게는 성립하지 않으며 오히려 방해 요소가 될 수 있다는 것을 지적하였다.

정리하자면 한자어권 학습자들은 모국어의 한자어와 한국어의 한자어 어휘 간의 유사성으로 인해 어휘 학습에 효율성을 기할 수 있지만 반대로 이로 인해 많은 한자어 관련 어휘 오류를 양산할 가능성도 안고 있다. 즉 중국식 한자어의 사용, 한자어 어휘 과잉 사용, 한자어 유의어 선택 실패, 의미가 통하지 않는 새로운 한자어 어휘 조합 생성 등과 같은 모국어의 부정적 전이를 일으킬 수 있는 것이다. 따라서 한자어권 학습자들이 한국어 한자어 어휘를 다른 언어권 학습자들에 비해 상대적으로 수월하게 학습할 수 있는 것은 맞지만 이것이 필연적으로 오류 없이 한자어 어휘를 생산할 수 있다는 것을 의미하지 않는다는 것을 유념할 필요가 있다. 이에 강현화(2021:143)는 한자어 교수에서 대조언어학적 접근의 중요성을 강조하며 오류를 일으킬 수 있는 동형이의나 이형동의형의 한자어 목록을 교수할 수 있다고 하였다. 김은정·김선정(2018)은 한·일 동의 한자어의 음절 구조, 음절, 음절별 음소의 대조 분석을 통해 발음의 유사성을 바탕으로 초급 한국어 한자 어휘를 위계화하여 제시하는 방법을 제안하였다. 이처럼 한자어권 학습자들이 그들의 모어 지식을 유리하게 활용하고 반대로 유사성에서 오는 오류를 줄일 수 있도록 하는 많은 연구가 추가적으로 이어지고 실제 교육에 활용되어야 할 것이다.

3.3. 비한자어권 학습자들의 한자 학습의 난이도

한자어권 학습자들에게 모국어와의 공통성으로 인해 한자어 어휘의 학습이 용이하다면 비한자어권 학습자들의 경우는 어떨까? 설혜경·심혜령(2009)은 이들이 한글과 마찬가지로 전혀 새로운 문자로서 한자를 접하게 되므로 한 번에 두 가지의 어휘를 익혀야 하는 학습 부담감에다 전혀 다른 문화권이라는 데서 오는 생소함과 이해 부족이라는 정서적 어려움까지 겪게 될 수 있다고 설명하였다. 그러나 한국어 교육에서 한자어 교육에 대한 논의는 꾸준히 중국인 학습자나 한자문화권 학습자를 대상으로 제기되어 온 반면에 비한자문화권 학습자에 대한 연구는 많지 않다(이박문 외, 2019:204). 그럼에도 비한자어권 학습자들에게도 한자어에 관한 지식이 필요하며 이들을 위한 한자어 교수 방법이나 접근은 한자어권 학습자들과는 달라야 한다는 것에 의견이 모아지고 있다.

한편 한자어 학습과 관련해서 한국어 학습자들에게 '한자'를 가르쳐야 하느냐에 대한 의견은 변화해 왔다고 할 수 있다. 이영희(2007)의 연구에서는, 장석진(1974)의 연구 이래로 비한자어권 학습자를 대상으로 한 '한자' 교육의 필요성 인식 및 교육 방법에 대한 논의가 이어져 왔다고 밝히며, 손연자(1984), 최주열(1994), 김중섭(1997) 등의 연구를 소개하였다. 또한 2000년대에 들어오면서는 빈도와 조어력에 따른 교육용 한자 및 한자어를 선정하는 연구가 활발해졌음을 설명하였다.

시간이 지나며 점차 '한자' 자체보다는 한국어 '한자어'의 교수로 연구의 초점이 변화하게 되었는데 이는 박석준(2023)의 주장을 통해서도 살펴볼 수 있다. 그는 실제로 한국에서 산출되는 대부분의 텍스트에서 한자의 기능 부담량이 크게 줄었으며, 현재 한국인들도 한자를 읽고 쓰는 역량을 거의 가지지 못하고 있다는 점을 고려할 때 외국인 한국어 학습자들에게 한자를 읽고 쓰는 역량을 반드시 함양하도록 해야 한다는 주장은 설득력을 얻기 힘들다고 지적하였다. 따라서 한자의 학습이 한국어 어휘 학습에 도움이 된다는 것은 부정할 수 없는 사실이나 한자 학습에 들어가는 시간이나 비용, 교육 현장의 현실 등을 고려하였을 때 한자 자체에 대한 필요성은 점점 힘을 잃어 가고 있는 추세라고 할 수 있다. 그럼에도 한자의 학습은 글자 자체를 아는 것에 두는 것이 아니라 '한국어 어휘 확장'을 꾀하는 데 두어야 한다고 김지형(2003)은 지적한다.

한편 비한자어권 학습자들의 한자 및 한자어 학습에 대한 의견을 살펴보면 학습자들은 관련 학습의 필요성을 높게 느끼며 학습을 희망하는 것으로 나타났다. 방혜숙(2007)이 한국어를 수강하는 미국 대학생을 대상으로 조사한 설문 결과에서 한자를 계속 배우고 싶다는 요구가 가장 높은 순위를 차지했다고 밝혔다. 이는 학생들이 한자를 학습하는 것에 있어서 어려워하고는 있지만 학생들이 한자의 필요성을 많이 느끼며, 한자 학습이 앞으로도 한국어 향상에 좋은 영향을 미친다고 생각하기 때문에 한자 수업이나 학습이 지속되기를 원하는 것으로 분석된다고 설명하였다. 또한 조은숙(2014)이 터키 대학생을 대상으로 조사한 결과에 따르면 학생들은 한자 교육의 필요성을 절감하고 있고, 한국어에 한자로 된 어휘가 많다는 사실을 인지하고 있어 한자를 배우면 한국어 학습에 유용할 것이라고 생각하고 있는 학생이 대부분이라고 밝혔다. 그러나 한자에 대해 겁을 먹고 두려움을 표하는 학생들이 많은 것으로 나타났다고 설명하였는데 특히 한자 학습이 이루어지기 전인 1학년 학생들이 그러하다고 설명했다. 또한 선입견을 가졌던 1학년(58%) 때보다 한자 학습이 이루어지는 2학년이 되면 두려움이 어느 정도 경감되고 있는 모습을 보인다고 설명하면서도 아직 한자 학습이 두렵다고 느끼는 30%의 학생 비율도 무시할 수 없다고 지적하였다.

위와 같은 연구를 통해 비한자어권 학습자들의 한자 및 한자어 학습에 대한 높은 수요와 동시에 부담감을 확인할 수 있으며, 이러한 결과는 한자어권 학습자들이 느끼는 것과 대조를 이룬다고 할 수 있다. 그렇다면 비한자어권 학습자들은 한자 및 한자어 학습의 어려움을 어떻게 잘 극복할 수 있을까? 이에 관련한 연구는 많지 않지만 방혜숙(2007)이 미국 대학생들의 한자 학습 전략에 대해 언급한 내용을 통해 정보를 얻을 수 있다. 그의 연구에서는 학생들 대부분이 한자를 학습하기 위해 단어 카드를 활용하고 있었으며 사진식 기억력(Photographic Memory)을 이용하여 한자를 외우고 있었다고 설명하였다. 한자를 인지하고 외우기 위해 가장 많이 사용하는 전략은 한자를 반복하며 쓰면서 말한다는 것으로 나타났다. 그다음 순위로 많이 쓰는 전략이 한자를 말로 반복하며 한자의 생김새를 그림으로 그려 보려는 노력을 한다고 밝혔다. 조은숙(2014)의 연구에서는 학습자들이 한자 학습의 효과를 체감하는 것으로 나타났다. 즉 한자 학습을 통해 한자를 활용하여 어휘를 학습하는 방법을 알게 되었으며 한국어 어종을 구별할 수 있게 되었다는 응답이 높게 나타나 한국어의 어휘 구성에 대한 구별 능력도 향상되었다고 설명하였다.

비한자어권 학습자들에게 한자어 학습은 학습 단계를 높여갈수록 필연적인 것이 되며 이에 따라 수준에 맞는 한자어 능력을 갖추어야 할 필요성이 발생한다. 이와 관련하여 비한자어권 학습자들이 어휘 학습을 통해 한자어를 포함한 어종 구분에 대한 직관을 기를 수 있는지에 대해 관심을 갖고 연구가 진행되기도 하였다. 먼저 한국어 모어 화자들의 어종에 대한 직관을 알아보고 한국어 학습자들에 관한 연구를 살펴보도록 하겠다.

한국어 모어 화자들은 높은 정확도로 고유어와 한자어를 구별할 수 있는 직관을 가지고 있다. 물론 어종이 헷갈리는 표현이나 단어도 있겠으나 한국어 모어 화자들은 사용역이나 공식성에 따라 적합한 어종의 어휘 사용을 달리할 수 있는 능력을 가지고 있다고 할 수 있다. 이와 관련하여 이광오(2003)는 한국어 모어 화자들의 어종에 따른 어휘 처리 양상을 조사하며 어종의 심리적 실재성을 지지하였다. 연구에 따르면 한국어 모어 화자들은 어종을 쉽게 구별하는 것으로 나타났는데 이중 고유어에 대한 수행이 가장 우수하였고, 그다음으로 한자어의 수행이 우수한 것으로 나타났다. 그리고 외래어에 대한 수행은 가장 저조하였다고 보고하였다. 안소진(2009)에서도 한국어 모어 화자들의 한자어와 비한자어를 구별하는 능력에 대해 설명하며 이는 각각의 어휘 항목을 학습한 결과라기보다는 국어를 습득하는 과정에서 자연스럽게 두 부류의 차이를 이해한 것으로 보인다고 설명하였다. 그리고 음절 정보가 고유어와 한자어 여부를 판단하는 데에 중요한 기제가 된다고 설명하였다.[2]

---

2 안소진(2009)은 고빈도 2음절 한자어 명사 분석 통해 음절 상의 특징을 고유어와 비교하였는데 먼저 한자어 각 음절을 구분하는 초성은 고유어와 비교해 /ㅅ, ㅈ/이 차지하는 비중이 크고 /ㄴ, ㅁ, ㅂ/이 차지하는 비중이 작으며, 중성의 경우 고유어와 비교해 'ㅕ, ㅘ'가 많이 사용되고 'ㅡ'가 상대적으로 적게 사용되는 것 등을 설명하였다. 종성의 경우 'ㄷ, ㅅ, ㅈ'과 경음, 격음, 겹자음 받침은 사용되지 않으며 고유어와 달리 'ㄹ, ㅁ'이 종성에 거의 사용되지 않고 'ㄴ, ㅇ'이 많이 사용된다고 설명하였다. 또한 음절 정보로는 고유어 1음절에 최고 빈도로 나타나는 '바'에 주목하였는데 '바'는 자전의 한자음에서는 찾아볼 수 없는 음이기에 한자어의 어떤 음절 위치에서도

이렇듯 모국어 화자들은 모국어 습득 과정에서 어종에 관한 정보 축적을 통해 어종 구별 능력을 발달시킨다고 할 수 있다. 그렇다면 한국어 학습 과정에서 외국인 학습자들도 이러한 능력이나 직관을 기를 수 있을까? 이러한 질문에 관심을 갖고 답을 찾아보려 한 연구가 있다.

폴리롱(2014)에서는 다중언어권 학습자의 한국어 어종 구별 능력과 어휘 의미 파악 능력의 연관성에 대해 살펴보고자 하였다. 그는 광둥어를 모어로 하며 공통어 교육을 받은 홍콩의 초급 학습자를 대상으로 연구를 실시하였다. 어종 시험 결과, 고유어, 한자어, 외래어 세 가지 어종의 평균 정답률과 의미 파악 시험의 평균 응답률은 각각 69.8%와 67.0%로 나타났으며 학습자들은 외래어(88.1%), 고유어(86.8%), 한자어(52.4%)의 순으로 한국어 어종을 잘 구분할 수 있었다고 밝혔다. 의미 파악 능력은 외래어(78.9%), 한자어(67.4%), 고유어(60.5%)의 순으로 높은 것으로 나타났다. 즉 홍콩 한국어 학습자들은 한자어권 및 영어권에 동시에 속한 한국어 학습자이지만 외래어 어종 구별 능력과 의미 파악 능력은 모어와 가장 유사한 한자어보다 더 높은 연관성을 가지고 있다고 하였다. 한자어의 경우는 한국 한자어와 광둥어 한자가 동일한 경우에 한해서만 의미 파악 능력과 어종 구별 능력의 긍정적 연관성을 보였고, 불일치하는 경우는 연관성이 드러나지 않았다고 밝혔다. 고유어의 경우는 어종 구별 능력이 더 높았으나, 의미 파악 능력은 가장 낮은 것으로 나타났다. 이 연구의 결과에 따르면 학습자들은 초급임에도 어종을 구별 능력이 있는 것으로 보인다. 그러나 이 연구는 어종

나타나지 않는다고 밝혔다.

구별 능력과 어휘 인지 능력의 상관성에 더 초점을 맞춘 것으로 광둥어 한자와 영어 선행 지식이 한국어 어휘 학습에 끼치는 긍정적 혹은 부정적 전이에 관심을 둔 연구라고 할 수 있다.

나아가 학습자들의 어종 구별 직관에 더 초점을 맞춘 연구는 강현진·이을지(2023)로, 이들은 일정 수준에 다다른 한국어 학습자들이, 모어 화자가 어종에 대한 직관적 판단을 내릴 수 있는 것처럼 한자어와 고유어를 구별할 수 있는지에 대해 의문을 가졌다. 이에 실험을 통해 한국어 중·고급 학습자들에게 한국어 어휘의 어종을 구별하는 능력이 있는가를 확인하고자 하였다. 그리고 학습자들을 크게 한자 문화권과 비한자 문화권의 학습자로 구분하여 한국어 학습자들의 문화권에 따른 어종 구별 능력의 차이를 함께 살폈다.

그 결과 한자 문화권과 비한자 문화권의 문화권 모두 한자어·고유어 구분 과제에서 한국어 모어 화자와 유사한 높은 정답률로 한자어와 고유어를 구분할 수 있는 것으로 나타났다. 이를 통해 한국어 학습자도 한자에 대한 학습 유무에 관계없이 일정 기간 한국어 학습을 통해 직관적으로 어종을 구별하는 능력을 가질 수 있다는 가능성을 발견하였다. 또한 이 실험에 사용된 어휘들의 정답률을 각각 살펴보았을 때 초급에서 학습한 어휘, 즉 실생활에서 매우 자주 사용하여 기본이 되는 어휘 중 한자어를 학습자들이 고유어로 판단했다는 점, 고유어 중에 특히 합성어를 한자어로 판단했다는 점을 통해 어휘를 표상하는 방식을 알 수 있었다고 설명하였다. 그들은 학습자들이 한자어를 표상하는 방식이 음절 단위일 가능성이 있다고 추정하였는데 이는 앞선 안소진(2009)에서 언급한, 한국어 모어 화자들이 고유어와 한자어 여부를 판단하는 기제로 음절 정보를 사용한다는 것과 맥을 같이하는 결과라고 볼 수 있다.

이러한 연구를 종합해 볼 때 학습자들도 한국어 학습 과정에서 어종에 대한 정보를 학습하고 이를 통해 한국어 어휘의 어종 구별을 할 수 있는 직관도 기를 수 있는 것으로 보인다. 그러나 현재는 관련 연구가 부족한 실정으로 이를 명확히 하기 위하여 더 많은 연구가 더 이루어져야 할 것이다. 즉 더 다양한 학습자를 대상으로 추가 연구가 이루어져야 할 것이며 학습자들의 숙달도별로 어종에 대한 직관은 어떻게 달라지는지 등 구체적인 연구가 더욱 많이 필요한 실정이다.

배성봉 외(2016)에서는 새로운 단어 학습에서 형태소 인식 능력에 주목하며 한자어 형태소 인식력이 높은 참가자들은 새로운 단어를 분석하여 문장 맥락에 맞는 형태소를 쉽게 찾아낼 수 있고, 단어 의미 학습이 우수했다고 평가하였다. 따라서 한국어 학습자들의 어종 구별 능력은 형태소 구별 능력으로 이어져 어휘 확장 및 학습에 효율을 기할 수 있도록 이용되어야 할 것이다.

4. 외래어 연구의 쟁점

시간이 갈수록 많은 외래어가 한국어에 유입되고 있으며 한국어 모국어 화자들에 의해 많은 외래어가 사용되고 있다. 그러나 외래어 관련 연구는 아직 많이 부족한 편이며 교수 현장에서의 외래어의 교수·학습 중요성도 낮게 인식되고 있는 실정이다. 여기에서는 외래어의 정의 및 외래어 학습이 가지는 의의에 대해 살펴보고 학습자들이 외래어에 관련하여 어떤 지식을 갖추어야 할지에 대해 짚어보도록 하겠다.

4.1. 교수 대상 외래어의 범위

외래어를 논의함에 있어 가장 먼저 결정해야 할 것은 바로 어디까지를 외래어로 보아야 할 것인가의 문제일 것이다. 즉 외래어의 범위 설정 문제이다. 한국어 모어 화자들에게 '컴퓨터(computer), 커피(coffee)'와 같은 단어와 '컨펌(confirm), 레시피(recipe)'와 같은 단어는 한국어에의 정착도 측면에서 동일한 수준의 외래어로 느껴질까? 이 단어에 친숙한 정도나 사용하는 정도는 화자에 따라 차이가 있다고 보아야 할 것이다. 그러나 이 단어들 모두 외국어에서 가져와 쓰고 있다는 것을 대부분의 한국어 모어 화자들이 짐작할 수 있을 것이다.

외래어의 범위를 설정하기 위해 먼저 언어 간 차용 행위에 대해 이해할 필요가 있다. 정도의 차이는 있지만 다른 모든 외국어에서도 아주 쉽게 관찰할 수 있는 현상 중 하나로 언어에서는 차용 행위가 일어난다. 다시 말해 '차용'은 한 언어가 다른 언어의 언어적 요소를 가져와 고유 어휘처럼 동화시켜 사용하는 것이라고 할 수 있다. 차용이 절차나 과정에 해당한다면 이러한 언어적 차용의 결과로 사용되는 것들은 일반적으로 'loanword'라고 불리며, 한국어에서는 '외래어' 혹은 '차용어'와 같은 용어로 불린다.

차용을 통해 수입된 외국어의 요소는 필연적으로 동화의 과정을 거친다. 쉽게 말해 외국어에서 어떠한 단어나 표현 등 언어적 요소를 가져와 한국어에서 쓰고자 한다면 한국어 체계에 맞추어 사용해야 한다. 예를 들어 영어의 동사 'to confirm'을 한국어에서 사용하고 싶으면 원어 그대로 사용할 수 없고 '-하다'와 같은 접미사 파생을 통해 '컨펌하다'와 같이 한국어에서 사용하는 것이다. 이렇듯 빌려오는 출처에 해당하는 공여언어의 단어 및 언어적 요소는 수용언어에서 공여

언어에서와 완전히 똑같은 방식으로 사용될 수 없다.[3] 따라서 언어에 따라 정도를 달리할 수 있어도 차용 과정에서 수용언어 체계로의 적응 및 동화 과정은 필수적인 조건이라고 할 수 있다.[4]

이렇게 외국어의 언어적 요소가 수용언어에서 동화의 과정을 거치면 외래어가 되는 것인데 여기에서 다시 어디까지를 외국어로 보고 어디까지를 외래어로 보아야 하는가의 문제로 되돌아온다. 이와 관련하여 여러 학자들에 의해 차용에서의 동화의 기준이 논의되어 왔는데 초기의 연구인 이희승(1941:261-262)에서는 새말을 처음 받아들이게 되면 그것은 외국어지만 점점 익숙해져 외국어라는 느낌이 없어지고 친밀하게 일상에서 사용되면 이것이 곧 외래어라고 정의하였다. 또한 음운상으로 귀화한 것과 다분히 일반화된 것을 조건으로 들었다. 이용주(1964:95)에서도 외래어를 차용한 언어에 적응 내지 동화되어서 체계의 일부를 이루고 사회적으로 승인 또는 관습화하여 외국어 의식이 없이 사용되는 것이라고 설명하였다. 김민수(1973)에서는 가장 상위의 개념으로 외래어를 소개하고, 하위 요소로 귀화 정도에 따라 외국어,

---

3 외래어 단어의 출처에 해당하는 원어, 즉 빌려오는 원천(source)에 해당하는 언어는 'Source Language'나 'Donor Language'라 불리고, 한국어에서는 학자나 맥락에 따라 '원어, 원천언어, 소재언어, 근원어, 원문언어, 대상 언어, 출발어' 혹은 '공여언어' 등의 용어로 사용된다. 반대로 단어 등 외국어의 언어적 요소를 빌려와서 사용하는 주체가 되는 언어는 'Borrowing Language', 'Receiving Language', 'Recipient Langange', 'Native Language'라 불리며, 한국어에서는 '수용언어, 수용어, 모국어, 도착어' 등으로 표현된다. 본고에서는 각각 '공여언어'와 '수용언어'로 지칭하고자 한다.

4 이러한 과정은 'Loanword Assimilation(외래어 동화)', 'Loanword Adaptation(외래어 조정)', 'Loanword Nativization(외래어 토착화)', 'Loanword Integration(외래어 통합)', 'Loanword Accommodation(외래어 적응)' 등의 표현으로 일컬어진다(송승현, 2022ㄴ:46).

차용어, 귀화어, 한자어를 제시하였다. 그는 '아르바이트, 쿠데타'와 같이 외국어라는 의식이 뚜렷한 어휘는 외국어로, '나일론, 다다미, 소다'와 같이 익숙해져 두루 쓰이고 생소한 의식이 없어진 어휘는 차용어로, '고무, 남포, 담배'와 같이 외국어라는 의식조차 없어져서 우리말로 여기게 된 어휘는 귀화어로 정의하였다. 한자어는 '붓, 절'과 같이 국어에 아주 융합되어서 구별할 수 없게 되어 버린 어휘로 정의하였다.

용어의 사용 및 선정에서 차이는 있지만 이용주(1964), 이승명(1982), 김문창(1985), 이상혁(2002), 정희원(2004), 임홍빈(2008) 등 이후 관련 연구에서 논의된 것을 종합해 보면 한국어 체계로의 동화 정도와 외국어 의식의 유무, 일반적으로 널리 사용되는지 여부 등을 외국어와 외래어 판별의 공통된 기준으로 꼽을 수 있다. 이를 정리하여 외국어, 외래어, 귀화어를 정의해 보면, '외국어'는 한국어에 동화되지 않은 외국어의 어휘, '외래어'는 한국어 체계에 동화된 어휘 중 언중들이 외국어에서 왔다는 것을 의식하는 어휘, '귀화어'는 한국어 체계에 동화된 어휘 중 언중들이 외국어에서 왔다는 것을 의식하지 못하는 어휘로 구분해 볼 수 있겠다(송승현, 2022ㄴ:52-55).

그러나 이러한 구분에도 불구하고 여전히 어떤 외국어 유래 요소를 외국어냐 외래어냐 판별하는 것은 어려운 일이다. 정희원(2004:17)에서는 실제로 오늘날 우리가 외래어로 인식하는 어휘들은 국어로 굳어진 말에만 국한되지 않는다고 지적하며 우리가 일상적으로 사용하는 '외래어'의 개념에는 '갭, 리더, 보스'처럼 동화의 과정을 완전히 거치지 못하여 아직 우리말 속에서 그 지위가 확고하지 않은 어휘들이 상당수 포함되어 있다고 하였다. 이에 국어로 굳어진 낱말뿐만 아니라 동화 과정에 있는 외래 어휘들까지를 포함하도록 외래어의 의미를 확장해야 한다고 주장하였다.

특히 오늘날처럼 글로벌화가 가속화되어 국가 간 경계가 허물어지고 인터넷 및 IT 기술의 발달로 지구 반대편에서 일어나는 일을 거의 시차 없이 알 수 있게 된 시대에 살고 있는 현실에서는 외국의 영향을 더욱 빨리 그리고 많이 받을 수밖에 없다. 이 과정에서 특히 영어를 중심으로 하는 더 많은 외국어의 영향에 노출되고 외국어의 요소가 한국어에 빠르게 수입되어 사용되는 것을 피할 수 없다. 이것은 동화의 과정 및 언중에게 퍼지고 일반화되는 시기도 이전 시대보다 단축된다는 것을 의미한다. 따라서 한국어교육의 관점에서는 좀 더 폭넓은 관점에서 외래어를 바라보아야 할 필요가 있다. 다시 말해 외국어, 외래어의 구분이나 판별보다는 일상생활에서 자주 쓰이는, 혹은 학습자가 처한 환경에서 필요로 하는 외래어나 외래 요소가 포함되는 표현의 교수 학습에 좀 더 유연하게 대처하는 자세가 필요하다고 생각된다. 이를 통해 학습자들의 의사소통 능력을 길러주는 데에 기여할 수 있을 것이다.

4.2. 외래어 교수·학습의 부족

주지하다시피 이미 많은 외래어가 일상생활에서 한국어 모어 화자들에 의해 사용되고 있다. 또한 세계화, 소셜네트워크서비스(SNS) 등에 의해 빠른 속도로 외국어의 요소가 유입되고 퍼지며, 나아가 한국어 내에서 자생적으로 만들어지는 외래어 표현도 의사소통을 위해 무시할 수 없는 요소라고 할 수 있다. 그러나 한국어교육에서 외래어 교수는 그 필요성을 덜 인정받아 온 측면이 있으며, 이로 인해 학습자들이 받는 영향은 적지 않은 것으로 드러났다.

오미정·이혜용(2007), 이정희(2007) 등은 외래어 지식 부족으로 인해 학습자들의 겪는 어려움과 의사소통 실패를 지적하였다. 학습자들은 일상생활에서 많은 외래어에 노출되지만 실제로 학습자들의 외래어 인지도 수준은 낮으며(이은영, 2005:168-173), 교재를 통한 외래어 학습도 충분하지 않은 것으로 연구되었다. 박지영(2010)은 학습자들의 외래어 학습에 대한 요구는 점점 높아지고 있는 것에 반해 한국어 교재에 수록된 외래어 양상은 학습자들의 요구를 충족시키기에 부족한 실정이라고 설명하였다. 관련하여 한국어 교재에 어느 정도의 외래어가 제시되고 있는지 알아봄으로써 한국어 학습자들에게 외래어 지식이 부족한 이유를 추측해 볼 수 있을 것이다.

송승현(2022ㄴ)에서는 한국어 모어 화자들의 일상생활 대화로 구성된 구어 코퍼스에서 어떠한 외래어가 사용되고 있는지 조사하였다. 그리고 추출된 외래어 목록을 총 56권의 한국어 교재의 외래어를 기반으로 하여 김한아(2017)가 선정한 '대표어-관련어 외래어 목록'과 비교해 보았다. 그 결과 구어 코퍼스에서 한국어 모어 화자들에 의해 높은 빈도로 사용되는 것으로 나타난 상당수의 외래어가 한국어 교재를 기반으로 하는 목록에 등장하지 않은 것으로 나타났다. 이는 다시 말해 실제로 한국어 모어 화자들이 일상생활에서 자주 사용하는 외래어가 한국어 교재에 잘 반영되어 있지 않다는 것을 의미한다. 또한 이것 외에도 파생어나 합성어 등의 복합 구성, 절단을 포함하는 형식 삭감형, 규범과 다른 표기 및 발음으로 나타나는 구어 실현형, 한국어에서 자생적으로 만들어진 외래어 등 매우 높은 빈도로 사용되는 외래어 표현 및 관련 현상이 교재를 기반으로 하는 외래어 목록에서는 거의 나타나지 않은 것으로 밝혀졌다. 이를 통해 학습자들이 교실에서 외래어에 대한 지식을 학습하는 것이 매우 제한적일 수밖에 없고, 교사에 재량에 따라 혹은 학습자 스스로 부딪혀가며 외래어에 대한 문제를 해결해 나가야 함을 짐작할 수 있다.

한편 외래어 교수가 관심을 받지 못하고 있는 데에는 한국어교육 현장에서의 외래어에 대한 인식도 영향을 준다는 것을 생각할 수 있다. 정희정(2016:221)은 한국어 교재의 규범성에 기반하여 교재에 외래어보다는 순화어를 제시해야 한다고 생각하는 한국어 교사들의 생각을 설명하였다. 또한 실제성을 중시할 것인지 규범성을 중시할 것인지에 대해 한국어 교사들의 고민이 있음을 언급하였다. 송승현(2022ㄴ)에서는 이와 같은 현상이 한국어교육에서 되도록이면 고유어나 한자어를 사용하고 교수해야 하며, 외래어의 사용은 자제해야 한다는 의식이 있는 것과 연결 지을 수 있다고 설명하였다. 그러나 실제로 한국어 화자들의 일상생활에서 상당히 많은 외래어가 사용되고 있음에도 한국어 학습자들에게는 규범성을 강조하여 외래어 교수를 소홀히 하는 것은 모순이 될 수 있다고도 지적하였다.

교재에 수록되거나 교실에서 다룰 수 있는 어휘 목록은 제한적이며 학습자의 학습 목표나 동기, 교수 여건에 따라 학습 내용의 우선순위는 달라질 수밖에 없다. 그리고 한국어 학습자들이 외래어만을 높은 중요도를 가지고 학습할 필요는 없다. 구어 코퍼스에서 나온 제시된 표현들이 모두 동일한 중요성을 가지지 않으며, 현실적으로 교재에서 외래어만 많이 다루는 것은 불가능하기 때문이다. 그럼에도 구어에서 실제로 높은 빈도로 사용되는 외래어 정보를 어느 정도 수준에서 어떠한 방식으로 학습자들에게 전달할지 논의가 필요한 시점이라고 할 수 있다. 이를 통해 학습자들의 외래어 학습 욕구를 해소하고 이것이 의사소통의 어려움을 경감시키도록 교수를 설계해 나가야 할 것이다.

4.3. 외래어 교수의 주안점

학습자들에게 외래어를 교수할 때 어떠한 정보의 전달에 주목해야 할까? 이를 한국어 외래어의 유형 및 특징과 관련하여 파악해 보고자 한다.

먼저 외래어의 유형에는 '컴퓨터(computer), 젠트리피케이션(gentrification)'처럼 외국어에서 사용되는 것을 직접 차용한 음역의 형태로만 있지 않다는 것을 이해할 필요가 있다. 외래어의 유형에는 외래어를 포함하지만 고유어, 한자어와 같은 수용언어의 요소가 동시에 나타나는 것도 있다. '메일함, 커브길, 얼음팩, 시즌제' 등과 같은 표현을 예로 들 수 있다. 이는 직접 차용어에 비해 학습자들이 어휘 인지하는 데에 어려움을 더 느낄 수 있는 유형이라고 할 수 있다. 외래어 요소의 파악뿐만 아니라 복합어의 조어 기제에 대한 이해가 필요하기 때문이다.

이렇듯 학습자들이 외래어가 어떤 형태로 나타나는지 형태적 특성에 대한 정보가 있다면 외래어 표현 이해에 유리할 것이다. 차용된 외래어는 단일어와 복합어 구성으로 나누어 볼 수 있는데 특히 복합어의 경우 조어력을 가진 외래어 어근이나 접사를 알고 있다면 어휘 의미 추측이나 확장에 도움을 받을 것이다. 따라서 외래어에 대한 지식이 단일 외래어에 그치지 않고 외래어가 이용된 합성어나 파생어 등 복합어의 이해까지 나아갈 수 있도록 교수에서 고려해야 할 것이다.

또한 외래어의 형태적 특징 중 대표적인 것은 형태의 변형이 발생한다는 것이다. 절단, 축약, 두문자 등과 같이 형태가 줄어드는 현상이 흔하게 발생하는데 이를 원어의 경계와 관련이 있는 경우와 그렇지 않은 경우로 나누어 볼 수 있다.

원어의 경계와 관련이 있는 경우로는 합성어나 구 단위인 원어에서 단어나 어절과 같은 요소가 생략되는 경우와 파생어에서 문법 요소가 생략되는 경우로 나누어 볼 수 있다. 문법 형태소의 생략에 관하여서는 복수형의 생략, 동명사의 생략, 분사의 생략, 소유격의 생략, 접사의 생략 등이 제시되었다(민현식, 1998; 노명희, 2012 등).[5] 이러한 생략의 원인으로는 원어에서의 문법 요소가 수용언어에서는 생략되어도 의미 차이를 가져오지 않기 때문이며 생략을 통하여 음절 수의 경제성 효과도 누릴 수 있기 때문이다.

원어의 경계와 관련 없이 발생하는 현상은 학습자들에게 더 어렵게 느껴질 수 있는데 단어에서 음절의 생략, 자소의 탈락 및 축약을 예로 들 수 있다. '나르시즘(←narcissism)'과 '다이아(←diamond)'와 같은 음소 및 음절의 생략(민현식, 1998)과 '네비(navigation)'와 '멘트(comment)'와 같이 뒤 음절과 앞 음절이 생략된 예(노명희, 2009)를 들 수 있다.

형태 삭감의 다른 예로 두문자어[6]를 들 수 있는데 영어 알파벳으로 된 것과 한국어 음절로 된 것으로 나눌 수 있다. '시이오(CEO)', '에프티에이(FTA)' 같은 경우는 의미나 형태적으로 원어와 차이가 없는 것들이기 때문에 학습자들에게 비교적 학습 부담이 적다고 할 수 있다.

---

5 민현식(1998:115)은 영어 복수형 생략의 예로 '선글라스(sunglasses)'를, 동명사 생략의 예로는 '프라이팬(frying pan)'을 들었다. 접사('-al')가 생략된 예로는 '클래식 음악(←classical music)'을 들었다. 노명희(2012:44)는 영어의 분사형('-ed')이 생략된 예로 'Iced coffee'가 한국어에서 '아이스커피'로 사용되고, 소유격('s)이 생략된 형태로는 'Valentine's day'가 '밸런타인데이'로 쓰이는 것을 보였다. 관사(the)가 생략된 예로 '온에어(←on the air)'를 들었다.

6 약어, 머리글자말, 두음절어, 두자어 등으로 불리기도 한다.

그러나 '에스엔에스(SNS, Social Network Service), 에이에스(AS, After Service), 엠티(MT, Membership Training), 피디(PD, Producer Director), 피티(PT, Personal Training)' 등과 같은 경우는 영어의 형태를 하고 있지만 원어인 영어에서는 사용되지 않는 표현이기 때문에 학습자들에게는 형태와 의미 모두에 대한 학습이 필요한 유형이다.

한국어 음절로 이루어진 두문자어 외래어 표현도 있는데 '알바(←아르바이트), 케미(←케미스트리), 문센(←문화센터), 백퍼(←백퍼센트), 프사(←프로필사진)' 등과 같은 표현과 구 이상 단위에서 나타나는 '내로남불(←내가 하면 로맨스, 남이 하면 불륜), 돌싱(←돌아온 싱글), 워라밸(←워크라이프밸런스), 치맥(←치킨과 맥주), 케바케(←케이스바이케이스), 사바사(←사람바이사람)'와 같은 표현도 있다. 이러한 표현은 구어 상황에서 흔하게 사용되며 한국어 모어 화자들에게 언어의 경제성 효과를 가져다준다. 그러나 반대로 한국어 학습자들에게는 이해에 어려움을 불러일으키는 요인이다.

외래어 형태와 관련하여 어려움을 배가시키는 요인은 더 있다. 구어에서 흔히 나타나는 비규범적 형태인 '구어 실현형'[7]인데 실제 언어생활과 외래어 규범 표기 사이에 괴리를 보이는 경우가 많다. 송승현(2022ㄴ)에서는 한국어 모어 화자들의 일상 대화로 구성된 코퍼스에서 구어 실현형을 조사하였는데 빈도가 가장 높게 나타난 양상은 '까페(←카페), 께임(←게임), 꼴프(←골프), 따운(←다운)'과 같은 어두경음화이고, '그람(←그램), 런닝(←러닝), 매니아(←마니아), 메타(←미터), 미리(←

7 서상규 외(2013:76-77)에서는 '쏘주', '쐬주'와 같은 예시를 들며 실제 발화에서 한글 맞춤법이나 표준어 규정에 맞지 않기 실현된 형태를 '구어 실현형'이라 불렀다.

밀리리터), 발란스/바란스(←밸런스), 부페(←뷔페), 센치(←센티미터)'와 같이 자음이나 모음의 대치나 탈락, 첨가 현상도 빈번하게 나타났다고 밝혔다. 이에 따라 학습자들은 빈번하게 나타나는 외래어의 구어 실현형에 대한 이해 및 학습이 필요하다고 주장하였다.

또한 원어에서는 전혀 사용되지 않고 한국어에서만 사용되는 일명 '콩글리시(Konglish)'가 있다. 이는 의사외래어(擬似外來語, pseudo-loan), 가짜 외래어(false loans), 한제(韓製) 외래어 등으로 불리며 외래어 요소를 재료로 하여 수용언어에서 만들어 낸 것들이다. 이 경우는 어느 정도 원어의 의미에 기반하여 추측이 가능한 것들부터 원어의 의미와 전혀 관계가 없는 것으로 생각되는 것들까지 범위를 달리하는 것으로 나타난다. '투잡, 아이돌센터, 로얄층, 컵밥, 피부트러블, 엠티'와 같은 표현을 예로 들 수 있다. 따라서 외래어 요소가 포함된 단어 및 표현이 한국어에서 만들어졌거나 의미가 변형되어 사용될 수 있기 때문에 원어에서와 사용의 차이를 보일 수 있음을 이해해야 할 것이다.

한편 학습자들이 차용의 동기를 이해하는 것도 효과적인 외래어 사용 측면에서 도움을 받을 수 있을 것이다. 송승현(2022ㄴ:28-32)에서는 차용의 동기에 대하여 크게 새로운 의미 영역을 지시하기 위한 목적의 '지시적(指示的) 차용'과 수용언어에 지시적 의미를 바꾸지 않는 단어나 표현이 존재하는데도 차용하는 '유의적(類義的) 차용'의 경우로 나누어 설명하였다. '지시적 차용'은 새로운 사물이나 개념, 과학 용어, 사회적 현상 등을 지칭하기 위한 목적으로 한국어에서 고유어나 한자어로 대체 가능한 표현이 없거나 어색한 경우, 의미를 대응시키기 위해 구 단위 이상의 설명이 필요한 경우라고 하였다. 그 예로 '커피(coffee), 선글라스(sunglasses), 미투(me-too), 젠트리피케이션(gentrification)'과 같은 예를 제시하였다. '유의적 차용'은 '찬스(chance), 캘린더(calendar), 셰프(chef), 레스토랑(restaurant)'과 같이 한국어에 '기회, 달력, 요리사, 식당'과 같은 대응 표현이 이미 존재하는데도 차용된 것들인데, 민현식(1998:97)에서 제시한 '잉여 외래어'와 유사한 개념이라고 설명하였다. 그러나 이러한 유형의 외래어는 잉여적이라기보다는 '유의적'으로 접근하는 것이 더 적합하다고 보았는데 그 이유로 이러한 외래어들은 대응하는 토착어 표현과는 다른 화용적, 함축적 차이를 가질 수 있고, 의미 영역에서도 축소나 확대 등 의미의 변화가 적용되어 쓰일 수 있다는 점을 들었다. 따라서 학습자들은 어떤 외래어 표현을 접했을 때 '인터넷(internet), 스트레스(stress), 큐알 코드(QR code), 키오스크(kiosk)'와 같이 한국어에 적절한 대체어가 없고 외래어로 사용되는 것이 더 자연스러운 유형인지, '리필(refill), 도어락(doorlock), 이벤트(event), 캐리어(carrier), 홀(hall)'과 같이 의미 영역의 축소, 확대, 전이 또는 화용적 차이를 동반하는 외래어인지 구분할 줄 아는 능력이 필요할 것이다.

한국어에서 외래어는 단순히 고유어나 한자어로 순화되거나 대체될 수 없는 고유의 영역과 기능을 가지고 있다고 할 수 있다. 따라서 학습자들이 외래어를 적절하게 이용하여 표현력과 유창성을 높일 수 있도록 외래어의 특성 및 그와 관련한 세부 내용에 대한 교육이 체계적으로 이루어져야 할 것이다.

5. 어종별 어휘 연구에서의 코퍼스의 활용

숙달도가 늘어감에 따라 학습자들은 많은 어휘를 접하게 되며 이에 따라 학습자들이 효과적으로 어휘를 학습하고 또한 모르는 어휘를 추측하는 전략의 중요성도 강조된다. 강현화(2016)에서는 특히 복합어가 발달한 한국어의 특성상 어휘 확장이나 모르는 단어의 추측 전략으로 복합어의 조어 단위가 활발히 사용되는데, 이 경우 어종별로 접근할 때 효과적일 수 있음을 강조하였다. 그리하여 한국어 교재와 한국어능력 시험(TOPIK)으로 구성된 코퍼스를 이용하여 어종별로 복합어를 구성하는 조어 단위를 분석하고 생산성이 높은 조어 단위를 파악하였다. 또한 김남정·권연진(2021)은 한국어 어휘 체계 내 두 어종의 역할과 관계성에 대한 지식을 한국어 학습의 주된 자료인 교재를 통해 습득할 수 있다면 전반적인 한국어 어휘에 대한 이해를 높일 수 있을 뿐만 아니라 고유어와 한자어의 특성을 파악하여 두 어종이 사용되는 맥락에 대한 파악도 쉬워질 것이라고 설명하였다. 이러한 연구에서는 학습자들의 어종 지식 활용의 중요성을 강조하고 학습자들이 어종별 어휘 특성의 이해를 바탕으로 어휘의 구조나 맥락의 파악, 어휘 확장에 도움을 받을 수 있다고 설명한다. 따라서 어종 지식은 어휘 학습의 효율성을 제고할 수 있는 훌륭한 도구로 작용할 것이다.

그러나 이러한 중요성에 비하여 어종 관련 연구는 큰 주목을 받지 못하였다. 특정 어휘군이나 유의어 변별 및 대조, 신어 연구, 학습자 오류 분석 등에서 어종 분석이 이루어지기도 하였지만 강현화(2016)에 따르면 교육 자료의 어종별 어휘의 특성에 대한 연구는 상대적으로 활발하지 않았다고 지적된다. 그리고 어종별 연구 분포도 한자어를 활용하는 논의에 치중되어 있으며 특히 고유어에 대한 논의가 상대적으로 미약하다고 밝혔다. 따라서 고유어 어종에 주목하는 연구가 더 이루어져야 할 것이며 나아가 나날이 증가하는 외래어 어휘에 관한 연구도 더욱 활성화될 필요가 있다.

한편 어종 관련 연구에서 다양한 대규모 코퍼스를 기반으로 하는 연구는 많지 않은 실정인데 이마저도 여러 연구가 한국어 교재나 학습 자료, 그리고 문어의 특성을 가진 자료에 치중되어 있다는 한계를 보인다. 따라서 구어를 포함하는 다양한 참조 코퍼스가 연구에 함께 활용되어 실제 의사소통 장면에 따라 나타나는 어휘의 어종별 특성과 사용 양상의 분석 등이 세밀하게 이루어져야 할 것이다.

앞으로는 다양한 코퍼스가 제공하는 생생한 정보를 활용하여 어종 정보를 바탕으로 하는 사용역이나 장르의 구분, 학습자들의 유의어 관련 오류 및 유의어 변별 교수, 생산성 있는 조어 단위를 기반으로 하는 어휘 확장 등 효율적인 어휘 교수에 활용될 수 있는 자료가 더욱 풍성하게 축적되어야 할 것이다. 또한 이러한 대규모 코퍼스가 어종 연구에 좀 더 수월하게 활용될 수 있도록 관련 도구의 개발이 함께 이루어져 연구의 용이성과 효율성을 높일 수 있다면 더욱 바람직할 것이다.

3부

코퍼스 기반 어휘 연구의 실제

■ 7장 ■

유사 어휘 연구

1. 유사 어휘 연구의 역사

유사 어휘란 서로 비슷한 어휘이다. 한국어교육에서 유사 어휘에 대한 연구는 이것의 개념과 성립조건 등에 관한 이론적인 논의에서부터 시작하여 학습자의 학습을 위한 유사 어휘의 변별과 교수 방안에 대한 논의까지 활발하게 진행되고 있다. 그런데 앞서 2부에서도 언급하였다시피 서로 비슷하다고 하였을 때 그 경계는 상당히 모호하다. 어휘 간 의미가 어느 정도 가까워야 비슷한 것이며 어느 정도 멀어야 비슷하지 않은 것인가에 대한 질문에 정확한 답을 내리기 어렵다. 그럼에도 유사 어휘의 범위를 설정하고 정의 내리는 일은 필요하다. 더욱이 한국어교육에서는 유사 어휘의 변별이 중요한데, 그 이유는 유사 어휘의 범위와 정의가 유사 어휘군의 기준이 되기 때문이다.

유사 어휘 연구 초기 연구로는 심재기(1963), 남성우(1981), 최은규(1985), 김진식(1990), 김광해(1999), 이광호(2002), 이영제(2016) 등이 있는데, 이들은 개념을 정립하고 유사 어휘의 유형을 나누어 연구의 밑바탕을 마련하였다는 점에서 의의가 있다. 남성우(1981)에서는 공시적 관점에서 근대 국어의 유의어[1] 구조를 분석하여 세 가지로 분류하였을 뿐만 아니라, '고유어 대 고유어'와 '고유어 대 한자어'로 나누어 어휘 간 의미 차이를 밝혔으며 대치법, 반의 사용법, 나열법 등 3가지 분석법을 제시하였다. 이후 이광호(2002)는 국어학에만 한정되는 기존 연구에서 벗어나 집합론적 개념에 따라 유의어군을 유형화하여 포함관계와 중첩관계의 어휘들을 대상으로 살펴보았다. 그리고 이 논의에서는 이(二)어관계와 다(多)어관계로 나누어서 유의어군을 유형화시켰는데 새로운 틀을 적용시킨 연구라고 볼 수 있다.

또한 유의어를 의미 변화에 따라 관계가 변한다고 보았던 이영제(2016)은 의미적으로나 분포적으로 비전형적인 유사 관계에 있는 유형들을 근사 유의어와 준유의어로 보아야 함을 주장하였다. 예를 들어 '틈/겨를', '까닭/때문'과 같이 본래 유의 관계였으나 단어의 의미 변화로 인하여 의미적 관련성이 떨어지는 관계가 되거나 분포적으로 대체되지 않는 관계가 되는 어휘들이 있는데 의미 변화는 특성상 부분적으로 일어나므로 단순히 일부 문맥에서 대체가 불가능하다고 해서 유의관계를 벗어났다고 단정하기 어렵다고 본 것이다. 이 연구의 경우 기존 유의어의 개념에서 벗어나는 시도를 하였다는 점에서 의의가 있다.

이와 함께, 어휘의 본질상 완전동의 관계가 가능한가에 대한 견해들이 있다. 학자에 따라 완전동의를 인정하기도 하고(J.Lyons, 1968[2]; 김종

---

1 본고에서는 '유사 어휘'라는 용어를 사용하지만 해당 연구에서 '유의어'라는 용어를 사용하였기 때문에 그대로 인용하기로 한다.

2 J.Lyons(1968)은 유의어를 '① 의미적으로 완전히 동일하고 모든 맥락에서 상호교환 될 수 있는 것, ② 의미적으로 완전히 동일하지만 맥락에서 상호교환 될 수 없는 것, ③ 의미적으로 완전히 동일하지는 않지만 모든 맥락에서 상호교환 될 수 있는 것, ④ 의미적으로도 완전히 동일하지 않고 맥락에서 상호교환 될 수도 없는 것'으로 하위분류하였다.

택, 1970; 남성우, 1972; 최보일, 1978; 김대식, 1980; 김용석, 1981; 이석주, 1981; 양태식, 1984; 허웅, 1984; 김형규, 1989; 이익섭, 1885, 1993; 김형국, 1996 등), 완전동의를 인정하지 않기도 한다(S. Ullmann, 1957, 1962; A.Darmesteter, 1886; 이을환, 1963; S.I.Hayakawa, 1964; Webster's, 1971; 이숭녕, 1971; 이용주, 1972; 이승명, 1972; 홍영모, 1976; 김용석, 1981; 최창렬, 1981; 김진우, 1985; 심재기, 1985; 강기진, 1987; 염선모, 1987; 김광해, 1989; 문금현, 1989; 김진식, 1991; 백인애, 1995; 김광해, 1988; 문금현, 1989; 이광호, 2002; 강현화, 2000, 2001, 2005 등).

그런데 완전동의 관계를 부정하는 입장인 S. Ullmann도 완전동의의 가능성조차 배제하지는 않았다. S. Ullmann(1962:142)에서는 완전동의의 가능성마저 부정하는 것은 잘못임을 지적하고 예외적으로 전문어에서 완전동의 관계를 발견할 수 있다고 하여 영어에서의 의학용어인 '맹장염'의 예시를 든다. 국내 학자들의 경우 영어의 Synonym을 남성우(1985)에서는 의미 범위가 완전히 일치하거나 부분적으로 일치하는 어휘 쌍으로 보았고 김형규(1989)에서는 똑같은 뜻을 가지는 이형상의 낱말이라고 하였으며 심재기(1990)은 Synonym을 이루는 두 개 술어가 완전히 교차할 수 있다고 하였다. 임지룡(1992)에서는 Synonym이란 동일한 의미를 지니는 어휘 쌍이라고 인식하였고 김형국(1996c)에서는 같은 의미를 가지고 있는 여러 가지 형태의 말이라고 정리하였다. 특히 이익섭(1985)는 지시 대상이 같다는 점을 지적하며 완전동의 관계를 인정하였다. 여기에서 '지시 대상이 같다는 점'에 주목할 만한데 사실 순수과학용어의 완전동의 관계의 예시로서 언급되는 '맹장염-충수염'의 경우 역시 지시하는 대상이 같은 경우이다.

그러나 한국어교육에서는 학습자의 입장에서 생각해 보아야 한다는 점에서 과연 담화·맥락에 따라 완전동의의 여부가 달라진다고 할 수 있는지는 의문이다. 이용주(1972)에서는 일상어의 경우 의미의 감정적인 요소가 크게 작용하기에 완전동의 관계 성립이 불가능하고 순수과학용어에서 감정적 요소가 배제되는 경우라도 구체적인 담화 상에서는 감정적인 요소가 개입되지 않고는 사용되고 이해될 수 없다고 하였으며 김진식(1991)에서는 언어 체계 내에서 동일한 의미를 가진 단어는 존재할 수 없다고 하는 압도적인 다수설에 주목하여 두 개의 단어가 아무리 뜻이 같더라도 연상 의미까지 완전히 동일할 수는 없다고 하였다. 다시 말해, 어휘는 사전적 뜻풀이가 동일하다고는 하여도 사용 맥락과 제약, 그 안의 의도가 서로 다르다는 말이다. 외국인들은 직관이 없다. 그렇기 때문에 유사 어휘군의 어휘들이 완전히 동일하다고 하면 그야말로 모든 맥락에서 자유롭게 교체하여 사용하여 비문을 생산해 낸다.

이와 같은 이유로 언어교육과 언어의 사용의 측면에서 유사 어휘가 연구되기 시작하였는데 대표적으로 유사 관계 어휘라는 개념을 새로이 정립한 유현경·강현화(2002)가 있다. 이 연구에서는 한국어 학습 현장에서는 의미가 비슷한 어휘 간의 구별 문제도 중요하지만 보다 넓은 범위의 어휘 간의 관계 설정이 필요하다고 하여 그 유형을 구분하다.

〈표 1〉 유현경·강현화(2002)의 유사 관계 어휘의 유형

	유사 관계 어휘 유형		예
1	음운적 유사 관계	① 발음이 같은 경우	넘어/너머 부치다/붙이다
		② 띄어쓰기	한번/한 번

2	형태적 유사 관계	① 줄임말	연세대학교/연대
		② 도치	간혹/혹간
		③ 파생어 및 합성어	작다/작다랗다/자그맣다 몸/몸뚱이 반짝/반짝이다/반짝거리다
		④ 모음 조화 및 자음 교체	졸졸/줄줄/쫄쫄/쭐쭐/촬촬
3	문법적 유사 관계	① 동일한 격틀	뜯다/떼다/따다 (1이 2를 V)
4	의미적 유사 관계	① 비슷한 의미	순수하다/해맑다/순진하다/청렴하다/깨끗하다
5	화용적 유사 관계	① 방언	옥수수/강냉이
		② 은어 및 전문어	맹장염/충수염
		③ 성별어	·
		④ 연령어	밥/맘마
		⑤ 존대어	집/댁 자다/주무시다
		⑥ 입말 및 글말	매우/되게
		⑦ 금기어	죽다/돌아가다/숨지다/눈감다
6	기타	① 상하위어 및 동위어	월/화/수/목/금/토/일
		② 정도 차이	선선하다/서늘하다/시원하다/쌀쌀하다/춥다

위 〈표 1〉과 같이 유현경·강현화(2002)에서는 '음운적 유사 관계', '형태적 유사 관계', '문법적 유사 관계', '의미적 유사 관계', '화용적 유사 관계', '기타 관계'로 구분한다. 이와 함께 조민정(2010)도 '음운적', '형태적', '문법적', '화용적'으로 유사 어휘의 유형을 나눈다. 유현경·강현화(2002)와 조민정(2010)은 모음 조화와 자음교체를 형태적인 것인지 음운론적인 것으로 볼 것인지에 있어 차이가 있는 것을 제외하고는 두 연구에서 다룬 유형이 매우 비슷하다. 이는 언어교육 및 언어

사용의 관점에서 어휘를 다루고 있기 때문이다. 사실 이 두 연구에서 제시한 유사 어휘의 종류는 전통적인 논의로 보았을 때는 인정되지 않는 것들이 많다. 예를 들어 발음이 유사한 음운적 어휘인 '붙이다-부치다'라든가 높임말, 성별어 등은 전통적인 분류에 들지 못할 것이다. 그러나 학습자들에게는 정확한 사용에 어려움이 있기 때문에 한국어교육에서는 되레 초점을 두어야 한다. 이에 따라 관련어나 혼동어라고 하여 학습자의 어휘 학습에 도움이 되는 어휘 목록을 다루기도 한다. 예를 들어, '운동'이라는 어휘와 관계가 있는 것들을 생각했을 때 '근력, 운동복, 운동화, 운동장, 유산소, 체육' 등이 있을 수 있는데 이러한 어휘들이 관련어에 해당한다고 볼 수 있다. 이 어휘들은 어휘 의미론 분야에서 다루는 상·하위 어휘나 유사 어휘, 반의 어휘 등의 유형에 해당하지는 않지만, 언어교육의 관점에서는 분명히 학습자의 어휘 학습에 도움이 되는 목록이다. 도재학·강범모(2012)에서는 한 단어의 관련어에는 그 단어의 상·하위어, 부분어, 동의어[3] 등이 섞여 있을 수 있지만 비단 그것들에 한정되지는 않다고 하여 관련어는 특정 범위에 한정되지 않는다고 하였다.[4]

유사 어휘에 대한 연구는 초기 개념 정립과 용어에 대한 논의해서부터 시작하였다. 그러나 유사 어휘가 어휘 교육에서 중요한 역할을 한

---

3 본고에서는 동의어를 인정하지 않으나 도재학·강범모(2012)에서 동의어를 인정하였으므로 그대로 인용하도록 한다.

4 한편 사전에서의 관련어는 표제어의 뜻을 쉽고 빨리 이해하는 데 도움을 줄 뿐만 아니라 그와 관련된 제반 지식을 주는 역할을 하는 어휘를 말한다(이희자·우재숙, 2006: 163). 김광해(1993)에서는 관련 어휘라 하여 올림말로부터 출발하여 최대한의 정보에 접근할 수 있도록 하기 위하여 사전이 특별한 방법으로 제공하고 있는 모든 어휘라고도 하였다. 이처럼 관련어라는 개념은 특정 어휘의 참고 자료로서의 역할을 하는 개념으로 볼 수도 있고 의미 관계를 드러내는 개념으로 볼 수도 있다.

다는 점에서 최근 들어 한국어교육 연구에서 중점적으로 다루어지고 있다. 다음 절에서는 유사 어휘 연구를 범주별로 나누어 살펴보도록 하겠다.

2. 유사 어휘 연구의 범주

2.1. 유사 어휘 목록 제시

유사 어휘의 목록을 제시하는 일은 쉬운 일이 아니다. 어휘의 양이 방대할 뿐만 아니라 그 안에서 어떤 기준으로 유사 어휘군을 묶는가를 논하는 것은 간단하지 않기 때문이다. 그럼에도 불구하고 유사 어휘의 목록을 제시한 연구들이 있는데, 대표적으로 박재남(2002), 문금현(2004), 신명선(2004), 박아름(2009), 양순영(2010), 이소희(2016), 이상순(2019), 손연정(2021) 등이 있다.

박재남(2002)에서는 유의어 간 의미 변별을 위해서 유의어를 의미적 관점, 통사적 관점, 화용적 관점으로 나누어서 구체적인 하위 기준을 제시하고 한국어 교재와 한국어능력 시험에서 나타난 유의어를 정리하여 품사별 유의어 목록을 제시하였다. 문금현(2004)에서는 유의어의 의미 변별 기준을 4단계로 나누고 등급별로 한국어교육용 유의어 학습 목록을 선정했다. 박재남(2002)과 문금현(2004)은 유사 어휘 변별의 기준과 유형 분류의 기준을 제시하였다는 점에서 의의가 있으나 실제 담화를 기준으로 삼은 것이 아니라 기존 학습 자료와 사전 표제어를 대상으로 하였다는 한계가 있다.

박아름(2009)는 한국어교육에서의 기본 명사 유의어 목록을 선정하였고 양순영(2010)은 한국어 중급 교재에서 동사 유의어 목록 86개를 추출하였다. 그러나 어휘를 추출하는 과정에서 교재에 색인으로 수록된 어휘만을 다루었기 때문에 실제로 빈번하게 사용되는 어휘를 포함시키지 못하였다.

이소희(2016)에서는 사전 뜻풀이를 기준으로 하여 유사 어휘 쌍을 제시하였고 이들의 핵심어를 선정하여 이를 중심으로 어휘 간 관계망을 분석하였다. 이 연구는 뜻풀이의 한계를 지적함과 동시에 그 뜻풀이를 중심으로 유사 어휘군을 선정하였다는 아쉬움이 있다. 또한 이상순(2019)는 다문화 배경 초등학생들을 위하여 동사와 형용사 유사 어휘군을 선정한 연구인데 연구자의 직관에 의지하여 목록을 선정하였다는 점에서 객관성 확보가 어렵다.

신명선(2004)와 손연정(2021)은 비교적 방대한 말뭉치 자료를 대상으로 분류 기준을 세워서 귀납적으로 어휘를 분석하여 목록을 선정하였다. 신명선(2004)와 손연정(2021)은 모두 학술 텍스트에 나타나는 어휘를 다루었는데 신명선(2004)는 국어교육의 관점에서, 손연정(2021)은 한국어교육의 관점에서 학술 텍스트에 나타나는 유사 어휘를 선정하였다. 신명선(2004)에서는 '사고도구어'라는 용어를, 손연정(2021)에서는 '유사 혼동어'라는 용어를 사용한다. 신명선(2004)는 기존 연구의 패러다임을 바꾸어 말뭉치로부터 새로운 방법으로 유사 어휘 목록을 선정하였다는 점에서 의의가 있는 연구이다. 이 연구에서는 1차 어휘와 2차 어휘로 나누어 그 목록을 제시하는데 어휘의 의미를 기반으로 하여 총 926개의 단어족으로 구분 지었다. 그러나 어휘 자체의 개념으로만 어휘를 분류하였고 그 사용 양상을 살피지 않았다는 한계가 있다.

손연정(2021)에서는 학술말뭉치에서부터 학술 어휘들을 추출하여 의도별로 나누고, 유사 어휘를 선정하였다. 이 연구에서는 학술 텍스트에서 필자가 드러내는 태도를 이성적인 것과 감성적인 것으로 나누고 전자는 다시 주관적 판단과 객관적 인식으로 구분하여 총 17가지로 나누었다. 17종류의 의도별로 각각 어휘를 선정하여 유사한 어휘로 묶었는데 각 어휘들이 사용되는 양상을 자세하게 밝히어 변별을 시도하였다. 학술말뭉치를 대상으로 하여 귀납적으로 분석하였다는 점과 어휘의 의미와 사용 양상 및 실제 사용 의미를 밝혔다는 점에서 의의가 있다.

2.2. 유사 어휘 변별

다음으로 유사 어휘 변별을 주로 한 연구들을 살펴보도록 하겠다. 우선, 김광해(1999)는 사전의 뜻풀이를 정교화하기 위한 방안으로 유의어를 다루고 있는데 이 연구에서는 해당 어휘의 중심 의미, 외연이나 공기 대상, 상황이나 화용적 조건, 함축 의미, 어휘의 결합관계와 대립관계 등을 유의어 변별의 기본 틀로 삼았다. 유의어 자체에 대한 논의가 아닌 유의어를 통해 사전의 뜻풀이를 정교화하기 위한 연구지만 언어교육의 관점에서 유의어 변별을 위한 기준을 제시한 초기 연구로서의 가치가 있다. 이처럼 사전의 뜻풀이에 관련하여 유의어를 다룬 연구들로는 장원원(2011), 박종호·황경수(2012), 이소희(2016) 등이 있는데 사전 뜻풀이의 한계나 문제점이 있다는 한계가 있다. 장원원(2011)에서는 사전적 의미와 원형적 의미 그리고 확장형 의미의 틀을 기준 삼아 유의어의 변별을 시도하였고 박종호·황경수(2012)에서는 사전적 정의와 명사 논항을 이용하여 유의어의 변별을 시도하였다. 이소희(2016)는 사전 뜻풀이를 기준으로 하여 귀납적으로 유의어를 제시하고자 하였으며 유의어 쌍들의 핵심어를 선정하여 이를 중심으로 어휘들 간의 관계망을 분석하고자 하였다. 이 연구의 경우 사전 뜻풀이의 한계 및 문제점을 지적하고 있음과 동시에 그 뜻풀이를 중심으로 유의어를 선정하였다는 모순이 있다.

반면, 말뭉치 분석을 통한 유의어 변별을 시도한 연구들로는 강현화(2000, 2001, 2005), 김은영(2004), 봉미경(2005), 최홍열(2005), 이지혜(2006), 김정현(2007), 장세영(2009), 서희정(2010), 유지연(2010), 조형일(2010), 장원원(2011), 박종호·황경수(2012), 김은주(2014), 이소희(2016), 손연정(2019, 2021), 이원미·이미혜(2023), 최지영(2023) 등이 있다. 이들 연구는 대부분 형용사를 대상으로 하였다는 특징이 있으며 말뭉치 용례 분석을 통해 호응하는 문장 성분, 의미적·문법적 정보, 연어 정보, 공기 관계, 빈도 등을 정리하였다. 강현화(2000)는 말뭉치를 이용하여 부사와 호응하는 문장 성분에 대한 기술을 통해 유의어 변별에 도움을 주고자 하였으며 강현화(2001)에서는 유의적 부사의 의미적 정보와 문법적 정보를 말뭉치를 통해 수집·분석을 하여 유의적 부사의 교육방안을 모색하였다. 이 연구는 유의어 간의 의미 차이를 분명히 밝혀내기 위하여 실제 담화를 고려하였다는 점에서 의의가 있다. 김은영(2004)는 감정동사 유의어를 대상으로 '즐겁다'의 유의어인 '기쁘다, 신나다, 재미있다'와 '무섭다'의 유의어인 '겁나다, 두렵다, 섬뜩하다'의 의미 차이를 분석하였는데 이들 의미 차이를 분석하는 방법으로 명사와의 공기 관계를 살펴보았다. 봉미경(2005)은 시간 부사 '방금'과 '금방'을 변별하였는데 두 어휘의 문법적 지위, 의미, 문법적 제약, 연어 정보, 문체적 정보, 빈도 정보 등을 분석하여 한국어교육 현장에서 활용할 수 있는 기초 자료를 정리하였다. 김정현(2007)은 한국어의 고빈도 감정 형용사에 초점을 두어 유의어의 변별적 교수 방안을 모색하였는데 사전을 기준으로 모어 화자의 직관을 이용해 어휘 간의 의미적 차이를 살피고, 말뭉치를 활용하여 유의어 변별에 도움을 줄 수 있는 결합 관계에 대한 정보를 분석하였다. 이들은 모두 말뭉치 분석을 통하여 어휘의 실제 사용에 초점을 두었다는 점에서 의의가 있다. 기쁨과 슬픔을 나타내는 기초 감정 형용사를 중심으로 변별한 강현화(2005), '모자라다'와 '불쌍하다'의 유의어를 대상으로 한 최홍열(2005), 감정 형용사를 다룬 이지혜(2006), 감각 형용사를 다룬 장세영(2009), 감정형용사 '아쉽다', '안타깝다', '아깝다', '섭섭하다', '서운하다'의 제시 방안을 다룬 서희정(2010), 그리고 '아름답다', '예쁘다', '곱다'의 변별을 다룬 유지연(2010)이 있다. 또한 이원미·이미혜(2023) 감정형용사 '만족스럽다'류 변별 연구-의미적, 통사적, 화용적 측면에서 변별을 시도하였는데 연역법과 귀납법을 모두 사용하였다. 그러나 이들 연구와 달리 김은주(2014)는 특정 품사에 제한을 두지 않고 10종의 한국어 교재와 2004년부터 2013년까지 10년간 한국어능력시험에서 유의어 문항으로 출제된 어휘들을 추출하여 공통적으로 등장하는 유의어 총 45쌍을 선정하여 의미 분석을 하였다. 이는 어휘 전반을 다루려는 시도로 볼 수 있다.

이들 연구 중에서 특히 조형일(2010), 강현화(2011), 손연정(2019, 2021), 최지영(2023) 등은 어휘의 실제 사용 맥락의 중요성을 강조한 연구들이다. 조형일(2010)에서는 유의어 교육은 듣기, 말하기, 읽기, 쓰기가 통합적으로 진행되어야 하는 학습이라고 하면서 일반적인 유의어 의미 차이 변별에서만 머무를 것이 아니라 유의어가 실제로 사용되는 맥락도 분석해야 한다고 했다. 강현화(2011)은 어휘 교수에서 맥락의 중요성을 강조하며 유의어 변별 역시 맥락 안에서 그 정확한 용법을 파악해야 함을 강조한다. 특히 사전의 뜻풀이 기술이 유의적 관계에 있는 어휘들을 특별한 변별성 없이 동어 반복적으로 되어 있음을 지적하였다. 손연정(2019)에서는 인지 행위 동사를 대상으로 실제 사용에서의 의미를 분류하여 제시한 바 있는데 이는 사전적 의미에서 벗어나 어휘를 새로운 차원으로 보았다는 점에서 의의가 있으며 손연정(2021)은 학술텍스트에 나타나는 유사 혼동어를 언어 사용의 태도에 따라 분류하였고 실제 말뭉치 용례를 귀납적으로 분석하여 그 변별을 시도하였다. 최지영(2023)은 시원함을 의미하는 날씨 표현 한국어 형용사의 유의어에 대한 연구로서 한국어 교재 빈도, 학습자 말뭉치 빈도, 일기예보 빈도를 비교하였다. 이를 통하여 한국어교재가 날씨 표현에 있어 언어 실생활을 제대로 반영하고 있지 못함을 밝혔다. 이 연구들은 어휘의 실제 사용에 초점을 두어 어휘의 변별을 시도하거나 맥락의 중요성을 강조하며 유의어 어휘 변별 역시 맥락 안에서 그 정확한 용법을 파악해야 함을 강조하였다. 이는 학습자의 학습에 실질적인 도움을 줄 수 있다는 점에서 의의가 있다.

이와 더불어 유사 어휘의 교수 방안을 논한 연구들도 있다. 최경아(2007), 박아름(2009), 양순영(2010), 박수현(2013), 이희재(2013), 배윤정(2015, 2021, 2022), 이상순(2019), 이연정·이주미(2020), 남귀옥(2022), 채은경·강이경(2022) 등이 그것인데, 교육방안에 초점을 두었기 때문에 유의어 변별에 대한 논의는 깊게 이루어지지 않았다. 최경아(2007)은 시간 부사어를 중심으로 한 유의어 교육 방안을 논의한 연구로서 먼저 학습 단계별 시간부사의 유의어를 선정, 배열하고 그 교육 방안으로서 유의어의 의미 자질 분석과 문법적· 화용적 특징 분석을 제안하였다. 박아름(2009)에서는 명사 유의어군의 의미 차이를 분석하고 한국어교육에서의 기본 명사 유의어 목록을 선정한 후 공통 특성과 변별적 특성을 통한 의미 변별을 시도하였으며 양순영(2010)은 중급 교재의 동사 유의어군을 기준으로 의미 차이를 분석하였는데 한국어교육 기관 4곳의 중급 교재를 중심으로 동사 유의어 목록 86개를 추출하여 유의어간 의미 변별 기준을 제시함과 동시에 교육 방안도 모색하였다. 그러나 동사 유의어를 추출하는 과정에서 교재 뒤에 수록된 어휘만 다루어 실제 현장에서 공통적으로 빈번하게 출현하는 동사를 제시하지 못하였다는 한계가 있다. 박수현(2013)은 한국어 교재에 나타난 감정어휘를 다섯 종의 한국어 통합교재를 기반으로 그 제시된 양상의 문제점을 분석한 뒤 교육 방안을 제시하였고 이희재(2013)는 학습자의 다양한 표현력과 정확한 한국어 사용을 위해 고급 단계 학습자를 위한 어휘 교육이 필요하다고 주장하였다. 이 연구에서는 효율적인 학습을 위해 의미 변별 자질 분석을 활용한 교수법과 연어 정보를 활용한 교수법을 제시하였다. 배윤정(2015)는 '기쁘다'의 유의어 교육 방안에서 특히 사회·문화적 배경을 포함한 어휘가 있을 경우 이에 대한 보충 설명이 필요하다고 하였다. 예를 들어 '반가운 까치'처럼 '반갑다'와 공기어를 형성하는 '까치'에 대해서는 문화적인 접근이 필요하다는 입장이다. 이 경우 언어의 의미 중 사회·문화적 의미까지 고려해야 한다는 지적이라는 점에서 언어교육의 측면에서 매우 의미 있다고 할 수 있겠다. 이상순(2019)은 동사와 형용사 유의어 쌍을 선정하여 다문화 배경 초등학생의 한국어 어휘력을 확장시키고 교사가 유의어 교육에 활용할 수 있는 기초 자료를 마련한 연구인데 연구자의 직관에만 의지하여 정리하였다는 한계가 있다. 이연정·이주미(2020)은 '이용하다', '사용하다'

를 대상으로, 채은경·강이경(2022)에서는 '아깝다', '아쉽다', '안타깝다'를 대상으로, 배윤정(2022)에서는 '기부하다', '기증하다'를 대상으로 그 사용 양상에 기대어 효과적인 교육 방안을 모색하였다. 이들 연구는 구체적으로 어휘를 교수하는 방안에 대한 연구들이다. 그런데 교육방안이라는 것은 학습자의 특성에 따라, 교수자의 특성에 따라, 교수·학습 환경에 따라 다를 수밖에 없다는 한계가 있고 제시한 교육 방안의 효과를 검증하기 어려운 면이 있다.

3. 유사 어휘 변별의 방법

유사 어휘의 변별 방법을 소개하고자 하는데, 이를 알고 있으면 유사 어휘들 간의 차이를 다양한 각도에서 밝힐 수 있다. 이 방법들은 어휘의 특성에 따라 적용이 가능한 방법도 있고, 적용이 어려운 방법이 있을 수도 있다. 또한 새로운 변별 기제를 제시할 수도 있다.

3.1. 성분 분석법(Componential Analysis method)

어휘의 의미 성분들을 추출해 내는 방법으로, 어휘의 의미를 구분하는 데 쓰이는 가장 대표적인 방법이다. 변별이 되는 어휘의 의미 성분을 의미 원소(semantic prime)으로 나타낼 수 있다(박재남, 2002:61). 예를 들어 '밥–진지', '선생–스승'의 경우, '진지'와 '스승'은 [+공손성]을 가진다고 볼 수 있다. 임지룡(1992:59)에서는 의미 원소로 의미 성분을 나타내는 것을 성분 정의(componential definition)라고 하면서 성분은 [ ] 속에 넣고, +/–기호로 된 양분법을 표시하여 나타내었다. '성인 남자'의 경우 [+MALE] 그리고 상보관계에 있는 다른 쪽을 [-FEMALE]로 나타내고 같은 원리로 [+ADULT][-YOUNG]으로 나타낼 수 있다.

성분 분석법은 어휘 의미의 속성을 세분하여 생각할 수 있기는 하지만 한국어교육의 입장에서는 학습자들의 어휘 학습에 큰 도움이 되는 방법은 아니다. 성분 분석법으로 변별할 수 있는 어휘들은 모국어 대조나 시각 자료를 활용하면 더 효과적으로 변별할 수 있기 때문이다.

3.2. 대치 검증(Substitution test)

이 방법은 한 어휘를 다른 어휘로 바꾸었을 때 모든 문맥에서 의미 차이 없이 교체되는지를 판단하는 방법이다. 맥락에 따라 대치 가능한 여부가 달라지거나 담화 상황에 따라 내포적 의미의 차이가 발견될 때 유의어를 변별할 수 있는 의미 차이를 찾아낼 수 있다. 대치 검증은 한국어 학습자들에게도 유용한 정보를 제공해 준다.

예를 들어, '장발'과 '긴 머리'는 기본적으로 의미 차이가 없이 교체될 수 있다. 같은 외연을 지칭하는 표현이기 때문이다. 그러나 맥락에 따라서는 대치될 수 없기도 하다.

ㄱ. **장발/긴 머리**의 남자는 무대 중앙에서 기타를 치고 있었다.
ㄴ. 찰랑찰랑한 **긴 머리를/장발을** 가진 지수를 보고 나도 머리를 길러야겠다고 생각했다.

'장발'과 '긴 머리' 중에서 장발은 머리가 긴 남자에게 사용되는 어휘이면서 동시에 예쁘다는 이미지가 떠오르지 않는다. 반면 '긴 머리'라고 했을 때는 남자와 여자 모두에게 사용될 수 있으며 외모에 대한 객관적 묘사와 예쁨이라는 주관적 감상 모두가 포함된다.

또한 다음과 같이 하나의 어휘가 맥락에 따라 서로 다른 내포적 의미를 지니기도 한다.

ㄱ. 가: **자기야,** 오늘 날씨가 너무 좋은데 우리 드라이브나 갈까?
나: 좋지. 어디로 갈까? 가서 맛있는 것도 먹고 오자.
ㄴ. 가: 선생님, 오늘 교무 회의에서 나온 안건 메일로 보내드렸어요.
나: 어, 봤어. 그런데 **자기야,** 나 이 부분이 무슨 말인지 모르겠네? 와서 좀 봐봐.

(ㄱ)의 '자기야'는 애인을 부르는 말이지만 (ㄴ)은 학교 선생님들 사이에서 사용되는 호칭어이다. (ㄱ)의 '자기야'에는 사랑하는 연인을 향한 애정이 담겨 있다면 (ㄴ)의 '자기야'에는 그런 애정이 있지는 않다.

3.3. 배열 검증(Arrangement test)

유의성의 정도가 모호한 어휘소들을 하나의 계열로 배열하여 유의 관계를 파악하는 것이다. 개념적 의미는 비슷하면서 정도성의 차이를 지닌 유의어들을 선적으로 배열해 봄으로써 유의어군 내에서의 위치와 각 어휘 간의 의미 차이를 파악할 수 있다. 예를 들어 온도를 나타내는 부사군은 '포근하다-따뜻하다-덥다-선선하다-쌀쌀하다-춥다'와 같이 정도에 따라 배열하는 방법으로 변별할 수 있다.

그런데 한국어교육에서는 유사 어휘군을 동일 품사로 구성한 전통적인 입장과는 달리, 품사나 형식은 달라도 같은 군으로 묶을 수 있는 경우는 유사 어휘군으로 보고 제시하기도 한다. 예를 들어 '매일-자주-종종-가끔-드물게-전혀 아니다'와 같은 것들이 있다.

3.4. 반의어 검증(Opposite test)

반의어를 사용하여 유의어를 변별하는 방법이다. 반의어 검증을 통해서 유의어의 의미 차이를 하는 것이 가능하다. 예를 들어, '이따가'과 '다음에'를 변별하고자 할 때 반의어를 통해 두 어휘의 차이를 말할 수 있다. '이따가'의 반의어는 '아까'가 될 것이고, '다음에'의 반의어는 '이전에'가 될 것이다. 반의어 검증은 유의어 변별을 위한 기초적인 의미 분석과 문맥별 유의 관계를 밝히는 데 도움이 된다.

그러나 이 변별 방법은 외국인 학습자들에게는 크게 도움이 되지는 못하는 방법으로 보인다. '이따가'와 '다음에'의 사용을 변별하여 알고 싶어 하는 학습자들에게 반의어가 다르기 때문에 서로 변별되는 어휘라는 설명은 성공적인 어휘의 사용에 큰 도움이 되지는 못하기 때문이다. 게다가 반의어란 무엇인가에 대한 것도 의미에 따라 다르게 설정될 수 있으며 경우에 따라 반의어를 말하기 어려울 수도 있다.

ㄱ. 가: 몇 년 만에 사촌 동생을 만났어. 많이 컸더라.
   나: 나도 오랜만에 친척 동생을 만났는데 성숙한 모습에 못 알아보겠더라.
ㄴ. 아기가 이유식을 먹으며 입을 오물거리는 모습이 정말 귀여웠다.
ㄷ. 사람들은 질서를 잘 지키는 성숙한 의식을 보여 줬다.
ㄹ. 우리나라가 선진국으로 거듭나려면 미숙한 시민 의식부터 개선되어야 한다.
(출처: 한국어기초사전 중 '귀엽다', '미숙하다', '성숙하다'의 예문)

위 예문들 중 ㄱ과 ㄴ은 아이의 성장 정도에 따라 '성숙하다'와 '귀엽다'를 사용하고 있다. 아이가 어릴 때는 '귀엽다'로 표현할 수 있고 아이가 자란 후에는 '성숙하다'로 표현할 수 있다. 이를 보면 '귀엽다'의 반의어가 '성숙하다'인 것처럼 보인다. 그러나 ㄷ과 ㄹ은 시민 의식의 수준을 나타내는 어휘로 '성숙하다'와 '미숙하다'가 사용되고 있다. ㄷ의 '성숙하다'는 ㄱ과는 다른 의미로 사용이 되고 있고

이에 따라 반대되는 의미는 '귀엽다'가 아닌 '미숙하다'가 된다. 이처럼 의미에 따라 반의어는 다르게 나타날 수 있고, 다음과 같은 경우도 생각해 볼 수 있다.

ㄱ. 가: 이 사진 좀 봐봐. 이번에 데뷔한 신인 아이돌 그룹인데 어때?
　 나: 어… 귀엽네.
ㄴ. 가: 이 사진 좀 봐봐. 이번에 데뷔한 신인 아이돌 그룹인데 어때?
　 나: 와, 귀엽다!

위의 예문은 아이돌 가수에 대한 대화인데 ㄱ의 대화처럼 머뭇거리면서 '귀엽다'고 말할 수도 있고 ㄴ처럼 감탄하며 '귀엽다'고 말할 수 있다.[5] 같은 어휘를 사용하였지만 전달하고자 하는 메시지는 서로 다르다. 전자는 별로 매력적이지 않다는 메시지를 전달하고 있으며 후자는 매력적이라는 메시지를 전달하고 있다. 그렇다면 이 경우에 반의어는 어떻게 되는가를 생각해 보아야 하는데, 전자의 대화에서도 후자의 대화에서도 '귀엽다'의 반의어가 무엇인가에 대해서 말하기가 어렵다.

이와 같은 문제뿐만 아니라 반의어로 유의어를 구분하고자 할 때 학습자는 반의어의 의미를 알고 있어야 한다. 그런데 학습자의 숙달도

---

5 G.Leech(1975)에서는 이와 같은 의미를 '정서적 의미(Affective meaning)'로 분류한다. 같은 어휘나 표현을 사용한다고 하더라도 어떤 '어조'로 말하느냐에 따라 그 의미가 서로 다르게 나타나는데, 이때 발생하는 의미를 '정서적 의미'라고 정의한 것이다.

에 따라서 반의어를 모를 수도 있으며, 실제로 교육 현장에서 반의어가 서로 다르다는 정보를 준다고 하여도 학습자들은 해당 어휘에 대한 정확한 이해를 하지 못한다. 반의어 정보는 해당 어휘가 어떻게 사용되는지를 보여주지 못하기 때문이다.

3.5. 결합 제약 검증(Selectional Restriction & collocation)

어휘들이 결합하여 문장을 이룰 때 주어진 위치에서 공기할 수 있는 어휘의 제약을 살펴보는 것이다. 이는 한국어교육 현장에서 유의어 변별 시 가장 기본적으로 활용하는 방법이다. 어휘마다 그 특성에 따라 용언의 특정한 실현 양상과만 공기가 가능하다거나, 특정 요소들과만 제한적으로 연결되어 긴밀한 관계를 가지거나 한다. 특정 어미와 호응하여 자주 쓰이는 형태로 나타나기도 하는데 이는 연어(collocation)로 명명하기도 한다.

ㄱ. 아버지는 망가진/고장이 난 자전거를 고치려고 자전거를 이리저리 둘러보고 계셨다.
ㄴ. 누구보다 열심히 노력했지만 계속되는 실패에 그의 삶도 많이 망가지고/고장이 나고* 말았다.
ㄷ. 엘리베이터 고장으로/망가짐으로* 우리는 십 층까지 계단으로 올라가야 했다.

(출처: 한국어기초사전 중 '고장'와 '망가지다'의 예문)

'고장이 나다'와 '망가지다'는 둘 다 온전하지 못한 상태를 나타내는 어휘이다. 그런데 자전거의 경우는 '고장이 나다'와 '망가지다' 모두 사용이 가능하지만, 삶은 '고장 나다'와는 결합할 수 없다. 또한 ㄷ의 예문과 같이 '고장'만 사용이 될 수 있으나 '망가짐'으로 대체할 수는 없다.

3.6. 통합적 관계 정보 활용

강현화(2005)에서는 사전이나 병렬 말뭉치를 활용한 대조는 의미 변별에 어려움이 있음을 지적하며, 통합적 관계 정보의 활용이 필요하다고 강조한다.

〈표 2〉 강현화(2005)의 '슬픔' 유의어의 통합적 정보

슬픔	~체언	부사~	~용언	굳은 표현
슬프다	얼굴, 이야기, 일, 표정, 때, 모양, 장면, 영화, 역사, 노래, 전설, 음악	유난히도, 그토록 아주, 무척	슬프게 울다	기쁠 때나 슬플 때나
애석하다	애석한 일	정말, 참	애석하게 생각하다, 여기다	애석하게도
애처롭다	애처로운 사연, 소식, 울음소리, 모습	정말	애처롭게 울다, 느끼다, 생각하다, 부르다	애처롭기 짝이 없다/ 애처로운 모습
애타다	마음, 호소, 사랑	-	-	애통한 마음

위 〈표 2〉를 보면 '슬픔' 유의어의 통합적 정보로서 연어 정보를 제시하고 있으면서 동시에 '굳은 표현' 정보를 보여주고 있다. 굳은 표현은 모어 화자들이 습관적으로 사용하여 고정된 표현이다. 각 어휘마다 서로 다른 연어와 굳은 표현을 가지고 있기 때문에 유의어의 변별 기제로 충분히 활용할 수 있다. 이러한 연어 정보와 굳은 표현은 한국어교육에서도 학습자들이 모어 화자와 같은 한국어를 구사하는 데 도움이 될 수 있다는 점에서, 유의어 변별 시 고려해야 할 정보이다.

3.7. 담화·화용적 정보 활용

통합관계 및 결합구성의 공기 관계를 바탕으로 어휘들이 사용된 담화와 문장의 맥락 및 상황을 고려하는 것이다. 변별되는 화용적 정보는 다양하게 나타나는데 그 내용을 정리하면 다음과 같다.

〈표 3〉 유의어 변별 기제로서의 화용적 정보

	유의어 변별 기제	세부 내용
김광해(1999)	상황·화용적 조건	주제, 상황, 관점, 목적, 대상
유현경·강현화(2002)	화용적 유사관계	지역에 따른 방언 사회계층 간 성별 연령 존비 관계 문체적 변이 금기
봉미경(2005)	문체적 및 화용적 의미 차이	입말과 글말, 격식과 비격식 존비 관계 어휘의 완곡성
김선영·전후민(2010)	화용적 정보의 유형	대화 참여자 요인(화자의 속성 및 관계) 대화 장면 요인(시간적 및 공간적 정보) 대화 내용 요인(주제) 대화 방식 요인(문체) **대화 의도 요인(태도, 방식 등 표현 효과)**

〈표 3〉은 이전 연구들에서 제시한 변별 기제 중 화용적 정보에 대한 내용을 정리한 표이다. 이 연구들에서 제시한 변별 기제는 유의어 쌍을 제시하기 위함도 있고 유의어를 변별하기 위함도 있다. 김광해(1999)에서는 주제, 상황, 관점, 목적, 대상이라고 하여 다소 추상적이고 포괄적으로 제시하였다면 이후 연구들에서는 구체적인 변별 기제를 제시한다. 유현경·강현화(2002)에서는 지역에 따른 방언, 사회계층 간 방

언, 성별어, 연령어, 존비 관계, 문체적 변이, 금기의 영역에서 유의어가 발생한다고 하였다.[6] 봉미경(2005)에서는 입말과 글말/격식과 비격식, 존비 관계, 어휘의 완곡성을 변별 기제로 두고 있고,[7] 김선영·전후민(2010)에서는 대화의 요인들을 세분화하여 이에 따른 유의어들을 보이고 있다.[8] 그런데 연구별로 다양한 기제들을 제시하고 있기는 하지만 큰 차이를 보이지는 않는다. 그러나 이들의 공통점은 단순히 어휘의 사전적 의미나 사용 제약에 따른 것 이외의 요인들을 통하여 유의어를 변별할 수 있다는 입장을 가지고 있다는 것이다.

이를 다시 말하면, 각 요인별로 유의어 즉, 언어 사용자들(학습자들)에게 사용에 혼동을 주는 어휘들이 발생한다는 것이다. 이러한 연구가 필요하여 진행되었다 함은 각 요인 상에서 학습자들에게 혼동을 주는 어휘들이 사용된다는 것을 의미한다.

이러한 화용적 정보가 유의어를 구분하는 데 도움이 되는 이유는 공적인 상황과 사적인 상황에서 사용하는 어휘는 차이가 있으며, 화자

---

6 유현경·강현화(2002)은 지역 방언에 따른 유의어는 '옥수수-강냉이', 사회계층 간 방언으로는 은어를 예로 들었다. 또한 연령에 따른 유의어로는 '밥-맘마', 존비 관계에 따른 유의어에는 '밥-진지', 문체적 변이에 따른 유의어에는 '매우-되게', 금기에 의한 유의어로는 '죽다-돌아가시다' 등이 있다.

7 봉미경(2005)에서는 입말과 입말체는 구별하되, 입말체와 비격식적 문체, 글말체와 격식적 문체는 비슷한 개념을 지시하는 것으로 보고 있다. 그 예시로 '춥다-한랭하다'를 들었고, 존비 관계의 차이로는 '아프다-편찮다', 연령별 어휘 사용의 차이는 '배고프다-시장하다'를 예로 들어 설명한다.

8 김선영·전후민(2010)에 따르면 대화 참여자 요인의 예로는 '과자-까까(통용어와 어린이 말)'과 '우리-저희(예사말과 높임말)'을 들 수 있으며, 대화 장면 요인의 예로는 '초등학교-국민학교(현재어와 이전 말)'와 같은 유의어들이 있다. 대화 내용 요인에서 발생하는 유의어는 '갈비뼈-늑골(일상어와 전문어)'를 예로 들 수 있고 대화 방식 요인의 예로는 '피-혈액(구어와 문어)'을 들 수 있다. 마지막으로 대화 의도 요인의 예로는 '아버지-아빠(일반어와 화자의 태도를 나타내는 말)' 등을 제시하였다.

와 청자와의 관계를 고려함에 따라 다른 어휘를 선택하게 되기 때문이다. 이러한 이유로 화자와 청자의 관계나 나이, 성별, 지위, 문맥 상황 등에 대한 화용론적 정보는 외국인 학습자에게 제공되어야 할 중요한 정보가 된다(문금현, 2000:33).

3.8. 맥락 의존

'기쁘다', '신나다', '즐겁다', '행복하다'의 경우 모어 화자들이 자주 쓰는 유의어지만 방언이나 문체적 차이, 시·공간적 차이 등 위에서 제시된 화용적 정보만을 토대로 변별하기는 어렵다. 이에 따라 이소현(2007), 서희정(2010), 이미지(2014) 등에서는 유의어가 사용된 앞뒤의 상황적 맥락을 고려하여 변별 기제를 제시하였다. 이 연구들은 각 유의어군의 말뭉치 용례 분석을 통해 앞뒤 상황 맥락에 따른 변별 기제를 체계화하였다. 공통적으로 '사용 상황'이라는 화용적 정보를 제시하고 있으면서도 각 유의어군에 따라 맞춰진 변별 기준을 제시하였다는 점이 특징적이다. 이러한 변별 방법은 각 유의어군에 따라 개별화된 기준이 있기 때문에 기존에 논의된 화용적 정보의 변별이 모든 유의어에 적용될 수 있는지에 대한 객관화 문제를 해결하게 된다.

이소현(2007)과 서희정(2010)은 모두 사용 환경, 상황 맥락의 화용적 정보를 이용하고 있으나 기존에 제시된 화용적 정보의 기준이 아닌 '부끄럽다'와 '아쉽다'의 각 유의어군이 사용된 각기 다른 상황 및 환경/맥락에 맞추어 변별 기제를 도출하고, 유형별로 범주화하여 분류하였다. 이소연(2007)에서는 긍/부정 상황, 사람과 관련된 사용(사물/사실, 일의 전제-자신과 관련된, 성격), 내적/외적 부끄러움, 지속성을 기준으로 하여 유의어 변별을 시도하였고, 서희정(2010)은 기대에 못 미침,

사라짐, 하고 싶은데 못함, 타인의 슬픔 공유, 부족함, 귀중함을 기준으로 두었다. 또한 '아쉽다', '섭섭하다', '아깝다'의 사용 맥락을 연구한 이미지(2014)에서는 분석 절차에 있어 감정이 발생하는 '원인'과 '결과'에 초점을 두고 그에 따라 맥락을 유형화하여 분류한 후 유의어들을 분석하였다. 이 연구에서는 '아쉽다', '섭섭하다', '아깝다'의 유의어군이 생성되는 원인으로 '부족함', '기대/계획대로 안 됨', '헤어짐/사라짐', '소홀한 대접/관계', '가치 있는 것의 사용/낭비', '가치 있는 것을 버림/줌', '가치를 활용 못함, 인정 못 받음' 등으로 분류하고 이에 따라 구체적인 맥락을 제시하였다. 상황과 맥락이라는 화용적 정보를 이용하고 있지만 감정 발생의 '원인'과 감정을 느끼는 '대상'을 변별 기준으로 삼았다는 점에서 기존의 화용적 정보 변별과 차이가 있음을 알 수 있다.

지금까지 앞선 연구들에서 제시한 유의어를 변별하는 방법 및 변별 기제에는 어떠한 것들이 있는지를 정리하였다. 앞서 말하였듯이 어휘의 특성에 따라 유의어 변별 기제는 달라질 수 있으며, 유의어군을 변별하기에 가장 효과적인 방법을 선별하여 적용할 수도 있다. 또한 기존 연구들에서 제시하지 않은 기제를 새로이 제시하여 변별할 수도 있을 것이다. 다만, 어떤 방법을 사용하든 궁극적으로 학습자들에게 도움이 되는 정보를 제공할 수 있어야 한다. 한국어 학습자들은 모어 화자의 직관이 없기 때문에 모어 화자들은 생각하지 못한 영역에서 혼동을 느낄 수 있다. 이러한 학습자의 특성을 고려한 유사 어휘에 대한 연구가 이루어져야 할 것이다.

4. 유사 어휘 변별과 말뭉치의 활용

4.1. 한국어교육에서의 유사 어휘 변별의 필요성

학습자에게 어휘의 의미와 사용을 정확히 교수한다고 하여 비문을 양산하지 않는 것은 아니다. 어휘를 학습하다가 보면 서로 학습자들은 비슷한 어휘들로 인한 혼동을 맞닥뜨리게 되는데 이를 해결해 주기 위해서 유사 어휘 간 변별 정보를 사전에 제공하는 것이 필요하다. 강현화(2005)에서는 외국어 학습의 초기 단계에서 어휘는 독립된 어휘로 학습되지만 중급, 고급에 이르러 이미 학습한 단어와 유사한 어휘를 새롭게 학습하게 될 경우 학습자는 반드시 이전에 학습한 어휘와의 차이를 알고 싶어 한다고 하였다. 또한 원미진(2010)에서는 한국어 고급 학습자들이 최종적으로 원하는 것은 고급 어휘의 적절한 사용이라고 하였는데 이때의 적절한 사용이란 해당 어휘가 다른 어휘와 어떤 변별점이 있으며 서로 다른 맥락에서 어떻게 다르게 사용되는지에 대한 이해가 충분히 이루어졌다는 것을 의미할 것이다.

조현용(2000)에서는 한국어교육에서 교사가 수업을 할 때 가장 어려움을 겪는 것으로 유의어[9]의 변별 및 교수를 꼽고 있다고 하였다. 사전에서의 어휘의 의미 풀이만으로는 유의어의 변별이 쉽지 않다. 강현화(2005)에서는 유의어 간의 변별성은 의미 풀이에 의해서 해결되기보다는 어휘 간의 통합적 관계나 다른 통사적 정보에 의해 변별되는 경우가 대부분이라고 하였으며 Martin(1984)에서도 학습의 초기 단계에서 일어나는 어휘적 오류는 주로 철자와 모국어 간섭에 의한 것이지

---

9 본고에서 사용하는 용어는 아니지만 다른 연구를 인용하고 있기 때문에 해당 연구에서의 용어를 그대로 사용하였다.

만 고급 단계로 갈수록 의미적, 문체적, 연어적 오류를 많이 범한다고 지적하였다.

이와 같은 이유로 한국어교육에서 유사 어휘를 변별하는 것은 핵심이 되는 일이라고 할 수 있다. 물론 어휘 하나에 지나치게 많은 정보를 제공하는 것은 학습 효과가 떨어지겠지만 중·고급 학습자들에게는 초급에서 학습한 어휘와의 변별점을 미리 제공하는 것이 도움이 된다.

4.2. 말뭉치의 종류 및 활용 방법

말뭉치는 국립국어원 홈페이지에서 말뭉치를 신청하여 사용할 수도 있고 연구의 목적에 맞게 직접 구축할 수도 있다. 국립국어원에서 제공하는 말뭉치는 학습자 오류 말뭉치와 모두의 말뭉치인데 모두의 말뭉치 종류에는 문어 말뭉치와 구어 말뭉치를 비롯하여 다양한 장르별 말뭉치들이 있다. 현재 국립국어원에서 제공하는 모두의 말뭉치의 종류는 총 62개인데 끊임없이 업데이트 되고 있다. 우선 국립국어원 홈페이지에 들어가서 '자료'를 클릭하면 '모두의 말뭉치'와 '학습자 말뭉치' 탭이 나온다. 원하는 말뭉치 종류를 선택하면 해당 말뭉치 페이지로 넘어가게 되는데 여기에서 연구의 목적에 맞는 말뭉치를 선택하여 신청을 하면 된다. 참고로 말뭉치를 신청하면 국립국어원에서 심사하여 허가를 받아야 다운로드 받을 수 있는데 이 과정이 짧게는 2-3일 길게는 일주일 정도 소요된다.

모두의 말뭉치를 다운로드 받게 되면 json파일로 되어 있는 것을 볼 수 있다. 이 파일은 텍스트 에디터 프로그램을 사용해야 열 수 있다. 텍스트 에디터란 텍스트 파일을 편집할 수 있게 하는 소프트웨어로 메모장, 노트패드, 에디트 플러스, 울트라 에디트 등이 있다. 이 중에

서 '에디트 플러스'를 활용하는 것이 비교적 편리한데 에디트 플러스는 인터넷에서 무료 평가판을 다운로드 받을 수 있다. 에디트 플러스에서 말뭉치 파일을 열면 다음과 같은 화면이 뜨게 된다. 이 용례들에서 정규식을 사용하면 보다 정교하게 원하는 부분을 찾을 수 있다.

정규식이란 특정한 규칙을 가진 문자열의 집합을 표현하는 데 사용하는 형식 언어이다. 정규식 사용의 예를 들자면, '[0-9]'와 같은 정규식을 지정하면 용례에서 숫자만 검색이 되고 반대로 '[^0-9]'와 같은 정규식을 이용하면 숫자를 제외한 글자만 검색된다. 정규식 목록은 에디트 플러스 사이트에 가면 제공되어 있는데 다음과 같다.

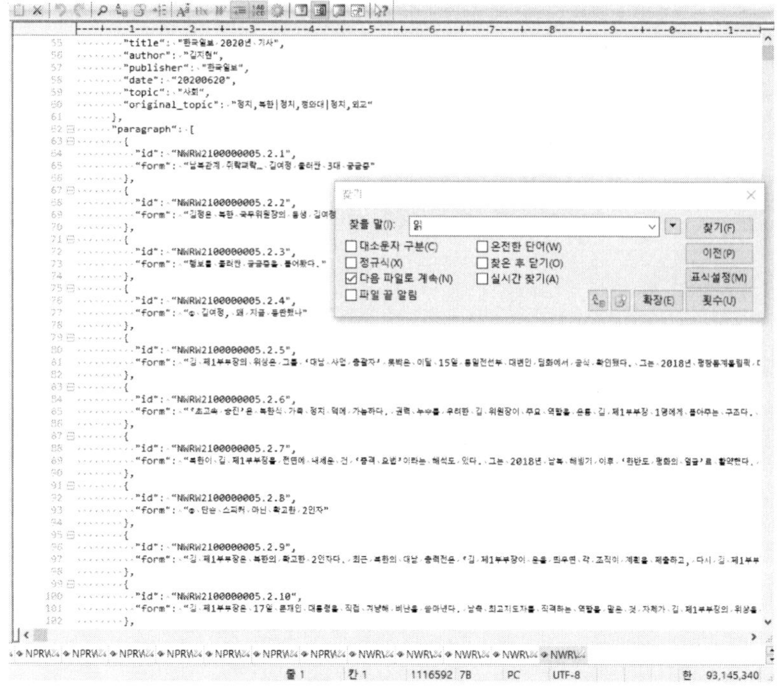

〈표 4〉 에디트 플러스 정규식 목록
(http://vean.tistory.com/entry/EditPlus-정규식, Vean Times: 티스토리)

식	설명
\t	탭 문자를 찾음
\n	줄 바꿈 문자를 찾음
•	모든 문자를 찾음
|	이 기호의 양쪽에 있는 두 글자를 찾음 예) 'a|b'를 지정하면 'a'와 'b'를 모두 찾게 됨
[ ]	대괄호 범위의 모든 문자를 찾음 예) '[ab]'를 지정하면 'a'와 'b'를 모두 찾게 됨. '[0-9]'는 0부터 9까지의 숫자를 찾게 됨
[^]	대괄호 범위의 모든 문자를 제외한 문자를 찾음 예) '[^ab]'를 지정하면 'a'와 'b'를 제외한 모든 문자를 찾게 됨

식	설명
*	별표 왼쪽에 있는 문자가 0번 또는 그 이상 일치하는 텍스트를 찾음 예) 'be*'를 지정하면 'b'와 'be', 'bee'를 찾음
+	플러스 기호 왼쪽에 있는 문자가 1번 또는 그 이상 일치하는 텍스트를 찾음 예) 'be+'를 지정하면 'be'와 'bee'는 찾지만 'b'는 찾지 않음
?	물음표 왼쪽에 있는 문자가 0번 또는 1번 일치하는 텍스트를 찾음 예) 'be?'를 지정하면 'b'와 'be'는 찾지만 'bee'는 찾지 않음
^	^기호 오른쪽에 있는 문자가 줄의 처음 글자인 경우를 찾음 예) '^A'를 지정하면 줄의 처음 글자가 'A'인 경우를 찾음
$	$기호 왼쪽에 있는 문자가 줄의 마지막 글자일 경우를 찾음 예) 'e$'를 지정하면 줄의 마지막 글자가 'e'인 경우를 찾음
\	이스케이프 문자로 쓰임. '\'문자 자체를 검색하려면 '\\'로 나타내어야 함.

이와 함께 어절 수나 문장 수를 세고 싶을 때에는 용례를 한 줄에 한 어절씩 오도록 하거나 한 줄에 한 문장씩 오도록 처리하면 쉽게 셀 수 있다. 이처럼 에디트 플러스를 활용하여 말뭉치 파일을 가공하고 연구의 목적에 알맞게 사용할 수 있다.

반면, 학습자 말뭉치는 웹사이트에서 바로 검색할 수 있다. 학습자 말뭉치는 '원시 말뭉치', '형태 주석 말뭉치', '오류 주석 말뭉치' 세 종류를 모두 활용할 수 있다. 이 역시 연구의 목적에 맞게 필요한 부분을 선택하여 용례를 볼 수 있다. 용례를 선택하게 되면 결과는 엑셀 파일로도 내려받을 수 있기 때문에 모두의 말뭉치보다는 활용하기에 용이하다.

5. 사례 연구: '(책을) 읽다'와 '독서(하다)'의 변별

초급 수준의 어휘 중 '(책을) 읽다'와 '독서(하다)'가 있다. 그리고 학습자들은 단순히 '(책을) 읽다'는 일상생활 말하기에서 사용하고 '독서(하다)'는 조금 더 고급 수준의 텍스트에서 사용된다고 인식하는 경향이 있다. 그러나 과연 그러한가를 생각했을 때 꼭 그렇지만은 않다. 일상생활 말하기에서도 충분히 '내 취미는 독서야'라는 문장을 발화할 수 있기 때문이다. 그리고 한국인의 직관으로 '(책을) 읽다'와 '독서(하다)'는 차이가 있다. 이 두 유사 어휘의 차이를 말뭉치를 활용하여 밝혀 보도록 하겠다.

말뭉치 중에서는 국립국어원에서 제공하는 모두의 말뭉치 중 '신문 말뭉치'를 활용하겠다. 신문은 교육 현장에서 교육 자료로 자주 활용되는 만큼 교육 자료로의 가치를 가지며(민병곤, 2000:133) 한국어교육 현장에서도 흔히 활용되는 자료이기도 하다. 신문은 당대의 언어 사용의 실태와 사용 양상을 잘 보여주고 대부분의 언어 사용이 목표로 삼고 있는 의미와 재미를 동시에 추구하면서 언어 사용의 관습성과 창조성을 잘 드러낸다(이도영, 2001:103). 따라서 신문은 고유어 '(책을) 읽다'와 한자어 '독서(하다)'의 다양한 사용을 담고 있을 것이라고 판단하여 신문말뭉치를 연구의 대상으로 삼기로 한다. '국립국어원 신문말뭉치 2021(버전 1.0)'은 2022년 4월 1일에 공개되었으며 2021년 신문 기사 원문 자료를 수집하고 정제한 말뭉치이다. 포함된 신문 매체는 '전국종합일간지', '지역종합일간지', '경제일간지', '스포츠일간지', '전문일간지', '인터넷 신문'으로 분류되는 35개의 매체로 구성되어 있으며 신문 기사는 총 729,280건이다. 신문말뭉치 용례 검색은 'EditPlus3.0'을 활용하였으며 앞서 정리한 정규식 등을 활용하여 결과를 얻을 수 있다.

5.1. 유의어 변별의 기준

유사 어휘의 차이는 단순히 의미나 문법적 제약에만 있지 않다. 한국어교육에서는 화용적 정보를 통한 변별이 필요한데 이를 위해서는 용례를 귀납적으로 분석하는 것이 좋다. 우선, 말뭉치 용례를 귀납적으로 보면서 유사 어휘의 변별 기준을 세워 나가는 과정이 필요하다. '(책을) 읽다'와 '독서(하다)'의 용례를 전체적으로 본 결과 변별 기준을 '사용 형태', '연어 정보', '공기 표현', '상황 맥락' 등으로 정리할 수 있었다.

먼저, 사용 형태란 예를 들어 해당 어휘가 명사형 종결어미가 붙어서 명사로 사용되는지 아니면 종결어미가 붙는 형태로 사용되는지 등에 대한 정보를 말한다. 다음으로, '연어 정보'는 '(책을) 읽다'와 '독서(하다)'의 앞·뒤로 어떤 어휘나 문법과 함께 나타나는지에 대한 정보이며 '공기 표현'이란 '(책을) 읽다'와 '독서(하다)'가 사용되었을 때 빈번하게 등장하는 표현에 대한 정보이다. 마지막으로 '상황 맥락'은 여러 가지가 포함될 수 있는데 전체적인 주제에서부터 기자가 상황을 서술하는 맥락 혹은 그래프 제시 상황까지 다양한 정보를 아우른다.

5.2. '(책을) 읽다'와 '독서 (하다)'의 사용 양상

말뭉치 용례를 귀납적으로 분석하여 '(책을) 읽다'와 '독서 (하다)'가 사용된 양상을 정리해 보면 다음과 같다.

(책을) 읽다	
N을/를 읽다	책/소설책/영어책/엽서를 읽다 등
N을/를 읽다(낭독)	신년사를 읽다, 책을 읽어 주다 등
책을 읽고/읽거나 V	책을 읽고 토론하다/활동을 하다/과제를 해결하다/비평문을 완성하다/글을 쓰다 등
책을 읽는/읽은 N	책을 읽는 공간/시간/독자 등
확장	흐름을 읽다 콘텐츠를 읽다 연장선상으로 읽히다 협상 재개 초읽기에 들어가다

우선 '(책을) 읽다'는 'N을/를 읽다'의 형태로 가장 많이 사용되는데 활자가 포함된 서지를 목적어도 두어 사용된다. 또한 같은 형태이기는 하나 '신년사를 읽다', '책을 읽어 주다' 등과 같이 묵독이 아닌 '낭독'의 의미로도 '읽다'가 사용된다. 다음으로 '책을 읽고/읽거나 V'와 같이

다른 동사들 즉, 다른 행동들과 함께 나타나는 경우들이 있었다. 이때 다른 행동들은 '토론하다', '활동을 하다', '과제를 해결하다', '비평문을 완성하다', '글을 쓰다' 등과 같이 책을 읽는 것과 연계되어 이루어지는 행동들이며, 이는 문제 해결의 실마리나 정보 등을 책에서 얻는 행위로 볼 수 있다. 관형형과 함께 '책을 읽는/읽은 N'로도 사용되고 있음을 알 수 있었는데 '책을 읽는 공간', '책을 읽는 시간', '책을 읽은 독자' 등이 있다. 마지막으로 활자가 포함된 서지가 아닌 것들과도 어울려서 '읽다'가 사용되기도 한다. 이는 '읽다'의 의미가 확장되어 '파악하다', '이해하다', '검토하다' 등의 의미로 사용되는 경우이다.

반면, '독서(하다)'는 '(책을) 읽다'와 조금 다른 사용을 보였는데 이는 다음과 같다.

독서 (하다)	
독서	독서·사색 등 집에서의 휴식 쇼핑, 독서·공부, 게임, 관람 등
독서N	독서대, 독서왕, 독서실, 독서율, 독서법, 독서 토론, 독서 지도, 독서 실태, 독서 시간, 독서 문화, 독서 시장, 독서 생활, 독서 영역, 독서 교육, 독서 정책, 독서 전략, 독서 습관, 독서 지문, 독서 기반 과제, 독서 확대기 등
N독서	개방형 독서, 장시간 독서 등
독서의 N	독서의 필요성/방식/단계/삶 등
독서가	독서가 즐겁다/가능하다/까다롭다 등
독서를	독서를 하다/즐기다/게을리 하다 독서를 통해 위안을 얻다 독서를 통한 휴식 독서를 이용한 놀이
독서에/에 대한	독서에 집중하다 독서에 대한 수요/남다른 생각/ 관심/궁금증/열망 등
독서하다	독서하기 좋은 계절, 독서하는 분위기, 독서하는 것, 독서하는 방식 등

우선, '독서'가 단독으로 다른 명사와 함께 나열되거나 합성되어 사용되는 경우가 가장 많았다. '독서'만 사용된 경우는 대개 취미에 대한 설명이나 설문조사 결과, 통계 결과 등이었다. 다른 명사와 합성된 형태로는 '독서대, 독서왕, 독서실, 독서 토론, 독서 문화, 개방형 독서, 장시간 독서' 등으로 매우 다양했다. 이와 함께 '독서의 필요성', '독서의 방식', '독서의 단계' 등으로도 사용되고 있었다. 또한 '독서'에 조사 '이/가', '은/는', '을/를', '에', '에서' 등이 붙은 형태로도 사용되는데 '독서가 즐겁다', '독서를 즐기다', '독서에 집중하다', '독서에 대한 관심', '독서에서 답을 찾다'와 같은 것들을 예로 들 수 있다. 마지막으로 '독서하기 좋은 계절', '독서하는 분위기', '독서하는 방식' 등과 같이 '독서하다'의 형태로 사용되기도 하였는데 용례의 수가 비교적 적었다.

'(책을) 읽다'와 '독서(하다)'의 용례를 비교하여 볼 때 둘의 사용 형태가 확연히 다른 것을 알 수 있다. '(책을) 읽다'에서 특징적인 것은 확장된 의미로 사용된다는 점이고 '독서(하다)'에서 특징적인 것은 다른 명사와 함께 합성된다는 점이다.

이와 같이 용례를 귀납적으로 샅샅이 살펴보면 많은 정보를 얻을 수 있다. 이 글에서는 신문 말뭉치를 대상으로 하였기 때문에 다른 말뭉치에서는 또 다르게 나타날 수 있다. 연구의 목적에 맞는 말뭉치를 선정하고 용례를 분석하여 한국어 어휘의 사용을 구체화하는 연구들이 이루어져서 한국어교육의 기초자료로 활용되기를 바란다.

■ 8장 ■

연어 연구의 실제

1. 연어 능력과 연어 능력 평가 방법

어휘 능력(lexical competence)이라 함은 어휘 지식의 양(vocabulary breadth)과 깊이(vocabulary depth)라는 두 차원에서 정의되는 개념이다. 즉, 얼마나 많은 어휘를 알고 있는가 하는 양적 측면과 그 어휘에 대해서 얼마나 깊이 있게 알고 있는가 하는 질적 측면에서 어휘에 대한 지식 체계가 정의될 수 있으며, 이 지식의 총체가 곧 어휘 능력이라 할 수 있다. 그렇다면 해당 어휘에 대해서 깊이 있게 안다는 것은 무엇을 의미할까?

단어를 안다는 것은 그 단어의 형태(form)와 의미(meaning), 사용(use) 측면에 관여하는 모든 요소의 지식을 안다는 것을 의미한다. Nation(2001:27)은 형태, 의미, 사용의 세 측면에 관여하는 하위 어휘 지식 요소를 다시 수용적 지식(receptive knowledge)과 생산적 지식(productive knowledge)으로 나누어 설명하고 있는데, 결국, 이 세 가지 측면에 관여하는 모든 어휘 지식을 갖추어야만 비로소 그 어휘에 대해 깊이 있게 안다고 할 수 있으며, 이것이 바로 어휘의 질적 지식이라 할 수 있다.

이때 어휘의 질적 지식에 필수적인 요소 중 하나가 바로 연어이다. 어휘 간 결합 관계를 일컫는 연어는 사용 측면에 포함된 어휘 지식의 하위 구성요소로서, 아래와 같은 지식 요소로 정의된다.

(1) Nation(2001:27)의 단어 인지 관련 요소(What is involved in knowing a word?)

사용 (Use)	연어 (collocations)	R 이 단어가 어떤 단어, 어떤 단어 유형과 함께 출현하는가? P 이 단어를 어떤 단어, 어떤 단어 유형과 함께 사용해야 하는가?

연어 지식은 수용적 측면에서 '이 단어가 어떤 단어와 함께 출현하는가?'에 대한 이해와 더불어, 생산적 측면에서 '이 단어를 어떤 단어와 함께 사용해야 하는가?'에 대해 아는 것을 의미한다. 따라서 해당 단어가 다른 어떤 단어와 함께 결합하여 쓰이는가를 아는가는 그 단어가 운용되는 방식, 즉 어휘의 사용법에 관여하는 중요한 어휘 지식이라 할 수 있다.

이렇듯, 연어 지식은 어휘 지식을 구성하는 요소로서, 특히 어휘 지식의 질적 깊이에 관여하는 어휘 능력의 필수적 구인이라 할 수 있다. 그러므로 학습자의 어휘 능력을 평가하고 어휘 발달 양상을 고찰하기 위해서는 어휘 능력의 질적 잣대가 될 수 있는 연어 능력에 대한 평가가 필수적이다.

그렇다면 연어 능력은 어떻게 평가할 수 있을까? 학습자의 연어 지식을 살펴보는 방법에는 두 가지 주요한 접근 방식이 있다. 하나는 연어 지식을 과제나 테스트를 통해 도출하는 방식이고, 다른 하나는 학습자 코퍼스를 활용하여 분석하는 방법이다. 전자는 학습자의 연어 지식을 도출할 수 있는 과제를 고안하여 학습자의 연어에 대한 수용적 지식과 생산적 지식을 확인하는 방법이다. 모어 화자 코퍼스와 사전 등을 활용하여 평가할 연어 문항을 마련하고 이를 학습자가 이해하거나 생산할 수 있는지를 확인하는 것인데, 대표적으로 COLLEX, COLLMATCH (Gyllstad, 2007, 2009)와 CONTRIX(Revier, 2009)를 들 수 있다. COLLEX, COLLMATCH는 연어에 대한 수용적 지식을 확인하기 위한 목적으로, CONTRIX는 연어에 대한 생산적 지식을 확인하기 위한 목적으로 고안된 평가 도구이다.

(2) 연어 능력 평가 도구의 예: COLLEX(Gyllstad, 2007)

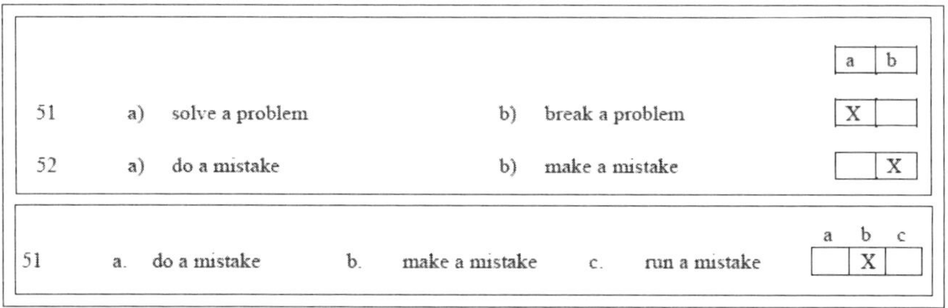

					a	b
51	a)	solve a problem	b)	break a problem	X	
52	a)	do a mistake	b)	make a mistake		X

							a	b	c
51	a.	do a mistake	b.	make a mistake	c.	run a mistake		X	

COLLEX는 'Collocating Lexis'의 줄임말로, Gyllstad(2007)가 스웨덴 영어 학습자를 대상으로 '동사+명사'로 구성된 영어 연어의 이해 능력을 평가하기 위해 개발된 측정 도구이다. 위의 예와 같이 보기를 제공하고 학습자들이 생각하기에 가장 흔한 단어 조합, 모어 화자가 사용할 것 같은 조합 하나를 선택하게 하는 방식이다. 보기는 가장 빈번하게 사용되는 관습화된 연어 항목 1개와 빈번하지 않거나 관습적으로 사용되지 않는 조합(pseudo-collocation)으로 구성되어 있다.

(3) 연어 능력 평가 도구의 예: COLLMATCH(Gyllstad, 2007)

	suicide	a problem	damage	a murder	someone a favour	justice
solve		X		X		
commit	X			X		
do			X		X	X

21	a. pay patience	b. pay attention	c. pay an assumption	d. pay lip-service	e. pay fees
	☐	☒	☐	☒	☒

catch a cold	draw a limitation
☐ yes	☐ yes
☐ no	☐ no

마찬가지로 COLLMATCH도 Gyllstad(2007)에 의해 개발된 측정 도구로, 'Collocate Matching'의 줄임말이다. 초기에는 가능한 단어 조합을 선택하는 그리드(grid) 형식으로 만들어졌으나(Gyllstad, 2007:157), 테스트 과정에서 발견된 단점으로 인해 '예/아니오' 형식을 사용하여 단어 조합이 자연스러운 조합인지, 영어에서 실제 자주 사용되는지 여부를 선택하도록 하였다.

(4) 연어 능력 평가 도구의 예: CONTRIX(Revier, 2009)

The quickest way to win a friend's trust is to show that you are able to ☐.	make hold (keep)	(a/an) the --	joke (secret) truth

CONTRIX는 'Constituent Matrix'의 줄임말이며, Revier(2009)가 개발한 측정 도구이다. 문항에는 연어가 사용되는 맥락적 정보를 제공

하는 지문과 함께 3개의 열로 구성된 행렬이 제시되는데, 각 열에서 구성요소 중 하나를 선택하여 지문에서 요구하는 '동사+관사+명사'의 조합을 완성하게 함으로써 연어의 표현 능력을 측정하고자 한 것이다.

이밖에 번역 과제(translation task), 선다형 문항(multiple choice), 빈칸 채우기(gap filling and grids), 클로즈 테스트(cloze test), 매칭 판단 과제(matching and judgement)와 같은 테스트 유형들이 도출 방식에 속한다.

한국어 학습자의 연어 지식을 측정하기 위해 고안된 문항 유형을 몇 가지 보이면 다음과 같다.

(5) 한국어 연어 능력 평가 도구의 예

■ 안재경(2012:46)

선다형	※ 다음의 문장을 참고하여 (　　) 안에 들어갈 가장 자연스러운 것을 하나만 고르십시오. Q.12 I got sick because I have been overworking myself lately. ☞요즘에 무리를 했더니 몸살이 (　　　　). ①났다　②있다　③걸렸다　④아팠다
CONTRIX	※ [보기]와 같이 자연스러운 문장이 되도록 각각의 요소에서 하나씩을 골라 문장을 완성하시오.

Q. 15	늦잠을 자는 바람에 ------------.	버스	을/를	놓쳤다
		지각	이/가	놓았다
		회사	-	넣었다

■ 김주희(2020), 번역 산출 과제

※ 看中文，然后写正确的韩文。
(중국어를 보고 빈칸에 알맞은 한국어를 쓰세요.)

<보기>

我们正在吃饭。→ ________ 먹______.
我们正在吃饭。→ 우리는 밥을 먹고 있어요.

1. 我不能早起来。→ ____________ 일어나지 ____________.

2. 昨天和朋友跳舞了。→ ____________ 춤을 ____________.

■ 솔레바 딜라프루즈(2021:76-78)에서 사용한 COLLEX, CONTRIX 문항 유형

★아래 <보기>와 같이 가장 자연스러운 것을 하나만 고르십시오.
Quyidagi <namuna>da ko'rsatilganidek, eng mos bitta javobni belgilang.
<보기>
① 비가 생기다 ● 비가 내리다 ③ 비가 일어나다

★아래 <보기>와 같이 각각의 요소에서 하나씩 골라 자연스러운 문장을 완성하십시오. Quyidagi <namuna>da ko'rsatilganidek, jumlaga mos ravishda har bir elementdan bittadan tanlab, jumlani to'ldiring.

현장에서 경찰서에 _____.	전화	이/가	만들었어요
	옷	을/를	받았어요
	선물	-	걸었어요

→ **전화를** 걸었어요.

영어 학습자의 연어 지식을 측정하기 위해 고안된 COLLEX, CONTRIX의 평가 유형을 한국어 연어 능력을 평가할 수 있는 형태로 수정하여 활용하거나 선다형 문항을 통해 수용적 연어 지식을, 번역 문항을 통해 학습자의 생산적 연어 지식을 평가하고 있는 것을 알 수 있다. 이와 같은 테스트를 통해 학습자의 연어 지식을 평가하는 것은 통제된 맥락 속에서 목표로 하는 학습자의 연어 지식을 이끌어낼 수

있다는 점에서 유용하다. 또한 평가 문항에 대한 타당도가 확보된다면 적은 수의 문항만으로도 학습자의 연어 지식에 대한 추론이 가능하다는 장점이 있다. 그러나 적은 수의 문항으로 연어 능력을 간접적으로 추론해야 하기 때문에 결과를 일반화하기에는 무리가 있으며, 학습자의 자연스러운 연어 수행 능력을 반영하지 못한다는 단점이 있다.

이러한 단점을 보완해 줄 수 있는 방법이 바로 학습자 코퍼스를 활용하여 연어 능력을 분석하는 것이다. 이 방법은 학습자가 생산한 문어와 구어 자료에서 연어 사용 및 발달 양상을 분석한다. 연구자 개인이 모은 학습자의 작문 및 발화 자료를 활용하거나 ICLE(The International Corpus of Learner English)와 같이 균형성과 대표성을 갖춘 학습자 코퍼스 자료를 가지고 자료에 나타난 연어를 추출하여 연어 오류를 분석하거나, 학습자의 연어 능력을 설명해 줄 수 있는 지표를 적용하여 연어 지식의 양적, 질적 능력을 살펴보는 것이다. 코퍼스를 활용하는 것은 도출 방식에 비해 학습자가 자연스럽게 생산한 연어를 살펴볼 수 있다는 장점이 있으나, 산출할 내용에 대한 엄격한 통제가 부족하고 살펴보고자 하는 연어가 코퍼스에서 출현하지 않을 경우 조사를 하지 못하게 되는 문제가 있다.

이상의 두 가지 접근법이 가진 장단점을 염두에 두고, 학습자의 연어 능력을 평가할 때에는 평가 목적과 이론적 근거를 분명히 하여 적절한 평가 방법을 취하여야 할 것이다. 다음 절에서는 코퍼스를 활용한 연어 지식 측정 방법에 중점을 두고 살펴보기로 한다.

2. 코퍼스를 활용한 학습자의 연어 능력 측정 방법

평가 문항을 통해 학습자의 연어 능력을 측정하는 경우와 달리, 코퍼스에서 학습자의 연어 사용 능력과 그 발달 양상을 규명하기 위해서는 객관적으로 측정 가능한 지표가 필요하다. 어휘 능력을 어휘 지식의 폭(breadth of knowledge)과 깊이(depth of knowledge)라는 두 가지 측면에서 설명하기 위해 어휘 풍요도(lexical richness)와 같은 지표들이 고안된 것과 마찬가지로 연어 지식도 양적인 측면과 질적인 측면을 동시에 측정할 수 있는 지표를 통해서 학습자의 연어 사용 능력을 고찰해 볼 수 있기 때문이다. 이러한 맥락에서 최근 어휘 풍요도를 측정하는 지표에 착안하여 연어 지식을 측정하고자 하는 시도들이 이어지고 있다.

(6) 연어 지식을 나타내는 지표
- 연어 다양도(collocational diversity): 연어 사용의 비율
- 연어 세련도(collocational sophistication): 정교하고 세련된 연어의 비율
- 연어 정확도(collocational accuracy): 연어를 정확하게 사용한 비율

다양도, 세련도, 정확도는 어휘 풍요도를 나타내는 지표들이다. 각 지표는 학습자의 어휘 능력의 발달을 측정하기 위해 사용되어 왔는데, 지금까지는 주로 개별 단어 단위에 국한한 측정이 이루어진 것도 사실이다. 바꿔 말해서 연어와 같은 다단어 단위를 대상으로 한 측정이 이루어지지 못한 것인데, 학습자의 어휘 능력의 발달을 보다 적확하게

측정하기 위해서는 다단어 단위를 포함한 어휘 풍요도 측정이 이루어질 필요가 있다. 이러한 요구에 의해 어휘 풍요도를 나타내는 지표를 연어 지식 측정에 적용한 것이 바로 연어 다양도, 연어 세련도, 연어 정확도라고 할 수 있다.

각 지표는 학습자 코퍼스에 쓰인 연어를 추출하여, 양적으로 학습자가 얼마나 다양한 연어를 사용하는지와 질적으로 수준 높은 연어를 사용하는지, 정확하고 적절하게 연어를 사용하는지로 연어 능력을 측정하는 것이다. 곧, 학습자가 다양하게 연어를 사용할수록, 저빈도 연어나 고급 수준의 연어를 많이 사용할수록, 연어 오류가 적을수록 학습자들의 연어 지식이 풍부하다고 간주하는 것이다.

구체적으로 각 지표를 산정하는 공식은 여러 가지가 있는데, 몇 가지를 살펴보면 다음과 같다.

〈표 5〉 연어 다양도와 세련도 측정 지표 및 방법(유소영, 2022:55)

측정 지표	측정 방법	측정 공식	연구
다양도	Root TTR	연어 유형/$\sqrt{}$연어 토큰	Paquot(2019) Jiang et al.(2021) Vandeweerd et al.(2021)
세련도	Academic Collocation List	학문적 연어의 수/연어 토큰	Paquot(2019)
	평균 PMI	MI 점수의 합/연어 토큰	
	평균 PMI	MI 점수의 합/연어 타입	Paquot(2018), Paquot et al.(2021)
	MI band 분포 비율 (collocation band)	Σ(MI 〈 3)/연어 토큰 Σ(MI 3≤5)/연어 토큰 Σ(MI 5≤7)/연어 토큰 Σ(MI 〉 7)/연어 토큰	Paquot(2018)

국외 연구에서는 어휘 다양도 측정에 가장 많이 사용되는 타입-토큰 비율(TTR)을 적용하여 연어 다양도를 측정하였다. 이때, 전체 사용된 연어 수(token) 대비 연어의 유형 수(type)를 제곱한 공식(Root-Type-Token Ratio)으로 연어 다양도가 계산되었다.

다음으로 연어 세련도 또한 어휘 세련도에서 착안된 개념인데, 단순한 일반적인 일상 어휘가 아닌 글의 주제와 스타일에 적합한 단어 조합(word combinations), 기술적인 용어의 사용뿐만 아니라 화자가 정확하고 정교한 방식으로 의미를 표현할 수 있도록 하는 흔하지 않은 단어 조합으로 정의된다(Paquot, 2019). 요컨대 일상 어휘와 대립되는 전문적인 연어와 흔하지 않은 저빈도 연어를 세련된 연어로 보는 것이다. Paquot(2019)는 연어 세련도를 측정하기 위해서 두 가지 방법을 제안하였는데, 하나는 학술적 연어 목록(Ackermann and Chen, 2013)에 나타나는 연어를 전문적인 연어로 간주하여, 학술적 연어를 얼마나 사용했느냐로 측정하였다. 다만, 이 방법을 활용하기 위해서는 공인된 대표적인 학술적 연어 목록이 마련되어 있어야 한다. 다른 하나는 연어 판별에 사용되는 연관 강도 측정 방법인 상호정보(MI) 값을 활용하는 방법이다. MI 값은 사용 빈도는 낮지만 결합 강도가 높은 연어를 나타낸다. 다시 말해서, MI 값이 높을수록 빈번하게 사용되지는 않지만 연어를 이루고 있는 구성요소들의 결합이 공고함을 나타내어 의미적으로 제약적이고 보다 정교한 결합으로 여기는 것이다. 영어 학습자들의 경우, 높은 MI 점수로 대표되는 빈번하지 않은 저빈도 연어를 모어 화자에 비해 과소 사용한다는 연구 결과에 따라(Durrant & Schmitt, 2009; Granger & Bestgen, 2014), MI 값이 연어 세련도를 측정하는 데 활용되고 있다. 구체적으로는 코퍼스에서 출현한 연어의 총 수나 유형 수로 상호

정보(MI) 값을 나누어 평균값으로 살펴보거나 상호정보(MI) 값을 밴드(band)로 분할하여 살펴보는 방식들이 활용된 바 있다.

연어 다양도, 연어 세련도, 연어 정확도는 학습자 코퍼스에서 학습자의 연어 능력을 계량적으로 측정할 수 있는 척도로써 학습자의 연어 능력을 규명하는 근거가 된다. 나아가, 학습자의 숙달도를 구별하는 지표로도 기능하고 있다. 그러나 연어 능력을 대표하는 객관적인 지표에 대한 탐색은 아직 초기 단계로, 학습자의 연어 능력을 설명하는 데 유효한 지표에 대한 개발이 지속될 필요가 있다.

3. 한국어 학습자의 연어 능력에 대한 연구

한국어 학습자의 연어 사용 양상과 연어 능력을 탐구하기 위한 목적으로 한국어 학습자 코퍼스를 활용한 연구들이 활발히 이루어지고 있다. 여기에서는 연구 방법론에 중점을 두고 그간 한국어 학습자의 연어 능력에 대한 연구들이 어떻게 이루어졌는지를 간략히 살펴보겠다.

대다수의 연구에서는 연어 오류를 분석하거나 고빈도로 쓰이는 일부 명사가 이루는 연어 관계에 한정하여 학습자들의 연어 사용을 살피고자 하였다. 이러한 까닭에 계량적인 지표들이 적극적으로 적용되지는 못하였는데, 근래에 들어 한국어 학습자의 연어 능력을 여러 객관적 지표를 통해 살펴보고자 하는 연구들이 나타나고 있다.

먼저, 한국어 학습자의 연어에 대한 양적 지식을 살펴보기 위해 아래와 같은 방법들이 활용되었다.

(7) 연어의 양적 지식 측정 방법

- 연어 타입 수 / 어절 수 (안의정, 2020; 임근석·남하정, 2021)
- 100어절당 정규화한 값 (안의정, 2020; 임근석·남하정, 2021; 유소영, 2022ㄱ)
- 연어 다양도: 연어 타입 수 / 교육용 연어 타입 수 (주정정, 2021)
- 연어 다양도: 연어의 타입/√연어의 토큰 (유소영, 2022ㄱ, ㄴ)

위의 방법은 어절 수 대비 사용된 연어의 토큰과 타입 수로 학습자들이 어느 정도로 연어를 사용하고 있는지에 대한 양적 지식을 가늠해 본 것이다. 어절 수를 기준으로 하여 살펴보는 경우에는 표본들의 어절 수가 모두 다르므로 보통 정규화한 값을 사용하게 된다. 안의정(2020)에서는 100만 어절로 정규화하여 모어 화자와 비교하였고, 임근석·남하정(2021)에서는 100어절당으로 환산하여 연어의 토큰 수와 타입 수를 계산하여 학습자 급수별 변화의 추이를 살펴본 바 있다.

한편, 어휘 다양도에 착안하여 연어 다양도를 측정한 연구는 주정정(2021), 유소영(2022ㄱ, ㄴ)이 대표적인데, 이때 분모를 무엇으로 삼을 것인가가 문제가 된다. 주정정(2021)에서는 교육용 연어의 타입 수 대비 학습자들이 사용한 연어의 타입 수로 다양도를 계산하였다. 분모가 되는 교육용 연어는 〈한국어교육 어휘 내용 개발(4단계)〉과 〈한중연어사전〉에 수록된 항목을 기반으로 한 것인데, 이는 이 연구의 대상인 '돈, 말, 생각, 생활' 4개 명사와 연어를 이루는 구성만을 살펴봤기에 가능한 것이다. 학습자가 사용한 연어 전체로 분석 대상을 확장할 경우, 분모로 삼을 만한 공인된 연어 목록이 현재로서는 없기 때문에 이 방법으로 다양도를 측정하기에는 무리가 있다. 이러한 연유로 유소영(2022ㄱ, ㄴ)에서는 Paquot(2019)에서 제안한 RTTR 방법을 적용하여,

코퍼스에서 출현한 전체 연어의 토큰 수 대비 타입 수의 비율로 한국어 학습자의 연어 다양도를 측정하였다.

다음으로 한국어 학습자의 연어 세련도를 측정한 연구는 드문데, 다음의 방법으로 연어 세련도를 측정하였다.

(8) 연어 세련도 측정 방법
- 중·고급 연어의 비율 (주정정, 2021; 유소영, 2022ㄱ, ㄴ)
- 평균 PMI(ΣMI / 연어 타입) (유소영, 2022ㄱ)

연어 세련도는 저빈도 연어와 고급 수준의 전문적인 연어를 사용할 수 있는 능력을 나타내는 지표이다. 고빈도의 초급 수준의 연어보다 저빈도의 고급 수준의 연어를 사용하는 것이 질적으로 더 높은 어휘 지식을 갖추었다고 가정하는 것이다. 이를 측정하기 위해서 먼저 연어 등급이 활용될 수 있다. 학습자들이 사용한 연어에 등급을 부여하여 전체 사용된 연어의 수에서 중, 고급 연어의 비율로 세련도를 측정하는 것이다.

다음으로 저빈도 연어를 측정하는 방법으로 국외에서 적용된 바 있는 상호정보(MI) 값이 활용된 연구도 있다(유소영, 2022ㄱ). 상호정보 값은 PMI(pointwise mutual information) 공식으로 계산되는데,[1] 연어를 이루는 두 구성요소가 함께 출현할 확률과 각각 독립적으로 출현할 확률

---

1 PMI 공식은 다음과 같다.

$$PMI(x,y) = \log\frac{P(x,y)}{P(x) \times P(y)} = \log\frac{\frac{f(x,y)}{N}}{\frac{f(x)}{N}\frac{f(y)}{N}} = \log\frac{f(x,y)N}{f(x)f(y)}$$

P(x)는 단어 x가 코퍼스에서 출현할 확률이고, P(y)는 단어 y가 출현할 확률을 나타내며, P(x,y)는 단어 x와 단어 y가 공기할 확률을 나타낸다.

확률의 비율을 계산함으로써, MI 값이 클수록 연어의 구성요소들이 더 긴밀하게 결합하여 드물게 사용되지만 결합 강도가 높은 연어로 판정한다. 앞 절에서 살펴본 것처럼 상호정보 값은 영어 학습자의 연어 사용 능력을 측정하는 데 유의미하게 활용되나, 국외 연구의 결과와 달리, 유소영(2022ㄱ)에서는 상호정보 값이 숙달도에 따른 연어 능력을 변별하는 데 기여하지 못하는 것으로 나타났다. 따라서 한국어 학습자의 연어 세련도를 측정하는 데 있어 상호정보 값이 유의한지에 대해서는 검증이 더 필요하다.

또한 연어 지식의 질적 측면을 나타내는 연어 세련도는 무엇을 세련된 연어로 볼 것이냐에 따라 세련도에 대한 조작적 정의가 달라지며, 이에 따라 측정 방법 또한 달라질 수 있다. 이처럼 학습자들이 사용한 연어를 오류뿐만 아니라 다양한 지표를 통해 분석한다면 한국어 학습자의 연어 능력의 다면적인 양상을 고찰해 볼 수 있을 것이다.

한국어 학습자 코퍼스 자료를 통해 학습자들이 말하기와 쓰기 영역에서 연어를 생산적으로 사용하는 능력을 측정할 수 있는 지표와 측정 방법을 모색하는 일은 한국어 어휘 평가 영역에서 중요한 작업이다.

4. 사례 연구: 한국어 학습자의 연어 능력 연구

4.1. 연구 목적과 연구 문제 설계하기[2]

- 연구 목적: 한국어 학습자의 숙달도가 높아짐에 따라 연어 능력이 발달하는지를 살펴본다. 이를 위해 연어 능력의 발달을 나타내는 지표로 연어 다양도와 세련도를 상정하여 숙달도별 연어 다양도

와 세련도를 측정한다.

• 연구 문제

① 한국어 학습자의 연어 다양도는 숙달도에 따라 발달되는가?

② 한국어 학습자의 연어 세련도는 숙달도에 따라 발달되는가?

4.2. 연구 대상 한정하기

우선, 연구 대상으로 삼는 연어의 유형은 기준에 따라 다르게 분류할 수 있으며 세부 유형이 다양하기 때문에 분석하고자 하는 연어 유형을 한정할 필요가 있다. 연어 구성 전체를 모두 살펴볼 수도 있고 특정 구성에 한정하여 살펴볼 수도 있다. 여기에서는 사례 연구로서 연어 구성 중 가장 큰 비중을 차지하고 있는 '명사+용언'형 구성에 국한하여 살펴보기로 한다.

4.3. 연구 방법 확정 및 자료 수집하기

4.3.1. 연구 방법 확정하기

한국어 학습자의 연어 지식의 발달 양상을 살펴보기 위해 코퍼스 분석 방법을 선택하였다. 코퍼스는 연구자 개인이 수집해서 사용하는 방법과 공개된 공적 자료를 활용하는 방법이 있다. 대표적인 한국어 학습자 코퍼스 자료로는 국가 주도 하에 구축된 국립국어원 한국어 학습자 말뭉치를 들 수 있는데[3] 이 자료는 2015년부터 2022년까지 구

---

2 사례 연구는 유소영(2022ㄱ)에서 논의된 내용의 일부를 수정, 보완해서 보인 것이다. 한국어 학습자의 숙달도에 따른 연어 지식의 발달에 대한 연구는 유소영(2022ㄱ, ㄴ)을 참고할 수 있다.

3 국립국어원 한국어 학습자 말뭉치 나눔터(https://kcorpus.korean.go.kr/index/

축되었으며 총 146개국, 101개 언어권의 학습자들이 생산한 자료로 구성된 것이다. 구축 규모는 다음과 같다.[4]

〈표 6〉 한국어 학습자 말뭉치 구축 규모

	문어		구어		합계	
	어절 수	표본 수	어절 수	표본 수	어절 수	표본 수
원시 말뭉치	4,407,583	37,300	1,823,007	3,720	6,230,590	41,020
형태 주석 말뭉치	2,760,085	23,975	1,253,148	2,788	4,013,233	26,763
오류 주석 말뭉치	674,636	6,242	671,379	1,507	1,346,015	7,749

4.3.2. 분석 자료 수집하기

코퍼스를 활용할 때에는 어떤 유형의 코퍼스를 활용할 것인가에서부터 세부 구성을 어떻게 꾸릴 것인가 하는 문제와 마주하게 된다.

(9) 코퍼스 활용에서 고려해야 하는 변인
- 코퍼스 유형: 원시 코퍼스, 형태 주석 코퍼스, 오류 주석 코퍼스
- 자료 유형: 문어 코퍼스, 구어 코퍼스
- 학습자 변인: 학습자의 유형, 학습 환경, 국적, 언어권, 숙달도
- 과제 변인: 글의 장르, 주제 등

연구자는 연구 목적에 맞는 코퍼스의 유형을 선택하고 세부 구성을

---

goMain.do)에서는 코퍼스 검색 기능과 구축된 코퍼스에 대한 통계 정보를 제공하고 있다. 또한 코퍼스 자료를 신청하여 받을 수 있다.

4 2023년 6월 기준으로 국립국어원 한국어 학습자 말뭉치 나눔터에서 제공하고 있는 자료를 가지고 온 것이다(검색일: 2024년 1월 23일).

어떻게 꾸릴 것인지를 결정해야 한다. 학습자가 생산한 형태를 그대로 입력해 놓은 원시 코퍼스와 원시 코퍼스에서 형태 분석을 한 형태 주석 코퍼스, 그리고 여기에 학습자의 오류를 분석해 놓은 오류 주석 코퍼스 중 연구 목적을 수행하기에 유용한 코퍼스 유형을 선택한다. 오류 주석 코퍼스의 경우 오류 표지가 부착되어 있기 때문에 학습자들이 범하고 있는 오류를 파악하는 데 유용하다. 다만, 연어 오류는 별도로 주석되어 있지 않으며 연구자가 보고자 하는 오류 유형이 없을 수 있고 오류 판단의 기준도 다를 수 있기 때문에 연구자가 연구의 목적에 부합하도록 다시 분석하는 작업이 요구된다. 사례 연구에서는 학습자가 사용한 연어를 추출하여 숙달도별 다양도와 세련도를 산정하고자 하므로 형태 주석 코퍼스를 사용한다. '명사+용언'형 연어 구성을 추출하기 위해서는 품사 표지가 부착되어 있는 형태 주석 코퍼스를 활용하는 것이 편리하기 때문이다.

다음으로 형태 주석 코퍼스에서 분석 자료로 삼을 표본을 선정하는 절차가 뒤따른다. 형태 주석 코퍼스 전체를 활용하거나 연구자가 연구 목적에 맞게 표본을 선별하여 코퍼스를 재구성해서 사용하는 것도 가능하다. 한국어 학습자 말뭉치는 학습자와 과제 변인이 다양하게 구성되어 있는데, 국립국어원에서 제공하고 있는 '한국어 학습자 말뭉치 표본 정보' 파일을 참고하여 학습자의 유형(일반 목적, 학문 목적, 결혼이민자, 이주노동자 등), 학습 환경(국내, 국외), 학습자의 국적, 언어권, 숙달도 등 학습자 변인뿐만 아니라 글의 장르, 주제 등 과제 변인을 고려하여 균형성을 갖춘 코퍼스로 재구성할 수 있다. 특히, 학습자의 언어권 또는 숙달도 간 비교 연구에서는 나머지 조건들, 예컨대 글의 장르나 주제를 통일하고 가능한 비슷한 어절 수의 표본들로 코퍼스를 구성하는 것이 표본의 편향(sampling bias)을 최소화할 수 있는 방법이다. 이 연구에서는 구어, 문어라는 사용역을 비롯해 글의 주제가 학습자의 연어 사용에 영향을 미칠 수 있다는 점을 염두에 두고 문어 코퍼스를 분석 대상으로 삼았다. 또한 1급에서부터 6급까지 유사한 주제로 쓰인 표본을 선정하여 코퍼스를 재구성하는 방안을 택하였다.[5]

〈표 7〉 분석 코퍼스의 구성

	1급	2급	3급	4급	5급	6급	합계
어절 수	38,614	46,273	49,176	51,655	58,602	58,864	303,184
표본 수	400	400	400	400	400	385	2,385

총 303,184어절(2,385개 표본) 규모의 균형 코퍼스를 최종 분석 자료로 삼는다.

4.4. 코퍼스에서 연어 추출하기

4.4.1. 연어 추출을 위한 전처리 과정

사례 연구에서는 형태 주석 말뭉치에서 '명사+용언'형 연어를 추출하고자 한다. 이를 위해서는 몇 가지 전처리 작업이 필요하다. 학습자 형태 주석 말뭉치에서는 어근과 접사의 형태를 분리하여 주석하는 방식을 취하였기 때문에 형태 분리가 가능한 어근과 접사가 분리되어

5 코퍼스의 세부 구성 요소에 상관없이 전체 표본을 그대로 사용할 경우에는 대규모 자료를 가지고 분석할 수 있는 반면, 변인을 통제하여 표본을 선정하게 되면 그 조건을 충족하는 표본 수가 그만큼 적어지게 되어 코퍼스의 전체 크기가 작아질 수밖에 없다. 한편, 이 연구에서는 중국어권, 일본어권, 베트남어권, 영어권 4개 언어권으로 한정하여 표본을 구성하였다.

품사 주석이 되어 있다. 이 점을 고려하여 연구자의 편의에 맞게 전처리하여 활용할 수 있다.

(10) ㄱ. 부작용 [부/XPN+작용/NNG] → [부작용/NNG]
ㄴ. 심각하다 [심각/NNG+하/XSA] → [심각하/VA]

(10ㄱ)의 명사 '부작용'은 접두사와 명사가 분리되었으며, (10ㄴ)처럼 용언도 명사와 동사파생접미사, 형용사파생접미사가 각각 분리되어 형태 주석이 되어 있다. 이에 이 연구에서는 분리된 형태를 다시 결합시켜 명사(NNG), 동사(VV), 형용사(VA)의 형태로 수정하였다. 전처리를 하는 까닭은 연어 구성을 추출할 때 작업의 효율성 측면에서 어근과 접사가 분리된 형태를 고려하여 추출하는 것이 불편하며, 이로 인해 잘못된 형태가 추출될 가능성을 막기 위함이다.

4.4.2. 연어 구성 추출하기

이어 전처리를 한 형태 주석 코퍼스에서 분석 대상이 되는 연어 구성을 추출한다. 여기에서는 4장에서 살펴본 연어 연구에서 마주하게 되는 쟁점 사항들을 하나씩 해결해 가면서 한국어 학습자 말뭉치에서 학습자들이 사용한 '명사+용언'형 구성을 추출해 보고자 한다.

- 인접성: 인접성은 연어 추출의 범위와 관련된 문제이다. 연어를 이루는 구성요소는 바로 인접하여 나타나는 경우가 있는가 하면 중간에 다른 요소가 삽입되어 나타나는 경우도 있기 때문에 연어를 추출할 때에는 범위를 몇 개 어절 내로 제한할 것인가에 대한

연구자의 결정이 필요하다. 이 연구에서는 '명사+용언'형 연어가 바로 인접해서 나타나는 2어절부터 4어절까지를 고려하였다. 형태소 N-gram을 활용할 경우, 명사를 노드로 삼아 오른쪽으로 2그램부터 5그램까지 추출하여야 4어절 내의 연어 구성을 추출할 수 있다.[6]

- 문법적 고정성: '명사+용언'형 연어의 구성은 '용언의 관형형+명사'와 같이 명사를 수식하는 구성도 있다. 만약 이러한 구성까지 포함한다면 명사를 기준으로 하여 왼쪽 어절까지 검색 공간으로 두어 수식 구성도 추출하는 것이 가능하나 이 연구에서는 수식 구성은 제외하기로 한다.

(11) ㄱ. **스트레스 받**아도 계속 공부나 일을 하면 상태가 나빠질 수밖에 없다. (2어절, 형태소 2gram)

ㄴ. 보통 공부나 회사 일 때문에 **스트레스를 받**는다. (2어절, 형태소 3gram)

ㄷ. 근무하는 사람들은 일할 때 **스트레스를 많이 받**았다. (3어절, 형태소 4gram)

ㄹ. 우리는 이웃과 사이가 좋지 않는 것이 일상생활에서 언어적·신체적인 **스트레스를 너무 많이 받**는 것과 무관하지 않다. (4어절, 형태소 5gram)

---

6 N-gram은 둘 이상의 연속된 단어의 반복되는 구 구성을 추출하는 방법으로, 'N'은 단어의 수를 의미한다. 형태 주석 코퍼스를 활용하는 본 연구에서는 N-gram을 형태소 단위로 추출하므로 2-gram(bi-gram)은 두 개의 형태소가 연속된 구성을, 3-gram (tri-gram)은 세 개의 형태소가 연속된 구성을 추출하게 된다.

위와 같이, '스트레스를 받다'라는 연어는 조사가 생략된 형태로 쓰일 수 있고 중간에 '많이', '너무 많이'와 같은 부사가 삽입되어 쓰이는 경우도 있다. 이와 같은 구성이 배제되지 않도록 하기 위해서 이 연구에서는 4어절까지를 고려한 것이다. 검색 범위를 더 넓힐 수도 있지만 그렇게 되면 불필요한 구성들이 다수 추출되어 연어 목록을 추리는 데 어려움이 있다.

- 구성요소의 수: 어휘적 연어는 대개 두 개의 어휘적 요소로 구성된다. 그러나 '눈이 빠지게 기다리다', '개가 멍멍 짖다'와 같이 두 개 이상의 어휘적 요소가 공고하게 결합하는 연어 관계도 존재한다. 본 연구에서는 명사를 기준으로 하여 우측으로 4어절 내의 구성을 살피므로 이러한 연어 구성까지 포함하기로 한다.

위와 같은 구성을 염두에 두고 사례 연구를 위해 재구성한 형태 주석 코퍼스(xml 파일)에서 2-gram부터 5-gram까지 Python 코드를 사용하여 N-gram을 추출하였다. 추출한 결과물을 Excel 프로그램을 활용하여 아래와 같이 '명사/NNG+동사/VV', '명사/NNG+형용사/VA' 조합으로 정리하였다. 3gram에서 '명사+동사' 조합을 추출한 예를 보이면 다음과 같다.

K17

	A	B	C	D	E
1	표본번호	형태1	형태2	형태3	빈도
2	sample_6660.xml.txt	학교/NNG	에/JKB	가/VV	2
3	sample_6660.xml.txt	느낌/NNG	을/JKO	갖/VV	2

4	sample_6660.xml.txt	교실/NNG	에/JKB	들어가/VV	2
5	sample_6660.xml.txt	경험/NNG	이/JKS	있/VV	1
6	sample_6660.xml.txt	예/NNG	르/JKO	들/VV	1
7	sample_6660.xml.txt	학교/NNG	에/JKB	다니/VV	1
8	sample_6660.xml.txt	초등학교/NNG	에/JKB	가/VV	1
9	sample_6660.xml.txt	교복/NNG	을/JKO	입히/VV	1
10	sample_6660.xml.txt	옷/NNG	을/JKO	입/VV	1
11	sample_6660.xml.txt	학교/NNG	에/JKB	도착하/VV	1
12	sample_6660.xml.txt	현장/NNG	이/JKS	나오/VV	1
13	sample_6660.xml.txt	손/NNG	을/JKO	잡/VV	1
14	sample_6660.xml.txt	심장/NNG	이/JKS	떨어지/VV	1

〈그림 1〉 연어 구성 추출의 예

4.4.3. 연어 판별하기

위의 과정을 거쳐 추출한 구성을 모두 연어로 보기는 어렵다. 그러므로 연구자의 연어에 대한 조작적 정의를 마련한 후, 이를 바탕으로 연어를 판별해야 한다.

• 연어에 대한 조작적 정의: 4장에서 연어에 대한 접근법은 성구론적 접근법과 빈도 기반 접근법으로 나뉜다고 하였다. 여기에서는 빈도 기반 접근법에 근간을 두고 "두 개 이상의 어휘적 요소가 자주 공기하여 긴밀한 결합을 보이는 관계"를 연어로 정의한다.

• 연어 판별 기준: 위의 조작적 정의에 따라, 연어를 이루는 두 어휘적 요소의 공기 빈도뿐만 아니라 통계적 연어에서 유의미한 연어를 나타내는 t 점수를 기준으로 연어를 판별하되, 한국어교육용 연어 목록에의 포함 여부도 연어 판별의 기준으로 삼는다.

① 빈도 기준: 학습자 코퍼스에서 추출한 구성이 참조 코퍼스

(reference corpus)인 세종 문어 말뭉치에서 공기 빈도 3회 이상, t 점수는 1.645 이상일 때, 그 구성을 연어로 판별한다.[7] 이 기준에 근거하여 1차 연어 목록을 만든다.
② 참조 목록 수록 여부[8]: 1차 연어 목록에 포함된 구성이 참조 목록에 포함되었는지를 확인하여 연어로 판별한다. 공기 빈도가 3회 이상이나 t 점수가 1.645 미만인 구성 중 참조 목록에 있는 구성까지 연어로 추가하여 처리한다.

상술한 기준에 근거하여 학습자 말뭉치에서 추출한 '명사+용언'형 구성에서 연어를 판별한다. 그런데 연어 판별 과정에서 맞닥뜨리게 되는 문제가 있는데, 바로 동형 관계에 있는 관용표현과의 구별 문제이다. 이는 실제 맥락을 보면서 연어와 구별을 할 필요가 있다.

---

7 영어 학습자의 연어 사용 양상을 살펴본 연구에서는 BNC(British National Corpus)를 참조 코퍼스로 삼고, 5회 이상 출현한 구성에 대해서 t 점수 또는 MI 점수를 할당하는 방식이 연어 판별 방법으로 채택되어 왔다(Durrant & Schmitt, 2009; Paquot, 2019; Jiang et al., 2021). 본고에서 공기 빈도 3회 이상을 임계치로 설정한 이유는 다음과 같다. 세종 코퍼스의 규모가 BNC(1억 단어)보다 작다는 점과 연어 구성을 최대한 포함시킨 후, 이를 t 점수와 MI 점수와 같은 연관 강도로 연어성을 파악해 보기 위한 의도가 있었기 때문이다.

8 사례 연구에서 참조한 목록은 다음과 같다.

ㄱ. 〈21세기 세종계획 전자사전〉의 〈연어 사전〉(기초) 9,024개 항목
ㄴ. 김하수 외(2007), 『한국어교육을 위한 한국어 연어 사전』(표제어 2312개)
ㄷ. 국립국어원, 〈한국어기초사전〉
ㄹ. 한국어교육용 연어 목록 선정 연구 : 임춘매(2020), 신지영(2008)

참조 목록은 연구자가 판단하기에 대표성을 갖춘 연어 목록으로 꾸릴 수 있다. 본고에서는 귀납적인 방식으로 연어 구성을 추출한 후, 참조 목록을 참고하는 방식을 취하였으나 연구자가 연역적으로 연어 목록을 마련해 놓고, 해당 연어 구성만을 학습자 코퍼스에서 추출하는 방식을 택할 수도 있다. 후자의 방법은 임근석·남하정(2021), 남하정·임근석(2023)을 참조.

• 관용표현과의 구별: 맥락 속에서 의미를 판단하여 관용표현과는 구분하여 처리한다.

(12) ㄱ. 집에서 아이가 잘못했을 때 부모가 **눈을 감아** 줄 수 있겠지만 밖에 나가서 다른 사람한테 그렇게 한다면 오해가 될 수도 있고 관계가 깨질 수도 있다.

ㄴ. 하지만 내 친구는 착한 사람이라서 친구를 많이 사귀었기 때문에 **발이 넓다**.

ㄷ. 또한 **중이 제 머리 못 깎는다**고 선백에게서 도움을 받는다거나 친구와 협력해서 한다거나 하는 것이 더 낫다.

(12ㄱ)에서 '눈을 감다'는 맥락에 따라 여러 의미로 사용될 수 있다. 축자적 의미 그대로 '신체의 눈을 눈꺼풀로 덮는 행위'를 나타내는 의미라면 연어로 간주되나, '남의 잘못을 보고도 못 본 체하다' 또는 '죽다'라는 제3 의미로 쓰였을 때에는 관용표현에 속한다. (12ㄴ)의 '발이 넓다'도 관용표현으로 쓰인 경우이며, (12ㄷ)은 '머리 깎다'와 같은 표현이 추출되나 이는 속담 구성에서 추출된 것이므로 연어로 처리하지 않는다. 처리한 문장에서 해당 구성이 어떠한 의미로 사용됐는지를 파악하여 연어를 판별하며, 〈한국어기초사전〉과 〈표준국어대사전〉에서 관용구와 속담 등으로 구별되어 부표제어로 다루어지고 있는 항목을 참조하여 관용표현에 해당하는 구성은 배제하기로 한다.

두 번째로 오류에 대한 처리 방식도 고민해야 한다.

• 오류에 대한 처리: 학습자가 생산한 연어에는 철자나 조사를 잘못 사용하거나 의미적 선택을 잘못한 오류도 포함되어 추출된다. 따

라서 연구자는 연구 목적을 고려하여 오류를 처리해야 한다. 연어 오류 분석에 초점을 둔다면 오류를 별도로 분석하여 정확성을 측정할 수 있다. 이 사례 연구에서는 다양도와 세련도에 중점을 두므로 의미적 선택 오류는 제외하고 철자 오류와 조사 오류의 구성은 연어로 간주하는 방식을 택한다.

(13) ㄱ. 예를 들면, 어떤 고등학생은 집에서 폭력 영화를 봐서 **계회를 세우고** 학교에서 다른 학생에게 폭력 행동을 했다.
ㄴ. 반면에 사이버 폭력 때문에 **상처를 바**을 사람이 지금보다 더 많아질 가능성이 있다는 부정적인 측면도 있다.
ㄷ. **힘이 내고** 한국말로 자주 얘기해서 문제가 생길 때 거의 스스로 해결할 수 있었다.

연어를 이루는 구성요소를 잘못 선택하여 부적절한 연어 조합을 생산한 경우를 제외하고, (13)과 같은 철자 오류와 조사 오류는 연어를 사용한 것으로 본다.

이상의 과정을 거쳐 최종 연어 목록을 확보한 다음에는 연어 다양도와 세련도를 측정한다. 이 연구에서는 총 3,264개 타입, 21,278개 토큰이 '명사+용언'형 연어로 판별되었다.

표본 번호	급수	명사	조사	용언	연어 주석	연어 형태	참조 목록	빈도	명사 빈도	용언 빈도	공기빈도	t-score
82	1급	음악/NNG	을/JKO	듣/VV	음악/NNG 듣/VV	음악 듣	O	1	2126	9483	112	10.39425
84	1급	공부/NNG	를/JKO	하/VV	공부/NNG 하/VV	공부 하	O	1	1962	137907	571	22.76223
84	1급	쇼핑/NNG	을/JKO	하/VV	쇼핑/NNG 하/VV	쇼핑 하	O	1	232	137907	19	3.631624
84	1급	수영/NNG	을/JKO	하/VV	수영/NNG 하/VV	수영 하	O	1	183	137907	31	5.118649
84	1급	숙제/NNG	를/JKO	하/VV	숙제/NNG 하/VV	숙제 하	O	1	468	137907	82	8.349187
84	1급	식사/NNG	를/JKO	하/VV	식사/NNG 하/VV	식사 하	O	2	1361	137907	252	14.703
84	1급	책/NNG	을/JKO	읽/VV	책/NNG 읽/VV	책 읽	O	1	6130	5333	661	25.58393
85	1급	공부/NNG	도/JX	하/VV	공부/NNG 하/VV	공부 하	O	1	1982	137907	571	22.76223
85	1급	식사/NNG		하/VV	식사/NNG 하/VV	식사 하	O	3	1361	137907	252	14.703

〈그림 2〉 학습자 말뭉치에서 판별한 연어 목록의 예

4.5. 연어 다양도와 세련도 측정하기

4.5.1. 연어 다양도 측정하기

최종 확보된 연어는 표본별로 정리한 후, 연어의 다양도와 세련도를 측정한다. 연어 다양도는 학습자가 다양한 연어를 쓸 수 있는지를 나타내는 지표로, 학습자가 산출한 전체 연어 중에서 중복되지 않은 연어가 얼마나 많은지를 측정한다. 다양도를 측정하려면 각 표본에서 사용된 연어의 총 수인 토큰(token)과 유형인 타입(type)을 정리해야 한다. Excel에 표본별로 정리한 후 RTTR 계산식을 입력하여 자동으로 계산하게 한다.

〈표 8〉 연어 다양도 측정 방법

측정 지표	측정 방법	측정 공식
연어 다양도	루트 타입-토큰 비율 (root type-token ratio, RTTRs)	연어의 타입/√연어의 토큰

연어의 다양도는 학습자들이 사용한 연어의 타입을 연어의 토큰을 제곱한 값으로 나누는 방식으로 계산된다.

표본 번호	급수	모어	명+동 토큰	명+동 타입	명+형 토큰	명+형 타입	명+용 토큰	명+용 타입	다양도
75	1급	영어	1	1	0	0	1	1	1.00
78	1급	영어	2	1	0	0	2	1	2.00
79	1급	영어	2	2	0	0	2	2	1.41
80	1급	영어	3	2	0	0	3	2	2.12
81	1급	영어	0	0	0	0	0	0	0.00
82	1급	영어	3	3	0	0	3	3	1.73
83	1급	영어	0	0	1	1	1	1	1.00
84	1급	영어	7	6	0	0	7	6	2.86
85	1급	영어	6	4	0	0	6	4	3.00
86	1급	영어	5	4	0	0	5	4	2.50

〈그림 3〉 연어 다양도 측정의 예

4.5.2. 연어 세련도 측정하기

연어의 세련도는 저빈도 연어와 수준이 높은 연어를 사용할 수 있는지를 의미하는 지표이다. 이번 사례 연구에서는 고급 수준의 연어를 사용하는 능력을 연어 세련도로 정의하여 연어의 등급에 기대어 중, 고급 연어의 비율로 세련도를 측정하도록 한다. 이를 위해서는 학습자들이 사용한 연어에 등급을 부여해야 하는데 연어 등급은 다음과 같은 기준으로 판단한다.

〈표 9〉 연어의 등급

A(초급)+B	A(중급)+B	A(고급)+B
초급 + 초급 : 초급	중급 + 초급 : 중급	고급 + 초급 : 고급
초급 + 중급 : 중급	중급 + 중급 : 중급	고급 + 중급 : 고급
초급 + 고급 : 고급	중급 + 고급 : 고급	고급 + 고급 : 고급

어휘적 연어는 대개 2항 구성으로 이루어졌기 때문에 연어를 이루는 두 어휘적 요소의 등급을 모두 고려해야 하는데, 그럴 경우 위와 같이 9가지 유형이 가능하다. 이때 어휘 등급은 〈국제 통용 한국어 표준 교육과정 적용 연구(4단계)〉(2017)에서 제시하고 있는 등급을 기준으로 하여, 아래와 같이 연어를 이루고 있는 각 어휘적 요소에 '초급', '중급', '고급' 등급을 부여한다.[9]

9 〈국제 통용 한국어 표준 교육과정 적용 연구(4단계)〉(2017)에서는 한국어 어휘를 1급부터 6급까지 등급을 부여해 두었다. 본고에서는 이 자료에 기반하여 1~2급 어휘를 초급, 3~4급 어휘를 중급, 5~6급 어휘를 고급 어휘로 삼고 세련도 분석에 활용하였다. 아울러 이 목록에 없는 경우는, '없음'으로 분류하였다. '없음'에 해당하는 항목에 대해서는 유사한 어휘들의 등급을 고려하여 판단하거나 저빈도 어휘로 간주하였음을 밝혀 둔다. 연어의 구성요소가 둘 다 '고급+고급' 수준의 어휘로 이루어진 경우만

표본 번호	급수	명사	조사	용언	연어 주석	연어 형태	빈도	명사 등급	용언 등급
29923	6급	결점/NNG	이/JKS	있/VV	결점/NNG 있/VV	결점 있	1	고급	초급
29923	6급	고통/NNG	을/JKO	감수하/VV	고통/NNG 감수하/VV	고통 감수하	1	중급	고급
29923	6급	노력/NNG	을/JKO	기울이/VV	노력/NNG 기울이/VV	노력 기울이	1	초급	중급
29923	6급	말/NNG	을/JKO	듣/VV	말/NNG 듣/VV	말 듣	1	초급	초급
29923	6급	병/NNG	을/JKO	앓/VV	병/NNG 앓/VV	병 앓	1	초급	중급
29923	6급	소리/NNG	를/JKO	듣/VV	소리/NNG 듣/VV	소리 듣	1	초급	초급
29923	6급	어려움/NNG	을/JKO	극복하/VV	어려움/NNG 극복하/VV	어려움 극복하	1	중급	중급

〈그림 4〉 연어 등급 적용의 예

그리고 두 구성요소 중 하나라도 '중급'과 '고급' 어휘를 포함하고 있는 연어 구성을 수준이 높은 연어로 간주한다.[10] 즉, 연어 관계를 이루는 구성요소 중 '중급'과 '고급' 어휘가 하나라도 포함되어 있는 연어를 수준이 높은 연어로 여기며 수준 높은 연어를 어느 정도로 사용할 수 있는가를 연어의 세련도 측정 지표로 삼고자 한다. 그리하여 학습자들이 고급 수준의 연어를 사용할수록, 바꿔 말해서 세련도가 높을수록 수준이 높은 연어를 구사할 수 있는 능력을 갖추고 있다고 전제하는 것이다. 연어 등급에 따른 세련도는 개별 표본에서 사용된 연어의 토큰 대비 고급 연어의 수로 계산된다.

포함하지 않고 두 요소 중 하나가 '초급' 내지 '중급' 수준인 연어까지 포함하는 이유는 연어 교육의 특성을 감안한 것이다. 어휘 교육에서 연어 교육을 강조하는 이유 중 하나는 이미 초급 단계에서 학습한 어휘를 활용하여 중, 고급 단계에서 새롭게 제시되는 어휘와 함께 사용하게 함으로써 연어 능력과 어휘력의 확장을 꾀할 수 있다고 보기 때문이다. 이처럼 중급과 고급 단계에서 학습하게 되는 어휘일지라도 해당 어휘와 자주 결합하여 연어 관계를 이루는 다른 한 요소는 이미 학습한 초급 또는 중급 어휘일 가능성이 많다. 이러한 점을 감안하여 연어의 구성요소 중 '중급'과 '고급' 어휘가 하나라도 포함되어 있는 연어를 수준이 높은 연어로 본다.

10 연어 목록을 선정한 후, 등급화한 논의에서도 두 구성요소의 등급 중 높은 등급에 따라 연어 전체의 등급을 판정하는 경우가 많다(김지은, 2010; 임춘매, 2020).

〈표 10〉 연어 세련도 측정 방법

측정 지표	측정 방법	측정 공식
연어 세련도	연어 등급에 의한 세련도	(고급 연어의 수 / 연어의 토큰)×100

연어에 등급을 부여한 후에는 표본별로 연어의 토큰 수와 고급 연어의 수를 입력하여 세련도 공식에 따라 자동으로 계산될 수 있게 한다.

표본 번호	급수	모어	명+용 토큰	명+용 타입	명+동 고급 토큰	명+형 고급 토큰	명+용 고급 토큰	세련도
392	1급	중국어	2	2	0	0	0	0
393	1급	중국어	7	5	1	0	1	14.28571
394	1급	중국어	6	5	0	0	0	0
395	1급	중국어	10	9	2	0	2	20
396	1급	중국어	14	13	1	0	1	7.142857
397	1급	중국어	8	5	1	0	1	12.5
469	1급	중국어	2	1	0	0	0	0
580	1급	영어	9	8	0	0	0	0
581	1급	영어	4	2	0	0	0	0
585	1급	영어	6	5	0	0	0	0
586	1급	영어	9	9	1	1	2	22.22222

〈그림 5〉 연어 세련도 측정의 예

4.6. 숙달도에 따른 차이 검정하기

표본별로 연어 다양도와 세련도를 측정한 다음에는 숙달도에 따른 차이가 유의미한지를 알아보기 위해서 통계적 검정을 실시한다.[11] 통계 프로그램[12]을 활용하여 세 집단 이상의 평균을 검정할 때에는 일원분산분석(One Way ANOVA)을 통해 집단 간 통계학적 차이를 밝힐 수 있다. 아래와 같이 1급에서부터 6급으로 숙달도가 올라가면서 연어

11 여기에서의 숙달도는 한국어 학습자 말뭉치 표본 정보에서 제공하는 학습자의 등급 정보를 의미한다. 즉, 한국어교육 기관에서 학습하고 있는 등급이므로 엄밀한 의미에서의 숙달도 등급과 차이가 있을 수 있다. 숙달도에 대한 판단은 연구자가 재평가하여 등급을 구분하거나 점수를 부여하여 활용하는 방안도 있다.

12 이 연구에서는 R 통계 프로그램을 활용하였다.

다양도의 평균값이 점차 증가하는 것을 알 수 있는데, 이러한 평균값의 차이가 유의미한지를 알아보기 위하여 일원분산분석을 실시하여 집단 간 차이를 살펴보았다.

〈표 11〉 숙달도별 '명사+용언'형 연어 다양도

숙달도	표본 수[13]	평균	표준편차	F/유의수준	사후검정 games-howell
1급	385	2.06	0.614	69.0/.001***	1급〈2,3급〈4급〈5급〈6급
2급	400	2.29	0.544		
3급	399	2.33	0.541		
4급	398	2.49	0.627		
5급	400	2.64	0.585		
6급	385	2.78	0.65		

*p 〈.05, **p 〈.01, ***p 〈.001

검정 결과, 숙달도 간 연어 다양도의 차이는 통계적으로 유의한 것으로 나타났다(F=69.0, p=.001). 이를 통해 숙달도가 올라갈수록 한국어 학습자들이 다양한 유형의 연어를 사용하고 있음을 알 수 있으며, 양적 측면에서 연어 능력이 발달하는 양상을 포착해 볼 수 있다.

다음으로 숙달도에 따라 연어 세련도가 증가하는지를 분석한 결과, 학습자의 등급이 올라감에 따라 연어 세련도의 평균값도 비례하면서 증가하는 것으로 나타났다.

13 N값은 해당 연어 유형이 출현한 표본의 수를 의미한다.

〈표 12〉 숙달도별 '명사+용언'형 연어 세련도

숙달도	표본 수	평균	표준편차	F/유의수준	사후검정 games-howell
1급	385	2.53	8.33	541/.001***	1급〈2급〈3급〈4급〈5급〈6급
2급	400	7.85	14.48		
3급	399	18.2	19.79		
4급	398	33.35	22.37		
5급	400	45.42	23.69		
6급	385	50.58	23.96		

*p 〈.05, **p 〈.01, ***p 〈.001

F-검정을 실시하여 숙달도별 연어 세련도의 차이가 유의미한지를 살펴본 결과, 숙달도 간의 차이는 통계적으로 유의미하였고(F=541, p=0.001), 사후검정 결과, 1급부터 6급까지 급별 차이 또한 유의미한 차이로 검정되었다. 초급보다 중급 학습자가 더 높은 수준의 연어를 사용하며 고급 학습자가 중급 학습자보다 더 높은 수준의 연어를 사용하고 있음을 보여주는 결과이다. 연어 등급에 의한 세련도의 평균값이 숙달도에 따라 체계적으로 증가하는 양상에 비추어 볼 때, 숙달도가 높아짐에 따라 학습자들이 더 높은 수준의 연어를 구사할 수 있게 되고, 결과적으로 질적인 측면에서 연어 능력이 발달하고 있음을 시사한다.

한국어 학습자들이 사용한 고급 수준의 연어를 보이면 다음과 같다.

〈표 13〉 고급 수준의 '명사+용언'형 연어의 예

	'명사+동사'형 연어	명사 등급	동사 등급	'명사+형용사'형 연어	명사 등급	형용사 등급
1	가사를 분담하다	고급	고급	감수성이 예민하다	고급	고급
2	가시에 찔리다	고급	고급	신경이 예민하다	고급	고급
3	관세를 부과하다	고급	고급	골치가 아프다	고급	초급

4	극도로 꺼리다	고급	고급	논란이 뜨겁다	고급	초급
5	논란이 일다	고급	고급	만사가 귀찮다	고급	초급
6	바이러스에 감염되다	고급	고급	소질이 없다	고급	초급
7	사원을 채용하다	고급	고급	자금이 부족하다	고급	초급
8	시련이 닥치다	고급	고급	학벌이 좋다	고급	초급
9	역량을 발휘하다	고급	고급	현실성이 없다	고급	초급
10	욕구를 충족하다	고급	고급	경쟁이 치열하다	중급	고급
11	창의력을 발휘하다	고급	고급	기준이 모호하다	중급	고급
12	학위를 취득하다	고급	고급	의견이 분분하다	중급	고급
13	허기를 때우다	고급	고급	눈에 선하다	초급	고급
14	협정을 체결하다	고급	없음	마음이 후련하다	초급	고급
15	범행을 저지르다	고급	중급	생활이 곤궁하다	초급	고급
16	폐를 끼치다	고급	중급	일에 급급하다	초급	고급
17	포즈를 취하다	없음	고급	실력이 뛰어나다	중급	중급
18	혈압을 측정하다	없음	고급	신빙성이 없다	없음	초급
19	동서고금을 막론하다	없음	고급	애국심이 강하다	없음	초급
20	동이 트다	없음	고급	평판이 좋다	없음	초급

4.7. 결론 및 남은 문제

지금까지 한국어 학습자의 연어 지식의 발달적 측면을 살펴보기 위한 연구 사례를 보였다. 이 연구에서는 문어 코퍼스 자료를 기반으로 하여 '명사+용언'형 연어를 대상으로 한국어 학습자의 숙달도가 향상함에 따라 연어 능력이 발달하는지를 연어 다양도와 세련도 측면에서 살펴보았다. 분석 결과, 그간 고빈도 일부 기초 명사에 국한하여 학습자의 연어 사용을 분석한 선행 연구의 결과와 달리, 학습자의 연어 능력이 양적, 질적으로 발달해 가는 양상을 포착해 볼 수 있었다. 1급에서 6급으로 올라가면서 학습자들은 연어를 보다 더 다양하게 사용하였을 뿐만 아니라 중, 고급 수준에 해당하는 수준 높은 연어를 사용하는 비율이 체계적으로 증가함으로써 연어 능력의 발달적 양상을 발견할 수 있었다.

그러나 한국어 학습자의 연어 능력을 다각적인 측면에서 규명하기 위해서는 탐구해야 할 과제들이 아직 많이 남아 있다. 먼저, 문어뿐만 아니라 구어 자료를 바탕으로 하여 문, 구어 사용역에 따른 연어 사용 능력에 차이가 있는지를 규명해야 한다. 그간 이루어진 대부분의 논의가 문어 코퍼스를 활용한 연구에 치중되어 있으므로 구어 코퍼스를 적극적으로 활용하여 한국어 학습자의 구어 연어 능력을 살펴보는 연구로 확대될 필요가 있다.

둘째, 학습자의 종적 자료를 분석하여 유사 종적 방법으로 이루어진 연구 결과를 보완할 수 있어야 한다. 종적 코퍼스를 활용한다면 개별 학습자의 연어 지식의 발달 과정과 그 면모를 보다 면밀히 밝힐 수 있을 것이다.

셋째, 연어 구성 전반을 분석 대상으로 삼아 학습자의 연어 능력을 종합적으로 살펴볼 필요성이 있다. '명사+용언'형 연어 외에도 '명사+명사'형, '부사+용언'형, '관형형+용언'형 등 다른 유형의 연어 구성으로 확장할 필요가 있다. 또한 '명사+용언'형 연어 내에서도 통사 관계에 따라, 통사적 기능에 따라 세분화하여 학습자의 연어 사용을 살펴본다면 한국어 학습자들이 특별히 습득하기에 어려움이 있는 연어 유형을 가려낼 수 있을 것이다.

넷째, 학습자의 연어 지식을 측정하는 방법론에 대한 심도 있는 논의가 지속되어야 한다. 예컨대 연어 다양도, 연어 세련도를 구성하는 하위 지표들이 개발될 필요가 있는데, 학술적 연어 목록을 활용하거나 연어의 연관 강도로 세련도를 측정할 수 있겠다. 한국어 학습자의 연어 능력을 평가할 신뢰성과 타당성을 갖춘 측정 도구를 개발하는 작업도 병행되어야 할 것으로 보인다.

이상의 과제들을 점진적으로 해결하고 그 결과들을 축적해 간다면 한국어 학습자의 연어 능력과 지식에 대한 이해를 제고함으로써 한국어 연어 교육, 나아가 어휘 교육에 기여하는 바가 클 것이라 생각한다.

■ 9장 ■

신어 연구의 실제

1. 코퍼스를 활용한 신어 조어 단위의 분석

어휘는 의사소통을 위한 최소 단위로 그 중요성이 크지만, 방대한 수의 열린 집합의 목록이기 때문에 학습자에게 끊임없는 도전을 요구하는 학습 영역이기도 하다. 따라서 체계적으로 가르치고 배워야 하며, 단순히 어휘 지식을 익히는 것에서 더 나아가 학습자 스스로 효율적으로 어휘를 확장해 나갈 수 있는 다양한 전략을 함께 가르치고 배워야 한다(강현화 외, 2019:74). 이에 이충우(1994), 조현용(2000), 김정은(2003), 강현화 외(2019) 등에서는 효율적으로 어휘를 확장할 수 있는 주요 방안으로써 어휘의 조어 원리와 어휘 형성에 반복적으로 참여하는 접사나 어근을 활용하는 것의 효용성을 강조하였다.

신어는 합성과 파생으로 양분되는 기존의 단어형성 방법뿐 아니라 형식 삭감의 과정을 거쳐 생성되는 일이 많다. 따라서 신어 특유의 생성 방식과 함께 신어 생성에 관여하는 생산적인 어근, 접사 등을 활용한다면, 효율적이고 전략적인 어휘 교수·학습을 도모할 수 있다. 그러나 강현화(2019:53)에서 지적한 것처럼, 단어형성 원리를 활용한 전략적 차원의 어휘 교수에 대한 효용성에 주목한 연구들은 대부분

파생어에 집중되어 있어 단어형성에 관여하는 그 밖의 단위에 대한 논의가 보충될 필요가 있으며, 생산성이라는 부분에서는 연구자의 직관이 우세하게 작용해 선정 기준의 객관성 및 체계성이 부족하다는 점이 한계로 남는다. 따라서 합당한 자료에서 체계적인 절차를 통해 신어 생성에 생산적으로 활용되는 구성 요소를 분석하고 선정하는 방법과 절차에 대한 고려가 필요하다.

남신혜·원미진(2011)은 외래어 파생어를 만드는 접사와 합성어를 만드는 어근을 '조어소'로 통칭하였고, 강현화(2019)는 접사와 생산적인 어근을 묶어 '조어 단위'로 지칭한 바 있다. 그리고 이들의 개념을 확장하여 단어 형성소로서의 어근과 접사뿐만 아니라, 혼성어, 절단어, 음절조합어를 구성하는 형식이 삭감된 단위를 모두 포괄하여 '조어 단위'의 개념을 설정할 수 있겠다.

한국어교육용 신어 조어 단위의 선정은 2003년부터 2018년까지 〈네이버 오픈사전〉에 등록된 5,451개의 신조어를 대상으로 진행했다. 신조어는 기존의 언어재를 조합(합성, 파생)하거나 기존어를 줄여서(삭감) 만든 신어이므로, 조어 단위로 분리해 내고 조어력을 분석하는 것이 가능하다. 그러나 의미적 신어는 형식의 변화 없이 새 의미만 담은 것이고, 신생어와 차용어는 단일어로 처리하므로 조어 단위 분석에 의미가 없다. 따라서 조어 단위 분석은 신조어 5,451개를 낱낱의 조어 단위로 분리하는 방법을 적용하고, 조어력은 각 조어 단위가 몇 개의 신어 형성에 참여했는지를 분석함으로써 산출했다.

한국어교육용 신어 조어 단위 선정의 바탕이 되는 기초 자료는 포털 사이트에서 제공하는 〈네이버 오픈사전〉에 2003년부터 2018년까지 등록된 신어 가운데 일부 전문어, 순화어, 지역 방언, 비속어를 배제한

정제 자료이다. 여기에서 형식의 결합이나 삭감의 과정을 거치지 않고 생성된 신생어와 차용어, 의미적 신어를 제외하고 합성, 파생, 삭감 등의 과정을 거쳐 생성된 신조어만 목록화했다. 이렇게 구축된 신조어 자료에는 명사와 형용사, 동사, 부사, 감탄사 등이 포함되어 있으며, 총 단어 수는 5,451개이다.

다음으로는 5,451개의 신조어를 대상으로 조어 단위 분석을 시행했다. 형식이 삭감된 조어 단위에는 원형식을 병기하여 주었는데, 그 이유는 후에 조어 단위의 조어력을 분석할 때 동일한 형태의 조어 단위가 합산 집계되는 것을 방지하기 위함이다. 예를 들어, 조어 단위 '카'는 '카드(card)'의 삭감형일 수도 있고 '카메라(camera)'를 줄인 것일 수도 있으며, 자동차 '카(car)'일 수도 있다. 이들의 조어력을 각각 계수하기 위해서 형식 삭감 이전의 원형식을 괄호 안에 병기하여 준 것이다. (1ㄱ)는 파생어 '갑질'을 어근 '갑'과 파생접미사 '-질'로 분리한 것이고, (1ㅈ)는 합성어, (1ㄷ)는 혼성어를 구성하는 조어 단위로 분석한 예이다. 절단어는 단일 어근이므로 별도의 조어 단위 분석은 하지 않고 (1ㄹ)처럼 절단어 옆에 원래의 단어를 기재해 주었다. (1ㅁ)는 음절 조합어를 구성하는 각 음절(조어 단위)과 그 음절이 대표하는 원형식을 병기한 예이다. 둘 이상의 생성 방식이 관여한 신어도 (1ㅂ)처럼 각 어근과 접사 등으로 분석해 주었다.

(1) 조어 단위 분석의 예

ㄱ. 파생어: 갑질 ⇒ 갑, -질

ㄴ. 합성어: 꿀팁 ⇒ 꿀, 팁(tip)

ㄷ. 혼성어: 기레기 ⇒ 기(기자), 레기(쓰레기)

ㄹ. 절단어: 냥이 ⇒ 냥이(고양이)
ㅁ. 음절조합어: 셀카 ⇒ 셀(←self), 카(←camera)
ㅂ. 기타: 노케미족 ⇒ 노(no), 케미(←chemistry), -족

2. 신어 조어력 분석

5천여 개에 이르는 신어를 낱낱의 구성 성분으로 갈라내는 과정을 통해 약 6천 개의 조어 단위가 수집되었다. 이들 조어 단위는 신어 형성에 약 1만2천 회 사용된 것으로 분석되었다. '조어력'은 하나의 조어 단위가 얼마나 많은 어휘를 생성하는지 수량으로 나타낸 것을 말한다. 그러므로 6천 개 종류(type)에 이르는 조어 단위가 몇 개의 신어 생성에 쓰였는지를 계산한 결과가 신어의 조어력이 된다.

(2) 조어력 분석 결과 (5,451개 신조어 대상)
ㄱ. 신어 생성에 사용된 조어 단위(type)의 개수: 약 6천여 개
ㄴ. 신어 생성에 조어 단위가 사용된 총 횟수: 약 1만 2천 회

한국어 학습자들이 낱낱의 어휘를 개별적으로 학습하기보다는, 동일한 조어 단위를 공유하는 일군의 신어를 그 생성 방식과 연계하여 학습한다면 양적인 측면에서 효율적으로 어휘를 확장할 수 있을 것이다. 또, 해당 조어 단위로 구성된 모르는 신어를 마주쳤을 때 그 의미를 유추해 낼 수 있는 전략도 습득할 수 있다. 따라서 어휘 교육에 있어 조어력이 높은 조어 단위의 유용성이 매우 크다고 할 수 있다.

신어 조어 단위의 조어력 분석 결과 가장 조어력이 높은 것은 파생

접미사 '-족'이었는데, 무려 312개의 신어를 생성하는 데 활용된 것으로 나타났다. 물론, '-족'은 기존 어휘의 구성 요소로도 사용되지만, 신어에서는 현대 사회에서 특징적으로 나타나는 삶의 양식이나 가치를 추구하는 사람을 이르는 말('딩크족', '욜로족', '웰빙족', '횰로족')을 파생하거나, 여가 및 취미 활동과 관련한 어근과 자주 결합('캠핑족', '호캉스족', '라이딩족', '미드족', 등)하고 있었다. 따라서 '-족'이 주로 결합하는 어근의 의미적 속성과 그 결과로 파생된 신어가 주로 분포하는 의미 범주에 대한 지식, 그리고 'X-족' 신어의 생성 원리(접미파생)를 학습하게 되면 300여 개 신어의 의미를 유추해 낼 수 있는 전략을 습득하게 된다.

'돌(←idol)' 역시 조어력이 높은 조어 단위로, 34개 신어 생성에 쓰인 것으로 나타났다. '돌' 이 '아이돌'의 삭감형으로 '젊은이들에게 인기 있는 젊은 연예인'을 의미한다는 것, 그리고 '남돌', '여돌', '연기돌', '짐승돌', '트롯돌', '예능돌'처럼 청소년들에게 인기 있는 연예인을 성별이나 외모적 특징, 활동하는 분야 등에 따라 세분하여 지칭하는 'X돌' 혼성어를 생성한다는 것을 학습함으로써, 효율적으로 어휘를 확장하고, 동시에 'X돌' 신어의 의미를 유추해 낼 수 있는 전략을 가질 수 있다.

조어력 분석 결과, 조어력 상위 17개 조어 단위의 조어력 합이 1,000이 이상이었다. 이는 단 17개 조어 단위의 의미적 특성과 신어를 생성하는 원리를 학습한다면 1,000여 개의 신어를 이해할 수 있는 단서를 내재화할 수 있음을 의미한다. 따라서 조어력을 기준으로 생산적인 조어 단위를 선정하고, 이와 함께 조어 단위가 생성하는 신어의 유형과 의미적 특성을 제시하는 것의 높은 효용성을 알 수 있다.

빈도와 마찬가지로 조어력이 높은 소수 조어 단위의 조어력 합이 차지하는 비중이 절대적이었으며, 상대적으로 조어력이 낮은 조어 단위는 방대한 수에 비해 적은 숫자의 신어를 생성했다. 조어력 10 이상인 조어 단위는 107개였는데, 이들의 조어력 합계가 약 2,303이었다. 이는 즉, 조어력 상위의 조어 단위 107개를 학습함으로써 2,303개 신어의 의미를 유추하고 이해할 수 있는 단서를 획득함을 의미한다. 2,303개는 신조어 전체의 약 42%에 해당한다. 조어력 9 이하의 조어 단위는 5천 9백여 개였고, 이들 조어 단위가 생성한 신어는 평균 두 개가 되지 않았다.

(3) 조어력 상위의 조어 단위

ㄱ. 조어력 10 이상의 조어 단위 개수: 107개

ㄴ. 조어력 10 이상 조어 단위의 조어력 합계: 2,303개 (전체 신조어의 42%)

3. 신어 조어 단위의 생산성과 정착

신어의 정착과 공인화에 대한 연구인 김태훈·박상진(2011), 남길임(2015), 김지혜(2019) 등에서는 신어의 생산성을 신어의 정착 여부를 판가름하는 기준의 하나로 꼽는다. 박태훈·박상진(2011)에서 '데이(day)'를 예시로 하여 높은 어휘 생산성과 정착과의 관련성을 논하였는데, '데이'가 'X데이'의 복합어로 쓰일 때는 영어의 'day'가 가진 여러 가지 뜻 중에서 '날'의 의미로만 사용되며 '커플데이', '블랙데이', '빼빼로데이' 등의 생성에서 높은 생산성을 보이는 점을 제시하며 '데이'

를 정착어로 판단하였다. 이선영(2007)도 정착한 신어의 국어학적 특징 중의 하나로 구성 성분의 조어력을 들고, 대표적 예로 '파파라치(paparzzi)'가 절단된 조어 단위 '파라치'와 '리플라이(reply)'가 축소된 '플'을 제시하였다. 그리고 남길임(2015)은 주요 일간지를 웹 크롤링한 코퍼스에서 빈도 20회 이상, 기사 건수(분포) 10건 이상, 5개년 이상 등장한 신어를 정착한 신어로 삼았고, 김지혜(2019)는 남길임(2015)의 논의를 토대로 하되, 총 빈도 기준을 30회로 상향하고 연도별 분포는 10개년 범위 내에서 5개년 이상에 분포한 것으로 수정하였다.

〈표 14〉 선행 연구에서 제시한 신어 정착의 판단 기준

김태훈·박상진(2011)	① 신어 사용 빈도가 점점 늘어나고 있다. (예: '백화점', '닉네임') ② 신어의 의미가 변화하였다. (예: '마담') ③ 신어의 어휘 생산성이 높다. (예: '데이(day)')
이선영(2007)	① 구성 성분의 조어력 (예: '파라치(paparazzi)', '플(reply)') ② 의미의 명료성 (예: '실버시터(silver sitter)') ③ 의미의 확장성 (예: '정모')
남길임(2015)	① 총 빈도: 20회 이상 출현 ② 기사 건수: 10건 이상의 기사에 출현 ③ 연도별 분포: 5개년 이상에 분포
김지혜(2019)	① 사용 빈도수: 30건 이상의 글에 출현 ② 연도별 분포: 최근 10년 범위 내에서 5개 년 이상에 분포

신조어의 구성 성분 가운데는 신어 생성에만 쓰이는 것이 있고 기존 어휘 생산에도 참여하는 것이 있다. 예를 들어 '-족', '-녀', '증후군' 등은 기존어에서도 어근 및 접사로서 지위를 가진다. 그러나 '친구'가 축소된 '친'과 '컨슈머(consumer)'가 절단된 '슈머', 그리고 '인생' 등은 기존어에서 복합어의 구성 성분으로 쓰이지 않던 조어 단위들이다.

여기에서는 신어 조어 단위 가운데 기존에는 조어 단위로서의 역할을 하지 않았으나 신어 생성에만 조어 단위로 참여하는 것들을 선별해 낼 것이다. 그리고 이들 조어 단위가 생성되어 생산성을 가지기까지의 과정을 고찰하고, 생산성과 정착과의 상관관계를 논하고자 한다. 특히, 생산성을 통시적인 생산성과 공시적인 생산성의 두 관점에서 분석하고 한국어교육에서 신어 교육을 할 때 시사하는 바가 무엇인지를 살필 것이다.

3.1. 신어 생성에만 사용되는 조어 단위

먼저 신어 생성에만 참여하는 조어 단위를 다음과 같은 의미적·형태적 기준에 의해 추출했다.

첫째, 『표준』에 등재된 조어 단위는 이미 정착된 조어 단위이므로 제외하였다. '-족', '-녀', '-남', '-질', '-이', '역-', '-자', '-력' 등의 파생 접사와 '세대', '증후군' 등의 어근이 여기에 해당한다.

둘째, 원어가 외국어에 있는 것으로서(한자어 제외) 『표준』에 등재되지 않았거나 『표준』의 뜻풀이와 다른 의미로 사용되는 말을 포함했다. 러(-er)', '노(no)', '맘(mom)', '푸어(poor)' 등은 『표준』에 등록되어 있지 않으므로 신어 생성에만 사용되는 조어 단위로 포함되었다. 그리고『표준』에 등재된 것과 다른 의미로 사용되는 '슈퍼(super)'[1], '폰(phone)',

---

1 『표준』의 '신드롬', '슈퍼', '폰', '홈'에 대한 뜻풀이는 다음과 같다.

- 신드롬(syndrome)「명사」: 어떤 것을 좋아하는 현상이 전염병과 같이 전체를 휩쓸게 되는 현상.
- 슈퍼(←supermarket)「명사」: 식료품, 일용 잡화, 의료품 따위의 가정용품을 갖추어 놓고 대량·염가·현금 판매를 원칙으로 하는 큰 소매점. 대량으로 물건을 사들여서 싼값으로 팔며, 물건을 살 사람이 직접 물건을 고르고 물건값은 계산대에서

'홈(home)'을 포함시켰다. 반면, '신드롬(syndrome)'과 '팬(fan)', '백(bag)' 등은 『표준』의 뜻풀이와 같은 의미로 사용되므로 제외했다.

셋째, 원래의 의미와 다른 의미로 사용되는 조어 단위를 포함했다. '바보'는 『표준』에 따르면 '지능이 부족하여 정상적으로 판단하지 못하는 사람을 낮잡아 부르는 말'이다. 그러나 신어에서 '바보'는 '딸바보', '아들바보', '팬바보', '조카바보' 등으로 쓰여, '어떤 대상을 바보가 될 정도로 너무나 사랑하는 사람'을 가리키며 원래 '바보'가 가지던 부정적 의미가 소멸했다. 또 다른 예로는 '인생'이 있는데, 원래 '사람이 세상을 살아가는 일'을 뜻하는 '인생'은 명사로서 생산성을 가지는 단어는 아니었다. 그러나 신어에서는 '인생X'라는 명사를 형성하면서, 후행어에 '인생에 길이 남을'이라는 의미를 더한다. '인생샷', '인생사진', '인생템' 등이 그 예이다. 또, '글'의 경우, 신어에서는 본래와 다르게 지시하는 글의 장르가 대폭 축소되어 주로 온라인상에서 생산되고 유통되는 텍스트를 가리키므로 신어 생성에 사용되는 특징적인 조어 단위로 포함하였다. 마찬가지로 '방(房)'도 신어에서 원래보다 축소된 의미로 온라인 채팅이 이루어지는 공간을 지칭하므로 포함하였다. 본래 곤충이나 기생충 등의 하등 동물을 지시하는 '충(蟲)' 역시 신어에서는 '설명충', '진지충', '흡연충'처럼 사람을 벌레에 비유하여 비하하는 의미로 사용되므로 조건을 충족한다. 이와 같은 의미·형태적 기준에 의해 '개', '꿀', '절벽', '글', '국민', '바보', '충', '인생', '핵', '반사',

---

치르게 되어 있다.

• 폰(phon)「의존 명사」: 『물리』소리의 크기를 나타내는 단위. 소음 표시에 쓴다. 1kHz의 평면파에서 1㎡당 2×10－5뉴턴의 힘이 가해지는 음압(音壓)을 0폰으로 하고 음압이 10배가 될 때마다 20폰을 더한다.

• 홈[3](home)「명사」『체육』 야구에서, 포수가 있는 자리. =홈 베이스.

'난민', '폭풍', '깡패', '인간', '시대' 등이 신어 생성에만 사용되는 조어 단위로 추출되었고, 원래의 의미 그대로 쓰이는 '성형'과 '밥' 등이 제외되었다.

넷째, 기존 형식이 삭감되어 조어 단위로 쓰일 경우 포함하였다. '친구'가 삭감된 '친'이나 '혼자'가 삭감된 '혼', 파생어 '역세권'의 일부가 삭감된 '세권' 등이 여기에 해당한다.

이와 같은 기준을 적용하여 앞서 선정한 조어력 상위의 신어 조어 단위 107개 중에서 신어 생성에만 사용되는 조어 단위로서 76개를 추출했다.

3.2. 신어 조어 단위의 생산성 분석

다음으로 신어 조어 단위가 생성되어 생산성을 얻기까지의 과정과 현시점에서의 사용 여부를 살펴보았다. 특히 조어 단위가 생산성을 최초로 획득한 이후 현재까지의 생산성을 시기별로 분석하여, 과거 특정 시기에 생산적으로 사용되었던 조어 단위가 현재에도 생산성을 유지하고 있는지를 중점적으로 살폈다. 김한샘(2013:524)에 따르면, 생산성은 생산된 결과를 중심으로 보는 것과 생산될 가능성을 중심으로 보는 두 가지 관점이 존재한다. 민현식·왕문용(1994)은 이 둘을 '기생산성'과 '잠재생산성'이라는 용어로 구분하여 제시하였다. 그리고 2개 이상의 어형에서 나타나 유일 형태소가 아닌 것이 확인되면 기생산성이 있는 것으로 본다고 하였다. 이에 2003년부터 2018년까지 16년간 형성된 신어를 대상으로 각 조어 단위가 형성한 어휘의 종수, 즉 조어력을 바탕으로 기생산성을 살펴보았다.

앞서 산출한 신어 조어 단위의 조어력은 2003년부터 2018년까지 생성된 신어 가운데 각 조어 단위로 생성된 어휘의 수량을 합산한 결과이므로 분석된 조어력 수치가 높다고 해서 현재에도 생산적으로 단어 생성에 참여한다고 단언할 수는 없다. 같은 조어력을 가지는 조어 단위라 할지라도 과거에 높은 생산성을 보였으나 현재에는 신어 생성에 있어 생산적이지 않은 경우가 있고, 이와 반대로 현재까지 꾸준히 새로운 말을 활발히 만들어내는 조어 단위가 있을 수 있기 때문이다.

현시점에서의 생산성은 해당 조어 단위가 조어 단위로서 정착했는지 여부를 짐작할 수 있는 근거가 된다. 따라서 각 조어 단위가 생산성을 획득한 이후 현재까지의 생산성의 추이를 고찰해 볼 필요가 있었다. 그래서 76개의 개개 신어 조어 단위를 분석하여 ① 조사 시점 현재에도 생산성을 유지하고 있는 조어 단위와, ② 과거 특정 시기에는 생산성을 가졌으나 근래에는 생산적이지 않은 조어 단위로 분류하였다.

① 생성 이후 현재까지 생산적인 조어 단위

먼저 생성 이후 높은 생산성을 유지하는 조어 단위를 목록화한다. 그리고 이 가운데 대표적인 예를 선정하여, 해당 조어 단위가 탄생하고 최초로 생산성을 가지게 된 과정과 현재 시점의 생산성에 대해 면밀히 살펴보기로 한다.

<표 15> 생성 이후 현재까지 생산적인 조어 단위

친(친구), 러(-er), 돌(idol), 혼(혼자), 파라치(paparazzi), 개, 맘(mom), 노(no), 테크(재무 technology), 캐(character), 포(포기), 슈머(consumer), 폰(phone), 절벽, 템(item), 사(사진), 맥(맥주), 방(방송), 포비아(phobia), 방, 잼(재미), 닥(닥치고), 세권(역세권), 꿀, 따(왕따), 맨(man), 덕(오덕후),

국민, 홈(home), 얼(얼굴), 카(card), 카페(cafe), 피아(mafia), 충, 인생, 바보, 신, 캉스(vacance), 호모(homo), 직(직접), 인간, 좀비(zombie), 사이버(cyber), 덕후(오덕후), 데이(day), 노마드(Nomad), 키즈(kids), 핵, 홀릭(holic), 쿨(cool), 폭풍, 톡(talk), 알못(알지 못함), 손, 난민, 푸드(food), 치(chicken), 푸어(poor), 세젤(세상에서 제일), 올(all), 스마트(smart)

㉠ 친(친구)

'네이버 뉴스' 서비스에서 최초 등장한 시기로 미루어 보아, '친구'를 삭감한 '친'은, 2000년경 '여자 친구'를 줄인 '여친'과 '남자 친구'를 줄인 '남친'이 활발히 사용되기 시작하면서 등장한 것으로 보인다. 이후 '친'이 원형식 '친구'를 대표하는 조어 단위로 언중에게 널리 인식되어 '친X', 'X친' 구성의 신어를 매우 생산적으로 형성하기 시작하였다. 2003~2004년 사이에 '이메일 친구'를 뜻하는 '멜친'과 인터넷 커뮤니티 등에서 친구로 추가함을 뜻하는 '친추'가 만들어진 것을 시작으로, 2005년을 전후하여 '전남친', '전여친'이라는 말 등이 언중에게 확산하였고, 2007년 즈음에는 '절친', '엄친아', '엄친딸' 등의 단어가 생산되었다. 이후 2013~2014년에는 연인 관계가 아니라 친구 사이로 지내는 이성을 이르는 '남사친', '여사친'이라는 말이 생산되고, 2015년에는 '고막남친', '고막여친', '랜선남친', '랜선여친'이라는 어휘가 생겨났다. 이외에도 SNS나 모바일 메신저로 소통하는 친구를 가리키는 '페친', '트친', '인친', '카친' 등의 단어도 만들어졌다.

이처럼 '친구'의 줄임말인 '친'을 활용하여 이전에는 구나 문장 단위로 표현하던 말들을 이제는 단어라는 경제적인 단위로 표현할 수 있게 되었고, '남사친', '여사친'처럼 기존 어휘 체계에 비어 있던 자리를 채우는 단어도 생겨났다. '친'은 20여 년에 이르는 기간 동안 원형식 '친구'를 대표하며 생산적으로 신어 형성에 활용되었고 현재에도 많은 유행어와 임시어를 만드는 데 쓰인다. 따라서 '친'을 한국어에 정착한 조어 단위로 판단하기에 모자람이 없다고 보인다.

ⓛ 러(-er)

'러(-er)' 역시 오랫동안 신어 형성에서 높은 생산성을 유지했으므로 한국어에 정착되었다고 판단되는 조어 단위이다. '러(-er)'는 2003년 처음 등장한 '악플러(惡←replyer)'에서 기원한 것으로 추정된다. '악플러'는 한자어 '악(惡)'에 영어 '리플라이(reply)'의 삭감형 '플'이 붙고, 여기에 '무엇을 하는 사람'의 의미를 더하는 영어 접미사 '-er'를 붙여서 '인터넷의 게시판 따위에 올려진 내용에 대해 부정적으로 평가하는 댓글을 쓰는 사람'을 지칭하는 말로 널리 쓰이게 되었다. 이후 유추에 의해 '선플러', '리플러', '뻘플러' 와 같은 'X플러'의 말이 다수 생산되었다. 그리고 이후 'X플러'에서 '러'가 따로 떨어져서 더욱 다양한 선행어에 결합하면서 '무엇을 하는 사람'이라는 의미로 사용되기 시작했다. 그리하여 근래에는 '혼술러', '혼밥러', '씬스틸러', '현질러', '워홀러', '참견러', '소비러', '프로불참러', '통학러' 등의 여러 신어를 만들어 냈다.

기존에도 [+사람]의 의미 자질을 가지는 접사가 여럿 있었지만, '러(-er)'는 이들 접사가 결합하지 않았던 어근에 결합하며, 의미적으로도 차이가 있다. 일단, '혼술', '혼밥', '현질'같이 삭감된 형식이나 '씬스틸' 같은 외래어에도 결합한다. 그리고 [+사람]의 접미사 '-자(者)', '-인(人)', '-이' 등이 단순히 '사람'의 뜻을 더하는 데 비해, '러(-er)'는 '어떤 행동이나 일을 자주 하거나 상시로 하는 사람'을 의미하기 때문에 '통학', '참견', '소비', '불참'과 같이 서술성이 있는 어근에 주로 붙는다는 점에서 차별적이다. 이처럼 '러(-er)'는 기존의 인칭 접미사와 변별되는 의미를 나타내며 높은 생산성을 유지하고 있어 신어 조어 단위로서 언중에게 수용되었고 한국어에 정착하였다고 보인다.

ⓒ 돌(idol)

1990년대 후반 연예기획사의 기획 아래 훈련된 가수 그룹이 생겨나면서 이들을 '아이돌'이라고 부르기 시작했다. '아이돌(idol)'은 영어가 원어인 말로 본디 '우상'을 의미한다. 그런데 한국어에서는 그 의미가 변하여 '청소년들에게 인기 있는 연예인'을 이르는 말이 되었다. 이후 삭감형 '돌'이 '아이돌'을 대표하게 되어 혼성어나 음절조합어를 형성하기 시작했고, '남돌', '여돌', '짐승돌', '최애돌', '연기돌', '트롯돌', '예능돌', '대세돌' 등, 청소년들에게 인기 있는 연예인을 성별이나 외모적 특징, 활동하는 분야 등에 따라 세분하여 지칭하는 말이 다수 생겼다.

'돌'은 원어와 다른 의미로 쓰이는 데다 의미적으로 명료하고 한국어에 대체 가능한 다른 어휘가 없다. 또, 20년 이상 생산적으로 사용되고 있고 대중문화에서 아이돌 문화가 차지하는 영향력이 더욱 확대됨에 따라 '돌'을 조어 단위로 하는 신어도 꾸준히 생산되고 있다. 따라서 '아이돌'의 삭감형 '돌' 역시 현재에도 생산적으로 사용되어 정착 조어 단위로 볼 수 있다.

ⓓ 덕(오덕후), 덕후(오덕후)

1990년대 후반, 일본어에서 차용한 '오타쿠(おたく)'라는 말이 언론 매체에 등장하기 시작하였다. 일본어 '오타쿠'는 원래 집안에 틀어박

혀 한 가지 일에만 지나치게 몰두하는 사람을 비꼬는 속어로 어른이 되어서도 만화나 장난감의 세계에서 빠져나오지 못하거나 연예인 등에 환상을 가지고 있는 집단을 지칭했다. 그러던 것이 2006년대 중반부터 한국어식으로 발음한 '오덕후'로 통용되기 시작하였고, 다시 축소되어 '덕후'로 쓰이면서 '건덕후', '밀덕후', '덕후질' 등의 신어 조어에 활발히 쓰였다. '덕후'는 이후 다시 '덕'으로의 형식 삭감을 거치면서 더 높은 생산성을 가지게 되었다. 그리하여 '코덕', '밀덕', '축덕' 등 각종 분야의 오덕후를 지칭하는 말을 비롯해, '입덕하다', '탈덕하다', '덕질하다', '덕밍아웃하다' 등의 동사가 여럿 생산되었다.

박선옥(2019:987-988)에 따르면, 2000년대에 '오덕후'는 특정 분야에 열정을 가졌으나 집착이 매우 강하고 사회성이 결여된 사람을 뜻하는 부정적인 의미가 강했다. 그런데 점차 다양한 분야의 덕후들이 생기고, 직업인으로서 성공적으로 사회생활을 하면서 덕후의 생활을 병행하는 사람들이 증가하였다. 이에 따라 '오덕후'의 의미도 '자신이 좋아하는 분야의 전문가'라는 긍정적인 뜻으로 바뀌어 대중적으로 통용되고 있다. 이처럼 '덕후(오덕후)' 와 '덕(덕후)'은 한국어에서 문화의 한 형태를 지칭하는 말로 정착하였고 한국어 언어생활에서 생산적으로 활용되고 있다. '덕후' 및 '덕'으로 조어된 신어의 평균 빈도가 높은 편인 데다가 대체되는 한국어 어휘가 없는 점, 그리고 생성된 이후 현재까지 생산적으로 통용되고 있는 점으로 미루어 보아 정착한 조어 단위라 판단된다.

㉤ 파라치(paparazzi)

'파파라치'는 원래 이탈리아어에서 유래한 말로, 유명 인사나 연예인의 사생활을 카메라로 몰래 찍은 뒤 이를 신문이나 잡지사에 고액으로 팔아넘기는 직업적 사진사를 지칭한다. 그러다가 2000년대 초반 몰래 숨어서 불법행위를 제보하는 사람을 '카파라치'[2], '주파라치'[3], '쓰파라치'[4], 등으로 부르기 시작하면서 '파라치'가 조어 단위로서 생산성을 가지게 되었다.

주목할 만한 점은 '파라치'가 가지는 높은 생산성에도 불구하고 조어된 신어의 빈도는 매우 낮은 수준이라는 것이다. '네이버 오픈사전'에 등록된 'X파라치' 신어는 모두 32개였는데 이들의 평균 사용 빈도는 57 수준이었다. 빈도 57은 신어 내에서 누적 빈도율 99.995%에 해당하는 극저빈도의 수치이다. 그러나 빈도가 낮다고 해서 '파라치'가 정착하지 않았다고 단정할 수는 없다. '파라치'의 빈도가 낮은 이유는 장르적 특성에서 찾을 수 있는데, 'X파라치' 신어가 주로 사회 및 경제 분야의 시사 용어로 사용되기 때문에 전문어적 성격이 짙고, 따라서 일상어 대비 저빈도어인 것이다. 게다가 비교적 사회 문화적 트렌드에 민감한 신어이기 때문에 'X파라치'로 구성된 신어가 지칭하는 대상이 더 이상 유효하지 않을 때는 미정착어가 되어 사라지기도 한다. 이런 연유로 '파라치'의 사용 빈도는 낮게 나타나지만 생성 이후 현재까지 높은 생산성을 나타낸다. 조어력이 32로 분석된 조어력 상위

---

2 카파라치(car←paparazzi): 카메라, 캠코더 등의 촬영 장비를 사용하여 교통 위반 차량이나 위반 현장을 몰래 촬영한 뒤, 이를 증거로 삼아 신고하여 보상금을 타 내는 일. 또는 그런 일을 하는 사람.

3 주파라치(株←paparazzi): 불법적인 방법으로 주식 거래나 주가 조작을 하는 사람이나 사업자를 찾아내 이를 신고하여 보상금을 타 내는 일. 또는 그런 일을 하는 사람.

4 쓰파라치(쓰←paparazzi): 쓰레기를 무단으로 버린 사람을 신고하여 보상금을 타 내는 일. 또는 그런 일을 하는 사람.

의 조어 단위이며, '네이버 뉴스' 서비스에서 검색한 결과, 최근에도 '공파라치', '펫파라치', '궁파라치', '팝파라치', '어파라치', '컵파라치', '불파라치' 등 다수의 새로운 말을 생산하고 있었다.

'파라치'의 높은 생산성이 유지되는 점과 이에 비해 낮은 사용 빈도, 그리고 장르적 특성을 종합적으로 고려할 때, 조어 단위 '파라치'는 한국어에 정착하였으되, 'X파라치'로 조어되어 각종 몰래제보꾼을 지칭하는 개별 어휘들은 임시어나 유행어가 될 가능성이 크다고 보인다. 그러므로 '파라치'를 한국어 학습자에게 교육할 때는 'X파라치'로 조어된 개별 신어보다는 조어 단위 '파라치'의 의미와 '파라치'가 신어를 형성하는 원리를 위주로 가르쳐서 언론 매체를 통해 'X파라치'류의 새로운 말을 접했을 때 의미를 유추할 수 있는 단서와 전략을 가질 수 있도록 하는 것이 적합할 것이다.

'파라치'와 같이 사회 경제 분야의 시사 용어를 생산하는 조어 단위로서 높은 생산성에 비해 단어당 평균 빈도가 낮은 것으로는 '푸어(poor)', '슈머(consumer)', '피아(mafia)', '포비아(phobia)', '사이버(cyber)', '호모(homo)', '홀릭(holic)', '디지털(digital)' 등이 있다. 이들 조어 단위 역시 십여 년 이상 오랜 기간 생산성을 유지하고 있는 점을 감안하면 한국어에 정착한 조어 단위로 보인다. 따라서 신어 교육에서는 '파라치'와 마찬가지로 매체 독해력 향상의 관점에서 접근하여 학습자들이 비슷한 구성의 단어를 접했을 때 의미를 추측할 수 있는 능력을 갖추도록 해야 할 것이다. 즉, 조어 단위의 의미와 조어 원리, 그리고 해당 조어 단위가 주로 어떤 구성으로 어떤 맥락과 장르에서 주로 쓰이는지에 중점을 두어 교육할 필요가 있다.

이상으로 생산성을 획득한 이후 현재까지 높은 생산성을 유지하고 있는 대표적 신어 조어 단위를 살펴본 바, 이들 조어 단위가 한국어에 정착하였다고 판단할 근거가 상당하다고 보인다. 단, 빈도와 생산성을 비교 분석하였을 때, 높은 생산성 대비 빈도가 매우 낮은 수준으로 나타난 조어 단위들은 사회·경제 영역에서 새로운 사회 현상과 세태, 그리고 현대 사회의 인간군을 유형화하여 지칭하기 위해서 많은 임시어 및 유행어를 생성하기 때문이라고 사료된다. 그러나 조어된 단어의 평균 빈도와 무관하게 높은 생산성을 십여 년 이상 유지하고 있다는 것으로 해당 조어 단위가 정착하였다고 판단할 수 있었다. 한국어교육의 신어 교육에서는 이런 단어들은 이해 어휘 교육 및 매체 독해력 신장의 관점에서 접근할 수 있을 것이며, 조어된 개개의 어휘보다는 조어 단위의 의미와 생성 원리, 조어된 어휘가 주로 사용되는 맥락과 장르를 중점적으로 교수·학습하는 것이 바람직하다고 할 수 있다.

② 과거 특정 시기에는 생산적이었으나 현재는 생산적이지 않은 조어 단위

다음으로는 과거에는 여러 신어의 구성 요소로 쓰였으나, 최근에는 생산성이 감소한 조어 단위를 목록화하고 대표적인 예를 중점적으로 분석하였다.

〈표 16〉 과거에는 생산적이었으나 현재는 생산적이지 않은 조어 단위

짱, 도(도시), 글, 완(완전), 게(게시판), 컴(computer), 삭(삭제), 반사, 졸(졸업), 몬(monster), 샤, 생(생활), 돌싱(돌아온 ←single), 방(방지), 통령(대통령)

㉠ 짱

2000년대 초반, 소위 '얼짱' 붐이 일면서 '얼짱'이라는 말이 대중적 인기를 얻게 되었다. 그리고 2000년 중반 즈음에 외모가 뛰어난 사람들을 이르는 '몸짱', '엉짱', '힙짱'이나, 무엇을 잘하거나 뛰어난 사람을 지칭하는 '쌈짱', '먹짱', '돈짱', '맘짱' 등의 신어가 활발히 조어되었다. 그러나 2010년 이후에는 대중적으로 확산된 'X짱' 신어는 없는 것으로 보인다. 따라서 '짱'의 조어 단위로서의 생명력은 감소하였으며, 단지 'X짱' 신어 중에서 '얼짱', '몸짱', '엉짱' 정도의 단어가 꾸준히 높은 빈도로 사용되므로 정착했다고 볼 수 있다. 한국어 학습자에게 교육할 때도 조어 단위 '짱'을 강조하기보다는 한국어에 정착하여 의사소통에 고빈도로 출현하는 '얼짱', '몸짱' 등의 단어를 우선적으로 가르치며 조어 원리와 조어 단위 '짱'의 의미 설명을 부연할 수 있을 것이다.

㉡ 도(도시)

'도(도시)' 역시 과거 특정 시기에 유행어처럼 번져서 높은 생산성을 가졌으나 현재에는 조어 단위로서의 생산성이 감소한 예이다. 2010년 즈음하여 외적으로 풍기는 분위기에 따라 남녀를 일컫는 '차도남'[5], '차도녀'[6]라는 말이 확산되었다. 이후 '까도남', '따도녀', '부도남', '운도녀' 등, '도(도시)'를 활용하여 비슷한 원리로 다수의 신어가 생겨났

5 차도남(차都男): '차가운 도시 남자'를 줄여 이르는 말로, 자신만만하고 쌀쌀맞은 분위기의 세련된 젊은 남자.

6 차도녀(차都女): '차가운 도시 여자'를 줄여 이르는 말로, 도도하고 쌀쌀맞은 분위기의 세련된 젊은 여자.

다. 그러나 대부분은 한국어에 정착하지 못하고 생명력을 잃었고, 현재까지 꾸준히 회자되는 것은 '차도녀', '차도남' 정도이다. 결국, 조어 단위로서 '도(도시)'는 현재는 생산성을 잃었다고 보이므로 한국어에 정착하지 못한 것으로 보인다. 단지 '도(도시)'로 조어된 결과인 '차도남', '차도녀' 정도를 정착어로 볼 여지가 있다. 따라서 조어 단위 '도(도시)' 자체는 교수·학습의 우선순위가 높지 않고, '도(도시)'를 바탕으로 조어되어 정착한 개별 어휘를 교육하는 것의 효용이 더 클 것이다.

ⓒ 통령(대통령)

막강한 권력을 행사하는 정치인을 '대통령'에 빗대어 '소통령'으로 부르는 말이 1990년대에도 있었으나, 특정 집단 사이에 인기가 매우 높은 대상을 일컬어 '초통령', '뽀통령', '군통령' 등으로 부르기 시작한 것은 2010년대 초반이다. 그러나 현재에는 '통령'이 생산성 있는 신어 조어 단위로서 구실을 하지는 않는 것으로 보인다. 그렇다고 해서 'X통령'의 신어 역시 생명력을 잃은 것은 아니며, '초통령', '군통령' 등은 10년 가까운 기간 동안 상당한 빈도로 사용되어 정착의 가능성이 크다. 그러므로 앞선 예들과 마찬가지로 한국어교육 현장에서는 조어 단위보다는 해당 조어 단위로 조어되어 정착한 신어를 중심으로 교수·학습하는 것이 더 효과적일 것이다.

이상으로 과거에는 생산적으로 사용되었으나 현재에는 생산성을 잃은 조어 단위를 목록화하고 대표적인 몇몇 예를 자세히 살펴보았다. 이를 바탕으로 기존에 생산적이었어도 현재에는 생산성이 없다면 해당 조어 단위는 생명력을 잃었다고 판단할 수 있었다. 그러나 조어 단위의 정착 여부와 조어 단위로 생성된 개별 어휘의 정착 여부는 별개로서, 개개 신어의 정착은 해당 어휘의 생명력에 달린 것으로 보인다. 따라서 한국어교육 현장에 이를 적용하면, 현재 시점에 생산성을 잃은 조어 단위로 조어된 신어는 고빈도의 단어를 중심으로 가르치면서 조어 단위와 조어 원리를 부가 설명하는 방식으로 이루어질 수 있을 것이다.

3.3. 함의

이상의 논의를 종합하여 다음과 같이 정리할 수 있다.

첫째, 신어 조어 단위가 충분한 기간 생산성을 유지한다면 정착하였다고 볼 수 있다. 즉, 신어의 꾸준한 생산성과 정착 간에는 양의 상관관계가 있다. 그 대표적인 예로 '친(친구)', '러(-er)', '돌(idol)', '덕/덕후(오덕후)'를 제시하였다.

둘째, 과거 특정 시기에 생산성을 가졌던 조어 단위라 할지라도 현 시점에 생산적이지 않다면 해당 조어 단위가 정착하지 않았을 가능성이 크다. '짱'이나 '도(도시)'처럼 과거에 유행처럼 신어 생성에 활용되었으나, 현재에는 생산성을 잃은 경우가 여기에 해당한다.

셋째, 빈도가 조어 단위의 정착 여부를 판단하는 기준이 될 수는 없다. 신어 조어 단위로 조어된 신어 개개의 사용 빈도는 낮을지라도 조어 단위가 꾸준히 생산적으로 임시어와 유행어를 조어했다면, 해당 조어 단위는 정착했다고 볼 수 있다. '파라치(paparazzi)', '슈머(consumer)', '포비아(phobia)' 등, 경제·사회 분야의 신어 조어 단위가 높은 생산성 대비 저빈도인 것으로 나타났는데, 과거부터 현재까지 생산적으로 활용되므로 정착한 조어 단위로 볼 여지가 충분했다.

넷째, 조어 단위의 정착과 해당 조어 단위로 조어된 신어의 정착 여부는 별개로 보아야 한다. 조어된 신어의 정착 여부는 개별 신어가 언중으로부터 지지를 얻어서 꾸준히 사용되느냐에 달려있기 때문이다.

한국어교육적 측면에서는 조어 단위로서 생산성을 얻은 이후 현재까지 높은 생산성을 유지하여 한국어에 정착한 조어 단위는 조어 단위 자체와 조어 원리를 우선적으로 교육할 필요가 있다. 그리하여 학습자들이 해당 조어 단위로 조어된 정착어뿐 아니라 다수의 임시어와 유행어를 접했을 때도 그 의미를 유추할 수 있는 단서와 전략을 내재화할 수 있기 때문이다. 반면, 과거에는 다수의 신어를 만들었던 조어 단위가 현시점에는 생산성을 잃었다면 조어 단위 자체보다는 해당 조어 단위를 구성 요소로 하는 어휘 중에 정착어가 된 것을 교수·학습할 필요가 더 크다고 할 수 있다. 이처럼 조어 단위의 정착 여부는 교육의 우선순위를 가리는 기준이 되고 조어 단위와 조어된 결과인 신어 가운데 무엇을 중점적으로 가르쳐야 하는지를 결정하는 데 유용한 정보가 될 수 있다.

4. 사례 연구: [+사람] 신어 접사의 의미적 특성

여기에서는 신어를 구성하는 조어 단위 중에서 [+사람]의 의미 자질을 가지는 접사를 대상으로 하여, 결합하는 어근의 의미적 특성을 살피고 한국어교육에 함의하는 바를 논해 보고자 한다. 그 이유는 신어는 사회 문화적 맥락을 반영하여 생성되는데, 사회 문화의 주체가 사회 구성원인 사람인 만큼 [+사람]의 신어에 사회의 흐름과 관심사, 사고방식 등이 가장 잘 드러날 것으로 판단되기 때문이다.

한국어 신어를 의미 범주별로 분류하면 사람 관련 신어가 가장 높은 비중을 차지한다(이수진·김예니(2013), 김영선·박주형·임종주(2015), 남길임(2015), 이선영(2016), 박선옥(2019ㄱ, ㄴ, ㄷ). 조어력 상위의 신어 조어 단위 107개 가운데 가운데 [+사람]의 의미 자질을 가지는 조어 단위를 계수하였는데, 그 결과 사람과 관련한 조어 단위 개수가 무려 45개였다.

〈표 17〉 [+사람]의 신어 조어 단위(조어력 10 이상)

조어 단위	조어력	조어 단위	조어력	조어 단위	조어력
-족(族)	312	캐(←character)	21	호모(homo)	12
-녀(女)	74	포(포기)	21	인간	12
남(남자)	68	슈머(←consumer)	21	좀비(zombie)	12
-남(男)	59	-생(生)	21	몬(←monster)	12
친(친구)	54	-이	18	덕후(오덕후)	12
세대	52	따(왕따)	16	노마드(Nomad)	12
녀(여자)	47	맨(man)	15	키즈(kids)	11
러(-er)	40	덕(오덕후)	15	아빠	11
돌(←idol)	34	국민	15	난민	11
혼(혼자)	32	얼(얼굴)	14	푸어(poor)	10
파라치(←paparazzi)	32	알못(알지 못함)	14	-파(派)	10
팬(fan)	25	피아(←mafia)	13	엄마	10
맘(mom)	25	충(蟲)	13	돌싱(돌아온 ←single)	10
-자(者)	24	바보	13	여(여자)	10
짱	23	신(神)	13	통령(대통령)	10

이들 조어력 상위의 사람 관련 조어 단위 가운에 가장 조어력이 높게 나타난 접사를 중점적으로 살펴보도록 한다. 신어를 구성하는 접사 중, [+사람]의 의미 자질을 가지는 인칭접미사는 모두 7개로, '-족', '-녀', '-남', '-생', '-이', '-자', '-파'가 있었다.

〈표 18〉 인칭접미사

인칭 접미사	조어력	『표준』의 의미	예
–족(族)	312	'그런 특성을 가지는 사람이나 사물의 무리' 또는 '그 무리에 속하는 사람이나 사물'의 뜻을 더하는 접미사.	캠핑족, 그루밍족, 눈팅족, 직구족, 딩크족, 혼밥족, 카공족, 하비족, 어그로족, 해외직구족, 욜로족, 노마드족, 홈캉스족, 호캉스족, 홈술족…
–녀(女)	74	'여자'의 뜻을 더하는 접미사.	돌싱녀, 베이글녀, 김치녀, 품절녀, 완판녀, 머슬녀, 썸녀, 된장녀, 철벽녀, 안경녀, 광녀, 진상녀, 절벽녀, 태닝녀, 혼자녀, 건어물녀, 오크녀, 시크녀, 짐승녀…
–남(男)	59	'남자'의 뜻을 더하는 접미사.	품절남, 썸남, 간지남, 초식남, 안경남, 짐승남, 철벽남, 돌싱남, 찌질남, 키링남, 요리남, 혼자남, 연못남, 센치남, 츤데레남, 어장남…
–자(者)	24	'사람'의 뜻을 더하는 접미사.	종결자, 몸매종결자, 외노자, 경자, 기만자, 비혼주의자, 수포자, 불체자, 단발병유발자, 영포자, 행자, 과포자, 외모지상주의자, 소두종결자, 취포자, 코포자, 대포자, 학포자…
–생(生)	24	'학생' 또는 '취업을 준비하는 사람'의 뜻을 더하는 접미사.	취준생, 공시생, 임고생, 퇴사 준비생, 퇴준생, 국시생, 돌취생, 9준생, 취반생, 공취생, 공준생…
–이	18	'사람' 또는 '사물'의 뜻을 더하고 명사를 만드는 접미사.	귀요미, 쪼꼬미, 삼식이, 어좁이, 다중이, 예랑이, 요롱이, 깐죽이…
–파(派)	12	'어떤 취향이나 특성을 가진 사람이나 집단'의 뜻을 더하는 접미사.	막가파, 강남좌파, 찍먹파, 부먹파, 대안우파, 아웃도어파, 먹자파…

① -족

'어떤 특성을 가진 사람이나 무리'의 뜻을 더하는 '–족'은 신어 형성에서 어근 결합이 개방적이어서 다양한 의미적·형태적 특성을 가진 어근과 결합하므로 선행어근의 분포를 특정하기가 어렵다. 다만 현대 사회에서 특징적으로 나타나는 삶의 양식이나 가치를 추구하는 사람을 이르는 신어를 다수 파생했으며, '딩크족', '욜로족', '웰빙족', '휼로족'을 예로 들 수 있다. 여가 및 취미 활동을 나타내는 어근에 결합하여 '캠핑족', '홈캉스족', '호캉스족', '몰캉스족', '스테이케이션족'이나 '오토바이족', '나포츠족', '라이딩족', '미드족' 등의 말도 생겼다. 그리고 경제 및 사회 관련 범주의 신어도 큰 비중을 차지했다. 각박한 현실에서 경제적 어려움을 겪고 있는 사람들을 가리키는 말인 '푸어족', '신캥거루족', '쉼포족', '빨대족', '달팽이족', '자라족', '유턴족' 등과, 특히 젊은 층이 겪고 있는 취업난이 기저에 깔린 '고시족', '공시족', '니트족', '장미족', '대오족'과 같은 신어가 많았다.

② -녀

'-녀'는 '여자'의 뜻을 더하는 접미사이다. 'X-녀' 구성의 신어에는 '돌싱녀', '품절녀', '썸녀', '혼사녀'와 같이 여성을 이성적 관계의 대상으로 바라보는 시각이 드러난 말이나, '베이글녀', '안경녀', '절벽녀', '태닝녀', '오크녀', '간지녀' 등과 같이 여성의 외모에 대한 주관적 평가가 개입된 말이 주를 이루었다. 그리고 '된장녀', '광녀', '진상녀', '오크녀' 등 여성에 대한 조롱과 비하가 담긴 표현도 많았다. 박현선(2019:246-247)에서는 '-녀'로 파생된 신어에 여성에 외모 평가와 관련된 표현이 많으며 어떠한 속성을 가진 집단을 타자화, 일반화시키기 때문에 지양해야 할 표현이라고 지적하였다.

③ -남

'-녀'와 마찬가지로 '-남'이 덧붙은 신어에서도 '품절남', '썸남', '철벽남' 등 이성적 관계의 대상으로서의 남성을 지칭하는 말과 '안경남',

'짐승남', '키링남', '츤데레남'과 같이 외모나 성향을 기준으로 남성을 유형화하여 이르는 말을 찾을 수 있었다. 남성에 대한 부정적 인식이 드러나는 비하의 표현은 '찌질남', '진상남' 정도가 있었는데, '-녀'가 결합하여 파생된 여성 혐오 표현이 남성보다 숫자적으로도 많고 더욱 고빈도로 사용되는 것으로 집계되었다. 즉, '-녀'와 '-남'으로 파생된 신어의 의미적 특성을 비교한 결과, 여성을 외모로 평가하거나 이성적 대상으로 삼는 표현, 그리고 여성 비하 표현이 남성에 대한 것보다 상대적으로 더 많으며 사용 빈도도 더 높게 나타났다.

④ -자

'-자'로 파생된 신어는 'X종결자'와 'X포자' 구성의 신어가 가장 큰 비중을 차지했다. '종결자'는 출중한 외모나 능력을 갖춘 사람을 이르는 말로 '몸매종결자', '소두종결자', '미모종결자', '러블리종결자', '깔끔종결자' 등의 말이 생산 및 사용되고 있다. '포자'는 '포기한 사람'을 줄인 말인데, 치열한 경쟁 과정에서 포기하거나 낙오한 사람을 이르는 말을 만들어낸다. 대학을 포기한 사람인 '대포자'가 2006년경 처음 사용되기 시작하여 수학을 포기한 사람을 줄인 '수포자', 과학을 포기한 '과포자', 취업을 포기한 자를 이르는 '취포자' 등의 단어가 줄지어 생겨났다. 최근 들어 집값이 급상승함에 따라 주택 매입을 포기한 자를 줄인 '집포자'나 주택 청약을 포기한 사람인 '청포자' 등의 말도 생겨났다.[7]

---

7 '짜증난다, 집·집·집…난 '○포자'' (출처: 헤럴드경제, 2020.09.11.)

⑤ -생

'-생'은 본래 '학생'의 뜻을 더하는 접미사이지만 신어에서는 '취업을 준비하는 사람'이라는 말을 파생하는 경우가 많았다. 'X-생'류의 신어중 가장 고빈도의 단어는 '취준생'과 '공시생'이었다. '취직을 위해 도움이 될 만한 능력을 갖추며 대비하는 사람'을 이르는 말이고 '공시생'은 '공무원이 되기 위하여 공무원 채용 시험을 준비하는 사람'을 지칭한다. 이외에 '임용 고시를 준비하는 사람'을 의미하는 '임고생', '국가고시를 준비하는 사람'을 일컫는 '국시생', '취업반수생'을 줄인 '취반생' 등이 있었다.

⑥ -이

'-이'는 원래 몇몇 명사, 어근, 의성의태어에 붙어서 '사람' 또는 '사물'의 뜻을 더하고 명사를 만드는 접미사이다. 『표준』에 제시된 '절름발이', '애꾸눈이', '멍청이'의 예처럼 상대의 외모나 능력 등에 대한 부정적 평가를 바탕으로 비하의 감정이 담긴 명사를 많이 파생한 것으로 보인다. 그러나 신어를 형성할 때는 부정적 어감이 사라지고 '귀요미', '쪼꼬미', '어좁이', '다중이', '요롱이'처럼 명사로 전성하거나 삭감한 어근에 '-이'를 붙여서 '그러한 특징 및 성향을 지닌 사람'을 다소 귀엽게 이르는 말을 파생하는 경우가 많다.

⑦ -파

'-파'는 김영선·박주형·임종주(2015:19)에 따르면 '어떤 생각이나 행동의 특성을 가진 사람'을 지칭하는 중립적인 의미를 가진 한자어였다가 'X라는 취향을 가진 집단' 등으로 의미가 확장되었다. '부먹파',

'찍먹파', '주사파', '먹자파' 등이 여기에 해당한다.

지금까지 신어에서 높은 생산성을 보이는 인칭접미사를 검토한 결과를 다음과 같이 정리할 수 있다.

첫째, '-족' 파생 신어에는 개인적인 행복에 무게를 두는 사고방식, 여가 및 취미 생활을 중시하는 문화와 관련한 것이 많았다.

둘째, '-생', '-자', '-족'이 덧붙어 파생된 신어는 치열한 입시 경쟁과 높은 취업난, 집값 급상승으로 인한 주거 불안정 등, 현대인이 겪고 있는 사회 경제적 어려움을 나타내는 말이 많았다.

셋째, '-녀', '-남', '-자', '-이'로 형성된 신어에는 외모나 신체적 특징에 대해 주관적 가치 평가가 개입된 말이 많았다.[8]

이상으로 [+사람]의 의미 자질을 가지는 신어 접사의 의미적 특성을 사회적 맥락과 연관 지어 살펴보았다. 앞서 선정한 생산성이 높은 몇몇 조어 단위를 교육함으로써 상당수 신어의 의미를 유추할 수 있는 단서를 얻을 수 있고, 이들 조어 단위가 신어를 생성하는 원리를 가르침으로써 학습자들이 신어의 내적 구성을 파악하고 의미를 추측할 수 있는 전략을 획득할 수 있다고 하였다. 이에 더해 생산적인 조어 단위가 주로 결합하는 어근의 의미적 특성을 사회 문화적 맥락과 연계하여 교육함으로써 현대 한국 사회와 문화에 대한 학습자의 이해를 도울 수 있을 것이다.

---

8 김영선·박주형·임종주(2015:23-28)에서도 기존 인칭접미사가 다양한 외부 세계나 현상을 반영하는 것과는 달리 신어 형성 인칭접미사가 상대방의 개별적 특성을 평가하고 호불호를 재려는 개인적 판단이 개입되어 있다고 하였다.

■ 10장 ■

외래어 연구의 실제

1. 외래어 연구의 필요성

외래어는 우리의 일상생활에서 높은 빈도로 사용되고 있으며 그 종류도 점점 증가하고 있다.[1] 박지순(2023)에서는 한국의 키오스크에서 사용되는 언어를 조사하였는데, 식음료 매장과 백화점, 쇼핑몰, 마트와 같은 생활 편의시설 키오스크에서 외래어 용어의 사용 비중이 높음을 밝혔다. 이로 인해 '서비스, 포인트, 쿠폰, 페이' 등과 같은 특정 고빈도 외래어 어휘를 모른다면 결제와 같은 주요 기능 수행에 있어 어려움을 겪을 것이라고 설명하였다. 이처럼 외래어는 우리 일상생활의 여러 각도에서 깊이 파고들어 있으며 또한 단순 노출을 넘어 외래어를 이해하지 못하면 일상생활에서 어려움을 겪을 수 있는 상황 역시 날로 증가하고 있다고 할 수 있다. 소셜네트워크서비스(SNS)의 발달, 영어 지식의 증가 등으로 인하여 새로운 외래어의 유입 및 사용은 더욱 가속화하고 있는 실정이며 이에 따라 한국어 내에서 외래어의 중요도와 위상도 점점 높아지고 있다고 할 수 있다.

---

1 본 장은 송승현(2022ㄴ)에서 논의된 내용의 일부를 수정 및 보완하여 제시하였다.

그러나 한국어교육에서 외래어 중심의 연구나 외래어 교수는 다소 소홀히 다루어져 온 측면이 있다. 이기영(2013)은 한국어교육 현장에서 중요하게 다루어 왔던 경어법, 속담, 관용표현 등에 비해 외래어는 많이 관심을 두지 않는다고 지적하였다. 단채미·박덕유(2020)는 최근 10년 동안 외래어에 대한 연구를 살펴보면 그다지 많은 편이 아니라고 하였고, 남신혜·원미진(2011)은 외래어 연구가 언중의 실제적 언어생활과 유리되어 보이는 면이 있다고 지적하였다.

한편 강현화(2023)에서는 높은 실제성과 시의성을 가지기 위한 한국어 학습사전의 방향성을 제안하며 외래어와 관련한 사안을 언급하였는데, 외래어의 시의적절한 제공 및 단어의 외래어화에 주목해야 한다고 주장하였다. 이를 통해 실제 언어생활의 적극적인 반영과 더불어 한국 문화의 이해를 도모하고자 하는 학습자들의 요구를 반영할 수 있다고 하였다.

이와 같이 한국어 내에서는 외래어의 위상 제고가 필요하며 한국어 학습자들에게는 이에 상응하는 적절한 외래어의 교수가 이루어질 필요가 있다. 따라서 학습자들에게 한국어에서 사용되는 실제성 있는 외래어 정보를 주기 위해서는 실제로 현재 한국어에서 어떤 외래어가 어떻게 사용되고 있는지 살펴보는 과정이 필수적이다. 그러나 기존의 많은 외래어 관련 연구는 이미 교재에 수록된 어휘를 주된 연구의 대상으로 하는 경우가 많아 실제 일상생활 한국어에서 사용되는 다양한 외래어 및 관련 현상을 반영하지 못하는 한계가 있다. 또한 사전 등재 여부를 바탕으로 한 목록 선정의 방식으로 인하여 실제 언어 현상 즉, 언중의 사용 양상을 반영하지 못하는 경우가 많다. 또한 외래어와 관련하여 문어 중심의 연구가 많아 구어를 다루는 여러 연구가 더 많이 이루어질 필요가 있다.

종합하자면 외래어의 사용이 점점 증가하고 복잡한 양상을 보이는 현시점에서 외래어 관련 연구는 다양한 각도에서 더욱 활성화되어야 할 필요가 있다. 그리고 그 연구가 여러 종류의 다양한 대규모 코퍼스 자료를 통하여 이루어질 수 있다면 생생한 외래어의 사용을 포착하고 실제성 있는 연구 자료를 축적하는 데 기여할 수 있을 것이다.

2. 외래어 관련 연구

한국어교육에서는 한국어에서의 외래어 사용 증가와 이로 인하여 학습자가 겪는 의사소통의 어려움에 관심을 가졌다. 관련하여 학습자들에게 요구되는 외래어 지식을 효과적으로 제공하기 위한 외래어 목록 선정과 교육 방안 연구가 이루어졌다. 목록 선정은 일반 목적 학습자를 위한 외래어 목록 선정 연구(조은호, 2006; 이정희, 2007; 남신혜·원미진, 2011; 조형일, 2013; 이현정, 2014; 이소영, 2017; 조시몬, 2017 등), 학문 목적 학습자를 위한 목록 선정 연구(최선영, 2009; 김낭예, 2010; 도성경, 2015; 김한아, 2017; 문소나, 2019 등)가 주로 이루어졌고, 중국어 등 특정 언어권 학습자를 위한 연구(Chen, 2018 등)도 진행되었다. 미용 전공과 같은 특수 목적 학습자들을 위한 외래어 목록 선정 연구(박지영, 2021)도 최근에 이루어졌다. 목록 선정 연구는 일반 목적의 연구에서 나아가 특수 목적 혹은 특수한 학습자를 대상으로 하는 연구로 더 구체화하고 있는 추세이다.

외래어 교육 방안에 대해서는 문승실(2004), 김민재(2017) 등의 연구가 있는데 최근에는 특정 모국어 학습자들을 위한 연구로 확장되고 있다. 언어권 별로 보면 중국인 학습자들을 위한 교육 방안 연구(이은영, 2005; 장성희, 2007; 오해리·원민, 2018; 단채미·박덕유, 2020 등), 일본인 학습자를 위한 연구(윤경미·이미정, 2018 등), 영어권 학습자를 위한 연구(손아람, 2018), 우즈베키스탄 학습자를 위한 연구(최수경, 2015), 프랑스어 모어 학습자를 위한 연구(강란숙, 2020)가 진행되었다. 외래어 교재 개발에 관한 연구로는 오미정·이혜용(2007), 이소영(2021) 등의 연구가 있다. 오미정·이혜용(2007)은 학습자와 교수자에게 직접적으로 도움이 될 만한 어휘 목록이나 외래어 교재에 관한 연구가 없다는 점에 착안하여 외래어 어휘 교재 개발의 원리와 요건을 제안하고 예시를 보였다. 이소영(2021)은 텍스트 강화 이론을 배경으로 쓰기 기능과의 연계를 통한 방안을 제시하였다.

특정 언어와의 외래어 대조 연구도 많이 진행되고 있는 추세이다. 특히 최근 한국어교육을 전공하는 중국어권 학생들이 증가하면서 2010년도 이후 중국어와의 외래어 대조 연구가 활발히 진행되고 있는 것이 주목할 만하다.[2] 이 외에 일본어와의 대조 연구(탁성숙, 2013; 오기노신사쿠, 2014; 김지영, 2015; 윤경미·이미정, 2018; 임건수, 2023 등), 미얀마어와의 대조 연구(Tin Tin Htwe, 2019), 그리고 북한어와의 대조 연구(박명수, 2013; 김주연, 2018; 최유숙, 2019)도 진행되었다.

한국어 학습자들의 외래어 인지 정도와 오류에 대하여 관심을 가진 연구(이상숙, 2005 등)도 있다. 이 연구에서는 학습자의 언어권별로 외

2 관련 연구에는 담려려(2010), 전락(2010), 숙산산(2011), 유약남(2012), 형육(2012), 관적(2013), 손초(2013), 서형요(2014), 왕상(2015), 유준방(2015), 위흔교(2016), 굴량(2018), 자오진치우(2019), 사문어(2020), 온천혜(2020) 등이 있다.

래어 표기 교수 방안이 차별화되어야 함을 주장하였다. 나아가 특정 언어권을 대상으로 한 외래어 인지 및 오류 분석 연구로는 조현용(2010)이 재미 동포 학생을 대상으로, 황은하(2014)가 영어권 초급 학생들을 대상으로 한 연구가 있다.

중국인 학습자를 대상으로 하는 연구는 손정정(2010), 백설비(2017), 최은지(2019) 등이 있고, 그중 최은지(2019)는 고급 수준의 학습자를 연구 대상으로 하였다. 그는 중국인 47명의 고급 학습자를 대상으로 조사한 결과 원어 지식과 외래어-원어 연계 능력은 외래어를 학습하는 데에 매우 큰 영향을 주는 변수라고 주장하였다. 박윤미 외(2024)는 일본인 학습자의 외래어 오류 양상을 오류 주석 학습자 말뭉치를 통해 살펴보았고, 외래어 표기법 학습 시 학습자에게 친밀도가 높은 어휘부터 학습할 것을 제안하였다.

외래어 의미 변화에 초점을 맞춘 연구로는 박지영(2010), 이기영(2013), 송승현(2022ㄱ), 리이(2022) 등의 연구가 있다. 이기영(2013)은 외래어를 언어문화로서 접근해야 할 필요성을 주장하여 비교문화적 관점을 시사하였다. 문금현(2020)은 의미가 변화된 영어 외래어 교육을 위하여 외래어 목록을 살피고 학습 내용과 방안을 제시하였다. 송승현(2022ㄱ)은 한국어 모국어 화자들의 일상 구어 대화 말뭉치 분석을 통해 외래어가 한국어에서 겪는 다양한 의미 변화 및 분화, 경쟁 양상을 분석하였다. 리이(2022)는 절단형 외래어에 초점을 맞추어 의미변화 양상을 연구하였다.

또한 학습자들의 효율적인 외래어 학습을 위한 사전 편찬의 중요성에 주목한 연구가 있다. 하지경(2011), 박종후·하지경(2012)은 사전 편찬을 위한 기초 연구를, Li, Bing(2021)은 중국인 학습자를 위한 사전 구축 연구를, 주희진(2019)은 명사 변이형을 대상으로 하는 사전 구축에 관하여 연구를 진행했다.

이외에 외래어 발음 교육에 초점을 맞춘 크리스탈베번(2014)과 하신영(2016)의 연구가 있으며, 외래어의 운율 및 피치 실현 양상에 주목한 연구로는 중국인 학습자를 대상으로 고찰한 이미경(2023)과 일본어 모어 화자를 대상으로 한 김은정(2022) 등의 연구가 있다. 또한 외래어와 순화어 유의 관계를 연구한 조은별(2019)의 연구, 한국어교육에서의 외래어 교육의 위상(이소영, 2011)과 한국어 교사의 인식에 대한 연구(정희정, 2016)가 있다. 정희정(2016)에서는 고급으로 갈수록 한국어 교재에 더 많은 외래어가 등장함을 밝히며 한국어 교사가 실제 교육 현장에서 외래어와 외국어 구분의 문제, 규범성과 실제성 사이의 문제로 인해 고민한다는 사실에 대해 언급하였다.

3. 외래어 연구 및 코퍼스 활용에서의 쟁점

3.1. 외래어 연구에서의 쟁점

여기에서는 한국어교육에서의 외래어 연구 관련 쟁점 및 한계점에 대해 짚어보며 이를 통해 앞으로 외래어 관련 연구가 나아갈 방향에 대해 고찰해 보고자 한다.

먼저 한국어교육에서 외래어 학습과 관련한 많은 연구는 이미 한국어 교재에 나와 있는 어휘나 기선정 어휘 목록을 주된 연구의 대상으로 하고 있다는 특징을 보인다. 연구의 대상이 되는 외래어의 출처는 주로 주요 어학당 한국어 교재, 김종섭(2011)의 '국제 통용 한국어교육 표준 모형', 조남호(2003)의 '한국어 학습용 어휘 선정 결과 보고서'에 포함된 외래어 목록, 토픽(TOPIK)에 등장한 외래어 등이다. 따라서 제한된 목록이 반복적으로 연구의 대상이 되어 온 측면이 있다. 시간이 갈수록 더 많은 외래어가 한국어에 유입되고, 외래어 사용 양상이나 의미는 변화하고 있다. 따라서 실제성 있는 자료를 통해 일상생활에서 외래어의 사용 양상을 포착하고 종합적인 분석을 시도할 시기가 되었다고 할 수 있다.

두 번째로 대부분의 연구가 문어나 문어 상황을 기반으로 하고 있다는 특징이 있다. 반면 구어를 대상으로 하는 연구는 매우 부족한 양상을 보인다. 실제 한국어 모국어 화자들의 구어를 기반으로 한 외래어 연구는 거의 행해지지 못했고, 일부 구어를 대상으로 한 연구도 드라마를 이용한 준구어적 코퍼스가 활용된 경우가 많다. 일상생활에서의 의사소통은 대부분 구어 환경을 전제로 하는바 실제 구어에서 사용되는 외래어와 특징을 조사하는 일은 외래어 연구의 기반을 다지는 의미 있는 작업이라고 하겠다. 구어에서만 사용되는 외래어나 구어에서 특정한 형태로 나타나거나 특정한 담화 효과를 가지는 외래어에 대해 더 연구될 필요가 있다.

또한 그동안 잘 다루어지지 않았던 구어 실현형에도 관심을 가질 필요가 있다.[3] 일상생활 한국어에서는 많은 구어 실현형이 사용되며 외래어의 사용에서도 예외가 없다고 할 수 있다. 그러나 그간의 여러 외래어 관련 연구에서는 형태가 다르게 나타나는 것들을 포함한 외래

3 구어 실현형은 언어 규범에는 어긋나지만 실제 구어에서 발음되는 형태로 '버스'가 '뻐스*'로 더 자주 실현되는 것과 같은 예를 들 수 있다.

어 구어 실현형 혹은 이형태를 기본형(사전 등재형)으로 바꾸거나 통합시켜 연구하는 경우가 많았고, 한국어 교재나 책에서도 기본형을 위주로 제시하고 있기 때문에 한국어 학습자들이 외래어 구어 실현형을 알기 쉽지 않을 수 있다. '빼스*'와 같이 기본형으로는 거의 발음되지 않고 구어에서 변이형으로만 나타나는 외래어도 있으며, 이렇게 외래어의 기본형과 구어 실현형이 차이를 갖는 경우에는 의사소통에 장애를 초래할 수 있다. 따라서 구어 상황에서 나타나는 외래어의 여러 가지 특성에 대한 관심이 더 필요하다.

다음으로 연구의 대상이 되는 외래어 유형이 다소 특정 형태에 제한되어 왔다는 한계가 있다. 그간의 연구는 단일어 외래어를 위주로 해온 경향이 있고, 혼종어 및 복합어, 구 이상 단위는 제한된 수준에서만 다루어져 왔다. 다시 말해 기존의 연구가 단일 외래어와 같은 특정 단위만을 대상으로 하거나, 명사에 한정하는 경우, '-하다'와 결합하여 파생형을 만드는 외래어, 혹은 한제(한국식) 외래어나 콩글리시를 대상으로 하는 등 제한된 주제 안에서 연구가 진행되어 왔다는 한계가 있다. 신어 연구에서 외래어가 조어에 참여한 복합 표현을 다루거나, 접사 혹은 접사화된 외래어를 다루는 일부 연구를 제외하고 이외에 구 형식 등 외래어 복합 단위는 관심을 덜 받아왔다. 실제 일상 대화에서는 다른 단어와 결합된 외래어 합성어 혹은 복합 구 형식의 외래어 표현이 높은 빈도로 사용되는바 이를 폭넓게 다뤄야 할 필요성이 대두된다고 할 수 있다. 다시 말해 일상생활에서 사용되는 외래어의 양상을 종합적으로 포착하기 위해서는 외래 요소가 직접적으로 나타나는 단어 및 구 이상의 복합 형식 등 관련 현상을 포괄하여 폭넓게 연구할 필요가 있다.

다섯 번째로 기존의 한국어교육의 연구에서는 주로 서구계 외래어를 연구의 대상으로 다루어 왔다. 외래어를 크게 나누어보면 서구계와 일본어계로 나눌 수 있는데 일본어계 외래어의 경우 주로 순화와 관련한 연구에서 다루어졌고 한국어교육에서는 거의 다루어지지 않았다. 이는 일본어 외래어가 정책적으로 순화의 대상이 되어왔을 뿐만 아니라 모국어 화자들 사이에서도 일본어계 외래어 사용을 지양해야 한다는 인식이 퍼져 있기 때문이다. 그럼에도 불구하고 특정 일본어계 외래어는 한국어에서 사용되고 있다는 점을 주목해야 할 것이다. 어떠한 표현이 한국어 모국어 화자들에 의해 일상생활에서 통용되어 사용되고 있다면 학습자들에게 정보를 주어야 할 필요가 있다. 다시 말해 일본어계 외래어가 한국어 내에서 차지하는 독자적인 기능이나 위상이 있는지도 살펴보아야 할 필요가 있다. 이러한 정보의 제공은 일본어계 외래어의 사용을 독려하자는 것이 아니다. 학습자들이 생산 어휘로서 일본어계 외래어를 학습할 필요는 없지만 이해 어휘로서 현실생활에서 사용되는 외래어에 대한 지식을 가질 수 있다면 도움이 될 것이기 때문이다. 의사소통의 실패를 줄이기 위한 목적으로 이해 어휘 차원에서 정보를 제공할 수 있다.

3.2. 대규모 코퍼스 활용 외래어 연구에서의 쟁점

대규모 코퍼스를 이용하여 외래어를 연구하고자 할 때 코퍼스에 등장하는 외래어 표현의 추출이 필요한지의 여부는 중요한 사안이 된다. 특히 특정 키워드를 대상으로 하지 않는 경우, 다시 말해 연구가 귀납적인 방식을 통해 외래어를 추출하거나 분석하는 방식을 취하는 경우에 어종을 판별해야 하는 지난한 작업을 거쳐야 한다는 어려움이 있다. 품사 태깅 혹은 형태소 부착 코퍼스의 경우에도 외래어인지의 여부는 알 수 없기 때문이다. 따라서 대규모의 코퍼스를 이용해 외래어를 다뤄야 할 때는 시간상, 전산상의 효율적인 처리를 위해 외래어를 어절 단위로 다루는 방법을 고려할 수 있는데 이러한 경우에는 몇 가지 점에서 주의가 필요하다.

먼저 대규모 코퍼스에서 어절 단위로 어휘를 다루게 될 때에는 해당 어휘가 외래어인지 여부를 확인하기 어려운 단어들이 존재하여 주의가 필요하다. 한국어에는 '키(신장, key)', '탑*(塔, top)'[4], '풀(접착제, full, pool)', '기타(其他, guitar)' 등 고유어나 한자어의 형태와 동일한 외래어가 존재하기 때문이다. 다음으로 외래어가 동음어인 경우 맥락에 따른 의미 구분이 필요해 주의를 기울여야 한다. 예를 들어 원어에서는 철자와 발음을 달리하는 단어가 한국어에서는 동일한 발음 및 표기로 나타나기도 하는데 '홀(whole, hole, hall)', '링크(rink, link)', '레이스(race, lace)', '랩(rap, wrap)', '팬(fan, pan)' 등의 예를 들 수 있다.

다음으로 외래어 자체가 다의성을 갖는 경우가 많다. 예를 들어 '프로'의 경우 텔레비전 '프로그램'의 준말일 수 있지만, '퍼센트'의 준말일 수도 있으며 전문가를 뜻하는 '프로'일 수 있다. 그리고 각 의미는 준말 여부, 한국식 외래어 여부, 각 의미가 대응하는 유의어 표현 등 여러 측면에서 차이가 있다. 어절로만 보게 되면 이러한 의미의 구분이 어려워져 주의가 필요하다.

한편 합성어나 구 단위 표현 등으로 범위를 확장하여 외래어와 관련한 특징을 살펴보려고 하면 코퍼스 전사 상황에 따라 이러한 표현이

4 'top'의 구어 실현형이다. 규범 표기에 따르면 '톱(top)'이어야 하나 실제 구어 대화에서 대부분 '탑*'으로 나타나고 있다.

추출이 어려워질 수 있다는 점을 고려해야 한다. 예를 들어 코퍼스에서 '원 플러스 원', '퍼스널 트레이닝' 등과 같이 구 단위 복합 구성의 전사에 띄어쓰기가 들어가는 경우 외래어의 추출에 영향을 받을 수 있다. 또한 코퍼스에서 전사자마다 동일한 표현의 띄어쓰기가 다르게 나타난다는 문제가 있다. 예를 들어 본 연구의 연구 대상 코퍼스에서는 '드라이브스루'의 경우 띄어쓰기 없이 전사된 것과 '드라이브 스루'와 같이 띄어쓰기가 들어간 것이 모두 나타났다. 따라서 외래어 목록의 추출이나 정제 과정에서 동일한 표현이 띄어쓰기에 의해 '드라이브 스루'로 남아 있거나, '드라이브'와 '스루'로 분리되지 않도록 주의를 기울여야 한다. 이러한 과정을 통해 이들을 하나의 단위로 보고 분석의 대상으로 온전히 포함할 수 있다.

한편 인명, 상품명, 상호, 영화나 드라마의 제목 등에서 많은 외래어가 사용되는바, 여기에서 사용되는 외래어와 일반적인 외래어 표현에 구분을 두어 연구 대상 범위에 제한을 두는 것을 고려해야 한다. 그리고 이 과정에서 어절 단위의 접근이 이용되는 경우 '크루즈'와 같은 경우는 '톰 크루즈'의 이름 일부인지 '유람선'의 의미에 해당하는 '크루즈'인지 알 수 없다. '하트 시그널', '스카이 캐슬', '허니 콤보' 등과 같은 고유명사도 마찬가지이다. 따라서 연구 목적에 따라 고유명사나 그에 가까운 표현을 구분, 정제하는 작업이 필요하다.

4. 사례 연구: 외래어 복합 구성 연구

본 연구에서는 외래어가 포함된 합성어 및 'N(명사)+N(명사)' 복합구 구성을 연구의 대상으로 삼아 그 특징을 분석하고, 또한 이를 바탕으로 하여 생산성 있는 조어 단위로서의 외래어를 파악해 보고자 한다.

기존의 외래어 관련 여러 선행 연구에서는 단일어나 일부 파생형을 대상으로 하여 연구가 실시되어 온 한계가 있다. 상대적으로 외래어가 포함된 합성형이나 구 단위 어휘 등은 주목을 덜 받아왔으며 외래어를 중심으로 하는 관련 연구는 매우 미비한 실정이다. 그러나 일상생활에서 '생활 패턴', '출석 체크' 등과 같이 높은 밀접성과 공기 빈도를 보이는 덩어리 형식의 구의 사용을 널리 관찰할 수 있으며 외래어도 이러한 사용에서 예외가 아니다.

강현화(2015)는 구 단위의 복합 형식에 대하며 일반인의 인식에 매우 밀접하게 연관되어 하나의 의미 단위로 인식되는 것이라고 설명하였다. 그 예로 '여자 친구'나 '남자 친구'와 같이 독립된 단어 수준으로 사용되거나 공기 빈도가 높아서 한 덩어리로 인식되는 '봉사 활동', '신문 기사'와 같은 구, 그리고 '서비스 센터, 관리 사무소, 유실물 센터, 개인 정보'처럼 특정 사용역에서 구 단위 전체가 하나의 단어처럼 기능하는 경우도 있다고 설명하였다. 그리고 이는 학습자에게 주요 정보가 된다고 하며 그 중요성을 강조하였다. 손연정·강현화(2023)에서도 언어의 관습적 사용 측면에 주목하며 학습자의 유창성 증진과 연어적 오류 방지 등에 구 단위 목록의 학습이 매우 중요한 역할을 한다고 주장하였다.

어휘 사용에 있어 어휘 간의 밀접한 관계 및 공기 관계 파악의 중요성은 주지하는 사실이며, 이는 또한 외래어의 사용에도 적용된다고 하겠다. 이에 높은 공기 관계를 보이며 하나의 의미 단위로 인식되는 외래어 표현에 관한 연구의 필요성이 제기된다고 하겠다.

이러한 필요성에 따라 본 연구에서는 폭넓은 관점에서 외래어가 포함된 덩어리 구성을 살펴보고자 한다. 일상생활 구어에서 어떠한 외래어 합성 및 복합구 형식이 사용되고 있는지 알아보며 한국어교육에 도움이 되는 외래어 교육의 기초 자료를 제공하고자 한다.

4.1. 연구 대상

이 절에서는 먼저 본 연구에서 대상으로 하는 외래어 복합 구성에 대해 논하고자 한다. 외래어 표현을 조어 방식에 따라 단일 형태소로 이루어진 단일어 구성과 복합어 구성으로 나눌 수 있다. 그러나 외래어의 경우 단일어와 복합어를 구분하는 문제는 더욱 간단하지 않을 수 있다. 명료하게 단일어라고 판단할 수 있는 것이 있는가 하면 단일어로 보아야 할지 복합어로 보아야 할지에 대한 이견이 있는 것들도 있다. 이는 특히 외래어의 직접 차용[5]과 밀접한 연관이 있다. 그 이유는 직접 차용한 외래어의 범위에, 원어가 단일어이거나 복합어인 경우 혹은 그 이상의 단위인 경우까지도 포괄되기 때문이다. 따라서 원어에서 복합어의 지위를 갖는 것이 수용언어에서도 복합어의 지위를 가지는지의 문제로 연결된다.

다시 말해 원어에서는 복합어인 단어가 수용언어에서는 단일어로 차용될 수 있다는 것을 고려해야 한다. 왜냐하면 원어에서 복합어의 경계가 수용언어에서는 인지되지 않을 수 있기 때문이다. Hacken &

5 흔한 차용의 예로 '컴퓨터(computer), 커피(coffee), 카메라(camera)'와 같이 원어를 직접 음역하여 수용하는 경우가 있다. 민현식(1998:94)은 외래어의 어형을 그대로 차용하는 것을 '직접 차용(=음역차용)'으로 불렀다. 영어에서는 'direct loanwords(직접 차용 외래어)(Graedler, 2004)'라고 지칭된다.

Panocova(2020)는 영어로 차용된 독일어 단어 'kindergarten(유치원)'의 예를 설명하였다. 원어인 독일어에서 'kindergarten'은 아이를 의미하는 'Kind'와 정원을 의미하는 'Garten'의 합성어이다. 그러나 독일어에서 복합어인 이 단어는 수용언어인 영어에서 복합어의 지위가 아니다. 그 이유는 원어의 각 구성 요소가 영어 어휘부에 동일하게 존재하지 않기 때문에 'kindergarten'은 분석할 수 없는 하나의 단위로 인식되는 것이다. 즉, 수용언어에서 단일어 어휘에 해당되는 것들은 분석할 수 없는 형태(unanalyzed form)로 차용된 복합어를 포함하는 것이다(Weinreich, 1953). 다른 예로 '경계'를 의미하는 독일어 단어 'Grenze'는 폴란드어 'granica'에서 차용한 형태로 추정할 수 있는데 이는 어근 'gran-'과 접사 '-ica'가 폴란드어에서는 분석되지만 독일어에서는 그 경계가 분석되지 않기 때문이다(Haspelmath, 2009).

정리하자면 차용의 결과로 존재하는 직접 차용 외래어가 단일어이냐 복합어이냐의 구분은 수용언어의 화자들이 그 경계를 인식하는지 여부에 달려있다고 할 수 있다. 여러 외래어 연구에서는 단일어와 복합어의 판정이 원어를 기준으로 한 것인지 수용언어를 기준으로 한 것인지 분명하지 않은 경우가 있다. 그러므로 단일어이냐 복합어이냐의 판정 문제는 원어를 기준으로 하는 것인지 수용언어에서의 기준인지를 명확히 할 필요가 있다. 남길임 외(2021)에서는 '어퍼웨어', '코비디보스'와 같은 차용어의 경우, 원어에서는 단일어라고 보기 어렵지만 이러한 차용어의 내부 구조를 한국어 화자들이 모두 분석적으로 받아들인다고 보기 어렵다고 보았다. 이러한 이유로 해당 표현을 단일어로 분류하였다. 노명희(2009)는 '스크린도어, 헤어스타일' 등의 단어에 대해 원어에서 이미 합성된 단어를 차용했을 가능성을 제기하였다. 그럼에도 국어에 '스크린, 도어, 헤어, 스타일'이라는 단어가 쓰이고 있으므로 국어 합성법에 따라 내부 구조가 재해석되었을 가능성을 두고 이를 합성어로 분류하였다.

본 연구에서도 이러한 접근에 따라 한국어 화자들이 원어에서 복합어의 지위를 갖는 외래어에 대해 그 경계를 인식한다고 생각되는 경우는 복합 외래어로, 그렇지 않은 경우는 단일 외래어로 처리하기로 한다. 그러나 시간이 갈수록 영어에 대한 지식이 높아지면서 복합어 영어 외래어의 경계 및 각 부분, 요소의 의미가 과거보다 더 잘 인지되고 있다고 할 수 있다. 따라서 현재의 기준이 앞으로도 계속 동일하다고 볼 수 없으며, 개인에 따라 영어에 대한 지식이나 이해의 정도는 다를 것이다. 본 연구에서는 대부분의 한국어 모어 화자에 의해 '경계 및 의미가 인식된다'는 의미를 어떤 외래어 요소가 동일한 의미와 기능으로 다른 단어에서 나타나느냐를 통해 구분 짓고자 한다. 예를 들어 '스쿨 존', '포토 존', '노키즈 존', '셀카 존'과 같은 구성을 볼 때 구역을 의미하는 '존(zone)'이 동일 의미로 여러 단어에서 나타나고, '셀카존'과 같은 한국식 외래어의 형성에도 참여하고 있기 때문에 화자들이 해당 단어에서 그 경계와 각 부분의 의미를 인식하고 있다고 볼 수 있다. 반면에 '섬네일(thumbnail)', '가스라이팅(gaslighting)'과 같은 단어는 원어에서는 복합 구성이지만 한국어에서 경계가 분명히 인식되지 않는다고 할 수 있다. 따라서 이러한 경우에는 한국어 화자들의 단어 내부의 구조를 인식한다고 볼 수 없기 때문에 원어에서의 복합어 지위에 관계없이 단일어로 처리하기로 한다. 따라서 본 연구에서는 수용언어 화자들의 어휘 경계와 각 요소의 의미 인식 여부에 따라 단일어와 복합어를 구분하도록 한다.

한편 본고에서 연구의 대상으로 주목하는 형식은 '졸업 앨범', '출석 체크', '배달 앱' 등과 같이 합성 혹은 합성에 준하거나 구의 형식으로 볼 수 있는 'N(명사)+N(명사)' 구성이다. 이러한 예들은 한국어 모어 화자들에 의해 한 덩어리처럼 사용되며 높은 빈도로 공기하는 것들이라고 할 수 있다. 코퍼스에 출현한 일부 예시를 더 살펴보면 다음과 같다. 그러나 개별 표현 및 구의 사전 등재 여부는 상이한 것을 확인할 수 있다.[6]

〈표 19〉 구 단위 외래어 표현의 사전 등재 여부

외래어 표현	표준국어대사전	고려대 한국어대사전	우리말샘
프로필 사진	X	X	O
커터 칼	X	X	O
졸업 앨범	X	O	O
출석 체크	X	X	X
오픈 시간	X	X	X
배달 앱	X	X	X
수면 패턴	X	X	X

임상은·강현화(2017)에서는 명사와 명사가 조사의 연결 없이 연속된 '명사+명사' 꼴에 해당되는 명사구 및 합성 명사를 구분하지 않고 하나의 범주에서 '명사 복합 구성'으로 보았다. 그리고 '감시 카메라', '글재주', '검색창', '구멍가게' 등과 같은 표현을 예시로 들었다. 손연정·강현화(2023)는 '가을 야구', '천연 조미료', '빵 셔틀', '비대면 수업'

6 사전의 검색은 '네이버 국어사전(https://ko.dict.naver.com/)'을 통해 이루어졌다.

과 같은 예시를 들며 이를 '어휘적 구'로 제시하였다. 그리고 이는 흔히 사전에서 '구 단위 표제어'라고 일컬어지는 대표적인 단위이며 향후 합성어가 될 수 있는 가능성을 가진 단위라고 설명하였다.

한편 이러한 유형과 관련하여 강현화(2015)는 구와 단어로서의 인정 경계가 명확치 않은 사례가 많음을 지적하였다. 그리고 한국어교육에서는 이들의 단어 성립 여부에 초점을 두기보다는 이들을 폭넓게 수용하여 단어 단위 교육에도 활용할 수 있다는 점에서 이들 목록을 정비하는 것도 중요하다고 주장하였다. 따라서 본 연구에서도 사전 등재 여부나 구와 단어의 인정 경계에 관계없이 포괄적인 관점에서 외래어를 관찰하고자 하며, 외래어가 포함된 'N(명사)+N(명사)' 형식을 '외래어 복합 구성'으로 보고 이와 관련한 특징을 연구하고자 한다.

4.2. 연구 내용 및 결과

본 연구는 일상생활 구어 한국어에서 나타나는 외래어 복합 구성을 알아보고 그 특성을 분석하는 것을 목적으로 한다. 이러한 목적에 따라 국립국어원에서 구축한 '일상대화 말뭉치 2020'을 연구의 대상으로 삼았다.[7] 이 코퍼스는 한국인 모국어 화자 두 명이 주제를 가지고 자유롭게 일상 대화를 나눈 것을 녹음 및 전사하여 구성한 코퍼스이다.[8] 기존의 많은 일상생활 구어 연구가 대본 등과 같은 준구어 코퍼스를 대상으로 이용한 것에 비해 이 코퍼스는 실제 구어 상황을 생생하게

7 연구에 이용된 자료의 버전은 1.0이다. 국립국어원에서는 오류 교정 등 지속적인 업데이트를 실시하고 있다. 따라서 현재 웹사이트에 올라와 있는 코퍼스와 본 연구의 대상 코퍼스는 버전에 따른 차이가 있을 수 있다.

8 자료가 녹음된 시점은 2020년으로 총 2,739명이 참여하였으며, 약 286만 어절의 규모이다. 대화당 약 15분 분량이며, 총 500시간 분량의 규모이다.

포착하고 있다는 점에서 실제성 있는 구어 연구에의 장점이 크다고 하겠다.

본 연구에서는 앞서 언급한 대규모 코퍼스에서 외래어 추출과 관련한 유의 사항에 주의하며 외래어 복합 구성의 추출을 시도하였다.

① 외래어 복합 구성 추출 결과

본 연구의 대상 코퍼스에서 추출된 외래어 복합 구성은 총 1,546개로 확인되었다. 추출된 예시 일부를 살펴보면 다음과 같다.[9]

〈표 20〉 추출된 복합 구성 예시

개그 코드, 걸 그룹, 꿀 팁, 네일 아트, 다이어트 약, 대표 팀, 데이트 코스, 데이트 폭력, 등급 컷, 라이브 방송, 라이프 스타일, 마이너스 성장, 맛집 투어, 모델 하우스, 무드 등, 무한 리필, 문화 센터, 물류 센터, 분위기 메이커, 사이드 메뉴, 샐러드 바, 생일 파티, 생활 패턴, 성격 테스트, 스몰 웨딩, 에이포 용지, 온라인 수업, 온라인 클래스, 원데이 클래스, 원룸, 웹 드라마, 유튜브 채널, 이미지 메이킹, 인스턴트 식품, 인증 샷, 종이컵, 캣 맘, 커플링, 쿠키 영상, 파티 룸, 패밀리 레스토랑, 패키지 여행, 팬 사인회, 팬 서비스, 팬클럽, 펫 숍, 퓨전 음식, 피씨*방, 피자집, 한류 붐, 한인 타운, 핫 팩, 헬스클럽, 홀 서빙, 홈 쇼핑…

복합 구성은 위와 같이 다양한 유형으로 나타나고 있었으며 성격에 따라 분류해 볼 수 있다. 먼저 원어의 음역에 해당한다고 볼 수 있는 표현이 있는데 이것들은 다시 새로운 대상이나 개념을 설명하기 위한 지시적 차용과 한국어에 지시적 의미를 바꾸지 않는 단어가 존재하는데도 외래어를 차용하는 유의적 차용으로 나눠볼 수 있다. 이러한 경

9 코퍼스에 외래어 구어 실현형으로 나타난 것은 단어 옆에 '빼스*'와 같이 * 표시를 붙여서 제시하였다. 구어 실현형과 규범형이 모두 나타난 경우에는 모두 표기하였다. 띄어쓰기는 표준국어대사전, 고려대 한국어사전, 우리말샘 등의 사전에 등재되어 있으면 사전의 방식을 따랐다. 등재되지 않은 것은 띄어쓰기를 포함하였다.

우는 원어를 알면 비교적 쉽게 의미 추측을 할 수 있는 유형에 속한다.

(1) ㄱ. 룸메이트, 룸서비스, 버스 터미널, 블루오션, 비즈니스 클래스, 월드 스타, 타임머신
ㄴ. 로드킬, 로드 트립, 모바일 체크인, 미스테리 쇼퍼, 포커페이스, 플랜 에이(A)/플랜 비(B)

(1)은 지시적 차용에 해당하는 예로 한국어에 대응 표현이 없거나 구 단위 이상의 설명이 필요한 표현이라고 할 수 있다. (1ㄱ)의 경우 (차용 당시의) 새로운 대상이나 서비스, 용어나 지명을 원어에서 가져와 음역한 것이다. (1ㄴ)의 경우 비교적 최근에 사용되는 표현으로 한국어에서는 구 단위 이상의 설명이 필요한 것들로 영어에서 이미 하나의 표현으로 정립된 것을 가져와 사용하는 형태라고 할 수 있다.

이처럼 새로운 대상이나 개념을 지시하기 위해 이미 정립된 외래어를 차용하여 사용하는 것은 새롭게 조어하는 것보다 시간적, 경제적 효과를 누릴 수 있는 차용의 대표적인 동기라고 할 수 있다.

(2) 기프트 샵*, 드레스 코드, 브랜드 네임, 쇼핑백, 스킨케어, 시티 투어, 체크 리스트, 티켓 부스, 플레이 리스트, 헤어스타일 …

(2)는 유의적 차용에 해당한다고 볼 수 있다. 유의적 차용의 경우 수용언어에 이미 대응 표현이 있거나 수용언어 기존의 요소로 표현하는 것이 가능하다고 할 수 있다. 예를 들어 '기프트 샵*'이나 '드레스 코드'는 '선물 가게', '복장 규정'처럼 양쪽 요소 모두 한자어 등 기존의 요소로 대치가 가능하다고 할 수 있다.

그러나 이러한 대응 표현이나 대치된 표현은 의미 영역 상에서 또는 어감, 사용 맥락 등에서 차이를 보일 수 있기 때문에 완전한 대치 관계를 이룬다고 보기 어렵다. 다시 말해 유의적 차용의 경우 외래어 표현이 대응되는 한자어 및 고유어 구성 표현과 의미상, 화용상의 차이를 가질 수 있다. 그리고 이는 각 외래어별로 차용 시기 및 의미 분화의 정도에 따라 차이를 달리한다. 따라서 외래어에 대응하는 표현이 이미 한국어에 있거나 기존의 한자어나 고유어로 표현하는 것이 가능하다고 해도 이것이 항상 대치 가능하다고는 할 수 없는 영역의 것들이다.

한편 형태는 원어의 일부를 가지면서 일부는 한자어나 고유어로 나타나는 것들이 있다. 이 중에는 영어의 표현을 일부 번역한 혼역어에 해당하거나, 번역이 아닌 경우 외래어와 한자어, 외래어와 고유어의 조합으로 나타나는 혼종어로 나누어 볼 수 있다. 아래 (3)의 경우는 혼역어로 추정할 수 있는 것들로 외국에서 유래한 개념이나 서비스, 사회과학 분야의 용어 등이다.

(3) 난민 캠프, 베이비 부머 세대, 사물 인터넷, 시너지 효과, 신용 카드, 화상 채팅, 네잎클로버, 로마법, 아킬레스건, 알코올 중독, 여성 호르몬 …

(3)은 사회 현상, 서비스, 기술 및 사회과학 분야의 용어에 해당한다고 할 수 있는데 일부는 외래어의 형태로, 일부는 한자어나 고유어로 번역한 형태로 볼 수 있다. 대부분이 굳어진 표현으로 나타나는 것을 볼 수 있다. 한편 다음과 같은 표현은 혼역어와 음역어로 모두 나타나는 형태를 보인다.

(4) 대표 메뉴, 여행 가이드, 종합 비타민, 한인 타운 …

(4)의 경우는 한자어와 외래어로 조합된 혼종 구성이나 각각 '시그니처 메뉴', '투어 가이드', '멀티 비타민', '코리아 타운'과 같이 외래어와 외래어의 조합으로 나타나기도 하는 표현들이다. 마케팅 목적 혹은 지명을 원어식으로 부르는 추세와 같은 이유로 원어의 형식 그대로 출현하거나 기존의 혼역 혹은 혼종 형식이 공존하는 경우가 있다. 그리고 이러한 공존 현상은 영어 지식의 확대 등과 맞물려 다른 외래어 어휘나 표현에서도 더 나타날 것으로 변화를 예측해볼 수 있다.

다음은 혼역어일 가능성과 원어와 유사한 구조로 한국어에서 혼종어 조합으로 조어되었을 가능성을 모두 가진 표현이다.

(5) 블라인드 면접, 유류 탱크, 유머 감각, 유튜브 영상, 음원 차트, 의료 서비스, 종이컵, 차 키, 치킨집, 커브 길, 폭탄 테러, 할인 쿠폰, 호텔방 …

이외에도 아래 (6)과 같이 원어에서의 표현과는 다르지만 원어가 가진 의미를 바탕으로 하는 혼종어 조합이 다수 발견되었다. 이러한 혼종어 조합은 구성 요소가 원어의 의미를 가지고 있음에도 합성 및 구 단위 표현을 이루며 의미의 투명성이 낮아질 수 있다.

(6) 관전 포인트, 로얄*층, 무한 리필, 물티슈, 분위기 메이커, 비(B)급, 에이포(A4) 용지, 코인 노래방, 파마머리, 프로 의식, 휴대폰 …

이처럼 의미가 원어와 멀어지게 되는 경우는 소위 콩글리시(Konglish)로 불리는 한국어 내에서 조어된 한국식 외래어로 보아야 할 것이다. 이 중에는 복합 구성의 각 요소가 모두 원어의 형태를 하고 있음에도 복합 구성이 원어와 다른 형식이나 의미로 사용되는 '외래어+외래어'의 조합이 많은 부분을 차지한다.

〈표 21〉 원어에서와 다르게 사용되는 외래어 조합

걸 그룹, 골든 타임, 나이트클럽, 네일 아트, 노 키즈 존, 다크서클, 더블데이트, 러브 라인, 런닝*머신/러닝머신, 롱 패딩, 리마인드 웨딩, 마사지 샵*, 마스크팩, 믹스커피, 바디* 라인, 바디* 프로필, 백댄서, 백허그, 베드 신, 보이 그룹, 비포 애프터, 비하인드 스토리, 선크림, 세트 메뉴, 셀프 바, 셀프 웨딩, 스몰 웨딩, 쓰리 잡, 아이쇼핑, 오픈 멤버, 원룸, 원샷, 원탑*, 원 플러스 원, 원 픽, 웹 드라마, 이미지 메이킹, 체크 카드, 카드뉴스, 캠퍼스 커플, 캣 맘, 커터 칼, 커트 라인, 커플룩, 커플링, 커피포트, 크로스백, 키스 타임, 키친타월, 템플스테이, 투룸, 투잡, 팬 미팅, 팬 사인회, 팬 서비스, 포토카드, 핫 플레이스, 해피 콜, 핸드 드립, 핸드폰, 헤어 디자이너, 헤어 샵*, 헬스클럽, 홈 까페*, 홈 트레이닝, 화이트 데이…

이러한 조합은 원어에서는 잘 사용되지 않는 형태인데 외래어 표현이 한국어에서 새로운 의미를 갖게 되는 경우이다. 예를 들어 '네일 아트'처럼 각각 '네일'과 '아트'의 의미는 전이되지 않았지만, 이 두 외래어가 구를 이루며 "손톱에 매니큐어를 다양한 방식으로 바르거나 액세서리 등으로 장식하는 일"[10]이라는 뜻이 되어 의미가 새롭게 생성되는 경우이다. 그리고 '해피 콜'[11]과 같이 각 개별 요소의 의미를 알아도 전체 의미를 추측하기 어려운 유형은 한국어 학습자들이 특히 어려움을 겪을 수 있는 부분이다.

10 고려대 한국어대사전의 정의

11 우리말샘에서는 '해피 콜'을 "고객과의 원만한 관계를 형성하고 이를 통해 간접적으로 판매 활동을 촉진하기 위한 마케팅 전략"으로 정의하고 있다.

한편 코퍼스에 등장한 표현을 분류해 보면 일상의 여러 영역에서 다양한 외래어 표현이 사용되고 있는 것으로 나타났다. 주제에 따라 나누어보면 먼저 식당이나 외식, 쇼핑과 관련하여 많은 외래어 복합 구성이 나타나는 것을 알 수 있다.[12]

(7) 계산 카운터, 단골 서비스, 디너 메뉴, 딸기 뷔페, 런치 메뉴, 메인 메뉴, 무한 리필, 반찬 리필, 배달 앱, 브레이크 타임, 비건 메뉴, 사이드 메뉴, 샐러드 바, 서브 메뉴, 세트 메뉴, 소울 푸드, 시그니처 메뉴, 와인 바, 출장 뷔페, 코스 요리, 패밀리 레스토랑, 푸드 트럭, 하우스 와인, 한식 뷔페, 호텔 뷔페, 홀 서빙

어종 면에서는 '외래어+고유어', '외래어+한자어', '외래어+외래어'의 조합이 모두 나타났고 '외래어+외래어'의 경우에는 영어의 음역으로 볼 수 있는 것들과 한국어 내에서 조어된 표현에 해당하는 것들이 있었다. 이 중 '런치 메뉴', '디너 메뉴'와 같은 표현은 '점심 메뉴', '저녁 메뉴'와 같은 혼종 표현으로도 나타날 수 있는데, '점심 메뉴', '저녁 메뉴'와 같은 표현은 가정에서 만든 식사의 경우에도 사용하지만 '런치 메뉴', '디너 메뉴'는 외식을 하는 경우에 식당에서의 메뉴로만 사용하는 것으로 나타나 유의 관계에서 의미 영역의 차이를 보인다고 할 수 있다

다음으로, 쇼핑 및 구매 행위와 관련한 상황에서 다양한 외래어 표현이 사용되는 것으로 나타났으며 특히 온라인 쇼핑 및 모바일 환경을

12 특정 구 표현들은 중복된 카테고리에 속할 수 있으며 이 경우 하나의 대표 카테고리에 넣었다.

기반으로 하는 서비스가 활발해짐에 따라 관련 표현이 다수 등장하였다.

(8) 구매 링크, 대형 마트, 대형 쇼핑몰, 동네 슈퍼, 멤버십 카드, 멤버십 회원, 명품백, 명품 브랜드, 모바일 앱, 모바일 쿠폰, 무료 쿠폰, 브랜드 네임, 소형 마트, 앱 쿠폰, 오프라인 매장, 온라인 매장, 온라인 쇼핑, 인터넷 쇼핑, 인터넷 쇼핑몰, 중고 마켓, 커피 쿠폰, 쿠폰 할인, 포인트 적립, 포인트 카드, 할인 쿠폰

한편 개인의 삶, 건강 및 자기관리의 주제에서도 다양한 외래어 복합 구성이 사용되는 것을 관찰할 수 있었다.

(9) 나인 투 파이브, 다이어트 보조제, 다이어트 식단, 다이어트 식품, 다이어트 약, 데일리 루틴, 라이프 스타일, 라이프 패턴, 멘탈 관리, 멘탈 힐링, 모닝 루틴, 바디 프로필, 생활 패턴, 싱글 라이프, 운동 루틴, 웰빙 음식, 퍼스널 트레이닝, 힐링 여행, 힐링 타임

주거와 관련해서도 다양한 복합 구성 표현이 사용되었다. 아파트를 기본 단위로 하는 'N+아파트', '아파트+N'의 구성이 많이 등장하였다.

(10) 고층 아파트, 군인 아파트, 드림 하우스, 로얄*층, 루프 탑, 모델 하우스, 세컨* 하우스, 소형 아파트, 아파트 값, 아파트 단지, 아파트 상가, 아파트 커뮤니티, 연립 빌라, 원룸, 이삿짐센터, 임대 아파트, 탑* 층, 투룸, 풀 옵션

국내외 정치, 정부의 정책 및 경제와 관련한 주제에서는 다음과 같은 표현이 사용되었다.

(11) 가이드라인, 갭 투자, 그린벨트, 마이너스 통장, 북핵 리스트, 블랙리스트, 비핵화 무드, 스쿨 존, 실업 크레딧, 유통 마진, 투잡/쓰리잡, 푸드 뱅크, 화이트 리스트

이외에도 사회문화적 배경이 반영된 표현들을 볼 수 있는데, 새로운 기술이나 사회적 변화에 따라 새로운 단어나 표현의 필요성이 발생하고 이에 따라 외국어를 직접 차용하거나 한국어 내에서의 신조를 통해 사용되는 것들이라고 할 수 있다.

(12) ㄱ. 노재팬 운동, 데이트 폭력, 스토킹 범죄, 시니어 일자리, 젠더 갈등, 젠더 권력
ㄴ. 빵 셔틀, 실버 인턴, 실버 일자리, 아날로그 세대, 언론플레이, 엄마 찬스/아빠 찬스, 열정 페이, 헬 조선

(12ㄱ)은 사회 현상 및 관련 용어, (12ㄴ)은 사회적 현상을 비유나 은유를 기제로 하여 나타내는 표현이라고 할 수 있다.

다음은 기술 및 상업 서비스와 관련한 현상을 반영하는 표현들이다. (13ㄱ)은 모바일 및 앱 사용과 관련한 표현으로 '유튜브(YouTube)'나 '인스타그램(Instagram)' 등과 같은 소셜네트워크서비스(SNS)와 연관 있는 표현이 다수 나타났다. (13ㄴ)과 (13ㄷ)은 각각 새로운 기술과 경제 서비스의 출현과 관련이 있다.

(13) ㄱ. 드라마 클립, 디지털 콘텐츠, 라이브 방송, 모바일 환경, 뮤직 플랫폼, 미디어 콘텐츠, 방송 플랫폼, 스마트폰, 영상 클립, 영화 플랫폼, 온라인 플랫폼, 유튜브 알고리즘, 유튜브 콘텐츠,

유튜브 클립, 쿠키 영상, 클립 영상
ㄴ. 구글 페이/삼성 페이, 로봇 청소기, 빅 데이터, 스마트워치, 코인 투자, 큐알*[13] 코드
ㄷ. 셰어 하우스, 공유 서비스, 카 셰어, 구독 서비스, 스마트 스토어

또한 구어 코퍼스가 녹음된 시기의 코로나 바이러스의 영향과 시대적 상황을 반영하는 (14)와 같은 표현들이 대거 등장하였다. 코로나 바이러스와 관련한 표현(14ㄱ)과 비대면 상황으로 인한 '온라인+N'류와 '사이버+N'류의 표현 등(14ㄴ)이 등장하였고, 폐쇄적 환경과 관련한 '홈+N'의 조합(14ㄷ)이 등장하였다.

(14) ㄱ. 공적 마스크, 노쇼 백신, 코로나 (검사) 키트, 코로나 백신
ㄴ. 랜선 집들이, 랜선 친구, 사이버 강의, 사이버 수업, 온라인 강의, 온라인 개학, 온라인 수업, 온라인 클래스, 인터넷 강의
ㄷ. 홈 데이트, 홈베이킹, 홈 카페, 홈 트레이닝

한편 은유적, 비유적 기제가 사용된 (15)와 같은 표현을 관찰할 수 있다. 그중 (15ㄷ)의 경우는 유행어나 신어에 가까운 경향을 가진다고 볼 수 있는 것들로 조어에 외래어가 사용되어 복합 구성의 형식을 보인다.

(15) ㄱ. 결승행 티켓, 꿀팁, 댓글 테러, 오일 달러, 요단강, 피라미드 구조, 핑크빛 꿈, 협상 테이블

---

13 우리말샘에서는 '큐아르 코드'로 제시하고 있다.

ㄴ. 개인플레이, 노 빠꾸, 월급 루팡, 유리 멘탈, 이불 킥, 피해자 코스프레, 한국어 패치

ㄷ. 노답, 모태 솔로, 현자 타임

또한 숫자와 관련한 표현도 나타났는데 수식이 갖는 의미를 기본의미로 하여 비유적 의미가 생성되었다고 볼 수 있다.

(16) ㄱ. 원 플러스 원, 투 플러스 원, 플러스마이너스, 플러스알파

ㄴ. n빵, n차

(16ㄱ)은 수식을 영어로 읽는 형태로 조어된 것이 특징이라고 할 수 있다. (16ㄴ)은 수학의 기호에서 기원하여 사용되는 것들인데 'n(엔)빵'은 분모의 수 n(엔)으로 분자의 값을 나누는 것을 의미하는 것에서 유래하여 여러 사람이 금액을 동일하게 나누어서 낼 때 사용되는 표현으로 사용되고 있다고 할 수 있다. 'n차'의 경우 여러 차례를 의미하는 표현으로 사용되고 있다.

한편 동일 의미가 반복되어 나타나는 외래어 동의중복 표현도 나타났다. 민현식(1998)은 '모찌떡'은 일본어를 직접 차용한 직접 음역어 '모찌'에 우리말 의역어인 '떡'을 중복(반복)시켜 만든 중복 혼역어이며 '로프줄(rope-)', '마포걸레(mop-, 대걸레)', '깡통(can桶-)' 등도 이 유형에 속한다고 하였다. 그리고 이 방식은 국어의 간결성에는 역행하여 많은 동의중복어를 양산한다고 지적하였다.

구어 코퍼스에도 외래어 원어의 의미를 번역하여 다시 외래어와 중첩시키는 방식의 동의중복 표현이 나타났다. 제시된 각 표현의 통용성이나 굳어져 사용되는 정도는 모두 다르다고 할 수 있으나 이러한

동의중복 현상은 한국어 모국어 화자에 의해 구어 상황에서 나타날 수 있다는 것을 확인할 수 있다.

(17) 갭 차이, 관광 투어, 광고 캠페인, 기본 베이스, 깜짝 서프라이즈, 뷰티 미용, 수영장 풀, 아로마 향, 위험 리스크, 이벤트 행사, 인구 센서스, 크루즈 유람선

'갭 차이'의 경우 '갭(gap)'이 '차이'라는 의미를 이미 가지며, '기본 베이스'의 경우 '베이스(base)'가 '기본, 기초'의 의미를 가지므로 의미가 중복된다고 할 수 있다. '리스크'는 '위험'의 의미이므로 역시 의미가 중복된 표현이라고 할 수 있다. '깜짝'과 '서프라이즈(surprise)', '수영장'과 '풀(pool)', '크루즈(cruise)'와 '유람선', '이벤트(event)'와 '행사' 등 나머지의 경우도 유의 관계에 있는 단어를 중첩시키는 모습이다.

한편 아래의 표현은 외래어 단어와 관련된 명사를 결합시키는 방식으로 나타난다.

(18) 랜선, 램프 등, 멀티플렉스 극장, 몸빼 바지, 바게트 빵, 백신 주사, 봉고 차, 이레즈미 문신, 커터 칼, 큐대, 포켓 당구

(18)은 선행하는 외래어 명사 뒤에 해당 외래어의 속성을 나타내는 상위어 명사를 더하는 방식으로 볼 수 있다. 예를 들어 '이레즈미 문신'의 경우 '入れ墨(이레즈미)'가 일본어로 문신을 뜻하므로 '이레즈미 문신'은 중복된 의미를 가진다. 그리고 이는 일본풍의 문신 디자인을 가리키는 의미로 사용된다. 따라서 (18)의 표현은 선행하는 외래어의

상위어 지위를 갖는 명사를 뒤에 붙이는 방식을 통해 외래어의 의미를 분명하게 해주고 있다고 할 수 있다.

(19) 로비 라운지, 씨씨* 커플, 콤보 세트, 프로모션 이벤트

(19)는 유사 의미의 외래어가 중복된 형식이라고 할 수 있다. '로비'와 '라운지'는 유의 관계에 있는데 'lobby'는 주로 공공건물의 입구 근처에 있는, 여러 개의 방이나 복도로 이어지는 넓은 공간을 의미한다. 'lounge'는 호텔이나 영화관 같은 곳의 공용 공간으로 주로 앉아서 쉴 수 있는 공간이다. 따라서 두 외래어는 공용의 공간이라는 의미를 공유하며 이 둘이 결합된 표현은 중복된 의미를 갖는다고 볼 수 있다. '씨씨'는 '캠퍼스커플'의 약자이기 때문에 이미 '커플'의 의미를 가지고 있다. '콤보'의 경우 여러 다른 종류의 음식이 담긴 일종의 세트 구성이다. 따라서 '콤보'와 '세트'가 결합된 표현도 중복된 의미를 가진다고 할 수 있다.

이러한 동의중복 외래어 표현은 모두가 일반적이라고 말할 수는 없다. 각각의 표현이 모두 통용성이 있다기보다는 의미를 중복시키는 방식이 공통된다고 할 수 있다. 따라서 이러한 방식을 외래어를 사용하는 화자들의 하나의 경향으로 생각해볼 수 있다. 그리고 이러한 방식은 언어의 경제성 논리에 위배되지만 불분명할 수 있는 외래어의 의미를 분명히 전달하고자 하는 의도로 해석된다.

② 외래어 복합 구성의 어종별 특성 및 생산성

다음으로는 복합 구성의 어종별 특성을 파악해 보기 위해 각 구성을

외래어, 한자어, 고유어로 나누어 어종을 확인해 보았다.

〈표 22〉 복합 구성의 어종에 따른 구분

구분	개수	비율
외래어+한자어	690	44.6%
외래어+외래어	681	44.0%
외래어+고유어	169	10.9%
외래어+한자어+고유어	6	0.4%
합계	1,546	100.0%

그 결과 '외래어+한자어'의 조합이 가장 많은 것으로 집계되었다. 그러나 그다음 순위로 나타난 '외래어+외래어'와 조합과 거의 근소한 차이로 나타났다. 그다음으로는 '외래어+고유어'의 조합으로 나타났는데 고유어 조합은 한자어나 외래어가 이용된 조합과 비중 면에서 큰 차이를 보였다. 구어 코퍼스에 나타난 어종별 복합 구성의 예시를 보이면 다음과 같다.

〈표 23〉 어종별 출현 외래어 복합 구성 예시

유형	코퍼스 등장 외래어 복합 구성 예시
외래어+한자어	개인플레이, 갭 투자, 계란후라이*, 고객 센터, 관광 가이드, 구매 링크, 기상 캐스터, 난민 캠프, 내장 칩, 노트 필기, 당일 코스, 대형 마트, 데이트 통장, 드럼 세탁기, 디지털 단지, 매력 포인트, 메인 요리, 무한 리필, 보도블록, 보호 센터, 블라인드 채용, 비닐봉지, 생활 패턴, 선물 세트, 수면 패턴, 시식 코너, 신용 카드, 애프터 신청, 엑스 표, 예능 프로그램, 오픈 시간, 온라인 수업, 유튜브 영상, 음원 차트, 인터넷 강의, 자기 피알, 전자레인지, 졸업 앨범, 종합 비타민, 중고 마켓, 채팅방, 카드지갑, 캔맥주, 택시 기사, 페트병, 프로야구, 프로 의식…
외래어+외래어	노 빠꾸, 다크서클, 리뷰 이벤트, 바디 프로필, 셰어 하우스, 소울 푸드, 스몰 웨딩, 키 홀더, 헬스클럽, 헬스 트레이너…

외래어+고유어	마을버스, 맛집 투어, 머리삔*, 목소리 톤, 물티슈, 바다 뷰, 불 쇼, 얼음 팩, 웃음 포인트, 인서울, 참치 캔, 치킨집, 커브 길…
외래어+한자어+고유어	무한 리필 집, 반팔 티, 반팔 티셔츠, 수제 버거 집, 인도 카레 집, 코인 노래방

이와 같은 결과를 통해 한국어 모어 화자들은 외래어를 활용하여 다양한 표현을 만들어 사용한다는 것을 알 수 있고 이러한 표현은 다양한 어종의 조합으로 나타난다는 것을 발견하였다. 흥미로운 것은 한자어의 높은 조어력은 잘 알려져 있지만 이 결과를 통해 살펴보면 외래어와 외래어의 조합으로도 한자어를 포함하는 구성만큼 많은 복합 구성을 만들어내고 있다는 것이다. 따라서 복합 구성의 조어에 참여하는 생산성 높은 외래어를 이해하고 있다면 한국어 학습자들이 외래어와 관련한 어휘 의미 추측 및 이해에 도움을 받을 수 있을 것이다. 이에 어떤 외래어가 생산적으로 조어에 참여하고 있는지 확인해 보고자 한다.

이를 위해 추출된 외래어 복합 구성에서 조어에 참여한 외래어 단위를 살펴보았다. 예를 들어 '키 링', '차 키', '키 걸이', '키 홀더', '카드키'는 모두 공통적으로 외래어 '키(key)'를 포함하고 있다. 그리고 각 단어는 한국어 모어 화자들에게 '키'와 '키가 아닌 부분'으로 그 경계가 인식된다고 볼 수 있다. 따라서 '키'의 경우 5개의 복합 구성 생산에 참여하였으므로 생산성 5가 된다. 또한 '키'와 결합한 외래어 '링', '홀더'의 경우도 다른 복합 구성의 생산에 참여하는지 확인한다. 이러한 방식으로 조어 단위가 되는 단일 외래어의 생산성을 확인해 보았다.

그 결과 복합 구성을 구성하는 요소가 되는 외래어 551개가 2개 이상의 복합 구성을 생산해 내는 것으로 나타났다. 가장 많은 복합 구성 생성에 관여한 외래어는 기관의 의미로 사용되는 '센터(center)'로 나타났으며 총 33개의 표현이 있었다.

(20) 고객 센터(쎈타*), 구민센터(쎈타*), 데이케어 센터(센타*), 문화 센터(센타*), 물류 센터(센타*, 쎈터*), 보호 센터(센타*), 복지 센터(쎈타*), 상담 센타*, 스포츠 센터(센타*), 유기견 센터(센타*), 자원 봉사 센타*, 재활 센터, 재활용 센타*(쎈타*), 전담 센터, 주민센터(센타*), 지원 센터(쎈타*), 체육 센터, 카센타*, 콜센터*(센타*, 쎈터*) …

'센터(center)'의 경우, '스포츠 센터', '카센터', '콜센터', '데이케어 센터'를 제외하고 나머지 표현이 모두 한자어와의 조합으로 이루어져 있다는 것이 특징적이다. 전담하는 기관이나 장소의 의미로는 외래어인 '센터'가 사용되지만 공적 업무의 명칭은 아직 주로 한자어로 되어 있기 때문에 이러한 어종 조합을 보이는 것으로 추측할 수 있다.

그다음으로 높은 순서로 나타난 것은 '팀(team)'이다. '팀'을 포함하는 구성은 총 28개로 나타났는데 '농구단'처럼 'ㅇㅇ단(團)'의 의미를 가지는 경우가 대부분으로 나타났으며 이 경우는 '스포츠 팀'을 제외하고 모두 한자어와의 조합으로 구성되었다. 반대로 팀이 어두에 나타났을 때는 '팀 과제'를 제외하고 '팀 리더', '팀 스포츠', '팀 프로젝트', '팀플레이'처럼 외래어와의 조합으로 더 많이 나타났다.

(21) ㄱ. 국가 대표팀, 남자팀, 농구팀, 단일팀, 배구팀, 상대 팀, 소속팀, 스포츠 팀, 신생팀, 실업팀, 야구팀, 여자팀, 연맹 팀, 우승팀, 원정 팀, 촬영팀, 축구팀, 하위 팀 …

ㄴ. 팀 과제, 팀 리더, 팀 스포츠, 팀 프로젝트, 팀플레이

다음으로 많이 나타난 '숍(shop)'은 구어 코퍼스에서 대부분 '샵*'으로 나타났으며 21개의 표현에 등장하였다.

(22) 강아지 샵*, 곤충 샵*, 기프트 샵*, 네일 샵*, 마사지 샵*, 메이크업 샵*, 명품 샵*, 미용 샵*, 분양 샵*, 소품 샵*, 애견 샵*, 애견용품 샵*, 웨딩 샵*, 주얼리 샵*, 패션 샵*, 펫 샵*/펫 숍, 편집 샵*, 피부관리 샵*, 헤어 샵*

'숍(shop)'은 가게나 상업 업소를 대치하며 사용되는 특성을 보이는데 '기프트 샵*'을 제외한 대부분의 표현은 한국식 외래어에 해당한다고 볼 수 있다. 한국어뿐만 아니라 다른 언어에서도 패션, 광고, 마케팅 등과 같은 분야에서 현대적이며 세련된 느낌 등을 주기 위한 효과로 외래어 사용이 활발한 것으로 나타나는데[14] 이와 같은 맥락에서 상업적 특성과 관련한 '-숍'의 넓은 사용을 이해해 볼 수 있다. 또한 '펫 샵*/펫 숍', '곤충 샵*', '분양 샵*', '애견 샵*', '강아지 샵*' 등 애완동물의 상업적 판매와 관련하여 여러 가지 '-샵*' 표현이 사용되었다.

(23) 고정팬, 골수팬, 극성팬, 사생팬, 안티팬, 열성팬, 원정 팬, 팬레터, 팬 미팅, 팬 사인회, 팬 서비스, 팬 조공, 팬 카페, 팬 클럽 …

'팬(fan)'은 생산성 19로 나타났는데 복합 구성을 형성하며 한국 특유

14 관련 연구로 Daulton(2008), Matras(2009), 이은희(2021) 참조.

의 팬덤 문화를 드러내는 여러 표현이 등장하는 것이 특징적이다. '사생팬', '안티팬', '팬 서비스', '팬 조공', '팬 카페' 등과 같은 표현은 한국의 문화적 배경에 대한 이해를 전제로 하는 표현이라고 할 수 있다.

(24) ㄱ. 고속버스(빠스*), 공항버스, 관광버스(빠스*), 마을버스(빠스*), 만원 빠스*(빠쓰*), 미니버스, 셔틀버스, 스쿨버스(빠스*), 슬리핑 빠스*, 시내버스, 시외버스(빠스*), 시티 투어 빠쓰*, 투어 빠쓰*
ㄴ. 빠쓰* 단말기, 빠쓰* 정류장, 빠쓰* 카드 …

'버스(bus)'와 관련해서는 17개의 표현이 등장하였는데 (24ㄱ)과 같이 버스의 유형이나 종류에 따른 '○○버스'의 경우가 대거 나타났다. 이외에 (24ㄴ)과 같이 버스 이용과 관계가 있는 복합 구성도 등장하였다.

(25) 강아지 카페(까페*), 고양이 까페*, 동물 까페*, 룸카페(까페*), 만화 까페*, 미어캣 까페*, 보드게임 카페(까페*), 부엉이 까페*, 북카페, 브이알 까페*, 스터디 까페, 심리 까페*, 애견 까페*, 양 까페*, 키즈 까페* …

본 연구에서는 '카페(cafe)'의 의미를 세 가지로 분류하였다.[15] 그중 복합 구성을 가장 많이 만든 '카페'는 '동물이나 책, 보드게임, 만화,

15 다음과 같은 세 가지 의미로 분류하였다.
1. 커피나 차를 사 마시는 곳.
2. 네이버(Naver)나 다음(Daum) 등에서 제공하는 온라인 커뮤니티 서비스인 '네이버카페(Naver Cafe)'나 '다음카페(Daum Cafe)' 등을 지칭.
3. 동물, 보드게임, 책, 만화, 공부 또는 아이들의 놀이 공간 등 다양한 주제를 테마로 하여 음료와 함께 즐길 수 있는 곳.

혹은 아이들의 놀이 공간 등을 테마로 하여 음료와 함께 즐길 수 있는 곳'이라는 의미의 '카페3'이다. 이와 같은 '카페'는 원어의 'cafe'가 주는 의미와 차이가 있으며 한국의 문화적 특색을 보여주는 공간으로 이해될 수 있다.

(26) 가: 가이드 투어, 박물관 투어, 버스 투어, 보트 투어, 사파리 투어, 시티 투어, 크루즈 투어, 택시 투어, 투어 빠쓰* …
나: 해외 투어
다: 맛집 투어, 카페 투어, 편의점 투어 …

다음으로 '투어(tour)'가 포함된 표현은 총 16개로 나타났다. '투어'는 '여행'의 의미를 가지는 경우와 그렇지 않은 경우로 구분할 수 있다. (가)의 경우는 '여행'과 관련한 의미를 가지지만 (나)와 (다)의 경우는 다르다고 할 수 있다. (나)의 '해외 투어'의 경우는 '가수의 해외 공연'이라는 의미로 사용되었다. 이는 원어 'tour'의 의미 중 '순방'에 해당한다고 볼 수 있다. 한편 해외에 여행을 가는 경우는 '해외여행'으로 나타나 '해외 투어'와는 차별되는 의미 양상을 보인다.

(다)의 '맛집 투어', '카페 투어', '편의점 투어'는 '투어'가 선행하는 장소를 방문하거나 돌면서 식사, 식음, 구매 등의 행위를 한다는 의미로 사용된다. 이 경우에도 원어 'tour'의 의미 중 '순방'에 해당하는 의미로 보는 것이 가능하나, 이와 같이 결합된 표현은 한국어에서 새로 생성된 것으로 문화적 현상을 반영하는 표현으로 볼 수 있다.

이상으로 생산성 5 이상의 표현을 정리하면 다음과 같다.

〈표 24〉 생산성 5 이상 외래어 복합 구성

외래어	생산성	코퍼스 등장 외래어 복합 구성 예시
센터 (center)	34	건강 보험 센타*, 건강 센터, 고객 센터(쎈타*), 구민 센터(쎈타*), 구민 체육 센터, 데이케어 센터(센타*), 문화 센터(센타*), 물류 센터(센타*, 쎈터*) 보호 센터(센타*), 복지 센터(쎈타*), 상담 센타*, 스포츠 센터(센타*), 아동 센터, 안심 센타*, 여행자 센터, 유기견 센터(센타*), 유기묘 센터, 자원 봉사 센타*, 재활 센터, 재활용 센타*(쎈타*), 전담 센터, 주간 보호 센터(센타*), 주민 센터(센타*), 지식 센타*, 지원 센터(쎈타*), 체육 센터, 치매 센터(센타*), 치매 안심 센터, 치매 예방 센터, 치매 요양 센터, 치매 전담 센타*, 카센타*, 콜센터*(센타*, 쎈터*)
팀 (team)	28	국가 대표팀, 남자팀, 농구팀, 단일팀, 대표팀, 배구팀, 백 팀, 상대 팀, 선수 팀, 소속팀, 스포츠 팀, 신생팀, 실업팀, 야구팀, 여성팀, 여자팀, 연맹 팀, 우승팀, 원정 팀, 청 팀, 촬영팀, 축구팀, 팀 과제, 팀 리더, 팀 스포츠, 팀 프로젝트, 팀플레이, 하위 팀
숍 (shop)	21	강아지 샵*, 곤충 샵*, 기프트 샵*, 네일 샵*, 마사지 샵*, 메이크업 샵*, 명품 샵*, 미용 샵*, 분양 샵*, 소품 샵*, 애견 샵*, 애견용품 샵*, 웨딩 샵*, 의류 샵*, 주얼리 샵*, 패션 샵*, 펫 샵*/펫 숍, 편집 샵*, 피부관리 샵*, 피부 샵*, 헤어 샵*
팬 (fan)	18	고정팬, 골수팬, 극성팬, 사생팬, 안티팬, 열성팬, 올드팬, 원정 팬, 팬레터, 팬미팅, 팬 사인, 팬 사인회, 팬 서비스, 팬 송, 팬 조공, 팬층, 팬 카페, 팬클럽
버스 (bus)	17	고속버스(뻐스*), 공항버스, 관광버스(뻐스*, 뻐쓰*), 마을버스(뻐스*), 만원뻐스*(뻐쓰*), 미니버스, 버스투어, 뻐쓰*단말기, 뻐쓰*정류장, 뻐쓰*카드, 셔틀버스, 스쿨버스(뻐스*), 슬리핑 뻐스*, 시내버스, 시외버스(뻐스*), 시티 투어 뻐쓰*, 투어 뻐쓰*
카페3 (cafe)	16	강아지 카페(까페*), 고양이 까페*, 동물 까페*, 룸 카페(까페*), 만화 까페*, 미어캣 까페*, 보드게임 카페(까페*), 부엉이 까페*, 북 카페, 브이알 까페*, 심리 까페*, 애견 까페*, 애견 동반 까페*, 애완동물 까페*, 양 까페*, 키즈 까페*
투어 (tour)	14	맛집 투어, 박물관 투어, 버스 투어, 보트 투어, 사파리 투어, 시티 투어, 시티 투어 뻐쓰*, 카페 투어, 크루즈 투어, 택시 투어, 투어 가이드, 투어 뻐쓰*, 편의점 투어, 해외 투어
커피 (coffee)	14	믹스커피, 블랙커피, 아이스커피, 원두커피, 캔커피, 커피값, 카페 거리, 커피 머신, 커피숍, 커피 잔, 커피 전문점, 커피집, 커피 콩, 커피포트
서비스 (service)	13	간병 서비스, 구독 서비스, 돌봄 서비스, 복지 서비스, 브이아이피 서비스, 서비스 기관, 서비스 업종, 서비스 일, 서비스 직군, 서비스 직업, 서비스 필드, 애프터서비스, 오티티 서비스, 요양 서비스, 의료 서비스
케이크 (cake)	13	떡케이크(케익*), 롤케익*, 생크림케이크, 스펀지케이크, 시폰케이크(쉬폰*케익*), 아이스크림케이크, 조각케익*, 컵케이크, 케이크 시트, 케익*집, 팬케이크, 핫케이크, 핫케이크 믹스

프로 (pro)	12	티칭 프로, 프로 골퍼(꼴퍼*), 프로 구단, 프로 농구, 프로 리그, 프로 배구, 프로 선수, 프로 스포츠, 프로 야구, 프로 의식, 프로 축구, 프로 팀
스포츠 (sports)	12	동계 스포츠, 수상 스포츠, 스포츠 댄스, 스포츠 마사지, 스포츠 센터, 스포츠 스타, 스포츠카, 스포츠 클럽, 스포츠 팀, 실내 스포츠, 프로 스포츠, 해양 스포츠
웨딩 (wedding)	12	리마인드 웨딩, 미니 웨딩, 셀프 웨딩, 스몰 웨딩, 야외 웨딩, 웨딩 골목, 웨딩드레스, 웨딩 메이크업, 웨딩 사진, 웨딩 샵*, 웨딩 촬영, 웨딩 홀
리그 (league)	11	국내 리그, 동부 리그, 스페인 리그, 야구 리그, 영국 리그, 유럽 리그, 유럽 축구 리그, 이부 리그, 정규 리그, 주말 리그, 해외 리그
온라인 (online)	10	온라인 강의, 온라인 개학, 온라인 게임, 온라인 뉴스, 온라인망, 온라인 버스킹, 온라인 쇼핑, 온라인 수업, 온라인 클래스, 온라인 플랫폼
패턴 (pattern)	10	구매 패턴, 라이프 패턴, 사용 패턴, 생활 습관 패턴, 생활 패턴, 소비 패턴, 수면 패턴, 식사 패턴, 일상 패턴, 행동 패턴
홈 (home)	10	홈 까페*, 홈 데이트, 홈베이킹, 홈 브루, 홈 쇼핑, 홈 케어, 홈 쿠킹, 홈 트레이닝, 홈 파티, 홈 피트니스
카드 (card)	10	교통 카드, 멤버십 카드, 보안 카드, 빠쓰*카드, 신용 카드, 체크 카드, 카드지갑, 카드키, 크레딧 카드, 할인 카드
컵 (cup)	9	계량컵, 물컵, 유리컵, 종이컵, 컵라면, 컵 받침, 컵밥, 컵케이크(컵케익*), 테이크아웃 컵
풀 (full)	9	풀가동, 풀 근무, 풀 메이크업, 풀 세트, 풀 온라인 수업, 풀 옵션, 풀코스, 풀코트, 풀타임
모바일 (mobile)	8	모바일 사이트, 모바일 상품권, 모바일 선물, 모바일 앱, 모바일 청첩장, 모바일 체크인, 모바일 쿠폰, 모바일 티비
코스 (course)	7	당일 코스, 데이트 코스, 여행지 코스, 여행 코스, 운동 코스, 필수 코스, 하루 코스
타임(time)[16]	7	마감 타임, 마지막 타임, 반 타임, 오전 타임, 오픈 타임, 오후 타임, 저녁 타임
데이트(date)	7	더블데이트, 데이트 비용, 데이트 코스, 데이트 통장, 데이트 폭력, 이색 데이트, 홈 데이트
커플(couple)	6	사내 커플, 캠퍼스 커플, 커플룩, 커플링, 커플 반지, 커플 아이템
로컬(local)	5	로컬 사람, 로컬 시장, 로컬 식당, 로컬 지역, 로컬 푸드
시즌(season)	5	연말 시즌, 장마 시즌, 졸업 시즌, 취업 시즌, 크리스마스 시즌
코드(code)	5	개그 코드, 대화 코드, 여행 코드, 웃음 코드, 유머 코드

16 '시간대'를 나타내는 의미로 사용된 '타임(time)'이다.

위와 같이 외래어 복합 구성의 형식을 통해 높은 생산성을 보이는 단일 외래어를 살펴보았다. 어근으로 이용되는 단일 외래어는 고유어, 한자어, 외래어 등 다른 어종과 다양하게 결합하는 것으로 나타났다. 외래어가 결합하는 비율을 따져보면 고유어보다는 한자어와 외래어 결합이 더 흔한 것으로 나타났는데 외래어 자체가 가진 의미에 따라 한자어와 같이 특정 어종과 더 많이 결합하는 양상을 보이기도 하고, 그렇지 않은 경우도 있었다. 특히 '홈'의 경우 '홈 까페*', '홈 트레이닝', '홈베이킹', '홈 쇼핑' 등 결합한 단어가 모두 외래어로 '외래어+외래어'의 조합으로만 나타나는 특성을 보였다.

단일 외래어 어근 자체가 한국어에서 전이된 의미를 가지는 경우, 생성된 복합 구성 역시 한국식 외래어가 되나 외래어 단어 자체는 원어의 의미를 가지고 있는데도 복합 구성을 형성하면서 한국식 외래어를 생성하는 경우도 있다. 예를 들어 '숍'의 경우는 단어 자체는 '가게'라는 의미를 가지나 다른 단어와 결합하면서 '네일 숍'이나 '헤어 숍'처럼 원어에서는 사용되지 않는 형태의 일부 한국식 외래어를 만들어내는 경향을 보인다.

학습자들은 여러 외래어 표현의 조어에 참여하는 외래어 어근 학습을 통해 효과적인 어휘 확장을 꾀할 수 있을 것으로 생각된다.

4.3. 결론 및 남은 문제

이상을 통해 일상 구어 한국어에서 사용되는 외래어 복합 구성을 관찰해 보았다. 일상 대화 구어 말뭉치에서는 외래어가 포함된 다양한 복합 구성이 나타났으며 일상의 영역에서, 그리고 사회문화적 현상을 반영하는 다양한 표현도 관찰되었다. 원어와 유리된 의미로 사용되거나 은유적 의미를 표현하는 구도 다수 있었다. 외래어 복합 구성은 '외래어+외래어', '외래어+한자어', '외래어+고유어' 등 다른 어종과 다양하게 결합하는 양상을 보였다. 이러한 구성은 한국어 모어 화자들에 의해 하나의 덩어리로 사용되는 빈도가 높아 한국어 학습자들도 이런 표현을 흔하게 접하게 될 것이며 이에 따라 학습 필요성이 높다고 할 수 있다.

본 연구에서는 증가하는 외래어 사용과 구 단위 외래어 표현의 빈도 높은 사용에 착안하여 일상생활 구어 한국어에서 사용되는 복합 구성의 특성을 관찰하고자 하였다. 넓은 관점에서 합성어나 복합 구성의 가능성을 보이는 표현을 포괄하여 그동안 주목받지 못했던 외래어 구 단위 표현을 추출하고 분석을 시도하였다는 데에 의의가 있다. 특히 외래어 사용이 날로 증가하고 외래어가 포함된 표현이 일상생활에 깊이 침투해 있다는 점에서 시의성 있고, 일상생활 구어 말뭉치를 이용하여 연구의 실제성을 살리고자 했다는 점에서 의의를 찾을 수 있다.

본 연구는 기초 자료의 성격을 가진다. 따라서 본문에서 다룬 외래어 어휘나 구 표현은 정의나 지위 면에서 절대적이지 않으며 언어의 역사성에 따른 유동성을 전제로 해야 한다고 할 수 있다. 교육의 필요성 측면에서도 마찬가지이다. 코퍼스에 나타난 모든 외래어 어휘나 표현이 동등한 중요도를 가지지 않기 때문에 이 자료를 실제로 한국어 교육에 활용하기 위해서는 각 외래어 어휘나 표현의 학습 중요도나 필요도에 대한 별도의 논의가 이루어져야 할 것이다.

또한 신어적, 유행어적 성격을 가지는 표현의 경우 정착이나 소멸 여부도 지켜봐야 할 부분이다. 외래어는 한국어에 처음 들어온 순간부터 확산, 정착 혹은 소멸의 스펙트럼 안의 어느 단계에 속해 있다고 할 수 있다. 이러한 역동적 변화 속에서 공시적 관점에서의 자립성, 문법적 기능 구분 등과 관련하여 분명한 판단이 어려운 면이 있고, 이에 따라 지위 판정, 사전 등재 등이 유보된 경우가 많다고 할 수 있다. 또한 외래어 어휘의 기능 및 의미 변화는 개별 외래어마다 빠르거나 느린 정도가 다르다고 할 수 있다. 다시 말해 외래어가 사용되는 양상 및 자립성, 지위 등과 관련한 판정은 그것을 바라보는 시기가 언제이냐에 따라 달리하게 될 것이다.

본 연구에서는 연구 대상 코퍼스에 출현하지 않았기 때문에 다루지 못한 외래어 어휘 및 구 표현이 있다. 이는 코퍼스를 이용한 여느 연구에서도 피해갈 수 없는 한계로 추후 다른 참조 코퍼스를 추가하여 연구 대상을 확대하여 복합 구성 목록 정제 및 갱신, 사용 양상과 관련한 특징을 보완할 필요가 있다. 앞으로 한국어에서 점점 더 많은 외래어의 사용이 예상되는 만큼 이와 관련한 추가적인 연구가 지속되어야 할 것이다.

참고문헌

강란숙(2020), 「외래어 활용 기반 입문기 한글 교수·학습 방안 연구-프랑스어 모어 한국어 학습자에 적용 방안」, 『리터러시연구』 11(3), 한국 리터러시 학회, 97-128쪽.

강미함(2011), 「중국인 한국어 학습자를 위한 유의어 교육방안 연구: 고유어와 한자어 간의 유의어를 중심으로」, 인하대학교 대학원 석사학위논문.

강신항(1991), 『현대 국어 어휘사용의 양상』, 태학사.

강연임(2006), 「광고 문구에 나타난 '화용적 대립어' 연구」, 『한국어 의미학』 20, 한국어의미학회, 305-323쪽.

강현진·이을지(2023), 「한국어 학습자의 한자어 인식 연구」, 『국어교육연구』 51, 서울대학교 국어교육연구소, 41-69쪽.

강현화(2000), 「코퍼스를 이용한 부사의 어휘 교육 방안 연구」, 『이중언어학』 17(1), 이중언어학회, 57-75쪽.

강현화(2001), 「빈도를 나타내는 시간부사의 어휘 교육 방안 연구」, 『한국어교육』 12(1), 국제한국어교육학회, 1-17쪽.

강현화(2005), 「중·고급 학습자를 위한 감정 기초형용사의 유의관계 변별 기제 연구」, 『한국어 의미학』 17, 한국어의미학회, 43-64쪽.

강현화(2007), 「한국어표현능력 향상을 위한 담화기능별 문형표현 단위에 대한 연구: '거절'의 담화기능을 중심으로」, 『응용언어학』 23(1), 응용언어학회, 17- 36쪽.

강현화(2009), 「코퍼스에 기반한 '-잖다'의 화행적 특성 고찰」, 『한국어 의미학』 28, 한국어의미학회, 1-28쪽.

강현화(2010), 「문화교수의 쟁점을 통해서 본 문화교수의 방향성 모색」, 『한국언어문화학』 7, 국제한국언어문화학회, 1-30쪽.

강현화(2011), 「한국어 어휘 교육 연구방법론 동향 분석」, 『이중언어학』 47, 이중언어학회, 453-479쪽.

강현화(2013), 「한국어 어휘교육 연구의 이론과 실제」, 『언어와 문화』 9(3), 한국언어

문화교육학회, 1-38쪽.
강현화(2014),「한국어교육용 중급 어휘 선정에 대한 연구」,『외국어로서의 한국어교육』40, 연세대학교 언어연구교육원 한국어학당, 2-49쪽.
강현화(2015),「한국어교육용 고급 어휘 선정에 대한 연구」,『외국어로서의 한국어교육』42, 연세대학교 언어연구교육원 한국어학당, 1-28쪽.
강현화(2015),「한국어교육용 복합어의 조어 단위 연구 – 한국어교육 자료를 중심으로」,『언어와 문화』11(3), 한국언어문화교육학회, 45-72쪽.
강현화(2016),「한국어교육 자료의 어종별 복합어의 특성 연구」,『문법교육』26, 한국문법교육학회, 129-155쪽.
강현화(2021),『한국어 어휘 교육론』, 한글파크.
강현화(2023),「사용자 기반 한국어 학습사전의 쟁점」,『한국사전학』42, 한국사전학회, 7-32쪽.
강현화 외(2017),『(담화 기능에 따른)한국어 유사 문법 항목 연구』, 한글파크.
강현화·홍혜란(2011),「한국 문화 교육 항목 선정에 관한 기초 연구 – 선행연구, 교재, 기관 형황 조사 자료의 비교를 통하여」,『외국어로서의 한국어교육』36, 연세대학교 언어연구교육원 한국어학당, 1-35쪽.
고영근·구본관(2008),『우리말 문법론』, 집문당.
공나형·유소영(2024),「한국어 학습자 쓰기 자동 평가에서 전략적 언어 사용 평가를 위한 채점 자질에 대한 연구 – 논설문 장르에서 드러난 담화 구조적 자질과 필자 태도적 자질을 중심으로」,『한말연구』65(8), 한말연구학회, 1-31쪽.
권우진(2022),「식감형용사 어휘목록 개발 연구」,『한국언어문화』78, 한국언어문화학회, 5-31쪽.
근보강(2011),「외국어로서의 한국어 혼동어의 유형과 연구방법: 중국어권 학습자를 대상으로」, 국제한국언어문화학회 학술대회, 국제한국언어문화학회, 91-102쪽.
김광해(1993),『국어 어휘론 개설』, 집문당.
김광해(1999),「형용사 유의어의 뜻풀이 정교화 방안에 대한 연구: '아름답다 – 추하다' 군을 중심으로」,『先淸語文』27(1), 새국어생활, 605-631쪽.
김광해(2003),『등급별 국어교육용 어휘』, 박이정.
김남정·권연진(2021),『외국인을 위한 고유어와 한자어의 유의어 교육 방안 연구 – 상황 맥락을 바탕으로」,『언어과학』28(2), 1-21쪽.
김낭예(2010),「학문 목적 외래어 목록 선정 연구」,『한국어 교육』21(2), 국제한국어교육학회, 59-86쪽.
김문창(1985),「외래어 연구 I」,『인문과학연구소논문집』11, 인하대학교 인문과학연구소, 331-347쪽.

김문창(1995), 「고유어와 관용어의 바다 《임꺽정》」, 『애산학보』 16, 애산학회, 1-42쪽.
김미옥(2003), 「한국어 학습자의 단계별 언어권별 어휘 오류의 통계적 분석」, 『한국어 교육』 14(3), 국제한국어교육학회, 31-52쪽.
김민수(1973), 『국어정책론』, 고려대학교 출판부.
김민재(2017), 「한국어 학습자를 위한 외래어 어휘 교육 방안 연구」, 한국외국어대학교 석사학위논문.
김민혜(2014), 「한국어 학습자의 의사소통 능력 향상을 위한 연어 교육 방안: 체언+용언형을 중심으로」, 고려대학교 교육대학원 석사학위논문.
김선영·전후민(2010), 「한국어 학습자를 위한 유의어 사전에서의 화용적 정보 기술 방안」, 한국사전학회 학술대회 발표논문집, 한국사전학회, 177-200쪽.
김선정·Park Jincheol·민경모(2017), 「KFL 학습자의 읽기 능력 및 어휘력 비교 - 한자문화권 학습자와 비한자문화권 학습자의 비교를 중심으로」, 『언어와 문화』 13(1), 한국언어문화교육학회, 1-22쪽.
김선혜·한승규(2011), 「학습자 사전에서 고유명사 표제어 선정의 문제」, 『한국사전학』 17, 한국사적학회, 43-72쪽.
김애진(2009), 「일본어권 한국어 학습자를 위한 관용어 교육 연구」, 한양대학교 대학원 교육대학원 석사학위논문.
김영선·박주형·임종주(2015), 「신어의 인칭 접미사 연구」, 동남어문논집 39, 동남어문학회, 5-33쪽.
김용선(2010), 「현대 국어 신어 형성 연구」, 충북대학교 대학원 박사학위논문.
김은영(2004), 「감정동사 유의어의 의미 연구」, 『한국어 의미학』 14, 한국어의미학회, 121-147쪽.
김은정(2022), 「일본어 모어 화자의 한국어 외래어 피치 실현에 관한 음향음성학적 연구」, 『한국언어문학』 120(1), 한국언어문학회, 191-211쪽.
김은정·김선정(2018), 「한국어교육을 위한 한자어 난이도 위계 설정」, 『현대사회와 다문화』 8(1), 다문화사회정책연구, 166-189쪽.
김은주(2014), 「읽기 교육에서 질적 연구에 관한 메타 분석」, 『국어교육』 144, 국어교육학회, 255-277쪽.
김은주(2014), 「한국어 학습자의 유의어 변별 능력 향상을 위한 유의어의 분석」, 연세대학교 교육대학원 석사학위논문.
김일환(2014), 「신어의 생성과 정착」, 『한국사전학』 24, 한국사전학회, 79-91쪽.
김정숙(1997), 「한국어 숙달도 배양을 위한 한국 문화 교육 방안」, 『교육한글』 10, 한글학회, 317-326쪽.
김정현(2007), 「한국어 감정형용사의 유의어 교육 연구 - 고빈도 감정 어휘를 중심으로」, 경희대학교 대학원 석사학위논문.
김종섭(2011), 『국제 통용 한국어 교육 표준 모형』, 국립국어원.
김주연(2018), 「대학 수학 북한이탈주민을 위한 경제 분야 외래어 학술 전문어휘 선정에 관한 연구」, 『한민족어문학』 80, 한민족어문학회, 73-108쪽.
김주희(2020), 「한국어 고급 학습자의 '체언+용언'형 어휘적 연어 습득 연구」, 경희대학교 대학원 석사학위논문.
김중섭(1997), 「외국인(外國人)을 위한 한국어(韓國語) 한자교육(漢字敎育) 연구(硏究)」, 『어문연구』 25(3), 한국어문교육연구회, 95-113쪽.
김지영(2015), 「일본인 한국어 학습자를 위한 영어 외래어 교육의 필요성에 대한 고찰」, 『한국어교육연구』 11(2), 한국어교육연구학회, 83-99쪽.
김지은(2010), 「한국어 연어 교육의 내용과 방법 연구」, 부산대학교 대학원 박사학위논문.
김지형(2003), 「한국어 교육에서의 한자 교수법-비한자권 외국인 학습자를 중심으로」, 『국제어문』 27, 국제어문학회, 344-369쪽.
김지혜(2019), 「신어 정착에 영향을 주는 사회적 요인 연구 -「2005년 신어」 중 사회 주제어를 중심으로」, 『국어교육』 165, 한국어교육학회, 359-387쪽.
김진식(1990), 「국어 유의어 연구(I)」, 『어문연구』 20, 한국어문교육연구회, 389-426쪽.
김진해(2000), 『연어 연구』, 한국문화사.
김진해(2003), 「관용어의 직설의미와 관용의미의 관계 연구」, 『한국어 의미학』 13, 한국어의미학회, 23-41쪽.
김진해(2006), 「코퍼스언어학적 관점에서 본 의미의 본질」, 『한국어 의미학』 21, 한국어의미학회, 75-104쪽.
김진해(2010), 「관용표현 연구의 새로운 쟁점」, 『한국어학』 49, 한국어학회, 37-64쪽.
김태훈·박상진(2011), 「신어의 정착 연구: 1920~1930년대 대중 잡지에 소개된 신어를 대상으로」, 『한국어 의미학』 35, 한국어의미학회, 71-98쪽.
김한샘(2003), 「자연언어처리를 위한 관용표현 연구」, 『한국어 의미학』 13, 한국어의미학회, 43-67쪽.
김한샘(2013), 「교육용 어휘 선정을 위한 접미사의 생산성 연구 - 고유어 명사 파생 접미사의 분석」, 『한국어 의미학』 40, 한국어의미학회, 521-547쪽.
김한샘(2014), 「교육용 어휘 선정을 위한 접미사의 의미 예측성 연구 - 고유어 명사 파생 접미사를 중심으로」, 『한국어 의미학』 44, 한국어의미학회, 367-391쪽.
김한샘·강예지·박서윤·장연지(2022), 「말뭉치 기반 관용 표현 연구 - 중의성의 해소를 중심으로」, 『한국어학』 95, 학국어학회, 1-24쪽.

김한아(2017), 「학습용 외래어 선정 및 의미 기술 연구」, 연세대학교 교육대학원 석사학위논문.
남귀옥(2022), 「한국어 '참가하다' 유의어의 공기 관계 연구 – 명사를 중심으로」, 『한민족문화연구』 80, 한민족문화학회, 315-354쪽.
남길임(2015), 「신어의 사용 추이와 사전 등재의 기준」, 『한글』 310, 한글학회, 205-233쪽.
남길임(2020), 「신어의 빈도와 관련한 몇 가지 문제」, 『한국어 의미학』 68, 한국어의미학회, 213-239쪽.
남길임 외(2021), 『신어 2020: 코로나 팬데믹 시대의 새로운 언어』, 한국문화사.
남길임·송현주·최준(2015), 「현대 한국어 [+사람] 신어의 사회 문화적·의미」, 『한국사전학』 25, 한국사전학회, 39-67쪽.
남길임·최준(2019), 「한국어 정형 표현 선정의 기준과 쟁점: 연결어미 '-면' 포함 정형 표현의 사례를 중심으로」, 『한글 80(4), 한글학회, 941-972쪽.
남성우(1982), 「국어의 의미 변화 연구」, 『언어와 언어학』 8, 한국어대 언어연구소, 81-90쪽.
남신혜·원미진(2011), 「한국어 교육을 위한 외래어 조어소 선정에 관한 연구」, 『이중언어학』 46, 이중언어학회, 67-102쪽.
남하정(2024), 「한국어 교육을 위한 연어 사용 양상 연구 – 모어 화자와의 비교를 중심으로」, 국민대학교 대학원 박사학위논문.
남하정·임근석(2023), 「한국어 학습자의 '술어명사+기능동사'형 연어 사용 양상 연구 – 모어 화자와의 비교를 중심으로」, 『한국언어문화』 81, 한국언어문화학회, 39-69쪽.
노명희(2009), 「외래어 단어형성」, 『국어국문학』 153, 국어국문학회, 5-29쪽.
노명희(2012), 「외래어 차용의 형태론적 양상」, 『반교어문연구』 33, 반교어문학회, 35-68쪽.
단채미·박덕유(2020), 「중국인 학습자를 위한 한국어 외래어 교육 연구」, 『교육문화연구』 26(6), 인하대학교 교육연구소, 637-665쪽.
도성경(2016), 「학문 목적 한국어 학습자를 위한 외래어 선정 연구」, 이화여자대학교 국제대학원 석사학위논문.
도재학·강범모(2011), 「관련어 네트워크를 활용한 유의어 분석: 책, 서적, 도서를 중심으로」, 『한국어 의미학』 37, 한국어의미학회, 131-157쪽.
리이(2022), 「절단형 외래어의 의미변화 양상」, 『한국어 의미학』 78, 한국어의미학회, 1-27쪽.
문금현(1998), 「외국어로서의 한국어 관용표현의 교육」, 『이중언어학』 15, 이중언어학회, 207-233쪽.

문금현(1999), 「현대국어 신어의 유형 분류 및 생성 원리」, 『국어학』 333, 국어학회, 295-325쪽.

문금현(2000), 「구어 텍스트를 활용한 한국어 어휘 교육」, 『한국어교육』 11(2), 국제한국어교육학회, 21-61쪽.

문금현(2002), 「한국어 어휘 교육을 위한 연어(連語) 학습 방안」, 『국어교육』 109, 한국어교육학회, 217-250쪽.

문금현(2004), 「한국어 유의어의 의미 변별과 교육 방안」, 『한국어교육』 15(3), 국제한국어교육학회, 63-92쪽.

문금현(2019), 「신어 생성의 최근 경향 분석-극한표현을 중심으로」, 『어문학』 145, 한국어문학회, 151-177쪽.

문금현(2020), 「변화된 영어외래어에 대한 한국어 어휘 교육」, 국어국문학 193, 국어국문학회, 515-541쪽.

문금현(2022), 「관용표현 연구의 현황과 전망」, 한국어학 95, 한국어학회, 51-81쪽.

문소나(2019), 「학문 목적 한국어 교재를 바탕으로 한 주제별 외래어 선정 및 분석 연구」, 연세대학교 교육대학원 석사학위논문.

문승실(2004), 「한국어학습자를 위한 외래어 교육 방안 연구」, 경희대학교 교육대학원 석사학위논문.

민병곤(2010), 「표현교육론의 쟁점과 표현 영역의 중핵 성취기준」, 한국어교육학회 학술발표논문집, 한국어교육학회, 195-207쪽.

민현식(1998), 「국어 외래어에 대한 연구」, 『한국어 의미학』 2, 한국어의미학회, 91-132쪽.

민현식(2004), 「한국어 표준교육과정 기술 방안」, 『한국어교육』 15(1), 국제한국어교육학회, 50-51쪽.

박갑수(1998), 「외국어로서의 한국어 교육과 문화적 배경」, 『선청어문』 26, 서울대학교 국어교육연구소, 133-150쪽.

박덕유(2009), 「외국인 학습자를 위한 어휘력 신장 연구(I) – 한국어 漢字 및 漢字語를 중심으로」, 『언어와 문화』 5(1), 한국언어문화교육학회, 85-103쪽.

박덕유·이박문·단채미(2019), 「비한자문화권 초급 학습자를 위한 한자어 교육 방안 연구 – TOPIK 초급 한자어를 중심으로」, 『어문연구』 102, 어문연구학회, 203-242쪽.

박만규(2003), 「관용표현의 범주적 정체성 확립을 위하여 – 의미론적 분석을 중심으로」, 『국어학』 41, 국어학회, 307-355쪽.

박명수(2013), 「북한이탈주민을 위한 남북한 외래어 대조연구 – 북한이탈주민을 위한 생활어휘 교재의 외래어를 중심으로」, 연세대학교 교육대학원 석사학위논문.
박서윤(2021), 「사전 훈련 언어 모델을 활용한 관용표현 분류 연구」, 연세대학교 대학원 석사학위논문.
박석준(2023), 「한국어 어휘 교육에서 한자어 조어 지식의 활용과 한자 교육의 문제」, 『언어사실과 관점』 58, 연세대학교 언어정보연구원, 399-420쪽.
박선옥(2015), 「국어학 축약에 의해 생성된 줄임말의 구조 분석 - 2014년 신어를 대상으로」, 『漢城語文學』 34, 한성대학교 한성어문학회, 59-80쪽.
박선옥(2019ㄱ), 「[+사람] 신어의 생성 추이와 단어의 형태론적 특징 연구」, 『동악어문학』 77, 동악어문학회, 291-318쪽.
박선옥(2019ㄴ), 「'경제'와 '삶의 방식' 분야 [+사람] 신어의 사회문화적 의미 연구」, 『語文論集』 78, 중앙어문학회, 117-150쪽.
박선옥(2019ㄷ), 「2015~2017년 [+사람] 신어의 사회문화적 의미 연구-사람의 성향과 가치, 외모와 패션, 요리와 음식, 결혼과 육아·교육, 정치와 행정·제도 분야」, 『문화와 융합』 4, 한국문화융합학회, 977-1008쪽.
박수현(2014), 「한국어 교재에 나타난 감정어휘 연구」, 숭실대학교 교육대학원 석사학위논문.
박아름(2009), 「한국어교육을 위한 유의어의 의미 연구 - 명사를 중심으로」, 고려대학교 대학원 석사학위논문.
박영순(1989), 「제2언어 교육으로서의 문화 교육: 한국어의 문화적 요소를 중심으로」, 『이중언어학』 5, 이중언어학회, 43-59쪽.
박영순(2004), 「-한국어 어휘 교육 연구방법론 동향 분석」, 『이중언어학』 47, 이중언어학회, 453-479쪽.
박영순(2011), 「문화어를 통한 한국문화교육의 내용과 방법 연구」, 『세계한국어문학』 6, 세계한국어문학회, 123-156쪽.
박영주·이선웅(2020), 「한자 형태소 감수성을 통한 한국어 교육에서의 한자어 교육 연구」, 『우리말글』 87, 우리말글학회, 247-279쪽.
박영준(2000), 「한국어 숙달도 배양을 위한 문화적 어휘·표현의 교육」, 『한국어교육』 11, 국제한국어교육학회, 89-110쪽.
박영희·오성아·노하나(2021), 「케이팝(K-pop)을 활용한 한국어 연어 교육 방안 연구 - 방탄소년단(BTS) 노래를 중심으로」, 『인문학연구』 48, 경희대학교인문학연구원, 351-376쪽.
박유경(2022), 「한국어 중·고급 학습자 대상 연어 목록 선정 연구」, 이화여자대학교 교육대학원 석사학위논문.
박윤미·김유경·김세진(2024), 「일본인 학습자 말뭉치 분석을 통한 한국어 교육의 외래어 오류 연구」, 『아시아태평양융합연구교류논문지』 10(1), 사단법인 한국융합기술연구학회, 637-648쪽.

박재남(2002), 「외국어로서 한국어의 유의어 교육 방안 연구」, 연세대학교 석사학위논문.

박종호·황경수(2012), 「한국어 동사 유의어 교육 방안에 관한 소고 - 3쌍의 동사 유의어를 대상으로」, 『새국어교육』 92, 한국국어교육학회, 419-446쪽.

박종후·하지경(2012), 「한국어 학습자용 외래어 사전 편찬을 위한 기초 연구」, 『한국사전학』 20, 한국사전학회, 164-210쪽.

박지순(2023), 「키오스크 텍스트의 언어 분석」, 『한민족문화연구』 82, 한민족문화학회, 315-353쪽.

박지영(2010), 「한국어 학습자를 위한 외래어 어휘 연구-의미 변이 및 생성을 중심으로」, 『한국어와 문화』 8, 숙명여자대학교 한국어문화연구소, 95-115쪽.

박지영(2021), 「미용 전공 외국인 유학생을 위한 외래어 학습 방안 연구 - 뷰티테라피&메이크업 전공을 중심으로」, 『한국어와 문화』 29, 숙명여자대학교 한국어문화연구소, 77-111쪽.

박진호(2003), 「공동토론 특집: 관용표현(慣用表現): 관용표현의 통사론과 의미론」, 『국어학』 41, 국어학회, 361-380쪽.

박혜진(2019), 「명명 과제 수행에 나타난 어종(語種) 활용 양상에 관한 연구」, 국어『교육학연구』 54(3), 국어교육학회, 135-165쪽.

방혜숙(2007), 「영어권 학습자들의 한자 학습에 대한 요구와 전략 분석 연구」, 『이중언어학』 34, 이중언어학회, 185-220쪽.

배성봉·이광오·마스다 히사시(2016), 「새로운 단어의 학습에서 형태소 처리의 영향」, 『인지과학』 27(2), 한국인지과학회, 303-323쪽.

배윤정(2015), 「한국어 교육을 위한 '기쁘다' 유의어의 공기 관계 연구」, 『어문연구』 85, 한국어문교육연구회, 5-23쪽.

백설비(2017), 「한국어 외래어 표기 오류 분석 및 교육 방안 연구 - 중국인 학습자를 중심으로」, 『학습자중심교과교육연구』 17(3), 학습자중심교과교육학회, 265-284쪽.

베번, 크리스탈(2014), 「외래어를 활용한 발음 교육 연구」, 경희대학교 대학원 석사학위논문.

봉미경(2005), 「시간부사의 어휘변별 정보 연구 - 유의어 '방금'과 '금방'의 분석을 중심으로」, 『외국어로서의 한국어교육』. 연세대학교 언어연구교육원, 113-139쪽.

서희정(2010), 「한국어교육에서 감정형용사의 제시 방안」, 『한국언어문학』 74, 한국언어문학회, 31-59쪽.

설혜경·심혜령(2009), 「비한자문화권 학습자를 위한 한자어 교육 연구」, 『외국어로서의 한국어교육』 34, 연세대학교 언어연구교육원 한국어학당, 157-174쪽.

손아람(2018), 「영어권 한국어 학습자를 위한 외래어 교육 방안 연구」, 부산외국어대학교 석사학위논문.

손연자(1984), 「비한문 문화권의 외국인에 대한 한자교육 방법론 소고」, 『외국어로서의 한국어교육』 9, 연세대학교 언어연구교육원 한국어학당, 81-101쪽.

손연정(2019ㄱ), 「언어의 심층과 발화의 기본 관점에 대한 연구」, 『한국어 의미학』 63, 한국어의미학회, 35-57쪽.

손연정(2019ㄴ), 「한국어 유의어 목록 마련을 위한 기초 연구: 한국어 인지행위 동사를 중심으로」, 『한국어학』 84, 한국어학회, 59-89쪽.

손연정(2021), 「학술 텍스트에 나타나는 유사 혼동어 연구」, 연세대학교 대학원 박사학위논문

손연정·강현화(2023), 「『한국어기초사전』의 구 단위 표제어 선정 방안 연구」, 『한국사전학』 41, 한국사전학회, 148-170쪽.

손정정(2010), 「외래어 사용 오류 분석 및 교육 방안 연구: 중국인 한국어 학습자를 대상으로」, 인천대학교 석사학위논문.

솔레바 딜라프루즈(2021), 「우즈베키스탄 학습자의 한국어 연어 능력 연구」, 계명대학교 대학원 석사학위논문.

송대헌(2020), 「한국어 학습자를 위한 드라마 〈도깨비〉 속 관용 표현 교육 방안 연구」, 『한국엔터테인먼트산업학회논문지』 14(5), 한국엔터테인먼트산업학회, 181-191쪽.

송민(1990), 「어휘 변화의 양상과 그 배경」, 『국어생활』 22, 국립국어원, 42-57쪽.

송승현(2022ㄱ), 「한국어 외래어의 의미 변화 및 수용 양상 - 구어 말뭉치를 바탕으로」, 『언어사실과 관점』 56, 연세대학교 언어정보연구원, 183-211쪽.

송승현(2022ㄴ), 「한국어 외래어 사용 양상 연구: 구어 자료를 기반으로」, 연세대학교 대학원 박사학위논문.

송현주·최준(2008), 「한국어 교육용 유의어 사전 편찬을 위한 표제어 선정 및 기술 방안에 대한 연구」, 『어문론총』 48, 한국문학언어학회, 1-26쪽.

시정곤(2006), 「사이버 언어의 조어법 연구」, 『한국어학』 31, 한국어학회, 215- 243쪽.

신명선(2004), 「국어 사고도구어 교육 연구」, 서울대학교 대학원 박사학위논문.

신명선(2010), 「어휘 선택과 표현의 효과 - 상하위어를 중심으로」, 『작문연구』 10, 한국작문학회, 137-168쪽.

신지영(2008), 「외국인 학습자를 위한 한국어 '부사류+용언'형 연어 교육 방안 연구」, 한국외국어대학교 대학원 석사학위논문.

신효필(2005), 「언어 자료의 통계 분석과 관련된 몇 가지 고려사항들」, 『어학연구』 41(3), 서울대학교 언어교육원, 655-682쪽.

심재기(1963), 「國語 語義變化의 構造的 硏究」, 서울대학교 대학원 석사학위논문.

심재기 외(2011), 『국어 어휘론 개설』, 지식과 교양.

심지연(2009), 「국어 관용어 의미에 나타나는 은환유성에 대한 연구」, 『한국어 의미학』 28, 한국어의미학회, 127-145쪽.

심지영(2023), 「중국인 학습자를 위한 한국어 유의어 사전의 한자어 기술 방식 제언 - 기존 사전에 대한 분석을 바탕으로」, 『새국어교육』 134, 한국국어교육학회, 239-267쪽.

심혜령(2009), 「한국어 학습자를 위한 문화기반어휘 연구 - 고유명사를 중심으로」, 『언어와 문화』 5, 한국언어문화교육학회, 175-195쪽.

안소진(2009), 「한자어 구성 음절의 특성에 대하여: 고빈도 2음절 한자어를 대상으로」, 『형태론』 11(1), 43-59쪽.

안의정(2016), 「구어 어휘의 어종별 분포 연구」, 『언어사실과 관점』 39, 연세대학교 언어정보연구원, 287-304쪽.

안의정(2020), 「한국어 학습자의 연어 사용 연구 - 모국어 화자와의 비교를 중심으로」, 『언어사실과 관점』 50, 연세대학교 언어정보연구원, 531-550쪽.

안재경(2012), 「한국어 어휘 능력 향상을 위한 연어 교육 연구 - 영어권 학습자를 대상으로」, 서울대학교 대학원 석사학위논문.

양순영(2010), 「유의어 교육을 위한 의미 분석 연구」, 건국대학교 대학원 석사학위논문.

오기노 신사쿠(2012), 「일본인 학습자를 위한 한국어 연어 교육 연구: 한·일 간의 동사 용법 차이를 중심으로」, 서울대학교 대학원 석사학위논문.

오기노 신사쿠(2014), 「일본인 학습자 대상 한국어 외래어 교육 연구 - 한·일 외래어 표기 대응관계 규칙을 중심으로」, 『우리말교육현장연구』 8(2), 우리말교육현장학회, 299-336쪽.

오나영(2011), 「한국어 학습자를 위한 문화 어휘 선정과 제시 방안 연구 - 초등학교 교과서의 문화 어휘를 중심으로」, 배재대학교 대학원 석사학위논문.

오미정·이해용(2007), 「한국어 외래어 교육과 교재 개발」, 『한국어 의미학』 23, 한국어의미학회, 75-97쪽.

오해리·원민(2018), 「중국인 학습자를 위한 한국어 외래어 학습방안 연구」, 『한국 (조선)어교육연구』 13, 중국한국(조선)어교육연구학회, 197-216쪽.

원미진(2010), 「한국어 학습자의 어휘 학습 전략에 관한 연구」, 『한국사전학』 15, 한국사전학회, 194-219쪽.

유문명(2018), 「중국인 학습자의 한국어 연어 사용 오류 분석」, 『외국어로서의 한국어 교육』 49, 연세대학교 언어연구교육원 한국어학당, 175-195쪽.

유소영(2022ㄱ), 「한국어 학습자의 연어 사용 능력 연구: 연어의 복잡성과 정확성 측정을 중심으로」, 연세대학교 대학원 박사학위논문.

유소영(2022ㄴ), 「한국어 학습자의 연어 복잡성 측정 연구」, 『국제어문』 94, 국제어문학회, 535-561쪽.

유소영(2023), 「한국어 학습자의 연어 사용과 쓰기의 질에 관한 연구」, 『언어와 문화』 19(3), 언어문화교육학회, 193-224쪽.

유소영·강현화(2019), 「한국어 학습자 말뭉치의 오류 주석의 쟁점과 실제」, 『언어사실과 관점』 48, 연세대학교 언어정보연구원, 283-320쪽.

유지연(2010), 「국어교육: 외국인 한국어 학습자를 위한 형용사 '아름답다', '예쁘다', '곱다' 의미 교육 방안」, 『새국어교육』 84, 한국국어교육학회, 153-181쪽.

유현경·강현화(2002), 「유사관계 어휘정보를 활용한 어휘교육 방안」, 『외국어로서의 한국어교육』 27, 연세대학교 언어연구교육원, 243-269쪽.

윤경미·이미정(2018), 「일본인 한국어 학습자를 위한 외래어 교육 방안 연구」, 『학습자중심교과교육연구』 18, 학습자중심교과교육학회, 1-28쪽.

윤여탁(2011), 「한국어 문화교육의 내용과 방법」, 『언어와 문화』 7, 한국언어문화교육학회, 163-181쪽.

은하연(2015), 「영어권 한국어 학습자들에게 나타나는 연어 오류 분석」, 연세대학교 대학원 석사학위논문.

이광오(2003), 「단어인지 수행은 어종에 따라 다를까?」, 『한국심리학회지: 인지 및 생물』 15(4), 한국인지및생물심리학회, 479-498쪽.

이광호(2002), 「유의어 정도성 측정을 위한 집합론적 유형화」, 『문화와 융합』 24, 한국문화융합학회, 57-78쪽.

이기영(2013), 「외래어 의미 변형과 한국어 학습자들의 외래어 의미에 대한 인식」, 『한국언어문화학』 10(2), 국제한국언어문화학회, 203-224쪽.

이도영(2001), 「국어 교육 내용의 교수학적 변환 연구에 대한 토론문」, 한국어교육학회 학술발표논문집, 한국어교육학회, 162-163쪽.

이동규(2005), 「중·고급 학습자를 위한 한국어 문화어휘 교육: 속담관용어 교육을 중심으로」, 고려대학교 석사학위논문.

이래호(2011), 「한국어 교육에서의 신어 교육 방안에 대한 연구」, 『언어학연구』 20, 한국중원언어학회, 155-178쪽.

이미경(2023), 「중국인 학습자의 한국어 외래어 운율 실현 양상 고찰」, 『중국어문학』 92, 영남중국어문학회, 277-297쪽.

이미지(2014), 「한국어 감탄 표현 교육 연구」, 『한국어교육』 25(3), 국제한국어교육학회, 237-258쪽.

이미혜(2004), 「한국어와 한국 문화의 통합 교육 – 언어 교육과 문화 교육의 통합 양상을 고려한 교육 방안」, 『한국언어문화학』 1, 국제한국언어문화학회, 143-163쪽.

이박문·이성천·박덕유(2019), 「비한자문화권 초급 학습자를 위한 한자어 교육 방안 연구」, 『어문연구』 102(1), 어문연구학회, 203-242쪽.

이상숙(2005), 「한국어 학습자의 외래어 표기 오류 분석 및 교수 방안 연구」, 한양대학교 석사학위논문.

이상순(2019), 「다문화 배경 초등학생의 한국어 교육을 위한 유의어 선정 연구」, 경인교육대학교 교육전문대학원 석사학위논문.

이상혁(2002), 「외래어의 개념 및 유형 설정 – 서구 외래어를 중심으로」, 『돈암어문학』 15, 돈암어문학회, 101-123쪽.

이선영(2021), 「신어에 나타나는 구의 단어화에 대하여」, 『우리말글』 91, 우리말글학회, 157-178쪽.

이선웅(2012), 『한국어 문법론의 개념어 연구』, 월인.

이선웅·이정화·서경숙(2022), 『한국어 어휘 교육론』, 한국문화사.

이소영(2011), 「한국어교육에서 외래어 교육의 위상」, 『우리말교육현장연구』 5, 우리말교육현장학회, 224-243쪽.

이소영(2017), 「한국어 학습용 '표준 외래어 목록' 선정을 위한 연구」, 『영주어문』 36, 영주어문학회, 239-276쪽.

이소영(2021), 「텍스트 강화 이론 기반의 외래어 교육 교재 개발 방안 연구 – 쓰기 기능과의 통합 교육을 중심으로」, 『영주어문』 48, 영주어문학회, 141-165쪽.

이소현(2007), 「중학생의 어휘 사용 양상 및 지도 방안 연구」, 연세대학교 교육대학원 석사학위논문

이소희(2016), 「한국어 교육을 위한 유의어 선정과 활용 방안 – 사전 뜻풀이를 활용하여」, 연세대학교 대학원 석사학위논문.

이수빈(2022), 「한국어 교육용 신체 관용표현 목록 선정 연구」, 연세대학교 대학원 석사학위논문.

이승명(1982), 「외래어 수용 양태에 대한 어휘 의미론 연구」, 『수련어문논집』 9, 수련어문학회, 9-40쪽.

이승연·최은지(2007), 「한국어 학습자의 어휘적 연어 사용 연구」, 『이중언어학』 34, 이중언어학회, 299-321쪽.

이연정·이주미(2022), 「한국어 신조어 교수·학습에 대한 요구 조사 분석 – 외국인 유학생과 외국인 예비 한국어 교사를 중심으로」, 『문화와 융합』 44(12), 한국문화

융합학회, 1061-1072쪽.

이영제(2016), 「한국어의 근사 유의어와 준유의어 설정 시고 - '틈/겨를'과 '까닭/때문'의 예를 중심으로」, 『한국어문교육』 20, 한국어문교육학회, 119-146쪽.

이영지(2011), 「중국인 한국어 학습자의 작문에 나타난 수준별 어휘적 특성 연구」, 계명대학교 대학원 석사학위논문.

이영희(2007), 「외국인을 위한 한국어 한자 교육의 현황과 방향」, 『새국어교육』 76, 한국국어교육학회, 269-294쪽.

이영희(2008), 「외국인을 위한 한자어 교육 연구」, 숙명여자대학교 대학원 박사학위논문.

이용주(1964), 「한국 외래어의 특징과 고유어와의 상호 작용(상) - 한국 외래어 연구서설」, 『국어 교육』 9, 한국어교육학회, 90-108쪽.

이윤진(2006), 「한국어 호칭어 교육 방안 연구」, 『한국어교육』 17-1, 국제한국어교육학회, 287-306쪽.

이은영(2005), 「외국인을 위한 외래어 교육」, 『한국어학』 28, 한국어학회, 167-183쪽.

이은하(2016), 「한국어 구어 말뭉치를 대상으로 한 연어구성 추출 방법들의 비교: 재현가능 연구」, 『언어와 언어학』 70, 한국외국어대학교 언어연구소, 497- 539쪽.

이은희(2015), 「한국 문화 교육을 위한 문화어휘 선정과 수업 모형 연구」, 충북대학교 대학원 박사학위논문.

이은희(2021), 「한국 드라마 속 영어 외래어 사용에 관한 연구」, 『인문과학연구논총』 42(2), 명지대학교(서울캠퍼스) 인문과학연구소, 277-303쪽.

이정희(2007), 「한국어 외래어 교육 목록 선정에 관한 연구」, 『한국어교육』 18, 국제한국어교육학회, 195-220쪽.

이정희(2008), 「중국어권 한국어 학습자의 어휘 오류 연구 - 원인 분석을 중심으로」, 『한국어 교육』 19-3, 국제한국어교육학회, 1-23쪽.

이지혜(2006), 「심리형용사 유의어의 의미 변별과 사전 기술 연구」, 연세대학교 대학원 석사학위논문.

이진(2022), 「한국어 문법적 연어 추출 방법론 연구」, 연세대학교 대학원 박사학위논문.

이현정(2014), 「한국어교육용 외래어 선정을 위한 기초 연구 - 중복도, 빈도의 객관적 지표와 전문가 평정을 바탕으로」, 『시학과 언어학』 27, 시학과 언어학회, 151-180쪽.

이현정(2020), 「한국어교육용 어 조어소 선정에 관한 연구 - 신어의 형성 원리에 대한 고찰 및 신어의 조어력 분석을 바탕으로」, 『외국어로서의 한국어교육』 58, 연세대학교 언어연구교육원 한국어학당, 217-239쪽.

이현정(2021), 「한국어교육을 위한 신어 연구」, 연세대학교 대학원 박사학위논문.

이현정(2023), 「2016년-2021년 신어의 어종구성에 관하여 – 혼종어의 어종 조합에서 나타나는 특징을 중심으로」, 『비교일본학』 57, 한양대학교 일본학국제비교연구소, 137-156쪽.

이희승(1941), 「외래어 이야기」, 『춘추』 2, 조선춘추사, 258-273쪽.

이희자·우재숙(2006), 「국어사전의 '관련어' 연구」, 『한국사전학』 7, 한국사전학회, 161-189쪽.

이희재(2013), 「표현의 다양성 제고를 위한 한국어 유의어 교육 방안 – 고급 단계 학습자를 중심으로」, 고려대학교 대학원 석사학위논문.

임건수(2023), 「한일 외래어 의미 대조 연구 – 한국어 교육 외래어 항목을 중심으로」, 『한글』 84(2), 한글학회, 659-688쪽.

임근석(2010), 『한국어 연어 연구』, 월인.

임근석·남하정(2021), 「한국어 학습자의 어휘적 연어 사용 양상 연구 – 학습자의 모국어와 급수별 비교를 중심으로」, 『한국언어문화』 75, 한국언어문화학회, 177-205쪽.

임상은·강현화(2017), 「한국어 어휘 교육을 위한 명사 복합 구성 연구」, 『문법교육』 29, 한국문법교육학회, 271-296쪽.

임지룡(1991), 「국어의 기초 어휘에 대한 연구」, 『국어교육연구』 23, 국어교육학회, 87-132쪽.

임춘매(2020), 「공기어 분석을 통한 한국어 교육용 연어 목록 선정 – '체언+ 용언'형 구성을 중심으로」, 고려대학교 대학원 박사학위논문.

임홍빈(2008), 「외래어의 개념과 범위의 문제」, 『새국어생활』 18(4), 국립국어원, 5-32쪽.

장동은(2009), 「한국어 교육용 관용구 목록에 대한 연구: 현대 국어 코퍼스 및 교재 분석을 바탕으로」, 연세대학교 교육대학원 석사학위논문.

장석배(2015), 「한국어 정형표현 연구 – 대규모 말뭉치 분석을 중심으로」, 연세대학교 대학원 박사학위논문.

장성희(2007), 「중국인 학습자를 위한 한국어 외래어 교육 방안」, 경희대학교 교육대학원 석사학위논문.

장세영(2009), 「한국어 감각형용사의 인식 비교 연구」, 경희대학교 교육대학원 석사학위논문.

장원원(2011), 「한국어 동사 '놓다'와 '두다'의 비교 연구」, 연세대학교 대학원 석사학위논문.

장정정(2010), 「중국인 학습자를 위한 관용표현 교육의 수준별 목록 선정 방법」, 대불

대학교 대학원 석사학위논문.
전미순(2011), 「한국어 문화어휘 교육 연구」, 부산대학교 대학원 박사학위논문.
전미순·이병운(2011), 「한국어 문화어휘에 관한 일고찰」, 『언어와 문화』 7, 한국언어문화교육학회, 191-210쪽.
정성훈(2015), 「'부사-용언' 관계를 이용한 타당한 연어 검정 방법 검토」, 『한국어학』 66, 한국어학회, 245-278쪽.
정예희(2006), 「외국어로서의 한국어 교육용 한국문화상징 어휘 연구」, 연세대학교 교육대학원 석사학위논문.
정진(2019), 「조어력에 따른 한국어교육용 한자 및 한자어 선정」, 『우리말글』 81, 우리말글학회, 171-204쪽.
정한데로(2014), 「신어의 형성과 빈도 변화에 관한 일고찰」, 『한글』 310, 한글학회, 171-204쪽.
정한데로(2015), 「단어의 공인화에 관한 고찰」, 『국어학』 74, 국어학회, 233-266쪽.
정희원(2004), 「외래어의 개념과 범위」, 『새국어생활』 14(2), 국립국어연구원, 5-22쪽.
정희정(2016), 「한국어 교육과 외래어 - 한국어 교재와 한국어 교사의 인식을 중심으로」, 『문법교육』 28, 한국문법교육학회, 211-236쪽.
조남호(2002), 「국어 어휘의 분야별 분포 양상」, 『관악어문연구』 27, 서울대학교 국어국문학과, 473-496쪽.
조남호(2003), 『한국어 학습용 어휘 선정 결과 보고서』, 국립국어연구원.
조민정(2010), 「학습자 사전에서의 유의어 선정과 기술 방법에 대한 연구: 연세 현대한국어사전을 중심으로」, 『한국어 의미학』 33, 한국어의미학회, 349-387쪽.
조시몬(2017), 「한국어 교육을 위한 단계별 외래어 선정 및 의미망 구축연구」, 전남대학교 석사학위논문.
조은별(2019), 「한국어 학습용 영어 외래어와 순화어의 유의 관계 연구」, 연세대학교 대학원 석사학위논문.
조은숙(2014), 「비한자권 한국어 학습자를 위한 한자 교육 연구」, 『중동유럽한국학회지』 15, 중동유럽한국학회, 165-187쪽.
조은호(2006), 「한국어 외래어 교육 연구」, 경희대학교 교육대학원 석사학위논문.
조철현(2002), 『한국어 학습자의 오류 유형 조사 연구』, 문화관광부.
조항록(2000), 「초급 단계에서의 한국어 교육과 문화 교육」, 『한국어 교육』 11, 국제한국어교육학회, 153-173쪽.
조현용(2000), 「한국어 능력 시험 어휘 평가에 관한 연구」, 『국어교육』 101, 한국어교육학회, 1-20쪽.

조현용(2003),「한국어문화 교육방안에 대한 연구」,『이중언어학』 22, 이중언어학회, 343-364쪽.

조현용(2010),「재미동포 학생을 위한 외래어 교육 연구」,『한국어 교육』 21, 국제한국어교육학회, 283-306쪽.

조형일(2010),「시소러스 기반 한국어 어휘 교육 연구」, 서울대학교 대학원 박사학위논문.

조형일(2013),「교육용 외래어·외국어 표현 선정과 표기 방안 연구」,『한국언어문화학』 10, 국제한국언어문화학회, 183-206쪽.

조혜인(2011),「한국어 교육용 관용표현 목록 선정 연구」, 경희대학교 교육대학원 석사학위논문

주정정(2021),「중국어권 한국어 학습자의 연어 사용 연구: 연결주의를 기반으로」, 연세대학교 대학원 박사학위논문.

주희진(2019),「외래어 명사 변이형 인식을 위한 사전 연구 및 구축」, 한국외국어대학교 대학원 석사학위논문.

채은경·강이경(2022),「한국어 학습자를 위한 유의어 교육 연구 – '아깝다', '아쉽다', '안타깝다'를 중심으로」,『한말연구』 63(26), 한말연구학회, 1-25쪽.

최경봉(2010),「계열적 의미관계의 특성과 연구 목표」,『한국어학』 49, 한국어학회, 65-90쪽.

최경봉·이향화(2005),「중국인 학습자의 어휘 오류 연구」,『어문논집』 52, 민족어문학회, 5-36쪽.

최경아(2007),「한국어 유의어 교육 방안 연구」, 고려대학교 교육대학원 석사학위논문.

최상진(2006),「21世紀 現代社會와 漢字」, 漢字 敎授·學習 方法의 理論과 實際, 한국어문회, 1-39쪽.

최선영(2009),「상경계열 외국인 학생을 위한 외래어 계통 전문어휘 교육 연구」, 부산대학교 석사학위논문.

최운선(2012),「초등 교과서에 나타난 고유어와 한자어 비율에 따른 인식과 의미 분석」,『국어교육학연구』 44, 국어교육학회, 517-547쪽.

최유숙(2019),「남북한 외래어 통합을 위한 기초 연구」,『문화와융합』 41(6), 한국문화융합학회, 733-762쪽.

최윤(2022),「고유어 색채 파생어의 파생 양상과 의미 분석 – 사전 등재어의 파생 접사를 중심으로」,『어문론집』 91, 중앙어문학회, 83-112쪽.

최은규(1985),「現代 國語 類義語의 意味構造 硏究」, 서울대학교 대학원 석사학위논문.

최은지(2019),「고급 한국어 학습자의 외래어 능력에 미치는 요인」,『한국어 교육』 30, 국제한국어교육학회, 333-353쪽.

최주열(1994), 「한자 교육 방법에 관한 고찰 – 외국인에 대한 한자 교육을 중심으로」, 『한국어 교육』 5, 국제한국어교육학회, 145-174쪽.

최준·송현주·남길임(2010), 「한국어의 정형화된 표현 연구」, 『담화와 인지』 17(2), 담화인지언어학회, 163-190쪽

최지영(2023), 「'시원함'을 의미하는 날씨 표현 한국어 형용사의 유의어 연구」, 『한국어문화교육』 16(2), 한국어문화교육학회, 137-164쪽.

최형용(2003), 「줄임말과 통사적 결합어」, 『국어국문학』 135, 국어국문학회, 191-220쪽.

최형용(2019), 「의미 관계와 신어 형성」, 『한국어 의미학』 66, 한국어의미학회, 35-74쪽.

최홍렬(2005), 「'불쌍하다' 類義語의 意味考察」, 『한국어 의미학』 17, 한국어의미학회, 95-124쪽.

탁성숙(2013), 「일본어의 외래어 수용에 관한 연구」, 『아시아문화연구』 32, 아시아문화연구소, 309-345쪽.

폴리롱(2014), 「다중언어 학습자의 한국어 어종 인지 능력과 어휘 의미 파악 능력의 연관성 연구 – 홍콩 한국어 초급 학습자를 대상으로」, 『이중언어학』 55, 이중언어학회, 409-433쪽.

하신영(2016), 「한국어 학습자의 외래어 발음 양상 연구」, 『열린정신 인문학연구』 17(3), 원광대학교 인문학연구소, 235-260쪽.

하지경(2011), 「한국어 외래어 사전 편찬의 실제」, 『한국문법교육학회 학술발표논문집 2011』, 한국문법교육학회, 133-141쪽.

한송화·강현화(2004), 「연어를 이용한 어휘 교육 방안 연구」, 『한국어 교육』 15(3), 국제한국어교육학회, 295-318쪽.

한재영(2003), 「외국어(外國語)로서의 한국어(韓國語) 한자교육(漢字敎育)을 위한 기초적 연구 – 비한자문화권(非漢字文化圈) 학습자를 대상(對象)으로」, 『어문연구』 31(4), 한국어문교육연구회, 557-586쪽.

허영임(2010), 「한국어 교육용 연어 선정 연구 – [체언+용언]형을 중심으로」, 고려대학교 대학원 석사학위논문.

홍윤기·서희정(2010), 「한국어교육에서 고유어의 위상과 등급화 – 고유어 용언을 중심으로」, 『국어교육』 132, 한국어교육학회, 351-384쪽.

홍종선 외(2022), 『쉽게 읽는 한국어학의 이해』, 한국문화사.

황은하(2014), 「효율적인 어휘 확장을 위한 외래어 효용성 연구」, 『우리말교육현장연구』 8, 우리말교육현장학회, 337-363쪽.

Chen, Songzhe(2018), 「효율적인 의사소통을 위한 외래어 목록 선정 연구」, 경희대학

교 대학원 박사학위논문.

Haptay(2017), 「신어를 통한 문화 교육 내용 연구 - 독일어권 학습자를 중심으로」, 서울대학교 대학원 석사학위논문.

Li, Bing(2021), 「중국인을 위한 한국어 외래어 학습사전 편찬 연구」, 연세대학교 대학원 석사학위논문.

Tin Tin Htwe(2019), 「한국어와 미얀마어의 합성명사 대조 연구 - 외래어를 중심으로」, 『한민족문화연구』 67, 한민족문화학회, 81-108쪽.

Alison W., & Michael R. P. (2000). The functions of formulaic language: an integrated model. Language and Communication, 20, pp.1-28.

Bestgen, Y., & Granger, S. (2014). Quantifying the development of phraseological competence in L2 English writing: An automated approach. Journal of Second Language Writing, 26, pp.28-41.

Biber, D., Conrad, S., & Cortes, V. (2004). If you look at…: Lexical bundles in university teaching and textbooks. Applied linguistics, 25(3), pp.371-405.

Biber, D., S. Johansson, G. Leech, S. Conrad and E. Finegan. (1999). Longman Grammar of Spoken and Written English. Harlow, Essex: Pearson Education.

Daulton, Frank E. (2008). Japan's Built-in Lexicon of English-Based Loanwords. Clevedon: Multilingual Matters.

Ding, C., Reynolds, B. L., Szabo, C. Z., & Boone, G. (2024). Assessing English language learners' collocation knowledge: a systematic review of receptive and productive measurements. International Review of Applied Linguistics in Language Teaching.

Durkin, P. (2014). Borrowed Words. A History of Loanwords in English. Oxford: Oxford University Press.

Durrant, P., & Schmitt, N. (2009). To what extent do native and non-native writers make use of collocations?. IRAL-International Review of Applied Linguistics in Language Teaching, 47, pp.157-177.

Durrant, P., & Schmitt, N. (2010). Adult learners' retention of collocations from exposure. Second language research, 26(2), pp.163-188.

Ebeling, S., & Hasselgård, H. (2015). Learner corpora and phraseology. In S. Granger, G. Gilquin, & F. Meunier (Eds.), The Cambridge Handbook of Learner Corpus Research (pp.207-230). Cambridge: Cambridge University Press.

Eyckmans, J. (2009). Towards an assessment of learners' receptive and productive syntagmatic knowledge. In A. Barfield & H. Gyllstad (Eds.), Researching second language collocation knowledge (pp.139–152). New York, NY: Palgrave Macmillan.

Fischer, R. (2008). Introduction: Studying Anglicisms, In R. Fischer, & H. Pułaczewska (Eds.), Anglicisms in Europe: Linguistic diversity in a global context, Newcastle upon Tyne : Cambridge Scholars Publishing.

Gitsaki, C. (1996). The Development of ESL Collocational Knowledge. PhD Thesis. Centre for Language Teaching and Research, The University of Queensland.

Graedler, A.-L., (2004). Modern Loanwords in the Nordic Countries: Presentation of a project. Nordic Journal of English Studies, 3(2), pp.5-21.

Granger, S., & Bestgen, Y. (2014). The use of collocations by intermediate vs. advanced non-native writers: A bigram-based study. International Review of Applied Linguistics in Language Teaching, 52(3), pp.229–252.

Granger, S., & Paquot, M. (2008). Disentangling the phraseological web. In Granger, S. & Meunier, F. (Eds.), Phraseology: An interdisciplinary perspective (pp.27-49). Amsterdam, the Netherlands: John Benjamins.

Gyllstad, H. (2007). Testing English collocations: Developing receptive tests for use with advanced Swedish learners. Lund University.

Gyllstad, H. (2009). Designing and evaluating tests of receptive collocation knowledge: COLLEX and COLLMATCH. In A. Barfield & H. Gyllstad (Eds.), Researching collocations in another language(pp.153–170). New York, NY: Palgrave Macmillan.

Hacken, P., & Panocová, R. (2020). The Interaction of Borrowing and Word Formation. Edinburgh: Edinburgh University Press.

Haspelmath, M. (2009). Lexical borrowing: Concepts and issues. In: Uri Tadmor and Martin Haspelmath (eds.), Loanwords in the World's languages: A comparative handbook. The Hague: De Gruyter Mouton, pp.35–54.

Haugen, E. (1950). The Analysis of Linguistic Borrowing. Language, Vol. 26, No. 2, pp.210–231.

Henriksen, B. (2013). Research on L2 learners' collocational competence and development-a progress report. C. Bardel, C. Lindqvist, & B. Laufer (Eds.) L, 2, pp.29–56.

Hoey, M. (2005). Lexical priming: A new theory of words and language. Routledge.

Laufer, B. (1998). The development of passive and active vocabulary in a second language: same or different? Applied Linguistics, 12, pp.255-271.

Leech, Geoffrey N. (1981). Semantics : a study of meaning, Harmondsworth, Middlesex, England : Penguin Books.

Levinas (2003), Signification and Sense, Humanism of the Other, tr. Nidra Poller Levinas, Emmanuel. Humanism of the Other. Chicago: University of Illinois Press, pp.11-12.

Lyons, J. (1977). Semantics 1, 2. Cambridge University Press.

Martin , J. R and Rose, D. (2003). Working with Discourse: Meaning Beyond the Clause, Bloomsdury Publishing.

Matras, Y. (2009). Language Contact. Cambridge University Press.

Myers-Scotton, C. (2006). Multiple voices: an introduction to bilingualism. Oxford: Black-well Publishing.

Nation, I. S. P. (2001). Learning vocabulary in another language. Cambridge university press.

Nation, I. S. P. (2013). Learning Vocabulary in Another Language (2nd ed., Cambridge Applied Linguistics). Cambridge University Press.

Nation, I. S. P., & Webb, S. A. (2011). Researching and Analyzing Vocabulary. Heinle, Cengage Learning.

Nida, Eugene A. (1973). Componential analysis of meaning : an introduction to semantic structures, 조항범 역(1990), 『의미분석론: 성분분석의 이론과 실제』, 서울: 탑출판사.

Paquot, M. (2018). Phraseological competence: A missing component in university entrance language tests? Insights from a study of EFL learners' use of statistical collocations. Language Assessment Quarterly, 15(1), pp.29-43.

Paquot, M. (2019). The phraseological dimension in interlanguage complexity research. Second language research, 35(1), pp.121-145.

Paquot, M., & Granger, S. (2012). Formulaic language in learner corpora. Annual Review of Applied Linguistics, 32, pp.130-149.

Paquot, Magali & Granger, Sylviane. (2012). Formulaic Language in Learner Corpora. Annual Review of Applied Linguistics. 32. pp.130-149.

Pulcini, et al. (2012). The lexical influence of English on European languages From words to phraseology, In Rodrîguez González, F., Pulcini, V., Furiassi, C., (Eds), Anglicization of European Lexis, Amsterdam : John

Benjamins Publishing Company.

Quin, D. D. (2002). Investigation the relationship between vocabulary knowledge and academic reading performance: An assessment perspective. Language learning, 52(3), pp.513-536.

Revier, R. L. (2009). Evaluating a new test of whole English collocation. In A. Barfield & H. Gyllstad (Eds.), Researching second language collocation knowledge (pp. 125-138). New York, NY: Palgrave Macmillan

Richards, J. C. 1976. The role of vocabulary teaching. TESOL Quarterly 10(1), pp.77-99.

Sinclair, John (1991). Corpus, Concordance and Collocation. Oxford: Oxford University Press.

Stubbs, M. (1995). Collocations and semantic profiles: On the cause of the trouble with quantitative studies. Functions of language, 2(1), pp.23-55.

Stubbs, M. (2001). Texts, corpora, and problems of interpretation: A response to Widdowson. Applied linguistics, 22(2), pp.149-172.

Vandeweerd, N., Housen, A., & Paquot, M. (2021). Applying phraseological complexity measures to L2 French: A partial replication study. International Journal of Learner Corpus Research, 7(2), pp.197-229.

Weinreich, U. (1953). Languages in Contact: Findings and Problems. Berlin, New York: De Gruyter Mouton.

Wood, D. (2020). Classifying and Identifying Formulaic Language. In S. Webb (Ed.), The Routledge handbook of vocabulary studies (pp.30-45). London: Routledge.

Wray, A. (2002). Formulaic Language and the Lexicon. Cambridge: Cambridge University Press.

네이버 국어사전(n.d.), 국어사전, https://ko.dict.naver.com/#/main, (2024년 5월 30일 검색.)

찾아보기

ㅇ

ㅊ

ㅋ

ㅌ, ㅍ

ㅎ

저자소개

강현화 연세대학교 국어국문학과 교수 (대표 저자)
khang@yonsei.ac.kr

이현정 KDI국제정책대학원 교수
hj_lee@kdischool.ac.kr

송승현 주한미국대사관 Post Language Program 한국어 전임교원
sseungh123@gmail.com

유소영 연세대학교 글로벌인재대학 강사
yoosoyoung1017@gmail.com

손연정 연세대학교 글로벌인재대학 강사
sonyj@yonsei.ac.kr

한국 언어·문학·문화 총서 18

한국어 어휘 교육과 코퍼스 연구

2024년 6월 28일 초판 1쇄 펴냄

저 자 강현화·이현정·송승현·유소영·손연정
펴낸이 김흥국
펴낸곳 보고사

주소 경기도 파주시 회동길 337-15 보고사
전화 031-955-9797(대표)
팩스 02-922-6990
메일 bogosabooks@naver.com
http://www.bogosabooks.co.kr

ISBN 979-11-6587-734-7 94710
979-11-5516-424-2 94080 (세트)

정가 30,000원

이 저서는 연세대학교 학술연구비의 지원으로 이루어진 것임